中国语言文学与中华文化全球传播学科群·名家文库

文化软实力与中国文论话语建设

曹顺庆 罗富明 等 著

科学出版社

北 京

内 容 简 介

本书分为文化软实力研究概述和中国文论话语建设两部分。前一部分包括对中国、英美、日本、德国等软实力研究，涉及文化软实力与文化战略、中国传统文化、知识分子及民族心理、新闻传媒、影视、大众文化等方面的内容。后一部分包括中国文论西方化的现代性语境、科学主义话语与文学元语言替换、科学主义与"文学批评史"及科学主义与文论话语、体系、范畴等方面的内容。

本书可供文化与话语研究及中国语言文学方向的研究者阅读和参考。

图书在版编目(CIP)数据

文化软实力与中国文论话语建设 / 曹顺庆等著. —北京：科学出版社，2022.9

（中国语言文学与中华文化全球传播学科群名家文库）

ISBN 978-7-03-072844-9

Ⅰ. ①文⋯ Ⅱ. ①曹⋯ Ⅲ. ①文化事业－研究－中国 ②中国文学－文学理论－研究 Ⅳ. ①G12②I206

中国版本图书馆CIP数据核字（2022）第146164号

责任编辑：常春娥 / 责任校对：贾伟娟
责任印制：师艳茹 / 封面设计：蓝正设计

科 学 出 版 社 出版
北京东黄城根北街 16 号
邮政编码：100717
http://www.sciencep.com

三河市春园印刷有限公司 印刷
科学出版社发行 各地新华书店经销

*

2022 年 9 月第 一 版　开本：720×1000　1/16
2022 年 9 月第一次印刷　印张：23 1/2
字数：395 000
定价：158.00 元
（如有印装质量问题，我社负责调换）

中国语言文学与中华文化全球传播学科群·名家文库

编委会成员

主　编：
曹顺庆（四川大学文学与新闻学院学术院长，四川大学杰出教授、学科群首席专家）

委　员：
项　楚（四川大学杰出教授，四川大学中国俗文化研究所名誉所长）
李　怡（四川大学文学与新闻学院院长，学科群责任教授）
蒋晓丽（四川大学文学与新闻学院教授，学科群责任教授）
古立峰（四川大学文学与新闻学院党委书记，学科群行政保障组组长）
王　欣（四川大学外国语学院院长，学科群行政保障组副组长）
张　弘（四川大学中国俗文化研究所所长，学科群行政保障组成员）
盖建民（四川大学道教与宗教文化研究所所长，学科群行政保障组成员）
舒大刚（四川大学古籍整理研究所所长，学科群行政保障组成员）
詹石窗（四川大学文科杰出教授）
石　坚（四川大学外国语学院教授）
赵毅衡（四川大学文学与新闻学院教授）
王晓路（四川大学文学与新闻学院教授）
阎　嘉（四川大学文学与新闻学院教授）
雷汉卿（四川大学文学与新闻学院教授）
金惠敏（四川大学文学与新闻学院教授）
张　法（四川大学文学与新闻学院教授）
张哲俊（四川大学文学与新闻学院教授）
王兆鹏（四川大学文学与新闻学院教授）

傅其林（四川大学社科处处长，文学与新闻学院教授）
陈华明（四川大学研究生院副院长兼研究生工作部部长）
蔡尚伟（四川大学文学与新闻学院教授）
王炎龙（四川大学文学与新闻学院教授）
胡易容（四川大学文学与新闻学院副院长）

第一作者简介

曹顺庆，四川大学杰出教授，文学博士。现任四川大学文学与新闻学院学术院长、北京师范大学教授，博士生导师，欧洲科学与艺术院院士，教育部"长江学者奖励计划"特聘教授，国家级教学名师，享受国务院特殊津贴专家，四川省社会科学界联合会副主席，中国比较文学学会第四任会长，中国古代文学理论学会副会长，中国中外文艺理论学会副会长，四川省比较文学学会会长。主要著作有《中西比较诗学》、《中外文论史》、《东方文论选》、《南橘北枳：曹顺庆教授讲比较文学变异学》、*The Variation Theory of Comparative Literature*（Heidelberg: Springer Press）等。国际英文期刊 *Comparative Literature: East & West*（Routledge）主编，CSSCI 辑刊《中外文化与文论》主编。

序

中国是世界上唯一一个文明没有出现过断层的国家，是四大文明古国之一。中华文明经历了比其他文明更坎坷、更漫长的旅程，如今仍然枝繁叶茂、繁荣昌盛，我们理应为自己的文明感到骄傲。中国语言文学，是中华文明数千年来最瑰丽的结晶。刘勰在《文心雕龙》"原道"篇开篇即言："文之为德也大矣，与天地并生者何哉？"曹丕于《典论·论文》中说："盖文章，经国之大业，不朽之盛事。"中国以一个"文"架起了"德"与"道"，构建起了中国人最基本的文化认同感。事实上，也正是一代又一代文人志士的努力，才使得中华文化在文学中传承千古，造就了中国今天底蕴深厚的文学大国形象。

全球化真正波及中国的时间只有100多年，且是伴随着近代受到列强的侵略展开的。我们从100多年前敞开国门之时，便开始学习西方，从学习科技、学习制度到学习文化，由外及里，逐渐深入。中国的人文社会科学学科同样如此，至今为止，其西化程度是惊人的。受到西方科学化、体系化的逻辑思维影响，中国人文社会科学在步入现代化教育体系的同时，也因西方话语的席卷而"失语"，目前，中国学术在世界上的声音还比较小，还处于"有理说不出、说了传不开"的境地，并未获得与中国国际地位相称的话语权。

建构中国学术话语体系，既是解决中国学术话语国际"失语症"这一重要问题的途径，也已成为国家的重要文化战略。目前，我国高度重视中华优秀传统文化的传承传播与中国特色学术话语体系建设，强调要"讲好中国故事，展现真实、立体、全面的中国，提高国家文化软实力"，明确提出中国哲学社会科学学术话语体系要具有"中国特色、中国风格、中国气派"。

本套丛书的出版起源于四川大学中国语言文学与中华文化全球传播学

科群的建设。2017年9月，四川大学入选世界一流大学建设A类名单，由曹顺庆教授担任首席科学家的"中国语言文学与中华文化全球传播"学科群，入选为四川大学12个重点建设的学科（群）之一。学科群植根于百廿川大深厚的人文底蕴，致力于研究全球化语境下中华文化的传承创新与传播，设立了"中国语言文学与中华文化全球传播学科群文库"，"名家文库"是其中一个子库。本套丛书的出版，就是希望能够通过整理和出版四川大学学者的论著，将中国文学与文化推广出去，提升中国文化的影响力，打造中华优秀传统文化与传播研究的世界学术高地，以期为中华民族积极参与构建世界新文明体系贡献四川大学的声音与智慧。

四川大学中国语言文学学科，传承优良学统，凭借雄厚的师资力量，重视四川大学中文学科资源整合，成立中华文化研究院，深入探索中华文化经典，并进一步研究中华文化对外传播研究与实践，创新中国学术话语理论，开辟了中国文化经典研究在英语世界、法语世界、德语世界以及"一带一路"沿线国家中的译介与传播研究。四川大学杰出教授项楚的敦煌学研究，改变了"敦煌在中国，敦煌学在国外"的窘境，用翔实的学术事实，折服欧美及日本学者，为祖国赢得学术荣誉，提升了中国文化软实力；四川大学杰出教授、欧洲科学与艺术院院士、长江学者特聘教授曹顺庆提出的"失语症"问题直面中国学术话语体系建设，创立"比较文学变异学"学科理论新话语，其专著《比较文学变异学》（Shunqing Cao, *The Variation Theory of Comparative Literature*, Springer, Heidelberg, 2013）作为比较文学创新话语在西方的亮相引起了国际广泛关注，受到美国科学院院士苏源熙（Haun Saussy）、法国索邦大学教授佛朗哥（Bernard Franco）和欧洲科学院院士拉森（Svend Erik Larsen）等著名学者的高度评价；由从英国归国的赵毅衡教授领衔的四川大学符号学团队注重中华传统符号学遗产发掘，被誉为"符号学东方学派"，与传播学融合发展拓展中华文化国际传播研究与实践的新路径；还有四川大学杰出教授詹石窗的宗教学文献研究、长江学者特聘教授张弘的佛教文学研究、长江学者特聘教授盖建民的宗教文献研究、长江学者特聘教授傅其林的东方马克思主义文论研究、长江学者特聘教授金惠敏的西方文论研究、二级教授李怡的现当代文学研究、二级教授刘福春的现当代文献学研究、二级教授蒋晓丽的新闻学研究、二级教授刘亚丁的俄罗斯文学研究、二级教授石坚的美国印第安文学研究、二级教授舒大刚的古典文献学研究、二级教授王晓路的中西文论与文化比较研究、二级教授周裕锴的宋代文学研究、二级教授徐新建的文学人类学研究,二级教授俞理明的古汉语研究、二级教授阎嘉的文艺美学研究、二级教授易丹的电影研究、二级教授曹明伦的外国文学研究、二级教授张泽洪的宗教文化研究,以及青年长江学者周维东的现当代文学研究,等等。以上提及的研究者都是"中国语言文学与中华文化全球传播学科群"学术研究的佼佼者。

  本套丛书的第一批作者有：曹顺庆、詹石窗、曹明伦、李怡、刘亚丁、舒大刚、徐新建、阎嘉、俞理明、张泽洪等 10 余位四川大学杰出教授与二级教授,每位学者精选高水平论著 40 万字左右,结集出版。所精选的论著论题广泛,论述深刻,内容涉及中国古代文学、中国现当代文学、中国古典文献学、语言学、文艺学、比较文学与世界文学、外国语言文学、宗教文化等领域,学术内涵丰富,意义深远,价值极高,称得上集四川大学中国语言文学与中华文化研究领域之精品于一堂。

  "高山仰止,景行行止。"高山纵使令人景仰,若要更好地看清它,还需要攀登到更高的山头上,方可整体性地纵观全局。在阅读本套丛书时,希望读者不必拘泥于某个"窄而精"的研究范围,而是可以打破学术视野和思维局限,重新建立中国语言文学与文化的汇通知识体系,也希望本套丛书能够助力读者真正向"博通古今,学贯中西"的境界迈进。

四川大学中国语言文学与中华文化全球传播学科群
2019 年 10 月

目 录

序

第一章 中国"文化软实力"研究 …………………………………… 1
  第一节 什么是"文化软实力"？ ………………………………… 1
  第二节 中国"文化软实力"研究的路径选择 ………………… 7
  第三节 中国"文化软实力"研究的逻辑指向 ………………… 13

第二章 英美"文化软实力"研究 …………………………………… 19
  第一节 英美软实力研究的起源和拓展 ………………………… 20
  第二节 英美文化软实力的研究 ………………………………… 29
  第三节 英美对中国文化软实力的研究 ………………………… 34

第三章 日本"文化软实力"研究 …………………………………… 40
  第一节 日本"文化软实力"研究策略 ………………………… 40
  第二节 日本"文化软实力"研究机制 ………………………… 43
  第三节 日本"文化软实力"研究成果 ………………………… 46

第四章 德国"文化软实力"研究 …………………………………… 52
  第一节 德国"软实力"的概念论争 …………………………… 52
  第二节 德国的文化软实力研究 ………………………………… 55

第五章 文化软实力与文化战略研究 ……………………………… 60
  第一节 文化战略与文化软实力的关系 ………………………… 60
  第二节 发展文化软实力的战略 ………………………………… 62

第六章　文化软实力与中国传统文化研究 ……………… 71
第一节　经济全球化与文化软实力 ………………………… 71
第二节　文化软实力与中国传统文化 ………………………… 75
第三节　中国传统文化转化为文化软实力的战略 …………… 79

第七章　文化软实力与知识分子及民族心理研究 ………… 81
第一节　历史文明的传承者 …………………………………… 81
第二节　"文化认同"与"中国软实力提升" ……………… 85

第八章　文化软实力与新闻传媒研究 ……………………… 92
第一节　国家形象、软实力与新闻传媒 …………………… 92
第二节　新闻传媒实力研究 ………………………………… 100

第九章　文化软实力与影视研究 …………………………… 107
第一节　影视产业与文化软实力关系研究 ………………… 107
第二节　影视传播与国家形象研究 ………………………… 109
第三节　提升影视产业软实力对策研究 …………………… 117

第十章　文化软实力与大众文化研究 ……………………… 129
第一节　文化软实力与大众文化 …………………………… 129
第二节　国内对大众文化与国家文化软实力关系的研究 … 134

第十一章　中国文论西方化的现代性语境 ………………… 142
第一节　"科学主义"与中国文论 ………………………… 142
第二节　科学主义在中国的兴起 …………………………… 153
第三节　现代学科体系与文学学科 ………………………… 175

第十二章　新文学运动的科学主义话语与文学元语言的替换 … 188
第一节　科学主义与文白之争 ……………………………… 188
第二节　科学主义与文学史写作 …………………………… 205
第三节　文学元语言的替换与科学主义的文学批评 ……… 223

第十三章 科学主义与"文学批评史" ………………………… 245
第一节 科学主义与中国文学批评史学科的奠基 ………… 245
第二节 科学主义与中国文学批评史的俄苏化 …………… 261
第三节 科学主义与中国文学批评史学科的成熟 ………… 274

第十四章 科学主义与文论话语、体系、范畴 ……………… 291
第一节 文论话语的冲突与失语症的论争 ………………… 291
第二节 科学主义与体系、范畴的论争 …………………… 311

结语 当代中西文论对话如何可能 …………………………… 330

主要参考文献 …………………………………………………… 341

后记 ……………………………………………………………… 356

第一章　中国"文化软实力"研究

　　软实力指文化、意识形态、政治制度、外交策略等方面的吸引力和感召力，与硬实力相对。文化软实力是软实力的核心部分，国家文化软实力则突显民族国家的政治伦理立场。中国要实现"和平崛起"，要争取平等的话语权，就必须从战略上着力塑造具有自身优势和特色的国家文化软实力。时任中共中央总书记胡锦涛在中共十七大报告中强调："当今时代，文化越来越成为民族凝聚力和创造力的重要源泉、越来越成为综合国力竞争的重要因素……要坚持社会主义先进文化前进方向，兴起社会主义文化建设新高潮，激发全民族文化创造活力，提高国家文化软实力。"[①]这是中国政府首次正式而公开地将提高中国文化软实力提升到国家发展战略的高度，它为今后中国文化的建设指明了发展方向。中共十九大报告中也提到："文化自信是一个国家、一个民族发展中更基本、更深沉、更持久的力量。……推进国际传播能力建设，讲好中国故事，展现真实、立体、全面的中国，提高国家文化软实力。"[②]

第一节　什么是"文化软实力"？

　　"文化软实力"作为"软力量"的派生词，是国内学界对"软力量"一词内涵的延伸，故而要全面阐述"文化软实力"，必须清楚"软力量"内涵的机理构成。"软力量"英文写作"Soft Power"，学界一般认为约瑟

[①] 胡锦涛：《高举中国特色社会主义伟大旗帜　为夺取全面建设小康社会新胜利而奋斗——在中国共产党第十七次全国代表大会上的报告》http://www.npc.gov.cn/npc/c193/200710/e39b544611774a41b7fced01899612c7.shtml.

[②] 《习近平：决胜全面建成小康社会　夺取新时代中国特色社会主义伟大胜利——在中国共产党第十九次全国代表大会上的报告》：http://www.gov.cn/zhuanti/2017-10/27/content_5234876.htm.

夫·奈（Joseph S. Nye）1990年在《政治学季刊》（*Political Science Quarterly*）和《外交政策》（*Foreign Policy*）等杂志上发表的《变化中的世界力量的本质》（"The Changing Nature of World Power"）和《软力量》等一系列论文中首先提出了"软力量"说；杨泮伟认为"Soft Power"第一次出现在1990年奈发表的《衰落隐喻的误导》[①]一文中；而约瑟夫·奈本人则声称，"在1989年撰写的《注定领导：美国力量的转变》一书中，我率先提出了'软力量'的概念"[②]。可知，"Soft Power"概念的提出大致在20世纪80年代末、90年代初。尤为重要的是，这一观点一经问世，便引来国际学界的普遍关注，而我国学界长期存在着"软力量""软实力""软权力""软国力"等多种对"Soft Power"的中文译介。李希光在《软力量与全球传播》中就使用了"软力量"一词，庞中英、葛剑雄、胡键等学者也倾向于"软力量"的译法，而刘德斌的《"软权力"说的由来与发展》一文及门洪华翻译的约瑟夫·奈所著的《硬权力与软权力》（*Hard Power and Soft Power*）中则使用了"软权力"一词，倪世雄、李少军、王逸舟在其各自研究国际关系的论著中均采用了"软权力"的翻译；与此不同，李宗桂、王晓德、贾磊磊、严昭柱、陈少峰、何星亮等一大批专家学者还是普遍中意于"软实力"的译法。大多学者认为对于"Soft Power"一词译法的不同只是语言使用的差异，并没有根本性区别。

鉴于学界对"Soft Power"一词翻译的混乱，有学者尝试从探源的角度对中文译法的准确性进行界定，如李智发表题为《软实力的实现与中国对外传播战略——兼与阎学通先生商榷》的文章，以约瑟夫·奈对"Soft Power"的定义为出发点，将"Soft Power"一词置于奈提出此观念的语义背

[①] 此中译出自杨泮伟：《中国"文化软实力"研究现状综述》，《中国文化研究》2011年第2期，第195页。英文原文出自Joseph S. Nye. "The Misleading Metaphor of Decline: Analogies between the United States and Post-Imperial Britain Are Inaccurate and Mischievous." *Atlantic*, Mar. 1990 (Vol. 265, Issue 3).

[②] ［美］约瑟夫·奈：《软力量：世界政坛成功之道》，吴晓辉、钱程译，北京：东方出版社，2005年，第7页。其中的《注定领导：美国力量的转变》英文书名为 *Bound to Lead: The Changing Nature of American Power*，军事译文出版社1992年版中译名为《美国定能领导世界吗》，中国人民大学出版社2012年版中译名为《美国注定领导世界？——美国权力性质的变迁》。笔者全书采用《美国注定领导世界？——美国权力性质的变迁》，所引文献原文保留原貌。

景中进行探析，认为奈将"Soft Power"分作行动力和资源力两种类型，而奈所指的"Soft Power"本身"是一种特殊的、非强制性的影响力、支配力或控制力——是'吸纳（同化）力'（co-optive power）、感召（感染、感化）力、'吸引力'（attraction）、'劝服力'（persuasiveness）"①，属于关系范畴，是行动力。约瑟夫·奈在《美国注定领导世界？——美国权力性质的变迁》（原文的翻译为《注定领导：美国力量的转变》）一书中指出，"软权力"指的是价值观念、生活方式和社会制度的吸引力和感召力，是建立在此基础上的同化力与规制力。可见，简单地将"Soft Power"译为"软实力"是不准确的，从奈提出此概念的最初目的来讲，将其译为"软权力"更为贴切。"软权力"形成所赖以依存的"文化、政治价值观和外交政策"等资源，李智认为应属于实体范畴，是资源力，所以只是在"软权力"资源角度上讲可以译成"软实力"。李智还进一步指出，"如果'Soft Power'脱离了特定的语境，难以判定是行为力还是资源力，就不妨模糊或笼统地把它译为'软力量'"②。对"Soft Power"的理解可以分作两个层面：从国际政治角度，使用"软权力"比较合适，而从文化战略及其建设角度，使用"软实力"提法比较合适。另有吴晓辉、钱程在翻译《软力量——世界政坛成功之道》（Soft Power: The Means to Success in World Politics）时，曾多次与约瑟夫·奈沟通，认为虽然"软权力"的译法更贴切于原意，但随着中国学界对于"软权力"说的认识和运用，可能产生歧义与误读，很难对中国的国际战略取向提供相对有价值的理论支持，所以"软力量"对于中国而言比"软权力"更为合适。③可见，学界对"Soft Power"一词的译法分两个层面，在政治和对外关系层面，一般笼统译作"软力量"，在文化资源层面上则普遍译作"软实力"，而真正以"软权力"来进行论述的并不多见，可看出中国对于"Soft Power"一词的温和态度。

---

① 李智：《软实力的实现与中国对外传播战略——兼与阎学通先生商榷》，《现代国际关系》2008 年第 7 期，第 54-58 页。
② 李智：《软实力的实现与中国对外传播战略——兼与阎学通先生商榷》，《现代国际关系》2008 年第 7 期，第 54-58 页。
③ 贾海涛：《试析文化软实力的概念和理论框架》，《岭南学刊》2008 年第 2 期，第 75-80 页。

"文化软实力"的概念被学界普遍采用，表现为对文化属于"资源力"的一致认同。事实上，"文化软实力"一词在西方学界不曾出现。作为"文化力"和"软实力"概念的延伸，"文化软实力"一词可以说是中国专家、学者的首创。在党的十七大报告正式提出文化软实力的重要命题后，中国学者大有群起钻研软实力概念本源的趋势，并站在不同立场上，从不同的阐释角度来界定"文化软实力"的所指。总的来看，有以下四种观点：

第一，综合影响感召说。这一观点主要认为软实力是个综合概念，涵盖了政治、经济、文化传统、民族精神等多个领域，是受到各种力量综合作用的结果，同时也以不同的形态感染和触动人的精神活动和文化观念。比如，杨云龙认为，文化软实力就是指由一个国家国民的思想道德、理想信念、核心价值观念、文化科学素质和民族文化传统、民族文化遗产以及民族性格、民族心理、风俗习惯等文化发展和文化积累所形成的现实力量。[1]韩振峰认为，文化软实力这个概念既包括政治、外交、意识形态、价值体系，又包括哲学、法律、语言、宗教、艺术等，所有这些东西所产生的综合影响力，就构成一个国家的"文化软实力"。[2]刘洪顺则认为，国家文化软实力就是指一个国家在一定的生产力基础上形成的、通过文化的形式在较长时期内对本国公民以及其他国家产生的综合力量，其核心是价值观，其主要表现形式是吸引力、凝聚力、影响力、选择力和排斥力，其目的是通过非强制手段达到预期的目的。[3]《光明日报》在组织对软实力讨论的版面上也撰文指出，"硬实力"指经济、科技、军事等有形力量，"软实力"指文化、意识形态等无形力量，文化软实力主要是指一个国家或地区基于文化而具有的凝聚力、生命力、创新力和传播力，以及由此而产生的感召力和影响力。[4]

第二，综合国力精粹说。这一观点主要认为文化软实力是国家实力中以思想观念及附着于相关文化产品中的文化精神为主要内容，能够对国家经

---

[1] 杨云龙：《提高文化软实力与建设社会主义核心价值体系》，《中共太原市委党校学报》2008 年第 1 期，第 13-15 页。
[2] 韩振峰：《提高国家文化软实力的十大举措》，《理论导报》2008 年第 4 期，第 24-25 页。
[3] 刘洪顺：《关于国家文化软实力的几点思考》，《理论学刊》2008 年第 1 期，第 14-17 页。
[4] 《软实力也是硬道理——为什么要推进文化创新和深化文化体制改革》，《光明日报》2008 年 7 月 30 日，第 3 版。

济、政治与社会发展进步起到推动性作用的非物质性力量。应该说，非物质力量是这一观点的核心。比如，赵磊认为，文化软实力是综合国力中的文化、精神力量，它是与经济力、军事力等硬实力相对而言的，表现为一个国家或地区文化发展状况和建设成果，蕴含着推动经济与社会全面发展的精神力量和智力因素。[1]但是无形的、软的力量并非不需要物质，恰恰相反，其力量的彰显与传递有时正需要物质的外壳作为载体。因此，此说在这一方面似乎还需商榷与完善。

第三，软实力分支说。这一观点将软实力与文化软实力区分开来，使概念范畴形成了集合与子集的关系。武汉大学骆郁廷教授指出，文化软实力是中国特色社会主义实践中产生和形成的创新话语，它既是中国共产党人在中国特色社会主义实践中作出的创新理论概括，又是推动中国特色社会主义实践强大的精神力量。[2]朱建婷等认为，文化软实力作为一个国家软实力的组成部分，是指该种文化对内体现出来的自身不断发展的创新能力及其对本民族内部成员的吸引力与影响力，对外则体现在本民族文化对世界文化发展潮流的导向与推动能力，也体现在外部世界对该民族文化的赞赏和认可程度。[3]龚政文认为，文化软实力是软实力的主体。"所谓文化软实力，当指软实力中与文化相关的部分，即核心价值理念的吸引力和凝聚力、文化品牌的影响力、文化形象的亲和力、文化环境的美誉度等。"[4]这一观点的贡献在于，突出强调了软实力的文化因素和文化功能，对文化软实力作为一个明晰的概念无疑起到了很好的支撑作用。

第四，文化资源（传统）延伸说。作为早期提出"文化力"的学者，贾海涛认为，在中国，文化力和软实力两个概念是同时流行的。文化软实力概念"虽然出自约瑟夫·奈的'软权力'（soft power）概念，但已经与之渐行渐远，朝着中国化的方向发展"[5]。他认为："文化软实力理论则应该是

---

[1] 赵磊：《当前提升我国文化软实力面临的机遇和挑战》，《新远见》2008年第5期，第56-69页。
[2] 骆郁廷：《文化软实力：基于中国实践的话语创新》，《中国社会科学》2013年第1期，第20-24页。
[3] 朱建婷、张晓红：《从对外传播视角解读提高国家文化软实力》，《河北师范大学学报》（哲学社会科学版）2008年第3期，第143-146页。
[4] 龚政文：《提升文化软实力 建设魅力新湖南》，《新湘评论》2008年第3期，第27-29页。
[5] 贾海涛：《文化软实力：概念考辨与理论探源》，《红旗文稿》2008年第3期，第33-35页。

以文化力理论为主，结合软实力理论而形成的更为完善的具有中国特色新的理论。在概念上，文化软实力也基本上是文化力与软实力（中国人所理解的）两个概念的内涵的相加。"[1]这是个比较能体现中国文化软实力民族性的观点，其理论基点是中西观点的融合与共生。但是也应当注意到，软实力还是西方文化的舶来品，其与中国文化观点的相融并不能只是简单的相加，而应当是立足于中华民族的文化传承和文化理论，进行扬弃，进行民族化的同质性改造，使之更具理论指导性和实践操作性。此外，也有学者从文化资源和文化传统的角度来定义文化软实力。比如，贾磊磊就认为："国家文化软实力，主要是指那些在社会文化领域中具有精神的感召力、社会的凝聚力、市场的吸引力、思想的影响力与心理驱动力的文化资源。"[2]但是，在全球化背景中的文化软实力竞争的情境中，文化资源和文化实力既有区别又可以相互转化、互为进退。资源通过政策、策略和资本操作最后演变为实力，其实质是创新和转化的过程，更是根植于本国文化沃土，不断赋予其民族化意蕴的过程。

学界众多专家都尝试对"文化软实力"内涵进行阐释，然多是对约瑟夫·奈的"Soft Power"作梳理，真正从学理上清晰阐释与规定"文化软实力"内涵的文章则不多见。从概念本身来讲，"文化软实力"的重点在"文化"和"力"上，"文化"是资源，"力"是资源能量由内而外的表现，"文化软实力"是一种因文化的巨大魅力而产生影响力、吸纳力的政策手段和工具，它以内藏的吸引力发挥作用，以足够的内在能量吸引他人的趋近。依据《现代汉语词典》（第7版）的定义，文化是指"人类在社会历史发展过程中所创造的物质财富和精神财富的总和，特指精神财富，如文学、艺术、教育、科学等"[3]。可见，文化与文化力还是有区别的，文化力作为一种"力"的表现有大小、强弱之分，而文化本身只存在本质的差异，并不划分优劣、高低。当然，文化是作为文化力的资源和依托而存在的，文化力则

---

[1] 贾海涛：《文化软实力：概念考辨与理论探源》，《红旗文稿》2008年第3期，第33-35页。
[2] 贾磊磊：《国家文化软实力的主要构成》，《光明日报》2007年12月7日，第10版。
[3] 中国社会科学院语言研究所词典编辑室：《现代汉语词典》，7版，北京：商务印书馆，2016年，第1371-1372页。

是文化影响力的外现。我国大部分学者注意到了"文化软实力"与"文化力"间的密切关系,贾春峰在《贾春峰说"文化力"》一书中充分论证了"文化力"的概念,孙波在《文化软实力及其我国文化软实力建设》一文中也指出"文化力"与"文化软实力"息息相关。虽然阐述中表现出学界对于"文化力""文化软实力"和"文化"间关系的清醒认识,但也不排除以"文化"偷换"文化力"概念的现象,这在客观上偏离了约瑟夫·奈提出"Soft Power"的初衷,也在很大程度上减弱了"Soft Power"的进攻性,对于"文化软实力"的认识仍然持保守态度。

学界对于"文化软实力"概念的模糊化处理,致使在论述"文化软实力"的过程中也出现了一些误读。如有人甚至提出"文化硬实力"一词以对应"文化软实力",认为"所谓文化硬实力,即指一个国家生产经营传播文化产品和信息产品的产业能力。在全球市场里,文化、信息传播的载体主要是文化产品和信息产品,这些产品的生产、经营、传播的能力和水平直接影响着一个国家的文化吸引力和影响力"[①]。事实上,所谓"文化硬实力"只是"文化力"的一方面表现,和"文化软实力"不能同处一个层面上论述。可见,要研究"文化软实力"对于增强综合国力的巨大作用,首先必须明确"文化软实力"的内涵,否则只会南辕北辙,远离问题的实质。

第二节 中国"文化软实力"研究的路径选择

2005年12月,约瑟夫·奈在《华尔街日报》(*The Wall Street Journal*)发表了一篇题为《中国软实力的崛起》("The Rise of China's Soft Power")的文章,指称中国的软实力崛起与美国相比虽然还有待提升,但是从其未来发展趋势可看出其软实力将越来越强。尽管国内主流学界及时对这一观点做出了反应,认为与美国等发达国家相比,软实力仍是中国的软肋,但约瑟夫·奈这一观点的提出足以证明,在全球化视域中,国与国之间联系日益加强,中国的迅速崛起成为世界各国重点关注的对象,国际学界意识到中国在

---

① 聂震宁:《文化软实力与文化硬实力》,《大学出版》2008年第4期,第7-12页。

经济快速发展的同时，其"软实力"也在逐步提升，而作为"软实力"重要构成元素之一的"文化软实力"更是国际关注的重中之重。"软实力"，尤其是"文化软实力"在中国已经成为高频词，2007年被称为"软实力建设的标志年"①。基于国内学界的"软实力"研究热，唐慧云曾在《国内学术界中国软实力研究现状述评》（2008）中总结中国"软实力"研究的基本路径主要有四：其一为纵横比较法；其二为传统文化路径法；其三为中国模式路径法；其四为国际层面分析法。唐慧云对中国软实力研究路径由横到纵、由点到面的归总，比较全面地概括了国内软实力研究现状，但还需要对国内"文化软实力"研究路径加以展开和细化。国内众多专家、学者从各自专业层面对"文化软实力"展开了阐释与论述，基本上也表现出四种路径的选择，即理论寻根探源法、传统文化转换法、横向比较借鉴法、流行文化升华法。

一、理论寻根探源法

约瑟夫·奈提出"Soft Power"理论后，我国专家、学者认为，"Soft Power"说只是老传统、新提法，便积极将"Soft Power"与中国国情相结合，力图沿着历史的蔓藤寻找到与"Soft Power"相应的理论阐述，这些大致分为两个方向。其一是以古代先贤的言论为主要论据，分析古代著名思想家的哲学论断。柯可在《提升中华软实力必须研易通儒明道弘法》（2009）一文更是将推崇"行无行，攘无臂，执无兵，乃无敌矣""重积德则无不克"②主张的老子奉为"软实力"说鼻祖。刘志华、陈华在《基于效率的文化软实力研究：国际经验及其启示》（2008）认为老子《道德经》"天下之至柔，驰骋天下之至坚；无有入无间"③的言论，阐释了"以柔克坚"的"Soft Power"思想，门洪华在《中国软实力评估报告》中也肯定了这一说法。与此相应，傅秀兰在《庄子哲学软实力思想探微》中分析了庄子哲学对老子"至柔"思想的继承，并通过

---

① 俞新天：《2007：软实力建设的标志年》，《外交评论》2007年第6期，第9-12页。
② 陈鼓应注译：《老子今注今译》，修订版，北京：商务印书馆，2003年，第288页。
③ 陈鼓应注译：《老子今注今译》，修订版，北京：商务印书馆，2003年，第239页。

"崇道""似有若无""以静制动""虚而不华""不动声色""兵者，不得已而为之"等几个方面论证了庄子哲学中处处蕴含着"文化软实力"的思想。徐则平则在《试论民族文化认同的"软实力"价值》一文中列举《尉缭子》把军事和文化形象地比喻为"植""种""表""里"的例子，指出我国先民早已提出了"兵者，以武为植，以文为种；武为表，文为里……文所以视利害，辨安危；武所以犯强敌，力攻守也"[①]的"文化软实力"理论。在学界不断将中国"文化软实力"思想形成历史向上追溯之时，更有人指出早在《诗经·大雅·民劳》就曾言"惠此中国，以绥四方。无纵诡随，以谨无良。式遏寇虐，憯不畏明。柔远能迩，以定我王"[②]；军事鼻祖孙子也提出过"不战而屈人之兵，善之善者也"的著名论断。可见，学界基本一致认同"文化软实力"思想在中国古代先贤的著作里早已遍地开花。

二、传统文化转化法

虽然都是在传统文化中找寻中国"文化软实力"建设的论据，但与理论寻根探源法追溯历史发展中"Soft Power"理论的形成过程不同，传统文化转化法集中思考将传统文化作为中国当代"文化软实力"的重要资源，并依据现代国际环境的要求，对古代传统文化进行筛选和现代转换，力图达到增强"文化软实力"的目的。这种方法在对传统文化构成比较熟识的人文社科领域有较高的使用频率，大多数持此观点的人热衷于对儒家和道家文化的推崇。杜书瀛在《弘扬优秀传统 提高文化软实力》（2008）一文中指出弘扬和复兴优秀的中华传统文化是提高"文化软实力"的重要途径。孟宪实也发表了《传统文化：中国文化软实力之源》（2007）的文章，表明中国古代虽然没有文化软实力的概念，但是中国文化的独特魅力有巨大的吸引力，应该得到发展和传承。国林霞在《当代世界》上发表文章称"中国有着历史悠久

---

① 《尉缭子·兵令》，见尉缭著，刘春生译注：《尉缭子全译》，贵阳：贵州人民出版社，1993 年，第 100 页。
② 《诗经·大雅·民劳》，见上海古籍出版社编：《十三经注疏（全二册）》（上），上海：上海古籍出版社，1997 年，第 548 页。

的传统文化资源,中华文化是世界主流文化之一"[1]。康晓光认为中国软实力匮乏在于缺少核心价值观、有效的意识形态、有感召力的生活方式和基本的制度,中国的传统文化特别是儒家文化能用于解决这方面的问题[2]。钱明则认为道家文化的辩证哲学和中庸理论是"文化软实力"的主要资源。[3]吴建民、阎学通、庞中英、甘阳也应归属于支持弘扬传统文化的一派,但是庞中英还辩证地指出"文化软实力"不能仅靠恢复传统文化,"中国传统文化提供给我们的软力量资源其实不很丰富,因为中国文化传统中具有许多不符合世界现代文明进步方向的糟粕性"[4]。甘阳则表示"中国现代社会主义传统和中国古典文明传统是中国最基本的软实力资源"[5]。然而,由于中国古代文化在近代的断裂,也有学者指出中国传统文化不易被外界接受和转换,很难作为中国提升"文化软实力"的根本路径。詹奕嘉则提出了传统文化是"文化软实力""来源"而不是"资源"的论点。可见,学界对于传统文化是否能作为"文化软实力"主要资源的看法还存在分歧,传统文化能否作为"文化软实力"发展取之不尽的资源宝库,还需要进一步的研究和确认。

三、横向比较借鉴法

秉持这种研究方法的学者认为提升"文化软实力"不仅要以传统文化转化为根基,同时还应注重与国际上其他国家的软实力进行比较,尤其要在与美国、日本等发达国家的对比中寻找差距,实现多边文化外交。2008年,由美国芝加哥全球事务委员会和韩国东亚研究院合作对美国、中国、日本及韩国进行了一项国家软实力比较调查,结果显示中国在经济、文化、人力资源、外交及政治五大指标上都远不如美国,甚至在很多领域,中国的排名还低于日本及韩国。正是这一调查结果的出现使得在研究中国提升"文化软实

---

[1] 国林霞:《中国软实力现状分析》,《当代世界》2007年第3期,第37-39页。
[2] 康晓光:《软力量建设与儒家文化复兴》,《天涯》2007年第1期,第32-38页。
[3] 钱明:《重构中国软力量的核心价值观——读徐儒宗〈中庸论〉》,《孔子研究》2005年第1期,第124页。
[4] 庞中英:《发展中国软力量》,《瞭望》2006年第1期,第63页。
[5] 肖民:《甘阳:社会主义传统是中国最基本的软实力》,《天涯》2006年第2期,第186-187页。

力"过程中，加强中国与世界发达国家的比较变得颇具意义，而我国的专家、学者也对此做出了努力。2008 年，阎学通、徐进在《现代国际关系》上发表题为《中美软实力比较》的文章，从儒家文化和基督教文化的传播力、留学人员的吸纳力和电影作为通俗文化的畅销率等方面比较了中国和美国的差距，评估数据表明"中国的文化总体吸引力约为美国的 8.6%"[①]。王京滨的《中日软实力实证分析——对大阪产业大学大学生问卷调查结果的考证》则采用实证法对大阪产业大学学生展开了问卷调查，结果显示中国的软实力弱于日本，尽管日本学生对中国的看法很难在绝对客观上确证中国的国际形象，但也不能完全忽视这一调查结果的存在。诸如此类，中国现代国际关系研究院"软实力课题组"2007 年在《瞭望》上发表了《软实力国际借鉴》一文，文章逐一对美国、欧洲各国、俄罗斯、日本、韩国乃至印度的文化发展及传播作了介绍；而刘志华、刘慧的《文化软实力研究：国外经验及借鉴》则更为细致地介绍了各国的文化发展和推广策略，虽然这些政策和策略不一定完全适用于中国"文化软实力"的发展，但作为经验的总结，对于拨正中国"文化软实力"研究航向，益处还是不可忽视的。

四、流行文化升华法

王沪宁在《作为国家实力的文化：软权力》一文中说"'软权力'的力量来自其扩散性。……'软权力'基于文化，在现代社会中，文化是一种广义的信息，德鲁克言，信息早已跨越了国界"[②]。文化开放的社会中，文化产业发展程度和文化封闭程度，往往决定着一个国家的文化吸引力。有不少学者也认为国家"文化软实力"在竞争中表现出来的强弱与文化传播的媒介不无关系。因此，邵培仁等著的《文化产业经营通论》指出大力发展文化产业是世界大国的共识，也是我国经济社会发展的必然选择。据统计，美国当前最大的出口项目已不再是农作物或工业品，而是批量生产的文化——电影、电视节目、书籍、音乐和电脑软件等。就此，贾磊磊指出电影靠自身表

---

① 阎学通、徐进：《中美软实力比较》，《现代国际关系》2008 年第 1 期，第 24-29 页。
② 王沪宁：《作为国家实力的文化：软权力》，《复旦学报》（社会科学版）1993 年第 3 期，第 91-96 页。

达的价值观引导大众认同，是流行文化的软力量，必须给予足够的重视[1]；潘源主张电影作为最重要的文化传播方式之一，必须变"被动迎合"为"主动建树"[2]。可见，学界已意识到我国的文化产业尚拥有广阔的发展空间，众多专家、学者指出，电影、传媒、演艺、出版、网络、广告、文化遗产等文化产业和文化创意项目中的薄弱环节很多，应该以主流文化规划文化产业发展导向，整合、创新资源，以扩散本土文化的影响力，提高国家文化安全的保障能力。李京文、李建平合撰的《文化力与文化产业》一书以国际视角统观了中国的文化产业政策和文化产业发展现状，并以理论综述与个案分析相映衬的方式对不同区域、不同层次、不同形态、不同领域的文化和文化产业进行了动态整合，可作为文化产业发展的有力参考之作。陈少峰在《文化产业：提升文化软实力的基本途径》中指出："文化产业不仅是推动现代化建设的强大动力，也为经济和社会全面进步提供了强大的精神动力和智力支持，更是国际竞争力的基础。"[3]文章还从七个方面重申了方向与政策并重、体制与素质共抓是全球化背景中文化产业发展的基本对策。董中锋、张伟民分别在《出版发行研究》2007 年第 12 期上发表了题为《出版业与文化软实力》和《文化软实力与出版体制机制创新》的文章，强调推进出版业规范化发展对于提升中国"文化软实力"的重要性。除此之外，众多学者还从网络广告、大众传媒角度阐述了文化产业升级与"文化软实力"的密切联系。

总体而言，众多专家、学者主要选择以上四种或专门、或综合的路径对中国"文化软实力"进行研究，正如高占祥在《文化力》中强调指出的那样，文化力是软实力的核心，但国内"文化软实力"研究更多还是从国家政治角度上观察，没有从文化本身的生长力入手。还应该引起注意的是，研究策略的真正实施有赖于大众文化自觉意识和民族意识的提高，且有必要加强实证性研究方法的运用，切合客观实际地进行分析、总结，这样才能避开从理论到理论的高调唱和。

---

[1] 贾磊磊：《电影，作为流行文化的软力量》，《大众电影》2008 年第 1 期，第 1 页。
[2] 潘源：《变"被动迎合"为"主动建树"——电影目的论之"文化软实力建设"》，《南京艺术学院学报（音乐与表演版）》2008 年第 3 期，第 29-35 页。
[3] 陈少峰：《文化产业：提升文化软实力的基本途径》，《时事》2007 年第 4 期，第 37-39 页。

第三节　中国"文化软实力"研究的逻辑指向

衡量一个国家"文化软实力"的强弱,一个重要指标是文化创造力的大小、创造成果数量的多少和质量好坏及其在实现国家利益中所起的作用。2007年,"文化软实力"概念首次被写入党的十七大报告,党的十九大报告里也指出要"提高国家文化软实力"[1]。这说明"文化软实力"的命题已上升到国家战略部署的高度。吴建民、张立文、何星亮、陈少峰、贾磊磊、谢雪屏等学者及各行业代表纷纷从国际大环境出发,从国家战略决策角度来研究"文化软实力",从不同层面发表了看法。主要聚焦于如下三个方面,即保障国家文化安全、助推中国和平崛起、促进世界和谐共生。

有学者指出,"文化软实力"是一个具有鲜明国家意识形态性的概念,是国家政体的文化显现,是国家利益的独特呈现方式。21世纪,文化全球化(cultural globalization)已成为备受关注的议题,英国学者安东尼·吉登斯(Anthony Giddens)认为"全球化不仅是经济的,而且是政治的、技术的和文化的全球化"[2]。国外一些学者认为"文化全球化"是一种以消费主义盛行、大众传媒流行和英语交流普及等为特点的"文化的一致化"(cultural synchronization)或全球"文化的同质化"(cultural homogenization)。从文化的异质性到文化的异质同构、再到"文化的一体化",中国传统文化形态在与世界接轨的同时被快速地吞噬着。王岳川在《大国文化安全与新世纪文化再中国化——人类应从物质现代化到精神现代化》一文中指出:"中国文化的被西方现代性整体'断根性'正在修改着东方文化的指纹,正在改写着国人的心性价值。"[3]针对这一迫切的现实问题,我国学者努力通过论证

---

[1] 《习近平:决胜全面建成小康社会 夺取新时代中国特色社会主义伟大胜利——在中国共产党第十九次全国代表大会上的报告》:http://www.gov.cn/zhuanti/2017-10/27/content_5234876.htm.
[2] Anthony Giddens. *Runaway World: How Globalization Is Reshaping Our Lives*. London: Profile Books, 1999, p.10.
[3] 王岳川:《大国文化安全与新世纪文化再中国化——人类应从物质现代化到精神现代化》,《当代文坛》2008年第5期,第8-11页。

增强"文化软实力"来寻找保障国家文化安全的对策。

学界以提升"文化软实力"而拯救国家文化安全的研究主要体现在两方面。一是论证国家文化安全所面临的处境及其与"文化软实力"的关系，二是从专业领域出发寻找提升"文化软实力"的路径以抵御文化侵蚀。前者如王岳川发表的一系列文章《从"去中国化"到"再中国化"的文化战略——大国文化安全与新世纪中国文化的世界化》《大国文化安全与新世纪文化再中国化——人类应从物质现代化到精神现代化》《大国文化创新与国家文化安全》，陈宇宙的《文化软实力与当代中国的国家文化安全》，谢雪屏的《文化软实力竞争：关注中国国家文化安全》。其中王岳川主要是从文明冲突和文化差异角度出发，以解读和阐释"西方文化中心主义"对中国文化误读给中国形象带来的负面影响的方式，指出目前在世界上展开了一场没有硝烟的国际文化战争，这场战争的发生由"文化软实力"发展的不平衡所致；谢雪屏则认为，中国"有必要从文化安全战略的高度来看待当今世界'软实力'的渗透与竞争问题，努力寻求一种国家安全战略意义上的应对之策，加强本国文化安全意识，提高防范外来文化侵蚀与渗透的能力，维护本国文化主导地位"[①]。后者则认为在数字化高速发展的今天，境外的电影、电视、出版、网络及网络游戏中都携带着文化侵蚀的信息，这些信息在潜移默化地威胁着中国文化安全，然而全球化语境中的闭关又意味着故步自封，因此只有提高国家文化软实力，才能避免本土文化在无形的数字化信息中被吞噬。这类论述诸如董中锋的《论数字化时代中国的出版文化安全》、刘桂珍的《网络传播与文化安全》、阚道远的《国外电脑游戏的信息心理战与我国的文化安全策略》、王存奎的《关于互联网时代国家文化安全的思考》。

《国际先驱论坛报》（International Herald Tribune）曾评论指出，约600年前的中国统治者没有根据郑和海洋思想和实践继续推进中国的海洋事业，没有将历史悠久的文明古国转变为商业化、外交化的贸易和知识国家，留下了蜗居、孤立状态的历史遗憾，然而现在中国的发展完全有可能弥补这

---

① 谢雪屏：《文化软实力竞争：关注中国国家文化安全》，《福建师范大学学报（哲学社会科学版）》2008年第5期，第4页。

个缺陷。约瑟夫·奈也在《中国软实力的崛起》中指称，正在悄然崛起的中国，很可能对美国的利益构成威胁。从"妖魔化中国"到"中国威胁论"，既证明了中国实力的变化，同时表现为国际上对中国形象的解读一直存在着误区。[①]事实上，早在 2003 年，郑必坚提出的"和平崛起"理论已经向世界宣明了中国发展的方向，"崛起"与"和平"同等重要。虽然这一理论自提出之日就引起了世界舆论的强烈反响，但中国整体实力与世界发达国家之间的距离仍是一个不可小视的现实问题，尤其是文化软实力这个学者们热衷讨论的问题，是中国和平崛起的软肋之一。[②]鉴于此，文化界的专家、学者着重讨论了文化与和平崛起间相辅相成的关系。陈辽在《"和平崛起"中的文化崛起》一文中指出，文化崛起要做好四件大事，即弘扬具有民主性精华的传统文化、提高国民素质、大力发展文化产业、培养世界性大师和创造伟大的艺术作品；时任文化部文化市场司副司长庹祖海强调文化是经济崛起的重要支撑[③]；陈章梅、肖宗志在《文化软实力的提升与中国的和平崛起》中则详细论述了文化软实力与和平崛起的关系。以孔子为代表的儒学传统是"中国名片"的关键要素。学界专家虽然对于"文化软实力"作为中国和平崛起的重要支撑的认识比较全面，但也不排除存在一些盲目乐观的情绪，就此庞中英清醒地指出，以孔子的名义出口和出口孔子是两回事。这是一个警醒！"一个懂得尊重思想的民族，才会诞生伟大的思想。一个拥有伟大思想的国家，才能拥有不断前行的力量"，电视剧《大国崛起》中的一段话更为确切地表述了目前学界看待文化软实力提升与中国崛起间互为因果的观点。

和平是中国崛起最突出特征。相对现实主义理论大师汉斯·摩根索（Hans J. Morgenthau）在《国家间政治：权力斗争与和平》（*Politics Among Nations: The Struggle for Power and Peace*）中提出的"文化帝国主义"理论，中国"文化软实力"的提升带有亲和力的温柔表现。"己所不欲，

---

① 约瑟夫·奈：《中国软实力的崛起》，《乡镇企业导报》2006 年第 3 期，第 56 页。
② 郑必坚：《中国和平崛起新道路和亚洲的未来——在二〇〇三年博鳌亚洲论坛的讲演》，《学习时报》2003 年 11 月 17 日。
③ 庹祖海：《中国和平崛起中的文化使命》，《北京邮电大学学报》（社会科学版）2006 年第 3 期，第 3-8 页。"文化部"于 2018 年 3 月改为"文化和旅游部"。

勿施于人"[①]；"致中和，天地位焉，万物育焉"[②]；"以和邦国，以统百官，以谐万民"[③]。"和合"精神渗透在中国治国的每一个方面，2014 年 9 月 24 日，国家主席习近平在纪念孔子诞辰 2565 周年国际学术研讨会暨国际儒学联合会第五届会员大会开幕会上的讲话中说道："中国人自古就推崇'协和万邦'、'亲仁善邻，国之宝也'、'四海之内皆兄弟也'、'远亲不如近邻'、'亲望亲好，邻望邻好'、'国虽大，好战必亡'等和平思想。爱好和平的思想深深嵌入了中华民族的精神世界，今天依然是中国处理国际关系的基本理念。"[④]几千年的文明史一个核心词是"和"，中国崛起的理论支柱、实践导向是"和"，社会主义核心价值观包括"和"，针对"中国威胁论"和西方"文化帝国主义"思想，我国文化界学者从构建和谐社会角度展开了对提升中国文化软实力的论述。张兆林发表《提升文化软实力 推进和谐社会发展》的文章从中外、古今等六个方面梳理了提升文化软实力，推动和谐社会发展的关系。聂黎、聂炳华认为："国家文化软实力是国家总体竞争实力的主要组成部分和核心内容，是立足国际文化交流从而和谐处理国家间关系的重要概念，其作用机理是通过文化特有的吸引和感召作用来影响国与国之间的关系。为此，党和国家高度重视提升国家文化软实力，其决策过程经历了初露端倪阶段、正式提出和全面推进三个重要阶段，对构建以合作共赢为核心的新型国际关系、实现我国和平发展具有重要的战略价值。"[⑤]塞缪尔·亨廷顿（Samuel Huntington）曾认为现代化并非西方化[⑥]。1990 年，费孝通在日本著名社会学家中根千枝教授和中国学者乔健教

[①]《论语·颜渊篇》，见上海古籍出版社编：《十三经注疏（全二册）》（上），上海：上海古籍出版社，1997 年，第 2502 页。
[②]《礼记·中庸》，见上海古籍出版社编：《十三经注疏（全二册）》（上），上海：上海古籍出版社，1997 年，第 1625 页。
[③]《周礼·天官冢宰》，见上海古籍出版社编：《十三经注疏（全二册）》（上），上海：上海古籍出版社，1997 年，第 639 页。
[④] 习近平在纪念孔子诞辰 2565 周年国际学术研讨会暨国际儒学联合会第五届会员大会开幕会上的讲话 http://cpc.people.com.cn/n/2014/0925/c64094-25729647.html.
[⑤] 聂黎、聂炳华：《"合作共赢"新型国际关系条件下提升国家文化软实力的再思考》，《东岳论丛》2016 年第 6 期，第 185-191 页。
[⑥] [美]塞缪尔·亨廷顿：《文明的冲突与世界秩序的重建》，北京：新华出版社，1999 年，第 70-71 页。

授组织召开的"东亚社会研究国际研讨会"上讨论对待不同文化的态度时,总结出"各美其美,美人之美,美美与共,天下大同"的十六字箴言。[1]和谐共处一直以来是中国处理国际关系的夙愿,中国的软实力(尤其是文化软实力)的资源虽然丰厚,但其内含的吸引力和影响力并未有效释放,所以中国文化的优势在国际社会还没有得到充分展现,尚需各领域专家、学者的继续挖掘和推动。

2008 年至 2009 年,中国的文化软实力研究非常火热。两年间,中国各界文化软实力研究的文章达 1000 多篇。截至 2020 年 7 月,以文化软实力为主题的论文已有 10 000 多篇,涉及中国文化软实力、外国文化软实力、党的建设文化软实力、国际关系文化软实力研究等多个方向,以中国文化软实力的发展和对策研究数量最多,成果最突出。例如,2008 年,华中师范大学魏明的博士学位论文《全球信息时代中国文化软实力发展战略研究》一文指出:"文化软实力正日益成为全球认同的衡量国家或地区发展的一个重要指标,成为国际竞争的一个新兴领域。历史经验告诉我们,无论中外,抑或古今,能在国与国的竞争中占据主动、纵横捭阖的国家,历来都是硬软实力兼备的国家。和平发展中的中国,尤其应该把打造和提升自己的文化软实力作为现实战略重心。"[2]但魏明认为"约瑟夫·奈'软实力'学说的固有缺陷和大众化色彩,决定了它并不能给当代中国的文化实践提供支撑"[3]。我们必须从中国的实际出发,在马克思主义的唯物史观的基础上对文化软实力的定义进行多维度的审视,只有这样才能保证文化软实力的创新力、凝聚力和传播力在中国的发展中不断起到推动和促进作用。魏明在用大量篇幅研究文化软实力内涵和总结中国文化软实力研究现状的基础上指出,中国的文化软实力处于"有剑无锋"的状态,要改变这个现状,"我们应当从三个方面来构建发展战略以打造和提升国家的文化软实力:第一,要以建设社会主义核

---

[1] 《费孝通先生的政治艺术》,https://www.mmzy.org.cn/mmzt/fxt/jnyuzs/32361.aspx.
[2] 魏明:《全球信息时代中国文化软实力发展战略研究》,华中师范大学博士学位论文,2008 年,第 i-ii 页。
[3] 魏明:《全球信息时代中国文化软实力发展战略研究》,华中师范大学博士学位论文,2008 年,第 i-ii 页。

心价值体系为根本，不断增强中国特色社会主义文化的创新力和引领力；第二，要传承和弘扬中华民族优秀的传统文化，积极培育中华民族精神，加强和谐文化的建设，不断增强中华文化的凝聚力和向心力；第三，大力发展文化传媒，拓展传播渠道，丰富传播手段，不断增强当代中国文化的传播力和辐射力"①。可见，魏明的论文突破了之前文化软实力研究概念不清、学理模糊的状况，在缜密考察的基础上不但抓住了中国文化软实力研究的弊端和漏洞，同时为中国的文化软实力发展提出了战略性对策。尽管文化软实力研究还在不断升温，所有的研究都是摸索着前进，但魏明的研究方法无疑是学界一次极有价值的探索。随着时代对文化软实力重要性的推动，越来越多的硕博士生以多样化的方法研究"文化软实力"这一选题。自 2007 年至 2020 年，中国知网收录的相关硕博士学位论文达 593 篇。王晓军的博士学位论文在马克思主义历史哲学理论和相关文献研究基础上，运用归纳演绎法、历史分析法和案例分析法，以文化认同为视角，对如何提升中国文化软实力问题进行了初步探讨。在系统研究文化认同和文化软实力的内涵基础上界定了双方关系：文化认同是文化软实力的重要体现和内在源泉。②

老子有言，"大邦者下流，天下之牝，天下之交也。牝常以静胜牡，以静为下"③。可见，自先秦始，古老的中国文明就已经意识到提升"软实力"以治国的重要性。当前，"文化软实力"已成为一个学界热衷讨论的命题，但是其概念、内涵的明确性、研究路径的合理性及逻辑指向的科学性还需进一步商讨。

---

① 魏明：《全球信息时代中国文化软实力发展战略研究》，华中师范大学博士学位论文，2008 年，第 i-ii 页。
② 王晓军：《文化认同视角下中国文化软实力建设研究》，河北师范大学博士学位论文，2020 年。
③ 陈鼓应注译：《老子今注今译》，修订版，北京：商务印书馆，2003 年，第 293 页。

第二章　英美"文化软实力"研究

约瑟夫·奈提出的"软实力"概念引起了许多国家政府决策者的高度重视，也引起了国际关系学界和文化学界研究者们的普遍关注，形成了一系列研究成果。例如，有关软实力概念与国际关系研究的著作有约瑟夫·奈的《美国注定领导世界？——美国权力性质的变迁》、《美国霸权的困惑：为什么美国不能独断专行》（The Paradox of American Power: Why the World's Only Superpower Can't Go It Alone）、《软力量：世界政坛成功之道》等；有关文化软实力与美国文化霸权研究的有泰勒·考恩（Tyler Cowen）所著的《创造性破坏：全球化与文化多样性》（Creative Destruction: How Globalization Is Changing the World's Cultures）、马修·弗雷泽（Matthew Fraser）的《软实力：美国电影、流行乐、电视和快餐的全球统治》（Weapons of Mass Distraction: Soft Power and American Empire）、约翰·汤姆林森（John Tomlinson）的《全球化与文化》（Globalization and Culture）等；有关中国软实力研究的有柯兰齐克（Joshua Kurlantzick）的《魅力攻势——中国的软实力如何改变世界》（Charm Offensive: How China's Soft Power is Transforming the World）、李明江（Mingjiang Li）的《软实力：国际政治中的中国崛起战略》（Soft Power: China's Emerging Strategy in International Politics）等著作。这一系列的成果使得"软实力"研究得以进一步拓展和深化。[1]

---

[1] 部分内容参考胡键：《哲学社会科学学术动态扫描》，上海：学林出版社，2013年。

第一节　英美软实力研究的起源和拓展

一、软实力研究的理论背景

"软实力"概念的诞生源于约瑟夫·奈在《美国注定领导世界？——美国权力性质的变迁》一书。这一概念的提出起因于奈对有关国际关系的现实主义模式的解释能力的不满和对流行一时的美国"衰落论"的反驳。

现实主义模式的原始命题是国际政治的中心问题，是战争和使用武力的问题，国际政治的主要行为体是国家。奈则认为，现实主义忽视了世界政治的太多方面，比方说观念的作用、公民团体与他国政府非政府组织之间的互动等等。此外，奈提出"软实力"概念的实践动机，是要找到一个角度来解释美国在当今世界的地位。1987年耶鲁大学教授保罗·肯尼迪（Paul Kennedy）出版《大国的兴衰——1500—2000年的经济变迁与军事冲突》（*The Rise and Fall of the Great Powers: Economic Change and Military Conflict from 1500 to 2000*）一书。他根据西方近代历史的变迁和大国兴衰转移的过程，认为美国的力量不可避免地衰落了。[1]为了反驳这一论断，1990年奈出版《美国注定领导世界？——美国权力性质的变迁》一书，指出美国的力量并没有衰落，而是其本质和构成正在发生变化。奈认为用不着担心美国会被德国和日本这样一些在地缘经济而不是地缘政治方面渐渐显示出优势的国家战胜，他要人们不要轻视美国的一种特殊力量：美国在当今世界上不仅拥有经济和军事等"硬实力"优势，而且还有文化、价值观和国民凝聚力等"软实力"优势，因此美国的国力并未衰落。[2]这样，奈首次提出了"Soft Power"一词，将"软实力"概念推上政治舞台。

从国际政治和国际关系实践的角度来看，强调美国的国际竞争除了硬实

---

[1] 参见 Paul Kennedy. *The Rise and Fall of the Great Powers: Economic Change and Military Conflict from 1500 to 2000*. New York: Random House, 1987.
[2] 参见 Joseph Nye. *Bound to Lead: The Changing Nature of American Power*. New York: Basic Books, 1990.

力比拼之外，还需要软实力这一武器并非奈的首创。1946年乔治·凯南（George Kennan）的一份长长的电报就提出要增加政治和外交方面的遏制而减少军事斗争，道出了美国将在文化、意识形态等领域加强对苏联渗透的意图。[1]奈对凯南钦佩有加，而且奈的助理国防部部长、国家情报委员会主席等政治经历，使得其软实力理念直接与国际关系密切相关。凯南提出的和平演变方式，也可以说是一种"软实力"的雏形。曾任美国总统理查德·M.尼克松（Richard M. Nixon）的解释是，"和平演变"战略的一个基本思路是寻找一种办法越过、潜入和绕过铁幕，在两种制度之间进行一场"和平竞赛"，这种竞赛将会促进他们的制度发生"和平演变"。"冷战"结束后，原有的针对苏联阵营和中国的这种"和平演变"的理论似乎有些过时，巧合的是，正是在这样的时候，"软实力"一词出现了。事实上尼克松在《1999：不战而胜》（*1999: Victory Without War*）一书中已经触及了软实力的内涵，当我们看到"和平演变"和"软实力"之间的国际地缘政治的改变历程的时候，我们发现"软实力"是比"和平演变"更软的一种实力。2017年，法国《世界报》（*Le Monde*）7月25日发表对美国哈佛大学政治学教授约瑟夫·奈的专访，文中称特朗普虽然会降低美国的软实力，但是"美国世纪"不会就此结束，美国仍将成为全球最强大的国家，但不会通过20世纪70年代的那种方式实现[2]。2020年，约瑟夫·奈2月25日在《纽约时报》网站发表文章称，特朗普不仅没有令美国"再次伟大"，反而削弱了美国的软实力。

从理论体系来说，约瑟夫·奈的软实力概念源于西方理论界的权力概念，是在综合国力的基础上形成的。随着冷战的结束，自古以来作为衡量国家强弱标志的军事力量已不能成为衡量国力的唯一标准。从这时候起，国力问题开始了"综合性"的研究。杰弗里·弗兰克尔（Jeffrey Frankel）提出了"综合国力"的概念，雷·克莱因（Ray S. Cline）则在20世纪80年代初

---

[1] 外交历史学家乔治·凯南，在1946年提出了对苏联的"遏制"理论。在1947年提出采取高明的方式（后来所说的"和平演变"的方式）而非武力的方式遏制苏联，这种和平演变方式可能会导致苏维埃政权的瓦解。

[2] 约瑟夫·奈：特朗普降低了美国软实力，https://www.guancha.cn/yuesefu-nai/2017_07_28_420377.shtml.

提出综合国力的分析理论和测算综合国力的"国力方程",其中已经包含物质实力与精神实力的思想。克莱因的国力方程:Pp=(C+E+M)×(S+W)。Pp(perceived power)指综合国力,C(critical mass)、E(economic capability)、M(military capability)分别指基本实体(人口和国土)、经济实力和军事实力,"C+E+M"被称为"实力素质"。S(strategic purpose)和W(will to pursue national strategy)分别指战略目的和追求国家战略的意志,都是极其复杂的无形因素。约翰·柯林斯(John Collins)在《大战略:原则与实践》(*Grand Strategy: Principles and Practices*)中将影响国内外人民的思想和行动的政治力量、人民的性格、精神面貌和教育程度等因素都视为综合国力的组成部分。汉斯·摩根索早就在《国家间政治:权力斗争与和平》中指出:当今国际政治,既以传统的政治压力和武力方法进行,也在很大程度上是争夺人心的斗争[①]。这种将非物质因素纳入权力范畴的思想无疑是软实力概念重要的理论来源。甚至托马斯·霍布斯(Thomas Hobbes)《利维坦》(*Leviathan*)一书中说权力有财富、知识和荣誉等,因此有学者认为软实力概念在霍布斯的《利维坦》中就已具雏形[②]。

此外,丹尼斯·朗(Danis Wrong)在1988年出版的《权力论》(*Power*)中将权力划分为武力、操纵和说服三种形式,可以说是从软与硬两个层面观察国家综合实力的先声,而其中说服的力量就是约瑟夫·奈关于软实力概念的雏形。彼得·巴克莱奇(Peter Bachrach)和莫顿·巴拉茨(Morton Baratz)于1962年在美国的《美国政治科学评论》(*American Political Science Review*)上发表的《权力的两张面孔》("Two Faces of Power")以及1963年在同一家杂志上发表的《决定与非决定:一种分析框架》("Decisions and Nondecisions: An Analytical Framework"),提出并分析了权力的"同化"(co-optive)属性问题对奈的"软实力"观念有所启发。[③]

---

① [美]汉斯·摩根索:《国家间政治:权力斗争与和平》,徐昕等译,北京:北京大学出版社,2006年,第115页。
② 见贾海涛:《试析文化软实力的概念和理论框架》,《岭南学刊》2008年第2期,第77页。
③ 胡键:《哲学社会科学学术动态扫描》,上海:学林出版社,2013年。

上述虽然没有"软实力"的明确定义，但毫无疑问肯定了"软实力"的重要作用。约瑟夫·奈在前人的基础上，对国家权力理论进行了概括和拓展，提出"软实力"的概念，对国家综合实力"软"与"硬"两个方面的构成进行了更为简练、更为形象的概括。

二、约瑟夫·奈的软实力研究

综观约瑟夫·奈1990年以来的文章和著作，人们会发现他本人的观点也有一个发展变化的过程，即使对于软实力的概念，约瑟夫·奈也在对其进行不断的修改和完善。

约瑟夫·奈最早关于软实力的表述除了见诸《美国注定领导世界？——美国权力性质的变迁》一书外，还见诸其1990年在《对外政策》（*Foreign Policy*）上发表的《软实力》（"Soft Power"）、同年在《对话》（*Dialogue*）上发表的《世界力量的变革》（"The Transformation of World Power"）以及发表在《政治科学季刊》（*Political Science Quarterly*）上的《变化中的世界力量的本质》等一系列论文。

在《美国注定领导世界？——美国权力性质的变迁》一书中，奈认为，美国在当今世界上不仅拥有经济和军事等"硬实力"优势，而且还有文化、价值观和国民凝聚力等"软实力"优势。"硬实力"是通过经济胡萝卜或军事大棒威胁利诱别人去干他们不想干的事情；"软实力"是通过精神和道德诉求，影响、诱惑和说服别人相信和同意某些行为准则、价值观念和制度安排，以产生拥有"软实力"一方所希望的过程和结果。归根结底，"软实力"是价值观念、生活方式和社会制度的吸引力和感召力，是建立在此基础上的同化力与规制力。这里，约瑟夫·奈比较完整地阐释了"软实力"的内涵以及"软实力"与"硬实力"的关系，但他似乎把经济实力归于"硬实力"的范畴，是有形力量。这和他以后有关"软实力"的论述不尽相同。

此后，约瑟夫·奈在软实力理论上不断进行着补充与扩展。

在信息革命浪潮的冲击下，"软实力"概念得到长足的发展，其研究重点转为信息时代的软实力的性质和特征。尽管在1990年之前奈曾提出过

"权力已超越'资本密集'阶段进入'信息密集'阶段"①,但他未能对这一变化作进一步研究。这一情况在 1996 年以后有了明显的改观。1996 年,约瑟夫·奈使"软实力"理论迈入了一个新的发展阶段,他和威廉·欧文斯(William Owens)等学者在《外交事务》(*Foreign Affairs*)季刊上发表《美国的信息优势》("America's Information Edge")一文,率先提出"信息权力"的概念,后来又发表《信息时代的力量与相互依存》("Power and Interdependence in the Information Age",奈为第二作者)、《信息时代的国家利益》("National Interest in the Information Age")和《硬权力与软权力》②等文章与著作,进一步阐述软实力理论的内涵,提出"软权力变得比以前更加引人注目"③。这些观点进一步推动了"软实力"概念的扩散和发展。奈及其拥护者断言,谁能领导信息革命,拥有信息权力的优势,谁就强过别人,并在未来世界格局中占据主导地位。他们自傲地说,这个国家就是美国。

"9·11"事件发生后,针对美国先后发动阿富汗和伊拉克战争带来的巨大战略转变,约瑟夫·奈于 2002 年出版《美国霸权的困惑:为什么美国不能独断专行》一书,进一步集中讨论了"软实力"问题。他批评独断专行会严重损害美国的"软实力",呼吁政府学会在界定自身利益的同时顾及世界利益,以确保"软实力"来维系长期的世界领导地位。

21 世纪以来,无论是美国还是这个世界都发生了深刻变化。在对美国"单边主义、傲慢自大和鼠目寸光的外交政策提出警告"④的同时,奈在这本书里进一步阐释了他的"软实力"说。他说:"软实力并不是什么新事物,美国也不是第一个力图用自己的文化创造软实力的国家……美国政府很晚才想到要利用美国的文化为外交服务……但是,许多软实力来自政府控制以外的社会力量。"⑤关于"软实力"与政府的关系,约瑟夫·奈认为:

---

① Joseph Nye. "The Transformation of World Power." *Dialogue*, 1990, No.4.
② [美] 约瑟夫·奈:《硬权力与软权力》,门洪华编译,北京:北京大学出版社,2005 年。
③ 转引自朱峰:《浅谈国际关系理论中的"软权力"》,《国际论坛》2002 年第 2 期,第 57 页。
④ [美] 约瑟夫·奈:《美国霸权的困惑:为什么美国不能独断专行》,郑志国等译,北京:世界知识出版社,2002 年,第 7 页。
⑤ [美] 约瑟夫·奈:《美国霸权的困惑:为什么美国不能独断专行》,郑志国等译,北京:世界知识出版社,2002 年,第 73 页。

"和硬实力不同,软实力不仅仅属于政府……政府有时感到控制和使用软实力很困难。"[①]换言之,"软实力部分是由政府创造的,部分与政府无关"[②]。此外,他在该书中还专门解释了"软实力"与"硬实力"的关系,并特别强调了"硬实力"和"软实力"的相互作用,认为"软实力"并不仅仅是"硬实力"的反映。

随着"历史终结"论的甚嚣尘上,"后冷战"的意识形态氛围日益浓厚,小布什政府单边主义外交走向巅峰,奈氏最初出于为美国辩护的立场而提出的软实力概念,被置换为对新保守主义(或曰布什主义)政治的批判武器。继 2002 年出版的《美国霸权的困惑:为什么美国不能独断专行》之后,奈氏痛感需要从理论上正本清源,对软实力概念作进一步的深层阐释,于是便有了 2004 年出版的风靡世界的超级畅销书《软力量:世界政坛成功之道》。他在该书中指出:"软实力是一种能形塑他者需求的能力,它能通过吸引力而非威逼或利诱达到目的。这种吸引力来自于一国的文化、政治价值观和外交政策。当在别人的眼里我们的政策合法、及时,软实力就获得了提升。"[③]该书除了在对"软实力"理论进行比较系统的梳理和更为清晰的表述之外,还就其他行为体所拥有的软实力及软实力的量化分析等新的问题作了一些阐述与分析[④]。

2006 年 1 月,奈在《外交政策》杂志上发表题为《软实力再思考》("Think Again: Soft Power")的文章,称"单独依靠硬实力或软实力都是错误的。将它们有效结合起来可以称作巧实力"[⑤]。2007 年理查德·阿米蒂奇(Richard L. Armitage,曾任美国副国务卿)和约瑟夫·奈发表了题为《巧实力战略》("Smart Power Strategy")的研究报告,明确提出运用

---

① [美]约瑟夫·奈:《美国霸权的困惑:为什么美国不能独断专行》,郑志国等译,北京:世界知识出版社,2002 年,第 10 页。
② [美]约瑟夫·奈:《美国霸权的困惑:为什么美国不能独断专行》,郑志国等译,北京:世界知识出版社,2002 年,第 74 页。
③ Joseph Nye. *Soft Power: The Means to Success in World Politics*. New York:Public Affairs, 2004, p7.
④ 参见[美]约瑟夫·奈:《软力量:世界政坛成功之道》,吴晓辉、钱程译,北京:东方出版社,2005 年。
⑤ Joseph Nye. "Think Again: Soft Power." *Foreign Policy*, March 1, 2006.p.152.

"巧实力"（Smart Power）进行对外战略转型，帮助美国摆脱当前困境，重振全球领导地位。

可见，在奈那里，软实力概念的产生是国际关系深刻变动的结果，也是权力性质与范围随着形势变化而不断拓展深化的结果，而奈的软实力研究主要集中在国际政治和国际关系领域。

三、英美软实力研究的拓展和深化

20 世纪 90 年代初以来，人们在研究权力这一变化和拓展的过程中，逐步形成关于"软实力"的丰富理论观点，充实了权力论的内涵，成为国际关系研究的一个新的生长点。

西方行为主义政治学代表罗伯特·达尔（Robert Dahl）将"软实力"提升到道德地位，认为"软实力"是影响力的形式之一，在影响力的多种形式中，理性说服比强制可取，因为它具有独一无二的道德地位；美国学者尼古拉斯·欧维那（Nicolas Ovina）则认为军事以外的影响力都是软实力。不难看出，与约瑟夫·奈的概念相比，欧维那给出的是一个包容更广的"软实力"，因为这个否定式的定义势必要将经济影响力也包括在"软实力"中；美国地缘政治学家尼古拉斯·斯派克曼（Nicholas Spykman）则将民族同质性、社会综合程度、政治稳定性、国民士气等视为国家的软实力。可以看到，这些因素都会对国家的综合实力构成影响。相较于约瑟夫·奈，斯派克曼的眼光是朝向国内的，无疑也是颇具启发性的独特视角。

"软实力"的概念为审视全球化、信息化时代的国际关系提供了新的视角。但是不可避免地，也有质疑的声音。保罗·肯尼迪在依然坚持认为美国力量处于危险之中的同时，却否认约瑟夫·奈的"软实力"说。他们对"软实力"的质疑具有普遍意义。实际上，保罗·肯尼迪并未对美国思想和文化的影响力持否定态度，而是不确定把这种影响力计入美国实力是否可靠。人们很难相信单凭电影、电视节目或流行歌曲就可以发挥权力的作用。[①]

---

① 龚铁鹰：《软权力的系统分析》，天津：天津人民出版社，2008 年。

从实际操作层面上来看，质疑声也在所难免。因为政府可以创造、推进或利用"软实力"，但难以控制和主导"软实力"，这是使"软实力"在决策者眼中失去了"硬实力"的那种可靠性，同时也使像保罗·肯尼迪这样的大历史学家对"软实力"说产生怀疑的原因之一。实际上，我们在国际关系的现实中面临这样一个难题：即人们难以忽视"软实力"在国际关系中的重要影响，但又难以像对"硬实力"那样对其进行量化的分析、诠释和判断。约瑟夫·奈的"软实力"说似乎还没有解决这个问题。

但不管人们承认与否，约瑟夫·奈的"软实力"说既揭示了一个世界历史中早已存在的事实，同时也对国际关系理论界提出了一个挑战。尽管有质疑的声音，但更多的人认识到了这类实力在新时代和新形势下的重要意义，对这一概念持肯定的态度，并在原有基础上各有侧重地加以拓展和深化。

李明江在《软实力：国际政治中的中国崛起战略》（2009 年）一书中认为，"软实力"这一概念在理论层面的欠缺导致了一个比较模糊的概念框架。人们仍然不清楚并存在比较严重争议的是，什么因素产生了吸引力？李明江认为从权力来源对实力进行软与硬的分类，逻辑上不是很清晰。因此他希望能够提供更好的分类原则。他提出为什么某些权力来源在性质上被界定为"软"或"硬"的疑问，并指出事实上文化、意识形态和价值观也可以是强迫性的，而军事和经济力量也可以具有吸引力。事实上任何实力来源都不具有软实力或者硬实力的内在属性，其之所以变成一种或者另外一种实力，仅仅取决于一国（或者其他行为主体）如何发挥和运用自己的实力。[①]

这样的研究视角无疑对软实力理论的拓展和深化大有启发。法国《国际信使》（*Courrier International*）周刊 2008 年 12 月 18 日至 30 日合刊刊登了乔尔·惠特尼（Joel Whitney）对约瑟夫·奈的一篇访谈，主标题为"'软实力'回来了吗？"（"Is Soft Power Back？"），副标题为"美国实力正在蜕变"（"The Changing Nature of American Power"）[②]，文中奈也承认软实力和硬实力是实力的两个方面。有时，物质资源或者非物质资源能够同

[①] Li, Mingjiang. *Soft Power: China's Emerging Strategy in International Politics*. New York: Lexington Books, 2009.
[②] 转引自郭云：《多维视野下的国外文化软实力研究》，《学术论坛》2010 年第 12 期，第 210 页。

时产生硬实力和软实力。例如 2003 年美国进入伊拉克，是把硬实力用于军事和战争目的。这之后，对美国印象良好的亚洲人从 2000 年的 75%迅速降至 2003 年的 15%。然而在 2004—2005 年的海啸救灾行动中，美国海军救助了很多灾民，之后的几个月里，美国的吸引力大幅上升，支持美国的亚洲人又重新占到了 45%。可见，当通常体现硬实力的军事力量被用于人道主义目的的时候，它就可以使国家更有吸引力，发挥软实力的效用。

也许软实力概念的精髓正在于其运作方式，从权力运用方式上来划分软硬，比从力量的来源上划分更具合理性。可以说，从本质上来讲软实力正在于通过对权力的软运用来增加一个国家的吸引力和说服力。从权力运用的视角来看软实力，我们能更好地理解为什么文化、价值观和政策能成为软实力的题中之域。因为文化和价值观正包含着权力应该如何运作的社会准则和标准尺度。

作为一个新出现的国际关系分支理论，"软实力"尚不成熟，仍显单薄，曾一度面临孤掌难鸣的尴尬局面。然而，进入 2007 年，美国的国际政治理论界以奈的"软实力"为基础，提出了一个新的概念："巧实力"或称"英明实力"（smart power）。从奈的观点中我们得出巧实力就是将硬实力和软实力结合起来构筑为成功的战略的能力，而根据欧内斯特·威尔逊（Ernest J. Wilson）写作的《硬实力、软实力和巧实力》（"Hard Power, Soft Power, Smart Power"）一文，这一新概念更为明确的定义是："一个行为体将硬实力要素和软实力要素结合起来，使两方面相得益彰，从而使行为体的目标得以有效而且高效率推进的能力。"[①]在这个巧实力概念的基础上，美国理论界成立了一个"战略与国际问题研究中心巧实力委员会"（CSIS Commission on Smart Power），由约瑟夫·奈和曾担任布什政府副国务卿、后任职于战略与国际问题研究中心（Center for Strategic and International Studies，CSIS）的阿米蒂奇共同领导。奈在这个组织中的存在，可以解释为"smart power"观念体系对于软实力概念的依赖性。

[①] Ernest J. Wilson."Hard Power, Soft Power, Smart Power." *The Annals of the American Academy of Political and Social Science*, Mar., 2008, Vol.616, *Public Diplomacy in a Changing World* (Mar., 2008), pp.110-124.

第二节 英美文化软实力的研究

一、英美文化软实力研究的理论背景

"文化软实力"是构筑约瑟夫·奈"软实力"概念的一个重要方面。根据奈的观点,"国家的软实力主要来自三种资源:文化、政治价值观及外交政策"①。所谓"文化软实力",就是以文化为基础的国家软实力。

奈对文化的理解"是为社会创造意义的一系列价值观和实践的总和"。他把文化分为两类:一类是精英文化,即"迎合社会精英品味的阳春白雪型,比如文学艺术和教育";另一类是大众文化,即"侧重大众娱乐的通俗文化型"。②文化作为软实力之所以重要,不仅仅因为文化是民族的凝聚力和创造力的重要源泉,而且也是因为文化往往构成了同样体现"软实力"的政治价值和外交政策的核心内容。

关于文化软实力的重要性,兹比格纽·布热津斯基(Zbigniew Brzezinski)在《大棋局:美国的首要地位及其地缘战略》(*The Grand Chessboard: American Primacy and Its Geostrategic Imperatives*)一书中认为,美国争夺欧亚大陆的结果最终将由非军事手段决定,政治上的生命力、意识形态上的灵活性、经济上的活力和文化上的吸引力,变成了决定性因素。他提出了大国的四个标志,即经济发达、军事强大、科技雄厚、文化富有吸引力,凸显了文化的重要性。奈在《美国注定领导世界?——美国权力性质的变迁》一书中甚至提出仅仅依靠美国文化的普及,就足以奠定美国的领导地位。

文化软实力研究的理论背景,可以追溯到西方学者关于文化帝国主义的研究。冷战结束后,以美国为首的西方国家进一步加强对发展中国家的文化

---

① [美]约瑟夫·奈:《软力量:世界政坛成功之道》,吴晓辉、钱程译,北京:东方出版社,2005年,第11页。
② [美]约瑟夫·奈:《软力量:世界政坛成功之道》,吴晓辉、钱程译,北京:东方出版社,2005年,第11页。

外交，全面输出西方的政治经济模式和价值观念，并且把"西方的思想和实践"视为"具有普遍性权威"的唯一标准。① 虽然尚未提出"文化软实力"的概念，"历史终结论""文明冲突论"等各种观点的提出，都试图迎合西方文化帝国主义的政策，为其文化渗透和扩张披上一层道德的、合法的外衣，并为其"文化软实力"概念的生发提供了理论依据。

美国《国民利益》（*The National Interest*）季刊1989年夏季号刊登了曾任国务院政策计划司副司长和曾作为兰德公司分析家弗朗西斯·福山（Francis Fukuyama）《历史的终结及最后之人》（"The End of History and the Last Man"）一文，该文提出了著名的"历史终结论"②。福山认为中国和苏联不得不进行改革和西方文化处于统治地位等现象，不仅标志着"冷战"的结束，更加表明了西方自由民主的普及，即西方的自由主义思想将作为历史的终结，人类社会发展不会再出现更新的形态。弗朗西斯·福山的"历史终结论"，以"冷战"胜利者的姿态，论证了西方自由主义的"合理性"与"生命力"，并企图把它作为"普遍真理""终极真理"强加给人类社会。这无疑是西方国家全面输出政治经济模式和价值观念，重视文化渗透与扩张的理论基石。

哈佛大学著名政治学家亨廷顿则明确断言文明冲突将主导未来的国际关系。1993年，美国《外交事务》季刊夏季号发表亨廷顿的文章，题为《文明的冲突？》（"The Clash of Civilizations"），认为文明的冲突将左右全球政治，下一次世界大战将是文明之战。之后，亨廷顿又在同年的《外交事务》上发表《不是文明是什么》（"If Not Civilization, What?"），进一步阐述了"文明冲突论"。③亨廷顿认为"冷战"结束后，世界冲突的根源，将主要是文化的而不是意识形态的和经济的。"全球政治的主要冲突将发生在不同文化的族群之间。文明的冲突将左右全球政治，文明之间的断层线将成为未来的战

---

① 参看英国《卫报》（*The Guardian*）专栏作家约翰·格雷（John Gray）1994年4月4日的文章。
② 弗朗西斯·福山：《历史的终结及最后之人》，黄胜强等译，北京：中国社会科学出版社，2003年。
③ 参见王缉思主编：《文明与国际政治——中国学者评亨廷顿的文明冲突论》，上海：上海人民出版社，1995年。书中收录了国内发表的评论亨廷顿"文明冲突论"的多篇论文。

斗线。"①亨廷顿主张推进西方文明内部，尤其是欧洲与北美"子文明"之间的合作，强调要加强西方文明的凝聚力并在其内部排斥其他文明，以应对其他文明的挑战。说到底，"就是要以西方文明围剿非西方文明，用西方文明统一天下。可以说，'文明冲突论'从西方文明的对立面，为西方的文化扩张提供了理论依据"②。

二、美国的文化软实力研究

进入 21 世纪以来，英美学者关于文化重要性的认识越来越清晰和深刻：一些军事上并不强大的小国如瑞典也具备一定的号召力，正是因为它们的文化有令人着迷之处；中国和印度等发展中国家由于其特殊的政治理念和悠久的传统文化，也能散发出软实力的光辉魅力……可见文化一直是构成软实力的重要因素。无怪乎约瑟夫·奈建议美国要充分利用其发达的传播媒体、文化产品、大量出口的影视节目等大众文化形成无形且强大的软性力量，来增强美国对世界的控制力。

在奈对美国的软实力信心满满的同时，这一通常被认为是软实力基石的文化因素，确实也可能成为各种矛盾冲突的导火索：我们通常认为文化能增进国家间的友好关系，但如果一个国家采取侵略性的文化政策，则可能直接导致对文化霸权和文化殖民的恐惧。文化软实力研究者便对过于乐观的美国文化观颇有微辞。"德国《时代周报》主编约瑟夫·约菲曾说，美国的软实力甚至强于其经济与军事资源：'美国文化，无论其通俗还是高雅，都向外辐射着只有罗马帝国时代才有的炽热，而且手法更新颖、迂回。罗马和苏联文化都止步于它们的军事控制范围。美国软实力才真正造就了一个日不落的帝国。'"③但他同样认为，事实上美国的文化力量是否增进了世界对美国的喜爱是值得怀疑的。

---

① 转引自曹顺庆：《跨越异质文化》，济南：山东友谊出版社，2007 年，第 17 页。
② 李毅：《回顾与前瞻：20 世纪中国文化思潮与先进文化的发展》，天津：天津人民出版社，2004 年，第 288 页。
③ 《环球时报》编，王文主编：《争辩中国》，上海：上海人民出版社，2010 年，第 222 页。

中世纪教廷以夺回圣地耶路撒冷为借口发动战争的历史，对于不论是信奉正统派基督教的人还是普通的穆斯林都记忆犹新。在"9·11"恐怖袭击之后，美国总统乔治·布什对这个词的使用，无疑在伊斯兰世界引起了忧惧的情绪。亨廷顿的文章所言不虚，"在未来世界中，国际冲突的主要根源，不是意识形态，也不是经济，而是文化"①。

美国出口产品中占比例最大的不再是农业或工业产品，而是电影、电视节目、音乐、书籍和电脑软件等。在大众文化层面，以美国为代表的西方文化产品充斥着世界市场。"美国的电视节目和电影大约占世界市场的四分之三。美国的通俗音乐居于同样的统治地位。同时，美国的时尚、饮食习惯甚至穿着，越来越多地在全世界被模仿。"②无论在上海、巴黎，还是莫斯科，人们吃麦当劳、肯德基，穿牛仔裤，逛迪士尼，上互联网，看好莱坞电影……美国的文化与价值观念正在通过新闻、娱乐、广告这些"文化软实力"的传播工具而统治全球。

对此，曾任加拿大《国家邮报》（*National Post*）总编辑弗雷泽所著的《软实力：美国电影、流行乐、电视和快餐的全球统治》一书有所揭示。该书原中译名为《媚惑大众的武器：美利坚帝国的软实力》③。这是一本详尽论述美国的"软实力"及其在国际外交事务中的角色的论著。弗雷泽在书中指出，在走向帝国、称霸全球的进程中，美国不仅一直仰仗着自己的硬实力即强大的政治、军事实力耀武扬威，而且一直在依赖着自己的软实力即流行文化进行潜移默化式的渗透，从而达到向全球推广美国生活方式和价值观的目的。该书按照电影、电视、流行音乐和快餐四部分，追溯了美国外交政策中这几大软实力的起源、发展及其对当今世界的影响。例如，该书第四章快餐部分的焦点是美国快餐业在全球的扩展及其对西方世界和非西方世界的影响。作者深入探讨了可口可乐与麦当劳在美国外交事务中的角色，阐述了

---

① Samuel Huntington. "The Clash of Civilizations？" *Foreign Affairs*, 72 No.3 (Summer 1993), pp. 22-28. 中译引自杨一铎：《重建中国文论话语研究》，西安：西北大学出版社，2015年，第200页。
② ［美］兹比格纽·布热津斯基：《大棋局——美国的首要地位及其地缘战略》，中国国际问题研究所译，上海：上海人民出版社，1998年，第35-40页。
③ Matthew Fraser. *Weapons of Mass Distraction：Soft Power and American Empire*. Toronto: Key Porter, 2003, p.288.

"可口可乐殖民化"和"麦当劳统治"这样的概念,甚至提出了"两个拥有麦当劳的国家根本不会互相宣战"的"金色拱门理论"。

阿里尔·多尔夫曼(Ariel Dorfman)和阿尔芒·马特拉(Armand Mattelart)在《如何解读唐老鸭:迪士尼卡通的帝国意识形态》(*How to Read Donald Duck: Imperialist Ideology in the Disney Comic*)一书中也分析了迪士尼世界背后隐藏的美国价值观。这种借助大众文化产品输出的价值观并没有通过引诱或威胁的方式迫使别国接受,而是让他们觉得这些价值观的自然和正常,进而在这种自然的状态中,默认了美国的文化和价值观,甚至模仿美国的生活方式,这正是美国软实力通过大众文化输出所达到的效果。①

问题的严重性正在于,"强势文化"在销售本国文化产品并牟取高额利润的同时,也将文化产品作为其大量输出意识形态、政治观念、文化观念和价值观念的工具。在这些看似娱乐的文化产品中,蕴藏着美国式的文化意识,包括个人英雄主义、享乐主义、宗教信仰等。美国学者约翰·耶马(John Yemma)则在《世界的美国化》("Americanization of the World")一文中说:"美国的真正'武器'是好莱坞的电影业、麦迪逊大街的形象设计厂和马特尔公司、可口可乐公司的生产线……这是使这个世界比以往任何时候都更加美国化的重要因素。"②文化帝国主义的批判者如多尔夫曼和马特拉等也都认为,西方发达国家的生活方式,意识形态经由国际传播威胁了第三世界民族国家的文化认同。约翰·汤姆林森的《全球化与文化》一书提出了全球化到底是增强还是破坏了文化多样性的疑问。马特拉的《世界传播与文化霸权:思想与战略的历史》(*La Communication-monde*)一书批判了当代传播与文化工业的全球垄断,致力于推动文化多样性和媒介的多元化。③

事实上,甚至法国这样的美国盟国,这样的西方资本主义大国,都感到了美国文化侵略的威胁。难怪曾任法国文化部长的雅克·兰(Jack Lang)

---

① A. Dorfman and A. Mattelart. *How to Read Donald Duck: Imperialist Ideology in the Disney Comic*. New York: International General Editions, 1975.
② 转引自刘伟胜:《文化霸权概论》,石家庄:河北人民出版社,2002 年,第 57 页。
③ [法]阿芒·马特拉:《世界传播与文化霸权:思想与战略的历史》,陈卫星译,北京:中央编译出版社,2001 年。

要呼吁,"如果没有一个文化的欧洲,全世界就会成为好莱坞的天下"①,各国人民应该为能够拥有自己的想象权利而斗争。1996年8月在澳大利亚悉尼召开的国际大众传播研究学会第二十次大会暨科学讨论会上,有德国学者猛烈抨击美国传媒帝国主义和"欧洲讨好好莱坞"的政策。1998年6月,加拿大在渥太华组织一次有关美国文化统治地位的会议,有法国、英国、巴西、墨西哥等19国参加,美国被明令排除在外。

当然也有挺身而出为美国辩护和打抱不平者,如英国老牌周刊《经济学人》(The Economist)曾于1998年9月12日发表《文化大战》("Cultural War"),文章列出了三个问题:好莱坞是否像它的敌人想象的那么强大?是否存在一种可以识别的、能明确称为"美国文化"的事物?美国的统治地位是否延伸到了通俗艺术和娱乐领域的所有角落?

第三节 英美对中国文化软实力的研究

20世纪末以来,中国的崛起及其在东南亚软实力的迅速增长,引起美国高度重视和密切关注。相关机构对中国软实力进行了详细的研究和调查。在中国大连举办的2007年世界经济论坛,讨论了中国的软实力。时任澳大利亚工党领袖的陆克文(Kevin Rudd)将柯兰齐克的《魅力攻势——中国的软实力如何改变世界》一书呈交时任总统布什,以警示他"为何美国的影响力逐步丧失"。美国国会研究处(Congressional Research Service,CRS)应时任参议院外交关系委员会主席小约瑟夫·R.拜登(Joseph R. Biden, Jr.)的要求,也提交了关于中国在东南亚及其他地区"软实力"及外交影响的系列长篇报告。②一些民意测验机构更是多次调查了美国民众眼中的中国形象和软实力问题。③

---

① 转引自黄志文等:《信息伦理论纲》,武汉:湖北人民出版社,2004年,第88页。
② 在拜登的支持下,美国已成立以约瑟夫·奈为首的"巧实力委员会"来研究和制定美国的软实力战略和巧实力战略。希拉里也在不同场合表示要运用"巧实力"外交。
③ 如皮尤研究中心(Pew Research Center)进行的全球舆论调查、芝加哥全球事务委员会(The Chicago Council on Global Affairs)进行的东南亚软实力调查等。

英美的研究者认为在亚洲的语境下,软实力的概念被拓宽,它不仅包括文化、价值观念和外交等领域,也包括投资、援助、贸易等。①国外的中国软实力研究,则主要集中在中国软实力在东南亚的影响力以及美中软实力的比较方面。

一些英美研究者看起来并不担心中国的软实力。他们认为中国试图通过文化软实力来影响世界其他部分,但却不能够就究竟是什么构成中国的文化和价值观而达成共识,无疑使其影响能力受到制约。法里德·扎卡里亚(Fareed Zakaria)宣称中国对软实力的使用仅限于在温柔地使用权力的意义上。他自信地认为美国可以轻而易举地比中国更具魅力。

2008年初,美国芝加哥全球事务委员会(The Chicago Council on Global Affairs)发表了主标题为"亚洲软实力"(Soft Power in Asia: Results of a 2008 Multinational Survey of Public Opinion)的报告,该研究表明中国软实力的影响即使是在被认为其最具影响力的东亚,仍然比美国要"低得多"。②

布朗森·珀西瓦尔(Bronson Percival)的《巨龙向南看:新世纪的中国和东南亚》(The Dragon Looks South: China and Southeast Asia in the New Century)一书也在展示中国在东南亚崛起力量的同时,指出了中国软实力的局限。他认为中国在东南亚的崛起事实上对于美国在该地区的利益只有很小的负面影响,因此他并不太担心中国的崛起已经或将会对美国在东南亚的稳固地位造成影响。

另一些人面对中国的"软实力"力量则感到不安和焦虑。有的认为中国已经具有了很强的软实力,有的甚至认为中国软实力的提升是以美国软实力的下降为代价的。

比如约瑟夫·奈在2005年12月29日的《华盛顿邮报》(The Washington Post)上发表的一篇文章,以在马来西亚结束的首届东亚首脑会议和英国广播公司有关中国和美国的国际形象的调查为由头,说明中国的文学、电影、教育和传媒的国际影响,中国的发展模式对其他第三世界国家的

---

① Joshua Kurlantzick. "China's Charm: Implications of Chinese Soft Power." *Carnegie Endowment for International Peace Policy Brief*. no. 47 (June 2006), p.1.
② 转引自胡键:《哲学社会科学学术动态扫描》,上海:学林出版社,2013年,第11页。

吸引力，以及中国积极参与国际组织和承担国际义务等事实。得出中国的国家软实力正在增强，而美国的软实力则相应地在衰落的结论。

美国普林斯顿大学（Princeton University）教授 G. 约翰·伊肯伯里（G. John Ikenberry）在美国《外交事务》杂志 2008 年 1—2 月号发表的一篇标题为《中国的崛起和西方的未来——自由制度何以生存》（"The Rise of China and the Future of the West: Can the Liberal System Survive?"）的文章则称："中国的崛起将是 21 世纪的大事之一。中国出色的经济增长和积极的外交，已经在改变着东亚，而未来几十年间中国的实力和影响将会有更大的增强。"[1]同样表达了对中国崛起的趋势以及其国际影响力的肯定。

《魅力攻势——中国的软实力如何改变世界》的作者柯兰齐克也声称中国的软实力"正在改变世界"。针对英美的中国软实力研究的一个盲点：中国是如何运用其软实力赢得信任和增强影响力的？柯兰齐克在该书中精确而简练地利用约瑟夫·奈的"软实力"理论做出了回答。柯兰齐克强调了中国软实力的力量，并系统地梳理了中国软实力如何在亚洲及整个世界发展的思路。不同于奈的软实力范畴，他将中国的软实力定义得非常宽泛，包括军事力量以外的所有国际影响力，他甚至将中国的贸易和海外投资纳入软实力范畴。柯兰齐克认为中国的迅速崛起导致了一个以中国为中心的亚洲新秩序正在产生，同时美国在亚洲的领导地位面临下降危险。柯兰齐克在《华盛顿观察》周刊（Washington Observer Weekly）2007 年 4 月 18 日一期上发表的一篇文章《魅力攻势：中国仗"软实力"屹立世界》中说："中国的软实力外交明显改变了它在亚洲乃至世界其他地区的形象，使它在国际舞台上变得积极活跃而富有建设性，甚至于很多国家现在更喜欢中国而非美国了。"[2]他警示美国政府要正视中国软实力提升的现实。他希望美国能够更加积极地接触亚洲，在某些方面向中国学习，试着融入当地的文化当中。

软实力研究的重点之所以在美国和中国之间，无疑与中国惊人的崛起及

---

[1] G. John Ikenberry. "The Rise of China and the Future of the West: Can the Liberal System Survive?" *Foreign Affairs*, January-February 2008,87(1): 23-37. 中译参考胡键主编：《哲学社会科学学术动态扫描》，上海：学林出版社，2013 年，第 11 页。
[2] 陈志、杨拉克：《城市软实力》，广州：广东人民出版社，2008 年，第 12 页。

其不断扩大的影响力有关，这一点在柯兰齐克（原译为科兰兹克）的《魅力攻势——中国的软实力如何改变世界？》一书中有所揭示。[①]对中国软实力关注的声音从认为中国的软实力很薄弱和毫无希望到认为中国正在演变成在世界范围对美国软实力构成主要挑战的国家都有。有关采取对策的建议也跨越很大范围。一些分析人士对中国的外交活动持谨慎欢迎态度，而另外一些人则坚决主张对中国影响力的增强采取对抗措施。李明江认为中国在世界上的"软"的影响力之所以增强，实质上正是由于中国几十年来在对外政策方面的实力的软运用：包括融入现有的国际体系的努力、维护本地区和平稳定的环境的努力和积极地参与多边活动并在国际经济活动中谋求共赢的努力等。在西方研究者看来，中国以一种谨慎和考虑周全的方式发挥了自己的威力。[②]

在过去的几十年，中国的领导人和研究者尤其致力于增强中国文化软实力，在全球资助孔子学院、提高中国媒体影响力、参与文化交流，这都是软实力的重要来源。2005年12月，约瑟夫·奈在《华尔街日报》发表了一篇题为《中国软实力的崛起》的文章，指出中国正凭借其引人入胜的传统文化进军全球大众文化领域。2006年2月22日，约瑟夫·奈在接受日本《东京新闻》（*Tokyo Shimbun of Japan*）采访时进一步指出了中国文化软实力的提升，且涉及文化领域的各个方面，中国对文化软实力的运用和提升的重视程度，无疑让奈有所警惕。然而约瑟夫·奈也看到中国的传统文化，特别是儒家文化在世界上的影响，认为通过多举行国际性文化活动以向西方展示和推广中国文化是提升中国文化软实力的有效途径。

奈看到了中国文化软实力的问题所在——中国虽不缺乏文化软实力资源，但在文化软实力的推广上却存在困难。英雄所见略同，曾任英国战略与国际问题研究中心中国问题研究室名誉主席贝茨·吉尔（Bates Gill）也指出："就文化吸引力来说，中国资源丰富，但她不善于推销文化产品。"[③]

[①] https://www.chinanews.com/gn/news/2007/06-08/953950.shtml.
[②] Li Mingjiang. "Soft Power and the Chinese Approach." *China Security*, Summer, 2008, p.5.
[③] 转引自杨牧之：《国家"软实力"与世界文化的交流——〈大中华文库〉编辑出版启示》，《中国编辑》2007年第2期，第22-27页。

在《中国软实力资源及其局限》("Sources and Limits of Chinese 'Soft Power'")一文中,贝茨·吉尔指出,"文化是软实力的一个重要来源"①,"在加强文明的影响力方面,中国具有一定的独特优势"②,但是,"有关中国在文化、政治观念和外交策略三个领域的软实力资源的调查显示,虽然中国的软实力资源正逐渐增强,但它在将这些资源转化为预期的外交政策时受到了严重的约束"③。

美国企业公共政策研究所(American Enterprise Institute for Public Policy Research,AEI)研究员、非洲问题专家莫罗·德·洛伦佐(Mauro De Lorenzo)在2007年10月9日的《环球时报》(Global Times)上撰文评价说,中国的软实力中文化的吸引力还相对较弱,相较于美国的电影、音乐和其他文化产品,中国似乎没有一个突出的享誉世界的文化品牌,世界许多国家对中国的印象还很模糊并充满了错觉。在这个意义上来说,中国的软实力还有待加强。

黄严中(Yanzhong Huang)等在《龙的软肋:中国软实力分析》("Dragon's Underbelly: An Analysis of China's Soft Power")一文中认为:"'作为世界上唯一延续的最古老的文明,中国具有其文化遗产的基础……而这正是中国软实力的一种潜在的重要资源'。然而,'其软实力在海外拓展的不平衡'使得'软实力仍然是中国的一个软肋,而它离真正成为全球的领导还有很长一段距离'。"④

在约瑟夫·奈提出的软实力三要素中,文化是最重要、最基本的要素。一个国家的软实力,最终的输赢,是取决于文化的实力。再好的经济政策、再好的外交政策、再好的价值政策,没有文化作为依托,软实力都有可能回

---

① [美]贝茨·吉尔等:《中国软实力资源及其局限》,陈正良、罗维译,《国外理论动态》2007年第11期,第56-62页。
② [美]贝茨·吉尔等:《中国软实力资源及其局限》,陈正良、罗维译,《国外理论动态》2007年第11期,第56-62页。
③ [美]贝茨·吉尔等:《中国软实力资源及其局限》,陈正良、罗维译,《国外理论动态》2007年第11期,第56-62页。
④ Yanzhong Huang & Sheng Ding. "Dragon's Underbelly: An Analysis of China's Soft Power." East Asia, Winter 2006, Vol. 23, No. 4, pp. 22-44. 转引自胡键:《哲学社会科学学术动态扫描》,上海:学林出版社,2013年,第10-11页。

落、下跌。2009年，有学者认为："中国文化在世界的影响力，绝对不可以说是巨大的。与美国文化相比较，中国文化在世界范畴中许多方面都是不足的：一，未在国际社会中成为一种流行的文化；二，未形成有相当影响力的文化；三，未成为推动世界经济发展的一股力量文化。"[①]2020年，有学者认为："客观地说，美国文化、欧洲文化是当前对世界文化发挥重要影响的两'极'，中国文化则是绵延五千多年从未中断而又不断融入新质、同样对世界文化产生重要影响的另一'极'，其独特性极为明显。尽管从全球范围看，中西文化势差的存在仍是一个不争的事实，美国文化、欧洲文化作为世界强势文化的影响力还会长期存在，但自近代以来，世界上一些有识之士普遍认为中国文化是救治西方文化弊病的良药，是与欧美文化屹立并存的重要一'极'。"[②]

我们必须清醒地认识到，并不是一个文化所有的因素都能产生吸引力。为了具有软实力，一个国家应努力展示那些得到外部世界认同和欣赏的部分，而隐藏那些可能导致其他国家的不快和误解的因素。外国研究者们从操作和运用的视角来划分实力的软硬，无疑对我国的软实力研究有所启发。无怪乎许多中国分析家在谈论中国文化的时候将"和谐"与"和平"作为中国软实力的源头，因为这些价值观在本质上触到了权力应该如何运作的问题核心。

---

① 夏春平：《世界华文传媒年鉴 2009》，北京：中国新闻社/世界华文传媒年鉴社，2009年，第263页。
② 闫玉清、赵兴银：《中华民族伟大复兴与当代中国文化国际影响力的生成》，《毛泽东邓小平理论研究》2020年第9期，第6页。

第三章　日本"文化软实力"研究

文化软实力研究在国际社会上产生了强烈反响，也引起了许多国家的高度重视，各国相继把提高文化软实力作为增强国家软实力的重中之重。软实力的源泉是一个国家的文化、政治理想和政策魅力。日本人成了软实力的较佳实践者，他们正在试图以文化、社会和经济手段来影响世界。日本政府所采取的很多政策都在客观上提高了日本对其他国家的软实力和吸引力。2004年6月25日，日本月刊杂志《外交论坛》6月1期刊登了约瑟夫·奈的文章，题为《日本软实力的局限性与可能性》。在这篇文章中，奈分析了日本软实力的源泉，着重指出了日本以文化为基础的软实力在不断发展增强。日本软实力研究者正是通过把握"他者"眼中的自我的研究情况，及时吸收并根据本国的实际情况采纳别人的正确看法，督促相关职能部门及时采取积极的文化应对策略，不断发展日本的文化软实力，从而在整体上进一步增强了日本的国力。

第一节　日本"文化软实力"研究策略

首先是政府的积极参与与支持。像美国、英国、法国一样，日本也是通过政府的积极参与及支持而大力推动文化产业发展的。1995年，日本文化政策推进会议发表重要报告——《新文化立国：关于振兴文化的几个策略》，确立了日本在21世纪的"文化立国"方略。2001年，日本文化厅公布和实施《振兴文化艺术基本法》。在2002年3月至2003年1月这短短的几个月期间，日本政府召开多次"知识产权战略会议"，相继出台了《知识产权战略大纲》和《知识产权基本法》，将"技术立国"的国策修改为"知识产权立国"。2003年3月，政府内阁成立由首相亲自挂帅的知识产权战略本部，制定了《知识产权战略推进计划》，形成较为完善的知识产权整体战略体系。正是由于日本政府把文化产业作为战略性支柱产业加以大力扶持，才使得日本在较短的时期内在国际文化市场竞争中占据了有利地位。日本在20世纪90年代的十年持续经济低迷时期，唯独文化产业取得了巨大的增长。目前，日本的文化产业体系已较为完整。亲和力强的文化产品在海外的销售，极大地改善了日本国家的形象，提升了日本国家的整体实力。

其次是日本文化的对外宣传。为了在全球范围内扩大自身影响力，日本试图通过推广日语，引发其他国家民众对日本事物产生兴趣。今天，外国人学习日语的兴趣更强烈。为了有助于推广日语，类似于英国文化协会（British Council）或德国歌德学院（Goethe-Institut）的日本基金会每年邀请来自世界几十个国家的外国教师赴日本参加全部免费的培训课程。在杉浦勉先生看来，外国人曾经是为了工作等原因学习日语，但是今天外国人学习日语则更多在于他们对日本文化感兴趣。

日本政府想使日本岛成为世界文化的驿站，基于此想法，一个全新的英语国际新闻频道NHK World TV于2009年2月2日开播。该频道报道内容以日本为主，其次是亚洲，涉及社会、文化、经济及科学。推出该频道来自政府的意愿，麻生太郎希望自己的国家更积极主动地对外宣传日本文化，并认为创建一个以新闻为主的有关日本的英语国际频道很重要。2019年2月14日，日本NHK电视台推出了一个新网络频道"NHK华语视界-日本"（NHK World-Japan）。该频道因用中文播报而受到许多中国人的关注。该频道介绍日本有关时政、经济和社会文化等的最新动态。

日本在第二次世界大战后一直在开展茶道、花道和美食等传统文化的外交，但最终选择了流行文化打头阵。渡边靖认为，日本希望通过娱乐和语言输出日本文化，以一种更自然的方式融入国际社会。曾任日本驻香港总领事佐藤重和则表示，在"硬力量"年代，大国崇尚以炸弹刀枪来威吓他国，以控制他国的资源。但在"软力量"年代，则要通过宣传让别国了解日本，吸引外国人到日本旅游、投资。在佐藤看来，最重要的是打动人心。

从20世纪70年代起，从人工和流行时尚中发源的可爱文化开始征服日本。作为可爱文化代表的Kitty猫、皮卡丘、机器猫等卡通形象，在日本生活中无处不在，如政府的出版物、公共告示牌、军方的广告及民航飞机等。同样，成年人也使用印有米菲兔的银行卡、Hello Kitty 的护身符等。中国的日本文化研究学者许介鳞认为，由于可爱的人工艺术无处不在，在现代的日本，日本人的幼稚完全被积极地肯定了。接受可爱文化熏陶比较深的是中国。随着日本动漫产业的全球推广，日本动画在世界各国电视台的竞相播放，日本的"幼稚力"凸显出了自己的文化软实力。

自称是个动漫迷的麻生太郎呼吁日本实行他所谓的"漫画外交"。2008年5月，日本选定 Hello Kitty 这个可爱的卡通小猫作为中国的旅游亲善大使，以吸引更多的游客前往日本旅游。除了 Hello Kitty 之外，另外一个深受人们喜爱的卡通形象"机器猫"——"哆啦A梦"也于2008年3月份被任命为日本的"动漫大使"，负责向全世界推广日本文化，其主要使命是"巡游世界，广交朋友"。这两只猫被赋予的新身份也显示出日本海外影响与流行文化的相关程度。作为日本海外援助的积极倡导者的麻生太郎还认为，对发展中国家的援助是输出日本文化的体面途径，也是散播日本价值观的重要方式。

除流行文化外，日本的高雅文化也是其软实力的源泉之一。村上春树、桐野夏生等一批日本作家早已蜚声海外，都分别拥有自己的读者群。东京弦乐四重奏乐团是公认的世界最高水平室内合奏团之一。注重精神修炼的传统，进一步增强了日本文化的魅力，禅文化、空手道正在吸引越来越多的爱好者。

再次是激发国人学习外语的热情。尽管日本的教育水平也可谓世界一流的，但必须承认，日本人的外语水平普遍不高。为了提高日本人的外语水平，继而提升日本在对外文化方面的吸引力，在 2005 年出版的《文部科学白皮书》中，日本文部省在制定 2005 年度至 2007 年度的使命和政策目标时，将培养"能够使用英语的日本人"的目标作为国家应采取的措施。为落实根据上述计划制定的措施，文部省提出在 2007 年末确立培养"能够使用英语的日本人"的计划方案。[1]为了适应日本人对英语学习的需要，社会上

---

① 参见张秋萍编译：《日本文部省推进评估政策概要》，《中国高等教育评估》2007 年第 1 期，第 55-59 页。

出现了各种形式、各种规格的外语培训，从公司提供的在职外语培训、电视教学，到各种类型的培训班、家教，不一而足。英语教学已经进入了日本的小学教学大纲，而日本的许多中学，则配有外籍英语教师。日本的许多广告用语、商品名称和公司名称就直接用英语表示（如 SONY、NEC、JVC、NHK 等），原来的日语名称反而被有意无意地淡忘了。日本的电视上每天都播放配有日文字幕的英文电影。在许多日本公司，"必须学习和掌握英语"甚至直接写进了公司员工手册。日本经济的国际化使得几乎所有大型公司的中高层干部都必须学习英语。

除英语的学习外，日本人也抓住时机学习汉语，尤其是日本大学生学汉语的很多。他们学习汉语的目的也多种多样。有的是为了毕业后从事与中国有关的工作；有的是因为喜欢中国文化；还有的是为了拿学分。中国改革开放以来，经济发展很快，许多日本大中型企业进军中国，派到中国的员工很多。为了争取到中国的机会，很多职工纷纷学习汉语，有些大型企业如松下公司等还举办了专门的汉语讲座。为了学好汉语，有的人到汉语学校上课，每周学习几个晚上，坚持不懈。致力于中日友好的人学中文则是为了促进民间交流，推动中日友好关系的不断发展。他们发自内心地喜欢中国和热爱中国文化。汉语是中国文化的载体，通过学习汉语，很多人对中国加深了了解，汉语已成为友谊的纽带和桥梁。现在，"汉语热"还在升温。日本人重视实际，很多人通过学习汉语得到了实惠，会汉语已成为日本人抓住机遇的重要条件之一。

第二节 日本"文化软实力"研究机制

笔者关注到日本两个专门的软实力研究所——早稻田大学软实力战略研究所和日本软实力研究所，这两个研究所的活动和研究课题大多涉及与日本文化相关的战略研究。

早稻田大学软实力战略研究所是早稻田大学亚洲研究机构下所设多个独立的项目研究所之一。为了更好地研究亚洲各国所面临的共同课题，创建亚洲国家的共同价值观，开创面向 21 世纪亚洲研究的未来，早稻田大学创建了亚洲研究机构（Organization for Asian Studies），简称 OAS。该机构的研究地域包括东亚、南亚以及亚洲部分国家，研究方法以项目研究、政策对应型研究为主。

早稻田大学软实力战略研究所以日本软实力的社会化和强化为研究目的。研究所拟定的软实力战略报告的研究课题主要有以下几个：①软实力战略研究，该研究是关于有效利用日本文化的各项事业的研究；②成为文化活动担当者，支撑日本优势研究；③相关咨询、建议、相关事业的改造或生产的讲演；④对优秀文化战略实践者的表彰；⑤关于以日本文化为活动中心的统率能力的研究；⑥日本文化战略研究，包括日本的历史、艺术、观光、产业、知识产权战略、日本国的优势；⑦对以国际关系为研究基础的国际政治经济体系的研究；⑧关于国际联合的人类安全保障的研究；⑨日本的档案研究。

1979 年，傅高义[①]撰写的《日本第一：对美国的启示》这本书，在世界各国销售上百万册。傅高义指出，日本由于泡沫经济的崩溃而处于毁灭状态，但即便如此，日本也仍然具有政治经济优势，他对日本的根本性魅力给予了很大的期待。2002 年，从松下政经（政治经济）塾校长退职的冈田邦彦作为研究会员受到哈佛大学肯尼迪学校的欢迎，担任了由傅高义举办的"哈佛大学松下村学校"的经营管理工作，他以日本在世界上的魅力、年轻领导的培养等为课题开展研究，同时，也对日本的未来表示担忧。

2004 年，冈田与稻叶勉、古河正己两人会面，就经济、社会、政治等方面交换了很多意见。冈田说明了约瑟夫·奈的软实力概论、傅高义的日本观等。稻叶勉、古河正己谈了能够具体实现上述概论以及日本观等的一些想法。因为当时他们有关于日本的再生（重新复活）这样类似的课题，所以他

---

① 傅高义（Ezra F. Vogel），哈佛大学亨利·福特二世社会学教授，曾担任费正清东亚研究中心主任等职务，精通中文和日文。傅高义被认为是对中日两国事务都精通的学者。曾撰有《亚洲四小龙》《日本第一：对美国的启示》《日本新中产阶级》《中美日关系的黄金时代（1972—1992）》《与中国共存：21 世纪的中美关系》等著作。20 世纪 70 年代，他开始对我国广东社会经济情况进行考察和研究，撰有《共产主义下的广州：一个省会的规划与政治（1949—1968）》。《先行一步：改革中的广东》是傅高义先生应广东省政府邀请，进行 7 个月实地考察研究的成果。

们意气相投，以至于约定要成立"日本软实力研究所"。该研究所的研究目的在于从日本国家、日本企业（不管规模）、教育设施以及地方等层面创造出吸引人的魅力，为日本的国际竞争力做准备。具体包括以下内容：①不被全球化标准埋没，以日本传统为理念创造出突出的世界吸引力，范围涉及文化、教育、传统、产业、经济、行政、生活等方面。②研究地方的现实状况、吸引力和交往方式，并提供有关文化、教育、传统、产业、经济、行政、生活等方面的具体实践例子。③注重直接人才的培养和外部形状的平衡，创造出支持公平的人才培养教育的机会（在大学创立具有新魅力的系部，义务教育达到基准提案以及日本固有的道德提案）。④注重间接人才培养、对给人们产生影响的媒介及娱乐进行考察，如对电影、商业广告节目、动漫、游戏、音乐等方面的考察。⑤不论规模大小，建议国内企业发挥各自的软实力（吸引力）优势，增加国际竞争力。如应用传统技术开发新产品、对具有国际竞争力的企业进行培养指导等。⑥对政府政策（外交、内政）提出建议，并共同努力加以实践，包括构筑高效率的政府，协力解决国债等负遗产问题，创造相对性影响。⑦发掘优秀人才，为他们的工作活动创造机会，包括对确立创造者的价值标准提出建议和对有实力者加以提拔任用等。⑧创立以亚洲和美国为首的民间合作体系或以个人为基础的合作体系，包括在这种体系之下的数据收集和方向性的探索等方面。⑨其他利用软实力能够做到的事情。

除专业性软实力研究所外，日本也有关于软实力的专题讲座。以日本大众文化为题目的"软实力论"讲座于2008年8月27日开始。明治大学于2008年4月开设了国际日语系，有日本文化和日本社会体系两个专业，课程内容包括现代艺术、文化以及作为根源的传统文化、媒介产业等。"软实力论"这一讲座，超越了系与系之间的界限，作为各系之间共同的综合性讲座在开办，只要是该校的学生就可以听讲。斋藤孝道曾担任校内课程协调的职务，以曾任日本宝丽来公司社长伊藤裕太为首的多名特聘讲师以交替的方式进行讲演。特聘讲师中除伊藤外，津坚信之、久夛良木健、星野康二、井上伸一郎等也分别登坛讲演。这些代表日本各种分层的企业负责人的讲演对学生们来说刺激又有趣。讲演的内容涉及诸多方面，如"日本的品牌和软实力"等。除了在软实力方面可以学习海外的观点外,诸如"日本动漫的历史""漫画——日本亚文化的独创性?""和之美 浮世绘——日本的风格"等有关日本国的内涵魅力方面的讲演,则意在拓宽学生的视野,丰富他们的知识。此外,通过讲座,学生也学习了关于观光、知识产权战略等方面的知识,了解了日本国所面临的海外竞争。讲演涉及增加日本的软实力,并由此增强日本的综合国力、通过软实力来谋求地球上人们之间心灵的交流以及能够拥有共同的价值观这三个方面的内容。

第三节　日本"文化软实力"研究成果

2008 年,日本学者渡边靖(Watanabe Yasushi)与美国学者戴维·麦康奈尔(David McConnell)共同编辑,由约瑟夫·奈作序的《软实力大国:日本与美国的文化及国家资本》[1] 一书由 M. E. Sharpe 出版公司出版。这本书是在美国社会科学研究会和日本全球伙伴基金中心的共同赞助下出版的。该书收录了十五位学者的研究论文,分为以下五个部分:①认知;②高等教育;③流行文化;④公共外交;⑤民间团体。戴维·麦康奈尔的有关日本的形象问题及软实力解决之道的文章被收录在该书的第一部分。该书汇集了人类学家、政治科学家、历史学家、经济学家、外交家以及其他学者从多方面探讨软实力对美日关系以及世界其他地区之间关系所起的作用的文章。这些文章分析了美国和日本的软实力资本以及它们在如何使得两国间关系发展成为 20 世纪最成功的双边关系中所起的作用。论文作者的观点超越了那种将"硬实力-软实力"看成两个非此即彼关系的观点,上升到了一个更为动态的阐释高度,去证明软实力在非国家因素的运用中的重要性。他们的研究显示出,自第二次世界大战以来,尽管面临各种艰难的挑战,太平洋两岸的公共外交是如何受到诸如文化偶像、商品品牌、武术、棒球、教育交流等这些不那么正式的因素的影响,并导向活跃的美日关系的。两位编者撰写的出色

---

[1] Watanabe Yasushi and David L. McConnell, eds. *Soft Power Superpowers: Cultural and National Assets of Japan and the United States*. Armonk, NY: M. E. Sharpe, 2008.

的"序言",指出了其中存在的诸多错误概念和批评,有助于读者更好地理解约瑟夫·奈提出的"软实力"这一概念的争议。这本有趣的书着重强调了软实力研究的方法,清楚地阐明了日本文化的全球化发展情况,并指出日本的软实力发展是有限的。该书对当今世界来说具有多方面的启示。

乌陶帕尔·维亚斯(Utpal Vyas)曾在谢菲尔德大学东亚研究院取得其法学专业的硕士和博士研究生学位,2007年4月至2009年3月为设在日本神户大学法学院的日本学术振兴会博士后研究员。2009年4月起任立命馆亚洲太平洋大学助理教授。他主要的研究兴趣包括日中关系、东亚政治经济、国际关系中的非政府因素等。维亚斯研究日本软实力的两个代表作中,《中日关系中的软实力:国家的、亚国家的和非国家的关系》(Soft Power in Japan-China Relations: State, Sub-State and Non-State Relations)为研究专著,《在中国的日本国际交流基金会是日本软实力的代理吗?》("The Japan Foundation in China: An Agent of Japan's Soft Power?")为一长篇研究论文。

维亚斯的专著《中日关系中的软实力:国家的、亚国家的和非国家的关系》于2010年出版[①]。除绪论和结尾外,该书分六个部分阐释了中日关系中的软实力问题。分别为:一、国际关系中的权利;二、什么是软实力及其作用的方式;三、文化交流和中日关系;四、日本基金会在中国的活动;五、神户市在中国的活动;六、日中友好协会在中国的活动。作者认为,作为一个理论概念,软实力常常由于缺乏相关性或强大的力量,在国际关系研究领域处于被忽略的状态。该书作者试图在国际关系中去对"软实力"这一概念加以阐释,并通过第二次世界大战后的三个日中关系的个案研究了软实力是如何发挥实际作用的。这些个案从三个不同层面的社会活动阐释了日本的软实力对中国产生的影响,即国家层面的(中央政府的代理)、亚国家的(地方政府的代理)以及非国家的(非政府部门的代理)。总体说来,该书为研究中日关系和国际关系提供了有参考价值的史

---

① Utpal Vyas. *Soft Power in Japan-China Relations: State, Sub-State and Non-State Relations.* London and New York: Routledge, 2010.

料，从事日本研究、中国研究以及国际关系研究的学者和研究生将会对该书产生浓厚的兴趣。

《在中国的日本国际交流基金会是日本软实力的代理吗？》这篇研究论文最初发表在 2008 年 8 月 15 日的《现代日本研究电子期刊》[①]上。维亚斯在论文的摘要中指出，尽管对国际关系中关于将诸如军事力量这样的"硬实力"策略放置一边，而转向对诸如价值和观念的提升这样的"软实力"战略的必要性的讨论已经够多了。然而，切实分析"软实力"究竟是什么，又该如何利用它的学术成果却非常少。该论文试图通过回顾和分析日本基金会——一个由日本的外务省负责管理的文化机构——在中国的活动，以对此问题进行探讨。由于日本是一个在国际事务中对军事力量的使用受到外部限制，只能转而利用软形式力量的国家，因此，它也就成了这一讨论的相关主题。该论文首先对软实力的理论作了概述，然后回顾了日本基金会的历史和成立的目的，以及其在中国的活动情况（包括日语与日语研究、初等和中等教育、面向成人的日语教育、电影、电视及展览、基金会对研究的支持等），最后分析了作为一个国家机构的日本基金会所面临的困难以及其是否应该被当作日本软实力的代理这一论题。

尹敬勋（Yoon Kaeunghun）的研究也同时涉及日本和韩国，其主要的研究论文有《日韩关系与教育政策——以朝鲜总督府的教育政策为中心》《韩国的国家发展与教育》《国际关系研究中日韩间软实力的发展与问题》等。

《国际关系研究中日韩间软实力的发展与问题》是尹敬勋研究文化软实力的论文，发表在埼玉学园大学纪要（人间学部篇）第 8 号上。在论文的摘要中作者指出，21 世纪以来，日韩两国间的相互交流不断扩大。但是，从两国的历史来看，可以将两国关系理解为对立与纠葛的发展历史。然而，即使两国是一种对立的关系，在软实力理论方面，双方也逐渐认识到同一理论可能会改善两国的关系。基于上述情况，该文讨论了在日韩两国关系方面文化资本是如何相互理解和扩展的。在此基础之上，该文进一步考察日韩两国

[①] Utpal Vyas. "The Japan Foundation in China: An Agent of Japan's Soft Power?" *Electronic Journal of Contemporary Japanese Studies*(EJCJS), Article 5 in 2008.

间文化资本扩展过程的特征及相关问题,论述文化软实力在日韩关系方面发挥的作用和在国际关系问题上的意义和课题任务。

《国际关系研究中日韩间软实力的发展与问题》一文从以下五个方面阐释了国际关系研究中日韩间软实力的发展与问题:①当今日韩软实力的重要性;②日本软实力的形式;③韩国软实力的形式;④两国间软实力的意义;⑤东亚软实力的发展与问题。在第一部分论述当今日韩软实力的重要性时,作者着重指出了日韩两国间的软实力之所以受到广泛关注在于两国间文化交流的不断加强和扩展。在第二部分的结尾,作者则特别强调日本的软实力已经被看成是日本国在国际关系中彰显其国家能力和品牌价值的重要方式。通过分析日韩两国间的软实力发展情况,该论文指出了两国在国际关系中存在的三个重要问题:一是两国的软实力是由两种完全相反的主体来进行操作和实践的,日本软实力的操作和实践者是公共部门和政府的政策,而韩国的则是私有部门。二是在国际关系中软实力具有冲突和共存这两种完全不同的意义。一方面它会因为双方都为了从文化资本中获得经济利益而使彼此间的竞争变得激烈而导致两国间的文化冲突,另一方面它也会因为文化资本可以自由交易而导致私有部门层面上的文化交流的提升。第三个问题则是东亚的软实力框架在向私有部门挪移,其主要原因在于,以日本和韩国为代表的东亚国家有着广受世界欢迎的文化资本。

《日韩关系与教育政策——以朝鲜总督府的教育政策为中心》又译为《试论日韩间历史观的差异——以朝鲜总督府的教育政策为中心》,是尹敬勋用日文写的一篇论文,于2008年3月发表在东京大学大学院教育学研究科纪要第47号上。尹敬勋在文章的英文摘要中指出,在那些对日韩关系的关注中,讨论得最热烈的主要是诸如竹岛(独岛)究竟该归属日本还是韩国、战争期间的慰安妇,以及历史教科书的争议等问题。这些存在着分歧的问题很大程度上似乎都是因对日本与韩国之间的现当代历史的认知差异而导致的。尹敬勋认为,如果邻里两国间想要进一步改善双边关系的话,最根本的则在于找出这些认知差异之所以存在的潜在的、真正的原因。基于此观点,论文作者将其关注的焦点主要放在了日本殖民统治朝鲜半岛期间,即1910年至1945年的教育政策上。首先,文章探讨了韩国总督府采取的教育政策的一些特点；其次，论文讨论了韩国政府所采取的那些对朝鲜半岛人民产生了重要影响的具体措施；最后，文章审视了韩国总督府所采取的教育政策的一些主要特征是如何为独立后的韩国的教育政策所继承的。总的说来，这篇文章阐释了朝鲜总督府所实行的教育政策的历史意义。

2006年5月，第九届中国北京国际科技产业博览会首次举办"新技术与文化·创意产业发展论坛"及首届"创意中国盛典"，杉浦勉先生也应邀作了题为"新经济与文化力，北京创意产业发展战略"的演讲。演讲中杉浦勉谈到了文化产业对企业、对城市、对国家的影响力。他认为，文化产业代表了一个国家的文化，但对企业的影响也是非常大的。在全球化的时代，竞争比较激烈，所以一个城市的形象将变得非常重要。一个城市的良好形象已经成了吸引投资和旅游者的重要因素，这就是为什么现在有许多城市都非常热衷于发展文化项目，不少地区都会建立很多的文化设施，以把自己的城市建设成为创新型的城市的根本原因。文化力会让一个城市更加有魅力，让旅游者蜂拥而至，还可以吸引投资，使业务更加繁荣和蓬勃，所以文化力可以为一个城市带来很多好处。因此，对于一个国家来说，必须要大力促进创意产业的发展，以实现经济可持续性的发展，同时保持在国际上的竞争力。此外，文化力对于公司来说也是非常重要的。文化氛围对于企业来说，到底能产生什么样的促进作用呢？根据官方研究，他们在研究上面的投入，能够进一步促进无形资产的掌握。同时，一个企业的文化也能够促进这方面的增长。所以文化方面的意义对一个企业来说，也可以带来很大的价值。这比一些有形产品和其他沟通方式具有更大的意义。对娱乐业、通信产业来说，都可以运用这个理论。如果企业注重文化力的话也可以提高他们的盈利水平。无论是国家还是企业，如果他具有更强的文化吸引力，那么他也会具有更强的竞争力。杉浦勉先生最后呼吁国家与国家之间、公司与公司之间、社区与社区之间、个人与个人之间都能进行更多文化上的交流，使文化力从各个方面都得到进一步的提升。

日本对软实力的研究，尤其是对文化软实力的战略研究与大力扶持，对中国也有积极的借鉴意义。目前，中国在研究和开展文化软实力外交方面，侧重的是传统和语言，推出的是儒家圣人孔子的形象和汉语教学。在文化的感召力和吸引力方面，特别是在吸引一般外国民众方面尚有不足之感。因此，面对日本文化软实力外交，中国在认清其目的的同时，更应该学习和吸收日本文化软实力外交中注重利用时尚流行元素等与时俱进的做法，让中国的文化软实力外交也变得更加具有亲和力和吸引力。只有这样，才能不断增强中国的国际话语权，从而以"软实力"对"软实力"，使多元化的世界更加丰富多彩。

第四章　德国"文化软实力"研究

第二次世界大战后的几十年间，德国通过一系列的措施，在国际舞台上成功塑造了良好的国家形象。德国一向被誉为"欧洲经济的火车头"，而"德国制造"无疑是质量的代名词，除了强大的经济实力与尖端的科学技术，德国政府一直致力于"通过积极开展对外文化交流、德语教学及其他'公共外交'行动，增强德国文化和教育的国际地位，改善自身的国际形象，促进欧洲一体化进程，通过价值观对话预防冲突，为德国赢得合作伙伴，提高德国的'软实力'"①。

以"德语教学"为例，正如法国在普法战争战败后建立起法语联盟（Alliance française）向全世界推广法语和法国文化，21 世纪初，德国在全球 91 个国家和地区开办了 149 所歌德学院和 10 个联络处，促进国外的德语语言教学，介绍德国文化，向世界展现一个丰富多彩的德国形象。据统计，21 世纪初，"在欧盟范围内会德语的人达 6300 万，仅次于英语"②。重视教育、重视"德语教学"、在全球范围内推广德语语言、德国文化，这些仅仅是德国提升国家软实力诸多举措的一个缩影。对德语世界的软实力研究进行一番梳理和总结，对于我国的文化软实力建设与全球影响力的提升，有一定的启示和借鉴意义。

第一节　德国"软实力"的概念论争

自 20 世纪 90 年代初期美国著名国际政治学家约瑟夫·奈首先提出"软

---

① 窦小文：《德国重塑国家形象的经验与启示》，《对外传播》2008 年第 12 期，第 54-55 页。
② 窦小文：《德国重塑国家形象的经验与启示》，《对外传播》2008 年第 12 期，第 54-55 页。

实力"概念以来,软实力的研究与应用成为国际关系领域的潮流,各国纷纷开始研究如何提升本国软实力,包括德国、奥地利、瑞士等国在内的德语文化圈的学者们对于"软实力"的讨论与争论也从未停止。纵观德语世界的软实力研究,可以看出,研究主要集中在软实力在国际关系与文化外交中的地位与作用。

克拉斯·罗根坎普(Klas Roggenkamp)在其著作《软实力的概念》(*Konzepte von Soft Power*)中从各个角度对"软实力"进行详细解析。首先,在"权力的发展"一章中分析了传统的权力资源以及权力的转变。第二章解析"软实力"的特点及相关问题。作者认为,与传统的硬实力不同的是,软实力并非针对强制与权力,而是涉及信息、理念、价值观和准则等的传达。为获得软实力,人们应当对国际决策的组织结构施加影响,通过积极的参与表达自己的某个目的和观点,从而走向国际舞台的前列。为获取可信度和影响力,对于软实力而言,制造信息和传播信息是必需的。信息需具备两个特征,即可信与公开。第三章分析"软实力"的问题所在。作者认为,软实力的概念从一开始就是模糊不清的,每一个概念都是尽可能多的描述,但却很少列举运用软实力的具体事例。软实力研究中的另一个问题在于软实力与硬实力的区分不明显。究其原因,部分是因为观点存在分歧,部分则是因为对软实力的描述非常混乱。在结尾的总结中,作者提出,软实力研究中非常关键的一个问题在于,确定由谁来运用软实力,是社会的抑或国家的层面?①

关于软实力在国际关系中的重要性,研究者的意见分歧越来越大。众所周知,约瑟夫·奈主张运用软实力时投入更多资源。因为与硬实力相比,软实力被证明是一种有效手段。政策顾问及政论家罗伯特·卡根(Robert Kagan)持反对意见,他认为,只有拥有足够的硬实力,才能有效地使用它的软实力。因此,为软实力的使用奠定基础,首先将资源集中到硬实力的建设上来,这才是理智的做法。卡根以欧洲外交政策为例,他指出,某种过分依赖软实力的政策,最终将会脱离现实。一种现实的外交政策是以硬实力为

---

① Klas Roggenkamp. *Konzepte von Soft Power*. Norderstedt: GRIN Verlag, 2000.

基础，在被权力影响的世界内建立秩序。①

"将'软实力'（soft power）与'硬实力'（hard power）以及它们各自的资源配合运用，这样才能发挥最大的效果。"②这是目前另一种具有代表性的观点。在欧洲安全与合作组织（Organization for Security and Co-operation in Europe，OSCE）2003年年鉴上刊登的一篇题为《答案是"软实力"——欧洲内外的美欧关系》（"Soft Power" als Lösung. US-amerikanisch-europäische Beziehungen in Europa und über Europa hinaus.）的长文中，作者斯坦利·R. 斯隆（Stanley R. Sloan）和海科·博尔歇特（Heiko Borchert）指出："软实力能够使硬实力合法化（legitimieren）。尽管硬实力是获取战争胜利所不可或缺的因素，常常为战略决策增加可信度，然而为了实现和平，软实力更加重要。软实力是人与人、国家与国家间互相信任的先决条件。没有相互间的信任，稳定的国际秩序也就无从谈起。"③

两位作者还批评了所谓的欧洲"硬实力赤字"。"很显然，欧洲过快地开始回避硬实力，而过于依赖软实力。欧洲'硬实力赤字'破坏了欧盟的外交力量，尤其是在与其盟友、超级大国美国打交道的时候"④。这是其中一个问题，另一个问题则是"欧盟的成员国运用软实力政策应对国际挑战时反应过于冷淡"⑤。他们指出，应当尽量在欧洲安全与防务政策的框架内将软实力与硬实力结合起来。

接下来，两位作者从"美国与欧安组织：被低估的软实力资源""美国的软实力资源及其实力下降的标志""欧洲的软实力资源""美国与欧洲的软实力——联合与竞争""新大西洋组织达成共识的要素""关于国际新规

---

① Robert Kagan, *Macht und Ohnmacht. Amerika und Europa in der neuen Weltordnung.* Berlin: Siedler Verlag, 2003.
② Stanley R. Sloan & Heiko Borchert. " 'Soft Power' als Lösung. US-amerikanisch-europäische Beziehungen in Europa und über Europa hinaus." In IFSH(Hrsg.), *OSZE-Jahrbuch 2003*, S. 81.
③ Stanley R. Sloan & Heiko Borchert. " 'Soft Power' als Lösung. US-amerikanisch-europäische Beziehungen in Europa und über Europa hinaus." In IFSH(Hrsg.), *OSZE-Jahrbuch 2003*, S. 81.
④ Stanley R. Sloan & Heiko Borchert. " 'Soft Power' als Lösung. US-amerikanisch-europäische Beziehungen in Europa und über Europa hinaus." In IFSH(Hrsg.), *OSZE-Jahrbuch 2003*, S. 82.
⑤ Stanley R. Sloan & Heiko Borchert. " 'Soft Power' als Lösung. US-amerikanisch-europäische Beziehungen in Europa und über Europa hinaus." In IFSH(Hrsg.), *OSZE-Jahrbuch 2003*, S. 82.

则的争论""国际制度的加强""文化外交作用的扩展"等方面探讨美欧关系以及软实力在其中的重要作用。其中"文化外交作用的扩展"一节值得借鉴。作者在文中提到:"'冷战'结束之后,作为社会化和构建共同记忆最重要手段之一的文化外交失去了它的意义……与其他的政治手段相比,文化交流、教育、培训和其他文化外交形式成本更低,从长远来看收益也更多……因此,应当制定软实力文化战略,向他人展示我们的文化,并持续开展对话。地中海地区等重点区域已有的国际合作应当协调一致,使馆、文化基金会甚至贸易协会的财政预算和基础设施应联合起来,使所有参与者都能获得最大利益。此外还应积极吸收和加强国内外的民间社会网络。"[①]

最后,作者表示,软实力并不能替代军事,美国与欧洲软实力资源的有效联合有助于使某些问题不至于演变为军事挑衅。未来的泛大西洋合作需要大西洋两岸软实力与硬实力资源的有效结合。

第二节 德国的文化软实力研究

德国全球与区域研究所(German Institute for Global and Area Studies,GIGA)负责人及汉堡大学政治学和拉丁美洲研究专家德特勒夫·诺尔特(Detlef Nolte)博士撰文《国际关系中的力量与力量等级:区域性领导力量研究》(Macht und Machthierarchien in den internationalen Beziehungen: Ein Analysekonzept für die Forschung über regionale Führungsmächte)。在这篇论文中,诺尔特分"国际政治的变革:新的区域性领导力量""权力的概念与指标""国际政治中的权力等级""区域性领导力量""国际政治中的权力关系"几个部分进行分析阐述,其中在第二部分"权力的概念与指标"中详细探讨了"软实力"的概念及其特征。诺尔特的主要观点如下:软实力是行使权力的一种形式(手段),即通过吸引力影响他人的行为。同时,这种行使权力的形式建立在特定的权力资源的基础之上,而这些权力资源同样包括

---

① Stanley R. Sloan & Heiko Borchert. "'Soft Power' als Lösung. US-amerikanisch-europäische Beziehungen in Europa und über Europa hinaus." In IFSH(Hrsg.), *OSZE-Jahrbuch 2003*, S. 93.

在"软实力"概念内。书中谈到,根据约瑟夫·奈的观点,这些权力资源包括文化、政治价值观、外交政策的导向。与此同时,资源与资源运用模式之间的区别也变得模糊不清。奈不仅将软实力与军事力量区分开来,还将其与经济力量相区别,经济力量在这里被描述为一种独立的力量类型,归属于硬实力。[1]

诺尔特认为,软实力的概念尽管频繁出现,已经成为一个时尚名词,但是关于它的内涵仍未达成共识。这里诺尔特列举了几个例子:在一个关于印度南亚政策的研究中,研究者做出了印度南亚政策由硬实力策略转变为软实力策略,由军事和外交干预转变为政府间合作、谈判解决争端和经济合作的假设;在美国人和部分澳大利亚人的眼中,中国采用软实力策略实现了向世界强国的和平崛起,避免了与美国的直接对抗。由此,作者得出结论:一方面,软实力的概念涉及政治风格——说服与妥协,另一方面又涉及与政治相关的经济合作和文化交流等。此外,研究者企图辨别那些适用于软实力应用的权力资源。除了补助、贸易优惠等经济上的资源外还有精神和文化方面的资源,例如外国学生的数量、网站的点击率和对外国人的吸引力等。另外一些研究者则将软实力视为一种象征性的权力,或者鉴于其合法性及可信性,注意到软实力心理方面的意义。多数作者倾向于把软实力理解为一种权力运用形式,而非特定的权力资源:权力在强制与吸引力之间被使用,两种使用方式并不互相排斥,反而被看作是互补的。[2]

《瑞士安全政策公报 1999》(*Bulletin 1999 zur schweizerischen Sicherheitspolitik*, Zürich, 1999)上刊载的《国际关系中作为权力要素的信息》("Information als Machtfaktor in den internationalen Beziehungen")一文阐述信息与软实力、硬实力等权力要素及其相互关系。文章开篇写道:第一,国际关系中权力意义的转变可以从下列事实得到解释,即军事和经济力量等传统的权力因素被信息革命所席卷,在很大程度上与新技术紧密相关。

---

[1] Detlef Nolte. "Macht und Machthierarchien in den internationalen Beziehungen: Ein Analysekonzept für die Forschung über regionale Führungsmächte", S. 12. 参见 www.giga-hamburg.de/workingpapers.

[2] Detlef Nolte. "Macht und Machthierarchien in den internationalen Beziehungen: Ein Analysekonzept für die Forschung über regionale Führungsmächte", S. 13. 参见 www.giga-hamburg.de/workingpapers.

第二，信息、知识、交流是权力的软性形式，这些因素在信息时代具有重要意义。第三，计算机网络超越空间的特性是经济、社会全球化的中心条件和推动力。[①]在第一部分"国际体系中的权力——概念解析"中作者阐述了硬实力与软实力两个概念。作者引用了约瑟夫·奈的相关定义。作者认为，在很大程度上，软实力与参与者的交流能力及信息内容的说服力密切相关。软实力与硬实力紧密相关，经济上的强大和优势无疑会放大文化或者意识形态的魅力，同样地，军事或经济上的失败则会导致自我怀疑。文章的第二部分是"权力与信息革命"，分为"信息革命在硬实力领域的影响""信息革命在软实力领域的影响""信息社会中软实力的决定性因素"。接下来是第三部分"信息与危机应对"与第四部分"通过合作获得安全——网络力量是小国的参与机遇"。最后是针对瑞士的结论部分，分为"软实力：建立信任""硬实力：瑞士对国际和平使命的军事贡献""网络力量：国际组织的参与者"。

  部分学者则是从国别角度进行软实力研究。曾任波鸿鲁尔大学（Ruhr-Universität Bochum）东亚政治研究所所长辜学武（Gu Xuewu）教授撰文《中国已晋升为世界强国？》（"Chinas Aufstieg zur Weltmacht？"），从"经济地位""国际盛名""军事力量""文化吸引力"四个角度分析中国当前的实际情况。其中，作者在分析当代中国的"文化吸引力"时，引入了"软实力"概念。作者认为，"文化吸引力"属于"软实力"的范畴。约瑟夫·奈提出的"软实力"在某种程度上是富有启发性的，即在国际影响上一个国家的文化吸引力比经济实力和军事优势等所谓的"硬实力"具有更重要的作用。考虑到在国家间的经济关系日益重要的全球化时代，"硬实力"的效果受到极大限制，因此"软实力"会越来越重要。那些为了在国际上达到政治目的而使用武力或施加经济制裁的国家，如今必须付出比过去更高的代价。所谓的代价不仅仅是实施强制措施产生的支出，还包括自身利益由此遭受的损失。与此相反，如果一个国家的文化、价值观、制度对其他国家产

---

① Andreas Wenger, Stephan Libiszewski & Patrik Schedler. "Information als Machtfaktor in den internationalen Beziehungen." In: Bulletin 1999 zur schweizerischen Sicherheitspolitik, Zürich, 1999. S. 60.

生吸引力，那么这个国家就能够在国际上发挥重要作用。也就是说，当一个国家的生活方式和制度被他国所仿效，这个国家就是极具影响力的，也是强大的。国家的吸引力在国际上扩散越广，其价值观和标准在其他民族扎根越深，这个国家在国际政治中就越重要。作者因此得出结论："文化吸引力"能够将一个国家塑造为国际的风向标和国际政治的中心。具体到中国而言，对于许多人来说，儒家文化是中国文化吸引力的重要源泉。"儒家思想不仅是一个伟大文明延续几千年的秘密，也是当代具有魅力的、适用于未来的哲学。"[①]这个结论对于我国的文化软实力建设是一条富有启发性的建议。

在一篇题为《国际合作中的跨地区南-南关系》（Überregionale Süd-Süd Beziehungen in der Internationalen Entwicklungszusammenarbeit）的学位论文中，作者也提到了中国的对非援助与中国软实力策略的关系。他说："中国对非洲的发展援助尽管已经不是什么新现象，但在最近二十年来发生了显著的变化。……（中国）与非洲的经济合作是中国软实力战略的组成部分。"[②]

此外，还有研究者以印度、俄罗斯及欧盟等国家和区域组织为案例进行软实力研究，如《国际关系中的权力概念分析——以印度为研究案例》（"Analyse von Machtkonzepten in den internationalen Beziehungen. Anwendung auf das Fallbeispiel Indien"）、《与克里姆林宫合作》（"Kooperation mit dem Kreml"）等。

除了学者对于"软实力"给予极大的关注，"软实力"的相关文章在《明镜周刊》（Der Spiegel）、《时代报》（Die Zeit）、《世界报》（Die Welt）、《南德意志报》（Süddeutsche Zeitung）、《法兰克福汇报》（Frankfurter Allgemeine Zeitung）等主流德语媒体上也屡见不鲜。以《时代报》为例，在《时代报》上刊载的与"软实力"相关的文章、评论和报道，内容涵盖国际关系、外交政策、体育、文化等各方面，其中不乏知名学者为其撰写的文章，如时任亚历山大·洪堡基金（Alexander von Humboldt Stiftung）

---

① Gu Xuewu. "Chinas Aufstieg zur Weltmacht?", S. 6-9. 参见 http://www.hgm-wien.at/pdf_pool/publikationen/03_jb99_29.pdf.
② Heinrich Gudenus. "Überregionale Süd-Süd Beziehungen in der Internationalen Entwicklungszusammenarbeit: unter besonderer Berücksichtigung der chinesischen Entwicklungspolitik." *Universität Wien*, 2010. S. 65-89.

秘书长格奥尔格·许特（Georg Schütte）2006年发表在《时代报》的文章《研究者的外交》（Diplomatie der Forscher）。文中他建议德国更多地关注自身的软实力。许特表示，尽管德国占有许多重要资源，但是没有在软实力政策中充分利用这些资源。他主张，德国的科学政策应当与经济、发展和外交政策相配合，以追赶其他国家已经达到的优势地位。克里斯托夫·贝尔特拉姆（Christoph Bertram）在题为《软实力如何发挥作用》（"Wie Soft Power wirken kann"）的文章中引用时任德国总统霍斯特·克勒（Horst Köhler）的观点说，软实力是当今最有效的外交手段。自2005年起，德国与非洲轮流举办"德国-非洲合作"论坛，参与者是来自德国和非洲的经济、政治、科学等各界人士，其中有越来越多的欧洲国家领导人参会。论坛的目标是增加非洲伙伴对德国政治的信任，同时也让德国的与会者了解，非洲的利益符合德国的利益。通过这样的会晤，双方的信任得到显著增强。"这是软实力发挥了作用"[1]，作者说。

总体来看，德语世界的软实力研究目前还处于摸索和探讨阶段，权威专著较少，但是其中不乏具有创见性的观点，其提升软实力实践中的成功经验值得予以更多的关注。

---

[1] Christoph Bertram. "Wie Soft Power wirken kann." In: *ZEIT ONLINE*, 17. Nov. 2008.

第五章　文化软实力与文化战略研究

第一节　文化战略与文化软实力的关系

战略的本义是战争谋略，是对战争的大计谋，是对战争中整体性、长期性、方向性、基本性问题的计谋。计谋有大有小，小计谋是战术，大计谋是战略。战略的引申义是谋略，把"战争"二字引申掉了。在以后战略一词的使用中引申出多种含义。文化战略是战略的引申义中最重要的内容之一。

所谓文化战略是指一个国家传播发展自身文化的基本指导思想、目标、方法和策略。文化战略是一个国家在国际社会谋求存续和发展本民族国家文化、捍卫国家文化主权与扩展国家文化利益的战略。战略的主要特征之一是其竞争性。战略这一概念产生于战争，即使在内涵与外延不断扩大的今天，战略仍然是战胜对手的一种谋略；战略是为了在对抗和竞争中谋得利益的筹划，在国际竞争中使用国家力量以实现国家利益的谋略。再者，作为文化战略的一部分，捍卫国家文化主权，扩展文化利益都明显体现出了其与外来文化相博弈的一面。主权是一个国家的对外独立性和对内最高性，那么将文化运用到主权的内涵里，也就意味着国家对文化的内部控制权和在对外的过程中保持文化的独立性。更确切地说，是国家在文化上表现出的排他性的倾向。而一味地把自己的文化置于与其他文化的对立面上，其实是"冷战"思维的一种体现，这是一种冲突的逻辑而不是一种共赢的逻辑。世界上的文化各有自己的特色与优势，任何一种文化都有自己的发展规律，文化也没有所谓的优与劣之分。从历史上说，任何一种文化大都在与其他文化的交流与借鉴中逐渐发扬光大。欧洲文明在11世纪到13世纪之间热情地借鉴了来自伊斯兰文明和拜占庭文明的适当因素，同时使所借鉴的内容适应于西方的特殊条件和利益；同样，日本不仅曾经借鉴中国文化的适当因素为自己服务，也借鉴了西方文化的优秀因素为自己的改革奠定基础；中国文化也曾经借鉴过外来的文化，例如佛教、马克思主义思想等。因此，没有一种文化从来就是封闭的，只要国家之间的接触达到一定的程度就必然会有文化的交流，这是毋庸置疑的。因此我们必须要做的就是从其他的文化中汲取到更多的营养而不是树立那种根深蒂固的冲突对立观。历史上那种依靠武力破坏文化发展规律的行为并依靠武力强行将自己的文化种入异国土壤的行径被证明是不能长久存在的。地里的野草从来就比那些人工养殖的草要有更强的生命力，一旦缺少养护，野草又重新占据原来的位置，这是活生生的事实。强行移入文化的结果就是水土不服，终究失败！历史的发展，理性的发展使得我们逐渐摆脱战争的思维，今天的国际社会不像 15—16 世纪的国际社会那样竞争手段以武力为主。靠武力来征服其他文化的历史已经过去了。但是，冲突的思维依旧存在于我们的脑海中，尽管国家在实施文化战略的过程中吸收过其他外来文化的精华，也有本文化与其他文化之间的交流与合作的记录，但是都是表象，其背后依旧是将自身的文化置于一个与其他文化的对立面上，相互竞争甚至斗争。文化战略的目标在国内层面上主要指国家文化领域免遭破坏，确保本国人民精神、道德、伦理、政治信念等不受危害，如没有出现道德失衡和政治信仰危机。在国际层面上主要指本国的文化环境、文化领域免受他国文化行为威胁、损害，如有效抵御他国文化对本国传统文化、政治信仰、价值观念等的侵蚀。我们一般认为自己的文化存在是合理的，自己的道德、伦理、政治信念、政治信仰都是正确的，外来的文化可能是有企图的，可能会破坏自己文化的秩序。在这内外之间，冲突就会产生，而这并不是一个良性的国际文化环境所需要的。

文化影响力是软实力构成要素中最重要的组成部分，这是因为如果一个国家的文化能够对其他国家产生吸引力，它的文化所蕴含的价值观、精神指向以及情感表达方式，能够得到其他国家的认可，那么这个国家的意识形态影响力、政治制度影响力、外交影响力自然也会得到增强。在中国，软实力构成要素的"文化软实力"作为一个概念被明确提出，始于党的十七大报告。十七大报告明确提出"提高国家文化软实力"的战略主张。概而言之，文化软实力是一种柔性的力量，是指文化本身所弘扬出来的那种创造生存的力量。

从某种意义上来说，提升文化软实力是一个国家文化战略的核心内容和发展目标。通常来说，国家文化战略是从国家的利益出发，以切实有效的方式来提升国家文化的生命力和竞争力。换言之，国家文化的生命力和竞争力就是我们通常所说的文化软实力。因为国家的文化软实力是一个国家文化的生命力和竞争力的源泉。

第二节　发展文化软实力的战略

文化软实力作为创造文明的力量，其作用就在于研究、开发和建设文化的进步力量，它始终是文化的进步状态所展现出来的生存创造力量。因而文化软实力的构成要素与文化有着不可分割的联系。我们知道学术界对于文化的定义至今尚没有一个令人满意的结果。总体来说，目前学界比较认同爱德华·泰勒（Edward Tylor）在《原始文化：神话、哲学、宗教、语言、艺术和习俗发展之研究》（*Primitive Culture: Researches into the Development of Mythology, Philosophy, Religion, Art, and Custom*）[1]一书中对于文化的定义："就其广泛的民族学意义来说，是包括全部的知识、信仰、艺术、道德、法律、风俗以及作为社会成员的人所掌握和接受的任何其他的才能和习惯的复合体。"[2]从上面文化的定义中我们可以看出文化几乎是一个无所不包的概念，科学、政治、经济以及道德等都包括其中。文化软实力作为文化所表现出来的生存创造力，其基本内涵也包括科学、政治、经济以及道德等内容。发展文化软实力战略就包括发展科学文化软实力、发展经济文化软实力、发展政治文化软实力和发展伦理文化软实力。

一、发展科学文化软实力的战略

关于什么是科学，人们往往有很多种不同的答案。概括来说，科学应该

---

[1] 通常简称为《原始文化》（*Primitive Culture*）。
[2] 爱德华·泰勒：《原始文化：神话、哲学、宗教、语言、艺术和习俗发展之研究》，上海：上海文艺出版社，1992年，第1页。

包含以下三个方面的内涵：首先，科学是一种描述自然宇宙和生命世界的系统化的知识；其次，科学是人类探索自然界过程中的社会活动和历史过程；最后，科学又是一种与社会政治、经济、文化、教育、艺术等社会因素处于互动状态的社会制度。因而，作为文化战略重要内容的科学文化软实力的发展也就与此息息相关。具体来说发展科学文化软实力应该包括以下具体内容：

1. 让科学回归科学本身

科学作为一种认识世界的方式和知识体系，具有一定的客观性，因而回归科学本身首先就是要减少和摆脱政治等社会因素对于科学的影响。因为过多的社会因素的加入会改变科学的本来面目，使科学不成其为科学，也就丧失了其存在的意义。另一方面，科学作为一种探索自然世界的基本方式，它所获得的认知成果、智慧、方法，并不是绝对的知识，也不是绝对的真理，而只是相对的知识、相对的方法和相对的真理。因而我们要用实事求是原则驱逐科学主义对于科学的影响。因为科学的相对性，它不可能是永远的真理，科学也不是万能的，科学技术具有无限潜能之说也是不成立的。科学具有客观性和相对性要求我们警惕以上两个因素对于科学的影响，让科学回归科学本身的运行轨迹。

2. 确立健康的制度机制

科学的发展，需要科学的殿堂，需要科学能够得以健康发展的一切制度机制。科学发展的制度机制，涉及的内容有很多，概括来讲有以下两个方面：

（1）科学相对自由的机制。如果没有一定的自由空间，科学就无法成为真正意义上的科学。因而，只有建立和健全科学相对自由的机制，才能从制度上使科学获得"自由"探索和"自由"研究。

（2）科学独立的制度机制。科学具有一定的客观性，在某种程度上是人类共享的精神财富。科学是跨越国界的。同时科学也要减少政府、政治和其他社会团体的过度干预，只有这样才能保持其自身的独立性，科学也才有了真正的生命力。

二、发展经济文化软实力的战略

人的存在以及进步的要求产生了经济活动，因而经济首先是一种活动，而不是一种结果，也不是一种评价。经济这种活动并非单纯的物质活动，它首先且最终是一种精神活动，一种广义上的文化创造活动。经济文化软实力的战略发展主要内容是培育经济文化软实力的精神体系，这个精神体系主要由四个方面的内容构成：①自由市场精神，②利益互生精神，③社会契约精神，④过程公正精神。[①]

1. 培育自由市场精神

经济活动产生于人对生命存在资源的需求。经济活动为满足人的这种基本生命存在需求，必须依靠市场。经济活动会创造市场。"市场"从大的方面来说，是由供求关系组成的一种关系平台。从小的方面来讲，市场是由需求与满足构成的动态过程，因而市场的法则是利益关系的动态协调。亚当·斯密将此法则称为"一只看不见的手"。这一法则的基本精神是一个自由的市场，任何个人或企业或组织机构或政府都可以自由地、不带任何条件地进出市场。市场不属于任何人，同时它又可以被任何人所有。自由市场精神使市场成为创造和竞争的乐园，也是经济发展的原动力。因而培育自由市场精神是发展经济文化软实力的重要方面。

2. 培育利益互生精神

经济活动中的冒险是为了创造，创造会产生竞争。竞争不是为了利己而损他。在市场状态下，竞争的目的是创造财富，包括物质财富和精神财富。在创造财富的过程中实现财富的共享和分配，实现财富的合法占有与个性消费。因而，经济活动所展开的经济文化软实力精神，是利益互生精神。个人与个人、个人与企业、个人与社会，个人与自然，在自由市场的经济活动中相互形成利益关系，这是由自由市场本身的法则所规范的。

利益互生精神来源于人类的本性。因为"互利不是一种天赋的本性，而是一种历史发展的产物，是集体行动实际从利益冲突中创造利益的相互关系

[①] 唐代兴：《文化软实力战略研究》，北京：人民出版社，2008年。

的产物"①。在自然的竞争法则中,自私与利己是互生的法则。生物是利己的,但是为了实现利己必须利他。俄国思想家克鲁泡特金曾经指出:"在大自然中,除了互争的法则以外,还有互助的法则,而这个法则,对生存竞争的胜利,特别是对物种的逐步进化来说,比互争的法则更为重要得多。"②

利益互生精神强调的是利益的共赢。这种共生、共赢互为前提,形成一种张力关系,构成了经济活动的动力原则,是经济文化软实力的内在灵魂,因而发展经济文化软实力,培育利益互生精神至关重要。

3. 培育社会契约精神

经济作为一种活动,首先形成一种社会关系,这种社会关系把人、组织、政府、资源、技术、资本、需求等,聚集起来形成市场。因而从广义上讲,经济文化软实力,实质是市场文化软实力。因为离开了市场,就没有经济活动,也就不可能产生经济文化软实力。经济活动构建的是一个复杂社会关系,这种关系基于利益的互生与共赢原则而建立,因而这种关系是一种契约关系。所以契约精神就构成了经济文化软实力的又一个基本精神,契约则成为市场领域的一切经济活动得以良性展开与运作的最高典范。

契约精神的基本思想是平等,即人与人、人与企业组织、人与政府、人与社会之间的关系,是平等的关系,他们只有在存在具体约定条件下才能获得相互制约与激励。这种平等关系若被解除,契约关系也将被解除。契约精神只在完全平等的契约关系中展开,契约精神在平等的契约关系中展开自身的基本价值诉求和行动原则,构成了经济文化软实力的一个重要内容。

4. 培育过程公正精神

过程公正精神,是指市场化的经济活动的展开,不能只看主观动机和愿望的好坏,也不能只看最后结果是否皆大欢喜,而应该观察经济活动展开的过程本身是否公正。过程公正精神是市场获得良性发展,经济活动朝着利益互生方向发展的规范精神。

过程公正精神要求,在市场化的经济活动中,应该杜绝只讲目的而不讲

---

① [美]康芒斯:《制度经济学》(上卷),于树生译,北京:商务印书馆,1994年,第195页。
② [俄]克鲁泡特金:《互助论》,李平欧译,北京:商务印书馆,1984年,第9页。

手段或者为达目的不择手段的行动模式，因为这种行动模式从根本上破坏经济活动，违背市场法则和毁灭市场过程。过程公正精神要求讲目的须注意手段，讲目的首先要注意手段，目的与手段一定要统一，动机与效果一定要统一。过程公正精神还要求任何经济活动，哪怕是政府介入市场的经济活动，也要遵循目的手段统一的原则。过程公正精神的本质依然是平等。在过程公正精神的构成中，其平等的基本内涵有三点：一是起点平等，二是规则平等，三是机会平等。过程公正精神是经济文化软实力的重要内容，因而培育过程公正精神具有重要意义。

三、发展政治文化软实力的战略

在文化软实力的基本构成之中，经济文化软实力发展的最终激励因素，是政治文化。政治文化的健康发展与繁荣，不仅是经济文化软实力的直接推动力，也构成整个国家文化软实力发展的重要动力。

1. 政治文化软实力的构成

理解政治文化，先得理解政治。政治其实是一个很宽泛的概念。在一般意义上，政治作为一种可能性，产生于一种社会存在关系。政治作为一种可能性，一旦获得实际的存在关系而展开，它就变成了一种现实性，这种现实性内蕴了权利和权力的关系，而且展示出文化学方向。真挚的文化学方向客观地存在着两种可能性：一种是反文明或消解文明的可能性，这种文明一旦成为现实，那就是政治的野蛮；另一种是光大和创造文明的可能性，这种可能性一旦变成现实，那就是政治的文明，即政治文明。一种政治文化要获得其文明张力，必须具备一定的条件。通常来讲，这种构成要素包含以下三点，一是公民的基本权利，二是公民的国家主权，三是民主政治。概括地来讲，政治文化软实力的形式构成是普选公民权利、代议民主、公民对国家和政治的主权原则。政治文化软实力作为一种精神文化现象，发展政治文化软实力的文化战略，其重点在于培育以下几种精神动力。

2. 培育法治精神

发展政治文化软实力，权利制度是其根本的规范力量，也是其直接的推动力量。然而，权利制度本身能否成为规范功能和推动力量，取决于权利制度建立在什么平台上。从绝对意义上来讲，只有建立在法治基石上并以法治民主为平台的制度，才可以促进和推动政治文化内生出强大的生存创造力和竞争力。因而法治建设构成了当代政治文化软实力发挥作用的最终社会条件。波普尔曾经指出："我们需要的与其说是好的人，还不如说是好的制度。……正因为这样，设计使甚至坏的统治者也不会造成太大损害的制度是十分重要的。"[①]关于制度的好与坏，邓小平也曾经指出："我们过去发生的各种错误，固然与某些领导人的思想、作风有关，但是组织制度、工作制度方面的问题更重要。这些方面的制度好可以使坏人无法任意横行，制度不好可以使好人无法充分做好事，甚至会走向反面。……不是说个人没有责任，而是说领导制度、组织制度问题更带有根本性、全局性、稳定性和长期性。"[②]政治文化要获得文明张力，政治文化软实力要得到全面发展，必须要有好的制度，因为从本质上来讲，政治文明就是制度文明。政治文化软实力，实际上就是制度文化软实力。因而发展政治文化软实力，就必须创新制度。发展政治文化软实力需要法治的条件保证。政治的文明，归根结底是人的文明，政治文化软实力的发展，最终是人的全面解放和全面发展。人的全面解放和全面发展需要法治的保障，培育法治精神则是法治建设的前提。因为一个没有法治精神的社会是无法建立一个健康、合理的制度的，所以培育法治精神对于发展政治文化软实力就异常重要。

3. 培育共和精神

共和是一种政体，人类历史上最早思考共和政体的是亚里士多德（Aristotle），在他看来，共和政体有两个目的，一是权力目的，二是社会秩序目的。前一个目的追求的是政治权力的公共性，因而共和政体必须包含

---

① ［英］卡尔·波普尔：《猜想与反驳——科学知识的增长》，傅季重等译，上海：上海译文出版社，1986年，第491页。
② 邓小平：《邓小平文选 第二卷》，2版，北京：人民出版社，1994年，第333页。

民主内涵，后一个目的追求把政治权力塑造成一种能为共同体中所有人共享的，能保障各个阶级或阶层利益的公共结构，以使政治共同体能够获得稳定的秩序而得以长久保存。

共和政体所蕴含的是一种共和精神。这种共和精神，首先表现为政治权力的公共化精神和权力的限度化精神。政治权力的公共化精神，实质是一切国家权力不能为任何组织、任何机构、任何党派所拥有，它只能并且必须是国家共同体人人共同享有的权力；政治权力的限度化精神，是指一切公共化的国家权力，都只能是有限度的权力，在共和政体中，不可能有任何形式的无限度的权力。

从共和精神的内涵来说，它包含契约、平等和自由精神。在契约、平等、自由三者之间，平等是契约的价值框架，自由是契约的立法原则，因而自由是契约的本质规定。相对地讲，共和精神是宪政政治文明的国家精神，这种精神具体展开为平等精神、自由精神、民主精神、公正精神。共和精神，使共同体成员获得了内在的凝聚力和向心力。概括地讲，现代政治文明的国家本质是共和，这一本质植根于人性的生命里，根植于自然法则的土壤之上，它构成政治文明永恒的法则而不可改变，因而培育共和精神就成为发展政治文化软实力的重要内容。

4. 培育利益普遍平等精神和自由理性精神

利益普遍平等精神和自由理性精神是发展政治文化软实力所需要的核心价值原则中的基石和坐标。

从本质上讲，政治产生于人的存在状况和生存处境：当单个的人从静态的存在向动态的生存领域谋求生活时，深感单凭个人的力量不能谋求到生存资源，因而本能地渴望他者的辅助协作，并适时地走向他者，结成群体，共同劳作，共谋利益，共同生存，于是产生了政治。政治所追求的目标是生存自由，政治就是为自由而产生的，政治也是为自由而存在的。政治产生于个人存在向生存领域存在展开的无能为力，因而需要借助他者的力量。这种借助方式不是某个人或某些人的愿望，是所有个体的愿望。所有的个体是按照契约的原则连接到一起的，这就决定了所有社会成员都有平等参加国家管理的自由和权利，也享有平等追求合法利益和平等道德赢得的资格。以上几点构成了政治文化软实力的重要内容。

四、发展伦理文化软实力的战略

政治文明是建立在制度文明基础之上的，而制度文明却需要道德伦理为其提供存在目的、生存目标、价值尺度、行动原则和规范体系，因而要发展政治文化软实力则必须以重建时代之伦理文化为前提。事实上，伦理在一国的文化构成中，是核心内容。伦理之所以成为一国文化之核心，在于伦理为一国文化提供了生存实践的价值导向、道德原则和行动规范体系，而这些又恰恰是建立在对于人性的明确定位、对人的存在目标予以明确要求的基础上的。一个民族、国家，其实践理性精神的有无，以及其时间理性的方向的生成，都有伦理定位，并有伦理支撑。伦理一词既指人的一种自然生活事实，也指人的一种理想生活事实，或者说既包括了人的生活的本来事实状况、关系，也包括了人应该怎样和能够如何生活的事实状态、关系。总而言之，伦理是一种关系，这种关系的构成是围绕着人而展开的。这种围绕关系蕴含着三个命题：一，我是什么样的人？二，我应该成为什么样的人？三，我能够成为什么样的人？由以上可以看出，伦理文化实际上是人的生存发展文化，它既融合了自然取向，也包含了功利取向，更带有超功利的追求。

伦理文化是制度文化、经济文化、科学文化、艺术文化的基石，是整个国家文化、民族文化的基石。发展国家文化软实力需要着重发展的内容之一是伦理文化。发展伦理文化很重要的一点是根据时代发展之需而培育伦理精神，主要包括培育普遍平等的利益精神、利爱同情精神、全境慈爱精神[1]。

1. 培育普遍平等的利益精神

人的存在事实决定了人的生存资源是有限的，人是有欲望和追求利益的；而资源有限、欲望和利益追求是人的共性。人都希望付出与收获相匹配。人的生命存在事实和生存状况之间的关系不仅是一种普遍利益关系，更

---

[1] 唐代兴：《文化软实力战略研究》，北京：人民出版社，2008 年。

是一种普遍平等的利益追求与现实之间的关系。所以,培育普遍平等的利益精神就成为发展伦理文化软实力的重要内容。

2. 培育利爱同情精神

利爱同情精神有两方面的内容:一是利爱,二是同情。虽然人追求利益,但人求利的目的却是实现爱,因而,利益与爱是一体的。有利则有爱,有爱则有利。反之,损利则生恨,恨必失其利。因爱而利,利而得爱,首先指向自己,然后指向他人。对自己的利爱须通过利爱他人来实现。

利爱既指向自我,也指向他人;而同情则主要指向他者。利爱同情精神是人间共生的基本精神。

3. 培育全境慈爱精神

普遍平等的利益精神和利爱同情精神是伦理的人间精神。人的生命存在除了人自身的肉体,还有自然界。人生活于自然界中,生活于生命世界之中,这决定了伦理作为一种人伦关系,还客观地存在着人与自然、人与生命世界这个维度。人与自然宇宙和生命世界之间的存在关系蕴含着一种更高境界的精神,这种精神就是"全境慈爱精神"。这里的"全境"是指全境视域,这里的"慈爱"就是慈善与博爱。"全境慈爱,就是广阔的博爱与全面的慈爱。"博爱,指存在于这个世上的所有物种、所有生命存在形式都需要人类去爱,都值得人类去爱,都应该成为人类爱的对象。人类只有具有这样一种广阔的爱心爱德,物物相亲的和谐融洽才可能成为现实,人类的幸福慈爱才能建立坚实的生存基础。全境慈爱精神,落在实处是指平等地善待一切生命,全面地尊重生命,敬畏生命。这是当代人类生存发展走向全球生态道路所必须弘扬的当代伦理精神。这种精神构成了伦理文化软实力的发展内在动力。[1]

---

[1] 唐代兴:《文化软实力战略研究》,北京:人民出版社,2008 年。

第六章 文化软实力与中国传统文化研究

第一节 经济全球化与文化软实力

21世纪是全球化的世纪,所谓全球化不应该局限于经济一体化,还应该包括文化方面在内。中国文化有几千年的悠久历史,先进部分应该融入世界文化,成为全球文化的一部分。也就是说,全球一体化既包括把全球的先进文化引入中国,也包括将中国的先进文化推向世界。

"1988年全世界荣获诺贝尔奖的75位科学家在巴黎聚会,讨论新世纪世界的前途时(据墨西哥《永久》周刊2001年8月17日文章)说:21世纪人类如果要过和平幸福的生活,就应该回到2500年前中国的孔子那里去寻找智慧。"[①]这种智慧就是中国传统文化,也就是近年来风靡国际关系领域的最流行的关键词之一:"软实力"。

虽然"软实力"作为国际政治界新概念,提出于20世纪90年代,但其思想和内容其实并不新鲜,其核心思想在中西文化中都有一定的萌发和积淀,例如,中国古代思想家们对软实力的思想内核早有过深刻探讨。老子说"天下之至柔,驰骋天下之至坚"[②],实行"以柔克刚"的柔道。孟子讲"得道者多助,失道者寡助。寡助之至,亲戚叛之;多助之至,天下顺之。以天下之所顺,攻亲戚之所畔,故君子有不战,战必胜矣"[③]。儒家主张重"王"道、轻"霸"道。历代明君在处理国家间矛盾时,主张"和为

[①] 许渊冲:《中国文化与全球化》,见许渊冲:《译笔生花》,郑州:文心出版社,2005年,第24页。
[②] 老子:《道德经》,北京:外语教学与研究出版社,1999年,第92页。
[③] 杨伯峻译注:《孟子译注》,北京:中华书局,1960年,第86页。

贵"①，反对以强凌弱，强调"以德服人"，反对穷兵黩武。这是中国古代思想家对软实力的探研和贡献。古代中国的文化对周边国家具有很强的吸引力和"同化力"（assimilation）。

在"软实力"这个概念被广泛使用之后，我们需要关注"软实力"这个概念在整个语言和文化中的内涵和意义。王超逸②等在其著作《软实力与文化力管理》中对软实力的中译并结合古汉语和中国文化的背景来理解和把握软实力的真正内涵进行了详细阐释。

一、软实力的汉语阐释

"力"的"甲骨文字形，象耒形，有柄有尖，用以翻地。用耒表示执耒耕作需要花费力气"③。"力"的本义是体力、力气。"力"因其广泛应用，逐渐成为汉字的部首之一。《说文》："力，筋也。像人筋之形。"④"筋下曰：肉之力也。二篆为转注。筋者，其体。力者，其用也。"⑤从《说文》的解释中可看出"力"在汉语中的本义是体力的意思。之后，逐渐衍生出力量、能力、威力、权力等意思。

现代汉语中的"力"主要有以下几层意思：第一，人和动物筋肉的效能，比如力气、力量；第二，一切事物的效能，比如视力、生产力、控制力；第三，物理学上指物体之间相互作用，引起运动加速或形变，比如力学、作用力、保守力；第四，用极大的力量，比如尽力、力挽狂澜。⑥

中国重视文化力的作用。所谓"德行天下，武威四方"。文化软实力的内涵是文化力。文化是一定社会政治和经济的反映，又作用于社会政治和经济。文化具有民族性。每一种社会形态都有与其相适应的文化，每一种文化的发展都与社会物质生产的发展息息相关。社会物质生产发展的连续性，决

---

① 徐志刚译注：《论语通译》，北京：人民文学出版社，1997年，第6页。
② 王超逸：《软实力与文化力管理》，北京：中国经济出版社，2009年，第3页。
③ https://www.zdic.net/hans/%E5%8A%9B。
④ 许慎：《说文解字》，北京：中华书局，1963年，第291页。
⑤ 许慎：《说文解字注》，段玉裁注，许惟贤整理，南京：凤凰出版社，2007年，第1213页。
⑥ https://www.zdic.net/hans/%E5%8A%9B。

第六章　文化软实力与中国传统文化研究

定文化的发展也具有连续性和历史继承性。

　　文化所蕴含的力是向心力，是凝聚力，也是生产力。我们把文化所蕴含的这种巨大的吸引力、渗透力、推动力，称为"文化力"。这种力量是无穷的。[1]因而，人们通常将文化力与软实力等同起来。高占祥在《文化力》一书中把文化力归结为包括文化思维力、微调力、孵化力、安全力、钝感力等在内的32种力，提出"传统文化是文化力的核心，文化力是软实力的核心"[2]。

　　文化力是一个宽泛概念，泛指一般知识和文字与语言运用能力，包括文化学习状况及文化水平状态。文化力与社会和人们的思想交织在一起。本是一部文明史的人类历史承载历史传统，其本质是文化的一种具体体现。文化史和文明史是同时存在的，文化力是用来说明文化发展的脉络的。文化在人类文明演进及个人的成长中都具有重要意义和价值。文化力对于国家崛起、民族复兴、经济腾飞等具有重要作用。[3]

二、约瑟夫·奈对软实力的多重界定

　　约瑟夫·奈的"软实力"概念的提出和形成是基于现实的硬实力背景的。虽然"权力"是人们经常使用的词，但要准确定义它却很难。

　　权力在《现代汉语词典》（第7版）中被定义为"政治上的强制力量"或"职责范围内的支配力量"。约瑟夫·奈给"权力"下的定义是：权力是达到自身目的或者目标的能力[4]。奈认为在信息经济和全球化时代，权力正变得越来越难以转化，越来越不具体，越来越缺少强制性。[5]他把"权力"比喻为天气，来说明其不确定性和难以界定性；他通过将"权力"比喻为爱

---

[1] 王超逸：《软实力与文化力管理》，北京：中国经济出版社，2009年，第5页。
[2] 转引自王超逸：《软实力与文化力管理》，北京：中国经济出版社，2009年，第6页。
[3] 王超逸：《软实力与文化力管理》，北京：中国经济出版社，2009年，第6页。
[4] Joseph Nye. *Bound to Lead: The Changing Nature of American Power*. New York: Basic Books, 1990, pp.25-26.
[5] Joseph Nye. *Bound to Lead: The Changing Nature of American Power*. New York: Basic Books, 1990, p.41(ebook).

情,来解释它易于体验,却难以定义或者衡量的含义。①奈认为有多种形塑他人行为的方式,既可以通过威胁他人,也可以通过吸引他人,来达到自己的目的。②但是,前者运用的是"硬权力"——指的是通常同诸如军事和经济力量那样的具体资源相关的"硬性命令式权力"(Hard Command Power),后者运用的是"软权力"——指的是诸如文化、意识形态和制度等抽象资源相关的、决定他人偏好的"软性同化式权力"(Soft Co-operative Power)。

约瑟夫·奈认为:"实现权力有三条基本途径:高压政治(俗称'大棒'),金钱(俗称'胡萝卜'),吸引力(就是'软实力')。"③奈倾向于认为软实力等于"吸引力",他认为:"一个国家的软实力有三个源泉:它的文化(它能够吸引别人的地方),它的政治价值观(它在国内外实践这些价值的时候所体现出来的),它的外交政策(这些外交政策应该是合法,并且被道德的政权所利用)。"④奈提出的软实力的主要内容有三个方面:⑤第一,在文化方面具有吸引力。奈所说的文化指具有全球吸引力的文化。如奈所说:"不管我们做什么,美国的大众文化都具有全球影响。好莱坞、有线电视网和互联网的影响无所不在。美国的电影和电视节目宣传自由、个人主义和变革(还有性和暴力)。笼统地说,美国文化的全球影响力有助于增强我们的软权力——即我们的文化和意识形态的号召力。"⑥第二,在意识形态或政治价值观念方面具有吸引力。第三,具有塑造国际规则和决定政治议题的能力。

本章主要关注文化软实力,也就是第一点,文化吸引力。什么是文化呢?

---

① Joseph Nye. *Bound to Lead: The Changing Nature of American Power*. New York: Basic Books, 1990, p.35(ebook).
② Joseph S. Nye. *Soft Power: The Means to Success in World Politics*. New York: Public Affairs, 2004, p.2.
③ Joseph Nye. "Think again: Soft power." *Foreign Policy*, February 2006, p.3. 转引自王超逸:《软实力与文化力管理》,中国经济出版社,2009年,第14页。
④ Joseph Nye. "Think again: Soft power." *Foreign Policy*, February 2006, p.3.
⑤ 参见张小明:《约瑟夫·奈的"软权力"思想分析》,《美国研究》2005年第1期,第20-36页。
⑥ [美]约瑟夫·奈:《美国霸权的困惑:为什么美国不能独断专行》,郑志国等译,北京:世界知识出版社,2002年,"前言"第5页。

第二节 文化软实力与中国传统文化

  文化是不断变迁和发展的，从本质上讲，文化的常态应该是流动的、有活力的。①《辞海》对"文化"的解释是："广义的文化指人类在社会历史实践过程中所创造的精神财富和物质财富的总和；狭义的文化指社会的意识形态以及与之相适应的制度与组织机构。是一种历史现象，每一社会都有与其相适应的文化，并随着社会物质生产的发展而发展。"②《中国大百科全书》社会学卷的解释是："广义的文化是指人类创造的一切物质产品和精神产品的总和。狭义的文化专指语言、文学、艺术及一切意识形态在内的精神产品。"③它"包括一切社会意识形式，有时又专指教育、科学、文学、艺术、卫生、体育等方面的知识和设施，以与世界观、政治思想、道德等意识形态相区别"④。

  文化本身就具有时代性和民族性，继承性与兼容性等二重性，文化的二重性决定了只有那些具有时代价值、在历史演变中长期积淀下来的，具有顽强生命力的文化才是中国传统文化的一部分。中国传统文化绵延几千年，历经时代的考验，凝结着炎黄子孙改造世界的辉煌业绩，包含着华夏历代先哲的无穷智慧，是中华民族的一份极其宝贵的文化宝藏，也是人类文明史上的文化瑰宝。中国传统文化在其自身的发展历程中，有着丰富的基本精神所在和独具特色的基本特征，这些基本精神和基本特征值得我们去考究，去凝练它的现实价值，为我们今后的发展所用。中国传统文化是指在中华大地上由诸民族共同创造并沿袭至今的一切优秀的文化创造活动与文化成果，是长期积淀下来的具有重要价值的文化宝藏，其内容极其丰富，不仅包括政治、经济、文化、军事、史学、教育、哲学、道德、宗教等方面的理论、思想，还

---

① ［英］汤林森：《文化帝国主义》，冯建三译，上海：上海人民出版社，1999年，第87页。
② 夏征农主编：《辞海》，1999年版缩印本，上海：上海辞书出版社，2000年，第1731页。该版本是在国际社会出现"文化热"后修订的。
③ 《中国大百科全书·社会学卷》，北京：中国大百科全书出版社，1991年，第409页。
④ 《中国大百科全书·社会学卷》，北京：中国大百科全书出版社，2000年，第924页。

包括科技成就、文艺创作、文物古迹和民风民俗等。中国传统文化的基本精神可以概括为如下几个方面：天人合一精神、人文主义精神、自强不息的进取精神以及厚德载物的兼容精神。中国传统文化有其内在的、独具的基本特质：重视伦理道德，倡导和谐统一，富于生命力与凝聚力。

一、中国传统文化的价值

中国传统文化的文化吸引力具备以下优势：

第一，崇尚自然。西方文化过于强调科技的作用，导致人对自然过度的利用和开发，而传统的东方文化有着"天人合一"的传统，主张"道法自然"。中华文化传统推崇《易经》，这部经典著作主要就是讲阴阳相合而成统一的太极（宇宙），"天人合一"就是中国传统的宇宙观。中华文化总的来说是反对分立而主张统一的，大一统的概念就是这"天人合一"的一种表达。我们一向反对"天人对立"，反对无止境地用功利主义态度片面地改造自然来适应人的需要，而主张人尽可能地适应自然。①

第二，主张柔顺。据说孔子问礼于老子，而老子张口不答。孔子回去思考后才想起老子嘴里没有牙齿，只有舌头，然后悟到张口的意思是：硬的早掉，软的还在。所以礼乐之治需要刚柔相济。礼治重刚来维持秩序，需要有实力；而乐治重柔来维持和谐与和平。南宋辛弃疾写了一首《卜算子》，前半首说："刚者不坚牢，柔底难摧挫。不信张开口角看，舌在牙先堕。"②以柔济刚是中华民族和平思想的基础，已经成了中国的文化传统。和平对话与多方交流也是当今国际社会普遍认同的价值。

第三，强调"中庸"。中国传统文化以"仁义礼智信"为基础，其主要内核是博大精深的"和合"与"中庸"思想。"和合"强调"和而不同"与多元共存，崇尚"和为贵"、反对战争和征伐。主张不偏不倚、无过而无不及，强调"己所不欲、勿施于人"的忠恕之道。这些思想塑造了中华民族的

---

① 费孝通：《文化论中人与自然关系的再认识》，见费孝通、［法］德里达等：《中国文化与全球化：人文讲演录》，江苏：江苏教育出版社，2003年，第10页。
② 辛弃疾著，邓广铭笺注：《稼轩词编年笺注》上，上海：上海古籍出版社，2018年，第267页。

独特个性，成就了中华文化和中华民族生生不息的生命力。

　　第四，融合"多民族"。中国传统文化是伴随着中华民族的发展而发展起来的，与中国历史进程的变迁是紧密相连的。从远古时代，中华民族的祖先就在广阔而富饶的华夏大地上留下了辛勤劳作的足迹，深深地烙上了它们不畏艰难险阻、不畏荆棘坎坷，勇往直前的印记。后来，民族之间的交往日益密切，各民族之间的融合范围亦趋宽广，中国传统文化"是一个丰富博大的有机整体，既包括汉民族的文化，也包括各少数民族的文化"①，既包括悠久的古代文化，也包括近代和现代文化。所以说，中国传统文化的含义是极富深韵的，对中国传统文化含义的阐释也应是多层次、多角度的。

　　但是，中国传统文化的许多成分已经难以适应时代发展的要求，需要根据时代特征对那些落后的、封建的和过于保守的内容加以改造，对那些能体现全人类共同价值的文化要素及时地加以发扬光大。有学者认为，这里需要区别对待文化传统与传统文化这两个概念。文化传统是否指方法论，传统文化是否指内容？陈乐民认为："传统文化比较具体，比如我们的古代文物、文学、绘画等等都是传统文化。'文化传统'则是在这些文化的基础上形成的一种政治的、道德性的'道统'，这就是政治文化。"②

二、中国传统文化的传承与创新

　　中国传统文化的传承与创新需要注重这样几个方面的问题：一是如何在中国文化中融入中国特色社会主义的理念和价值观念，使后者内生为中国文化的天然组成部分；二是如何让中国文化及时反映和体现出改革开放进程中涌现出的一些新思维、新观念、新取向，使中国文化更具时代特征和时代引导能力；三是中国文化应增加诸如"公正""平等""正义"价值取向的分量，以增进中国文化的世界认同。历史告诉我们应该努力增强中国特色社会主义文化的国际文化传播力。汉朝和唐朝是中国历史上的两大盛世王朝，是中华文化扩大对外传播范围的重要时期。汉武帝在位的 50 多年，是西汉王

---

① 许雅晗：《中国传统文化的现代化困境及发展道路》，《世纪桥》2016 年第 6 期，第 71 页。
② 陈乐民：《从中国文化的"自主性"谈起》，《社会科学论坛》2003 年第 1 期，第 36 页。

朝的鼎盛时期。汉武帝派张骞等多批使者出使西域，打通了横贯中西的"丝绸之路"。通过"丝绸之路"，中国的丝绸源源不断地运往西方各国，中国的文化也传播到西方世界。唐代前期的100多年间，社会经济的发展和繁荣远远超过了前代。唐代也是中华文化传播很广、影响很深的时期。唐代创造的辉煌灿烂的文化，对周边国家产生了巨大的吸引力和影响力。[1]

今天，在大力推进现代化进程的同时，我们还必须从现代化建设的实践要求出发，对中国传统文化进行辩证、"扬弃"地考究，从而汲取其中有益于现代化进程的因素。传统文化可以为我们解决各种矛盾和问题、克服艰难险阻提供很多有益的启示，它就如同一把钥匙为人们开启智慧之门。比如，中国传统文化中的传统美德是中国历史上流传下来、具有影响、可以继承、有益于后代的优秀道德遗产。中国具有五千年文明史，素有"礼仪之邦"之称，中国人也以其彬彬有礼的风貌而著称于世。礼仪文明作为中国传统文化的一个重要组成部分，对中国社会历史发展起到了广泛而深远的影响，其内容十分丰富，时至今日，仍然是我们中国现代化进程的道德源流。中国传统文化是伴随着中华民族的发展而发展起来的，对中华民族的繁衍生息、团结稳定都起到了极其重要的作用，有着跨时代的深远影响。中国传统文化源远流长，博大精深，历经五千年风雨的考验，包含着华夏历代先哲的无穷智慧，积淀了无限丰富的精神资源和文化资源，留下了许许多多宝贵的思想文化成果，是中华民族引以为豪的文化瑰宝，是具有重要价值和生命力的文化成果，是中国乃至世界的文化宝藏，是人类文化宝库中一朵璀璨的奇葩。事实上，民族传统既离不开，也割不断。中国传统文化中蕴含的伟大的创造力和强大的生命力至今仍为世界所瞩目，这些优秀的文化成果和精神资源激励着千千万万的中华儿女战胜了无数的困难与挫折，创造了令世人瞩目的辉煌业绩，支撑着我们中华民族从过去走到了现在，也必将指引着中华民族坚实地走向未来。[2]

---

[1] 魏明：《全球信息时代中国文化软实力发展战略研究》，华中师范大学博士学位论文，2008年。
[2] 迟梅华：《中国传统文化在现代化进程中的地位与作用》，大连海事大学硕士学位论文，2009年。

第三节　中国传统文化转化为文化软实力的战略

荷兰哲学家冯·皮尔森（Van Peursen）在其《文化战略》（*The Strategy of Culture*）中指出："文化战略就是人类的生存战略。"[1]因此，面对全球信息时代的文化变迁，我们必须制定我们的文化战略。

从软实力刚介绍到中国开始，中国文化和语言就赋予了它诸多含义和意味。中国的学者对这个词逐渐界定、理解，并发展出了很多的含义。关于文化实力和政治实力，曾任清华大学国际问题研究所所长阎学通说："软实力=政治实力×（1+文化实力）。综合国力是硬实力和软实力的积，即硬软实力的任何一方为零时，综合国力都等于零。但在这个公式中，软实力却不是政治实力与文化实力的简单相乘，如果文化实力为零，软实力依然存在，但一旦政治实力为零，软实力则等于零。……本段的软实力公式表达了三个概念：1）没有政治实力，文化实力是起不到软实力作用的；2）没有文化实力，政治实力可独自起到软实力的作用；3）文化实力与政治实力的增长都有利于软实力的增长，但政治实力是根本。如果深入探讨我们还会注意到，政治实力的增长会带动文化实力的发展，但文化实力的发展则不必然带动政治实力的发展。这就是为什么历史上文化实力发展的大国也有走向衰败的。"[2]喻国明指出："一个国家是存在两种实力的，一种是硬实力，一种是软实力。硬实力通常是指国家的 GDP、硬件设施等，而文化、制度、传媒等被称为软实力。"[3]

为了增强中国的文化软实力，中国应该实行传承与创新相结合原则，重构中国传统文化，增强中国文化对外的影响力、亲和力和吸引力，加强中国

---

[1] ［荷］冯·皮尔森：《文化战略》，北京：中国社会科学出版社，刘利圭、蒋国田、李维善译，1992 年，第 15 页。
[2] 阎学通：《软实力的核心是政治实力》，《环球时报》2007 年 5 月 22 日第 12 版。转引自《世纪行》2007 年第 6 期，第 42-43 页。
[3] 转引自胡和平、肖丽君：《影视与社会主义核心价值》，北京：中国广播电视出版社，2013 年，第 143 页。

特色社会主义文化的国际文化传播力。中国文化涵养于五千年的历史之中，体现了中华民族特有的民族性格、价值观念和心理情感。毋庸置疑，中国传统文化的许多成分已经难以适应时代发展的要求，需要根据时代特征对那些落后的、封建的和过于保守的内容加以改造，对那些能体现全人类共同价值文化要素及时地加以发扬光大。中国文化的传承与创新需要注重这样几个方面的问题：一是如何在中国文化中融入中国特色社会主义的理念和价值观念，使后者内生为中国文化的天然组成部分；二是如何让中国文化及时反映和体现出改革开放进程中涌现出的一些新思维、新观念新取向，使中国文化更具时代特征和时代引导能力；三是中国文化应当更加注重诸如"公正""平等""正义"的价值取向，以增进中国文化的世界认同。[1]

要提升我国的文化软实力，需要做到以下几点：对于传统文化，我们一是应该对其加以继承和弘扬，对中华传统文化的整理与开发加大力度。二是要加以创新，恢复传统文化活力，将传统文化和现代化的关系处理好，对传统文化进行现代化转换。三是将儒、道、释的精华加以融合。中国传统主流文化包括儒、道、释文化及各民族文化，各文化有所长也有所短。"以佛修心，以道养身，以儒治世"是中国古代知识分子修行处世之道。儒、道、释三家文化可以互相补充，取长补短。四是加强对青少年传统文化方面的教育。文化是一个民族得以生存和发展的重要支撑，应加强民族文化的教育以树立起国民的自尊心和自信心。应通过采取多种融入式教育方式，使青少年理解、继承、热爱优秀传统文化，以使中国优秀民族文化精神永流传。[2]

---

[1] 魏明：《全球信息时代中国文化软实力发展战略研究》，华中师范大学博士学位论文，2008年。
[2] 何星亮：《在传统文化的基础上创新》，《人民论坛》2007年第20期，第74-75页。

第七章 文化软实力与知识分子及民族心理研究

第一节 历史文明的传承者

文化软实力已成为现代文明社会中一个重要概念，它以凝聚力、辐射力和创新力等为主要表现形式，具有很强的渗透力。古代中国曾几度经历文化的繁荣昌盛，不仅加速了对外文化交流，也扩大了我国的海外影响。《道德经》曰："天下之至柔，驰骋天下之至坚，无有入无间。天下莫柔弱于水，而攻坚强者莫之能胜。"[1]明君贤臣认为要实现国家意志和赢得他国尊重，应当行"王道"而弃"霸道"，以获得他国的认同；在解决与他国冲突时，崇尚和为贵，反对以强凌弱，强调"得道者多助，失道者寡助。寡助之至，亲戚畔之；多助之至，天下顺之"[2]。我国文化博大精深，文化中蕴含着宝贵的思想和精神。面对当今世界巨大的竞争压力，我们要依据本国国情扬长避短，依托宝贵的传统文化思想，加快文化资源的利用，增强文化软实力，提升国家综合实力和国际竞争力。

文化蕴含着巨大力量，文化力是文化活动的引擎，它把一个国家文化活动的成果凝聚成永恒的民族精神。首先，文化是社会肌体的健康基因，没有经过先进文化力贯注和加以支撑的政治将产生强权专制或懦弱腐败，会导致迷信与盲从，甚至是冷漠和残酷；同时没有文化力对经济的推动，经济也难以维系持久繁荣和稳定发展。因此，文化力在很大程度上推动着政治和

---

[1] 转引自东方桥：《读老子的方法学》，上海：上海书店出版社，2007年，第17页。
[2] 出自《孟子·公孙丑下》，转引自陶新华译：《四书五经全译：全 6 册》，北京：线装书局，2016年，第177页。

经济协调进步，以实现政治和经济共同发展。21 世纪是一个知识经济时代，国力增长与经济振兴与否很大程度上取决于文化竞争力的大小。提升国家软实力，需要增强文化的吸引力、影响力和控制力。中国作为文明古国和世界公认的文化强国，其价值观和思想体系深刻地影响了周边国家。从晚清至五四运动，中国先进知识分子积极投身于探索如何以文化为原动力提升国家实力，深刻阐释了文化革新在振兴国家和民族中所起的重要作用，他们注重文学的教化力量，依靠文艺特有的启蒙力，从思想层面上改造国民性。21 世纪，面对西方世界文化软实力的优势，如何构建中国文化软实力已成为重中之重。中国不仅需要强大的硬实力后盾，还必须在软实力方面不断修炼自身，要具备相当的文化影响力和精神感召力。文化的力量，就是精神的力量；人文知识既是精神力量的代表，也是提高国家软实力的重要途径。对个人来说，文化软实力即人的内在修养，对一个人的人生起着十分重要的作用。只有看重文化，人文知识才能发挥应有的作用。

　　人类社会发展的历史表明，知识分子始终代表着先进文化生产力，具有不可估量的社会价值，是民族灵魂的脊梁。[1]许纪霖《中国知识分子十论》评语中讲知识分子"是一群以独立的身份出现，借助知识和精神的力量，对社会表现出强烈的公共关怀，体现出一种公共良知、有社会参与意识的文化人"[2]。实际上，西方的知识分子并不具备整体性，虽然他们很多都信仰宗教，分享古希腊、罗马的文化传统，但仍具有各自的明显特征。英国的知识分子主要是一群学院派学者。从历史上看，由于英国新教改革比较成功，知识分子同宗教、政治的关系不像法国那么紧张，相比之下，他们更多地具有一种保守的妥协性格，更习惯在经验主义和自由主义的传统上，在体制内部寻求变革的道路。他们也有批判性，但往往是纠错式的，而非从根本上推翻原有制度。德国的知识分子，从历史角度而言他们更多地具有国家主义的气质，强调内心自由，即通过逻辑性的哲学思辨，获得一种精神超

---

[1] 韩珈莲：《高校知识分子的精神价值》，《中国科技博览》2009 年第 25 期，第 211-212 页。
[2] 参见詹福瑞：《文质彬彬：序跋与短论集》，北京：紫禁城出版社，2009 年，第 210 页。

越。由于长久以来受道德、政治和文化的影响，俄国知识分子则具有紧张感。由于处于东西方文化冲突的交汇点上，俄罗斯苦难深重的底层生活与西方上流社会的奢侈腐败，让许多俄国知识分子产生道德上的原罪感。因此，当我们将西方知识分子置于一定的历史语境来看的时候，就可以发现他们有着各自的个性。这对于我们反思中国知识分子问题很有帮助，可以获得一种多元的参照资源。①

知识分子创造、阐发和传播人类精神文化成果，具有社会主导价值示范作用。中国传统知识阶层是古代社会的独特产物，与现实政治关系非常密切。近代以来，中国社会迈入了一个相对漫长的社会转型时期，这种转型对于知识与政治权力的关系、知识与知识分子精英机构的关系等产生了深远影响。伴随着中国社会的转型，知识分子阶层也在发生着深刻转变，对中国社会历史进程产生了重要影响。如果把知识分子加以分类，一般将其分为人文知识分子和科技知识分子。中国传统文化从来都不是被动地吸收外来文化，而是主动借鉴外来文化中的优秀成分并与中国传统文化进行积极融合。

20世纪80年代中国现代化重新起步以后，知识分子认为自己是社会改革的精英，肩负引导现代化发展的重大使命，当时最热衷的话题是中国知识分子的使命感、知识分子在现代化变革中的功能等等。当时的知识分子并不是独立的，它是整个新启蒙运动的一个有机部分，因此他们也更多的是从文化和历史反思的角度来被看待和看待知识分子问题的。当文化在整个变革中被赋予一个绝对中心地位，改革问题被化约为文化问题的时候，知识分子自然而然产生一种现在看来不无虚妄的精英似的自我认同。在20世纪80年代后期，知识分子的确成为某种意义上的文化英雄，带有一种神圣化的理想光环。当时的中国知识分子将西方知识分子看成是整体化、一元化的，并且将其想象为西方社会生活中的主体。这些学理上的肤浅也是新启蒙运动的一个通病。尽管如此，作为一场严肃的思想讨论，"知识分子热"还是有一些正面的思想成果保存下来。如果说1905年废除科举制度从体制上使中国传统

---

① 许纪霖：《关于知识分子的系列思考》，《东方文化周刊》1999年第6-16期。

的士大夫与皇权制度彻底分离,最后演变成现代知识分子,那么新启蒙运动就是另一次有关知识分子的社会革命,它让中国知识分子从原来的全能主义体制中分离出来,开始建构真正属于自己的空间。这一空间从发生学上说与国家建制存在着千丝万缕的联系。20 世纪 90 年代以后,由于外在环境和知识结构的变化,知识分子又面临着后现代的崛起等挑战。

　　人类文明历史充分表明,没有先进文化的积极引领,没有精神世界的极大丰富,没有全民族创新精神的充分发挥,一个国家不可能屹立于世界强者之林。党的十九大报告指出:"加强中外人文交流,以我为主、兼收并蓄。推进国际传播能力建设,讲好中国故事,展现真实、立体、全面的中国,提高国家文化软实力。"[1]作为民族文化承载者,知识分子首先是一个知识人,应当以一种知性的方式而存在。知识分子对于社会拥有话语的合法性,就是因为他们拥有知识。知识是知识分子赖以存在、证实自己的最根本理由,是其他非知识分子所不具备的。在人类发展历史上,知识分子不愿被某个固定的模式禁锢,即使他们已经定位在社会体制的某一环节上,仍然没有安身立命之感,总是要不断地寻求突破与更合理的归宿。只要这种批判的、超越的精神不死,知识分子就将获得永恒。对待人文知识分子,首先应发挥他们在思想和专业上的智慧与判断。"文化大革命"使中国文化和经济出现严重断层,传统文化受到重创,知识分子受到批判,直接削弱了中国的综合国力,严重影响了一代甚至几代人,使中国与发达国家的差距越来越大。进入 21 世纪,中国大力发展文化产业,努力挖掘本民族的优秀文化思想,在世界范围内交流,扩大文化传播,对外文化交流日益活跃。2017 年,海外中国文化中心总数增加到 35 个[2],今后还将进一步增加。截至 2017 年,我国已与 157 个国家签署了文化合作协定[3],拓展了与"一带一路"沿线国家人文交流机制,打造了"感知中国""欢乐春节""四海同春"等文化交流品牌,举办了世界汉学大会等高层次交流活动,中华文化亲和力和感染力显

---

[1] 《习近平:决胜全面建成小康社会 夺取新时代中国特色社会主义伟大胜利——在中国共产党第十九次全国代表大会上的报告》,http://www.gov.cn/zhuanti/2017-10/27/content_5234876.htm.
[2] 范周:《2018 中国文化产业年度报告》,北京:知识产权出版社 2018 年版,第 27 页。
[3] 文化和旅游部:《2018 文化发展统计分析报告》,北京:中国统计出版社,2018 年,第 11 页。

著增强。自2004年开始在全世界建立孔子学院以来，截至2019年12月，共在全球162个国家和地区建立了550所孔子学院和1172个孔子课堂。[①] 十多年来为各国学员学习中文、了解中国文化提供服务，在开展和促进中外语言文化交流、帮助各国朋友了解中国等方面发挥了引领示范作用。知识分子在社会转型的大时代里，正以崭新姿态发出响亮的声音，在人类进程中发挥更大作用。

第二节 "文化认同"与"中国软实力提升"

不同的地域特征与历史渊源形成了人类现代文明的差异性和多元性，每一种文明都是在历史长河中逐步发展而成，本质性的差异使他们各自拥有显著而稳定的特征，异质性成为跨文明交流的核心概念。"文化认同"强调文化的特殊性和具体性。世界上不存在普遍而抽象的文化，探索一个民族的文化时，不可忽视其具体的历史形成过程和现实结构。文化是逐渐凝聚而成的，它是物质条件、风俗习惯、集体意识和自觉奋斗在多层次复杂关系中交互影响而得出的结果。例如，人类早期文化是在古代居住民特定的生存环境与人文环境中形成的，并由此在文化中孕育成为文化内具的"民族特性"。文化形成的同时自然具有了"壁垒性"特征，不同民族文化在人类历史发展进程中会存在由于接触而发生撞击的文化冲突。从文化运行的内在机制来说，文化冲突能够激活冲突双方文化的内在因子。

一个国家或民族的文化，归根结底是国民的整体价值取向，是内化在人们道德观念中的一种无形力量。这种文化力量对内可以形成本民族的凝聚力和共同的价值追求，对外可以产生亲和力、影响力和渗透力。"五四运动"是因危机意识而激发的爱国情绪，这股不可抗拒的热浪在抗日战争时期达到了高峰。西方现代文化对中国传统文化的撞击和挑战曾在中国知识界激起了各种反应，在民族意识高涨的同时，反传统主义也出现了。理解中国的传统

---

① 张鑫森、郝晋渊：探析中国对外文化传播的关键性因素——以孔子学院文化传播影响因素为例，《传媒论坛》2020年第10期，第2页。

文化，特别是儒学，应从两个层面入手，首先是中华民族的文化认同，即象征中华民族优良传统的文化精神。儒学在中国的历史进程中一直扮演着极为重要的角色；它是一种生命形态、一种哲学的人学，有其内在的逻辑性和独特的精神范畴。因此，这种认同必须通过中国知识分子群体的和批判的自我意识来掌握和发扬。其次是将它作为一种封建意识形态，即沉淀在中国人的文化心理结构中具有封建色彩的经济、政治、社会和文化形态，尤其是那些在下意识层还起作用的价值和观念。主张西化论的知识分子面临着进退维谷的挑战：一方面，在理智上全盘接受西方文化的价值观念，主张抛弃民族传统；另一方面，在感情上和本国悠久深厚的历史文化难以割舍。于是，势在必行的富强之道却不可安身立命，而源远流长的精神资源又不能经世致用。[①]值得注意的是，西化论者所理解的中国传统文化主要集中于封建余毒，而对中华民族流传几千年的传统美德却不加探研。

国家竞争力由软实力和硬实力共同构成，要想增强国家竞争力就必须做到二者的共同发展。中华人民共和国成立70余年来，我国的经济迅速发展，人民的物质生活水平也迅速提高，但与此同时我们也越来越多地接收到外来文化，甚至慢慢地被某些外来文化所感染，这种文化的输入与我们对外的输出相差很大，使得很多人一味地追捧西方发达国家的文化价值观念，而对自己的传统文化不屑一顾，这在很大程度上使华夏文化的国际影响力受到削弱。中国历史文化悠久，拥有丰富的文化资源，很多优秀文化思想得以保存，但是却缺乏一定的继承与开发。一个民族的文化要想具有吸引力和影响力，必须首先得到本民族的重视和发扬。如果回顾改革开放初期的历史，我们会发现，在推动思想解放、推进改革开放的层面上，人文知识分子发挥了极其重要的作用。那时的知识分子了解生活，能触摸到生活的脉搏，和时代共同思考，用自己的思想、勇气与开拓精神，激发人民对僵化思想的思辨，从而推动社会进步。他们走在了社会的前沿，无论是文艺界还是理论界，都出现了许多优秀的作品和成果。现如今，市场经济的巨大活力，虽然带来了物质生活的极大丰富，改善了我们的生活，但一定程度上也让人们忽略了精

---

① 朱汉民、肖永明：《杜维明：文明的冲突与对话》，长沙：湖南大学出版社，2001年，第136页。

第七章　文化软实力与知识分子及民族心理研究

神的价值与滋养，忽略了文化的传承。于是，类似"文化搭台、经济唱戏"的观念开始流行开来。诚然，文化的繁荣也能促进经济的发展，但是，这样的观念却在一定程度上忽略了文化的主体性，使之处于从属地位。似乎经济是"唱戏"的唯一目的，文化只是一件工具。与之对应的，人文知识分子的声音慢慢变弱了。我们的祖先用了至少一千年的时间，创造了数百个缤纷多样的个性化城市，现在却变得走到哪里都似曾相识，城市面貌严重趋同，这是一个巨大的文化损失。

我们在继承发扬传统文化的同时也要做到赋予传统文化以现代性，使其与现代工业文明和知识经济相结合，创造新的文化价值观。韩国之所以国际竞争力快速提高，关键在于它做到了对民族传统文化的继承和发扬，对传统文化的继承和发扬与"文化立国"的政策相结合使韩国的文化软实力大增。韩国是一个有着强烈民族意识和顽强奋斗意志的国家。2020 年，凭借民族精神和文化凝聚力，一跃成为世界第六大电子工业国和第二大船舶生产国。20 世纪 90 年代末，面对亚洲金融危机，韩国推出"文化立国"的治国方略，倡导以忧患意识和创新意识为核心的民族文化精神以凝聚人心，使自己成功渡过了危机，国家竞争力迅速增强。2008 年李明博就任总统时，确定韩国文化政策目标为：通过培育和提升国家软实力，建设以文化愉悦社会、以文化建构和谐、以文化图谋发展的先进一流国家。[①]通过振兴文化产业，韩国的传统文化得到极大弘扬和创新，综合国力逐渐增强，在国际上的竞争力也越来越强。现代化是一个多层次、多元素、多侧面的复杂过程，单线的富强模式往往只是一条欲速而不达的途径。中国自古以来就是一个地域广阔的多民族国家，民族心理结构错综复杂，显示的价值系统千头万绪，倘若不能把富国强兵之道建立在深厚的文化基础上，便无疑是一种无源之水、无本之木，终将枯亡殆尽。[②]作为软实力的核心，文化力在人类的发展中有反哺作用，中华民族要实现历史性的复兴，必须大力发展文化力。传统化、时尚化和通俗化构成了现代文明的突出亮点，在这些不同层

---

① 转引自席珍彦：《中国文化软实力的经济学研究》，成都：四川大学出版社，2016 年，第 187 页。
② 转引自朱汉民、肖永明：《杜维明：文明的冲突与对话》，长沙：湖南大学出版社，2001 年，第 125 页。

次的文化元素中，传统文化是我们的核心。正是由于这些多样文化的相互撞击，才产生了文化力。21世纪是一个文化争雄的世纪，文化力作为软实力的核心将会被普遍接受和认识。文化力与物质科技硬实力相互作用，相互依靠，难以分离。两者如车之两轮，鸟之两翼，凤鹏并举，协同前进。一个民族要真正自立于世界民族之林，不能只靠一个经济的躯体，还要有强大的精神文化支撑。

要增强文化软实力，需要确立明确目标，具有国际视野，运用正确的方法，除此之外，还需要深入理解和把握文化软实力本身。概括地讲，文化软实力由三部分构成：一是基本要素，二是内在精神，三是创新动力。文化软实力由动静两个层面的内容互动而成。静态层面，文化软实力由四个基本要素构成，即作为物化成果的创新张力，包括物质产品的吸引力、认同倾向、喜欢程度以及由此形成的产品拓展空间，也包括精神产品所蕴含的感召力、渗透性、启迪性以及由此形成的产品多元传播的可能性；制度运行的创新张力，具体表征为权力之间的相互限制；精神敞开的创新张力强度，涵盖认知、情感和价值三个维度；文化无意识激情，指民族生存的本能冲动、民俗魅力和习惯方向。在动态层面，文化软实力构成要素中最富于变化的因素有三，即民俗、艺术、哲学。民俗是一种文化魅力和生命魅力，通过大众的身体力行而得以保存、传承和革新。民俗不仅表现为一种生活习惯、文化习惯与行动习惯，也是一套完整的礼仪系统。民俗可以重新塑造人性，使人能道德地生活，其重要表现方式就是移风易俗。民俗所蕴含的那种动态生成的创新张力需要艺术和哲学的滋养。艺术的灵魂是创造，是不满足于现状而围绕人性展开的检讨现实生活的想象性方式。艺术以情感的方式来激励民俗，来打开生活的想象空间，来增进创新活力。哲学是以理性的方式来引导民俗，增强个人、民族和国家的理性创造力量。哲学是一个国家文化软实力得以提升的思想和智慧源泉，发展文化软实力需要发展符合时代要求的本土哲学；立足于当今时代来繁荣艺术是发展文化软实力的重要途径。文化之所以具有创造力，在于它具有能使自身加以创新式发展的精神动力，在于它蕴含着的

第七章　文化软实力与知识分子及民族心理研究

艺术魅力、宗教精神、人文科学和伦理道德。[①]

在全球化浪潮席卷而来的今天，如何处理异域文化的生存与发展，形成多元文化语境下的"和而不同"已成为当今文化研究者需要共同面对的话题之一。德国哲学家卡尔·雅斯贝斯（Karl Jaspers）将公元前600年左右世界各地出现灿烂文明的时代称为"轴心时代"，犹太教文化、佛教文化、希腊文化以及中国文化竞相争辉，产生了苏格拉底、柏拉图、孔子、老子等轴心文化的开拓者，几千年来这些文化传统都参与了塑造人类文明，而且还在继续发展。[②]《论语·子路》说"君子和而不同，小人同而不和"，意在强调民族文化形态之间没有优劣之分，不同文化可多元共生、和谐并存。西方文化自身已出现了重重危机，西方权力中心主义面临着即将到来的解体和世界文化政治新格局。东方的崛起使全球总体性结构发生深刻变化，任何文化压抑和意识权力强加都是不可取的。奥运会前曾有人断言，这样一个源于西方的事物来到中国，其所承载的西方价值理念必将对中国形成沉重的文化压力，让古老的东方文明难以承受。然而事实证明中国文化精髓并没有在现代竞技文化中黯然失色，相反，"和合"与"竞争"一道，将奥林匹克精神推向了新的卓越，将文明和谐的主题词深深植入体育内涵之中，为奥林匹克注入了新的活力。和谐是奥运与中华文明的最佳结合点，人文奥运的理念将会对文化的传承与推广产生积极作用，进而促进中华文化的国际化发展。中国用精彩的和谐文化回应着奥林匹克精神的召唤，奥运也因而更加意蕴厚重。几千年来，华夏文明一直处于世界领先的地位，1840年被西方侵略者用枪炮打开国门以后，中国遭遇到前所未有的重创，从而彻底改写了自己在全球的文化中心地位，也重新编码了国人的文化心态。国人开始怀疑本民族的传统价值观，习惯于在古今中西之间摇摆不定，或者崇洋或者自卑。改革开放以来，中国经济迅速发展，国际竞争力不断上升。奥运会是一个向世界人民展示中国文化的大舞台，成功举办奥运会更是得益于国家竞争力的强大，对于增强民族凝聚力，扩大文化影响力进而增强文化软实力有着十分重要的作

[①] 唐代兴：《文化软实力战略研究》，北京：人民出版社，2008年，第36-41页。
[②] 杜维明著，郭齐勇、郑文龙编：《杜维明文集 第五卷》，武汉：武汉出版社，2002年，第657页。

用。北京奥运会不仅是一次引人入胜的体育盛事，更是一次内涵丰富的文化表达，成功地诠释了中华民族"协和万邦""和而不同""同中求异，取长补短"的文化理念。透过奥运的窗口，世界看到了东方文化的价值与追求，更感受到了中国的平和、开放、热情与包容。

联合国教科文组织 1998 年在斯德哥尔摩"文化政策促进发展"会议上达成的《文化政策促进发展行动纲要》中明确提出"发展可以最终以文化概念来定义，文化的繁荣是发展的最高目标"[①]。文化被视为一组充满活力、相互关联的资源，能够重新组织并连接成相互依赖的网络。未来世界的竞争将是文化生产力的竞争，正如陈正良所认为的："文化的命运就是民族的命运，文化的生存是民族生存的前提和条件。"[②]中华文化博大精深、源远流长，具有鲜明的民族特性，在世界各种文明中独树一帜。推动社会主义文化大发展大繁荣，提高国家文化软实力，必须始终保持对民族文化的自信心，坚持以优秀的文化传统为根基，以健康的外来文化为补充，大力繁荣发展具有中国特色和风格的现代文明，不断增强中华文化的生命力。面对五色杂陈的传统文化，我们应该沉浸醲郁，含英咀华，经过细细品味、认真分析，把其中的精华寻找出来，然后结合具体情况，使它发扬光大，从而有利于中国乃至世界的前进与发展。每一个国家和民族的文化都有自己的优势长处，不同文化之间的相互学习和借鉴是文化发展的必要条件。中华文化底蕴深厚，其通过兼收并蓄而得以丰富多彩且充满活力，通过博采众长而永葆活力。民族文化的繁荣与发展离不开同世界多元文明的对话，我们要着眼于中国文化的长远发展，以更加开阔的视野，纳百家优长、集八方精义，使我国文化植根于民族优秀传统文化的沃土并融入世界发展进步的潮流。我们要从本国现实需要出发，既大胆吸收借鉴有利于我国文化建设的优秀成果，又坚持自己的理念、信念和原则，抵制腐朽思想侵蚀，维护国家文化安全。创新是文化的本质特征，是推动文化繁荣发展、提高国家文化软实力的不竭动力。现在世界范围内各种思想文化相互激荡，我国文化赖以生存的经济基础、体制环

---

① 转引自孙国强：《全球发展史》，贵阳：贵州人民出版社，2014 年，第 169 页。
② 陈正良：《增强中国文化软实力论要》，《浙江社会科学》2008 年第 2 期，第 90 页。

境、社会条件发生了深刻变化。我们必须按照面向现代化、面向世界、面向未来的要求，对传统文化的历史与现状进行冷静审视和反思，清醒认识存在的问题、差距和不足，增强创新能力，焕发创造激情，使华夏文明始终保持蓬勃生机与旺盛活力。

第八章 文化软实力与新闻传媒研究

约瑟夫·奈的文化软实力概念引发了包括中国学界在内的关注、翻译、讨论和研究。与依仗在世界文化格局中处于强势文化地位并力图蚕食更大版图的西方学者不同，中国学者更多地立足于中国的现实文化状况，不仅对"文化软实力"概念的本质范畴、外延引申、原理准则、构建策略进行了卓有建树的深入探讨，而且将"文化软实力"核心理念导入包括影视媒体、国际关系、文化传统、民族心理等领域。在这些与"文化软实力"进行关联、对接的诸多领域中，国内学者尤其对新闻传媒这个现代社会最为重要的信息传播媒介展开了卓有建树的分析和研究。尽管新闻传媒是大众文化的一部分，但中国传媒在世界舞台上的"失语"导致中国国家形象被严重扭曲，软实力大打折扣，因此，我们很有必要将软实力与新闻传媒的关系问题专章列出，着重探讨。

第一节 国家形象、软实力与新闻传媒

信息时代，新闻传媒不但是国家扩大对外影响力不可或缺的媒介，也是构建国家形象的关键所在。一个国家的新闻传媒尽管承担着向国际社会全面介绍本国政治、经济和文化价值观念的任务，但最主要的还是在服务于国家外交政策的前提下，构建良好的国家形象，为构建国家软实力提供强有力的媒介支持。在当下全球化的国际新闻传媒体系内，任何一个国家的形象都是在本国的国家形象传播体系和国家传播体系的共同张力中构建形成的。一方面，各国都通过本国的新闻传播体系尤其是新闻传媒系统努力向世界公众构建和传播自己的国家形象；另一方面，国际新闻界也对其他国家的国家形象进行着不同程度的构建与传播。

一、国际新闻传媒与偏差的中国形象

20 世纪 80 年代，学者对新闻传媒与国家形象塑造的认识和研究，更多的是基于对外宣传视角。让世界认识中国，是这一历史阶段新闻传媒研究者们力图解决的问题。1988 年，认识到对外新闻传播对促进国家利益、争取外国投资、推销我国商品和招徕外国游客、向国际社会介绍中国的文化传统和成就的重要作用，学者段连城的《对外传播学初探》出版。该书是较早地论述对外传播基本原则、主要内容和学理规范的著作。在第 2 章，作者从对外传播视角梳理了中国经历的从光辉灿烂、莫测高深、大有希望、"有办法"和"蓝蚂蚁"、田园诗化、苦海余生到伟大试验的几种国家形象[1]，并提出了对外传播的三个基本原则：实事求是而非片面宣传、对话而非独白、解说而非照搬。[2]

20 世纪 90 年代中期，如果说李松凌的《论树立中国形象问题》与支庭荣的《国家形象传播——一个新课题的凸现》这两篇文章的发表，只是代表了个别学者开始有意识地提出"媒体塑造与国家形象"命题的话，那么 1996 年由李希光、刘康等留美学者、记者著作的《妖魔化中国的背后》[3]则引发了从业界到学界的激烈回响和争论。该书最重要的观点是，美国的新闻、电影、出版等主流大众传播媒介一直以来都向美国公众灌输一种被妖魔化了的中国形象。在引言中作者写道："长期以来，我们在美国的报纸、杂志、图书、电视、电台、电影以及最先进的 Internet 上可以频频看到或听到下列词语：政治运动、极权主义、阶级斗争、勾心斗角、贪污腐化、帝王统治、异见分子、惨无人道、阴谋、荒淫无耻、侵犯人权、核扩散、走私军火、盗版、堕胎、饥饿、猥琐、愚昧、性无能、兴奋剂……就像一堆零碎而又尖锐的玻璃碴！美国媒体偏好以此构筑中国形象！"作者以极具情绪化的笔调指出："这不是丑化中国，不是，比丑化更严重，是妖魔化中国，是 Demonizing China！"尽管这部在行文措辞上表现出激烈情绪性的著作在几

---

[1] 段连城：《对外传播学初探》（汉英合编本），北京：中国建设出版社，1988 年，第 12-17 页。
[2] 段连城：《对外传播学初探》（汉英合编本），北京：中国建设出版社，1988 年，第 6-11 页。
[3] 李希光、刘康等：《妖魔化中国的背后》，北京：中国社会科学出版社，1996 年。

年之后被批评为"偏激狭隘的民族主义"[①]，但该书中的部分判断是符合实际情况的，并且它将"新闻传媒与国家形象塑造"这个迫切需要解决的问题提出来也是具有现实意义的。在 1999 年，李希光、刘康等出版著作《妖魔化与媒体轰炸》[②]，该书结合中国在国际关系中遭遇的一系列现实事件，指出美国媒体一贯的对华偏见和双重标准，并分析了这种立场对中国国家形象产生的负面影响。

李希光等人的论述引发了学界激烈而持续的关注和讨论，各个领域的学者们开始深入细致地就文学、电影、戏剧等国际文化视野里的中国形象进行分析研究。在新闻传媒领域内，学者们也对国际媒体构建中国形象的相关问题展开了研究。2000 年由管文虎主编的《国家形象论》一书较早地对国家形象内涵作了较为明确的界定，指出："国家形象是一个综合体，它是国家的外部公众和内部公众对国家本身、国家行为、国家的各项活动及其成果所给予的总的评价和认定。国家形象具有极大的影响力、凝聚力，是一个国家的整体实力的体现。"[③]1999 年 12 月 9 日，清华大学国际传播研究中心主持召开了主题为"21 世纪中国国际形象的构建"的会议[④]，来自国内外 60 多名专家学者围绕"媒体上的两个中国""国际传播中有关中国的话题设计""构建中国国际形象的主要因素""新闻的构建与国家利益""宣传者的形象和宣传效率""宣传的负面效应"等议题展开了分析和讨论。与会学者大多数认为，国际媒体对中国的报道与分析往往是不公正和带有偏见的，提出中国新闻传媒必须要打破西方媒体在塑造中国形象时的思维模式和话语霸权，从而掌握自身国家形象的制造权。之后，与之相关的研究成果相继发表，其中具有代表性的著作有：潘志高《〈纽约时报〉上的中国形象：政治、历史及文化成因》、何英《美国媒体与中国形象（1995—2005）》、刘继南与何辉合著《镜像中国——世界主流媒体中的中国形象》、刘林利《日本大众媒体中的中国形象》、孙有中《解码中国形象：〈纽约时报〉与〈泰

[①] 参见乐山主编：《潜流：对狭隘民族主义的批判与反思》，上海，华东师范大学出版社，2004 年。
[②] 李希光、刘康等：《妖魔化与媒体轰炸》，南京，江苏人民出版社，1999 年。
[③] 管文虎主编：《国家形象论》，成都：电子科技大学出版社，2000 年，第 23 页。
[④] 陈虹：《"21 世纪中国国际形象构建研讨会"综述》，《对外宣传参考》2000 年第 3 期，第 15 页。

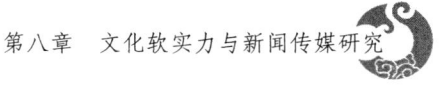

晤士报〉中国报道比较（1993—2002）》、乔木的《鹰眼看龙——美国媒体的中国报道与中美关系》。涉及这个论题的代表性文章有：江和平的《英国媒体上的中国形象》、刘康的《国际传播对中国报道的"话题设计"——兼论美国媒体对"法轮功"事件的报道》、陈虹的《西方媒体在中国加入WTO问题上如何引导对外舆论》、郭可的《从新闻客观性看中美两国报纸如何报道对方国家》、周庆安和沈绿的《〈美国新闻与世界报道〉2000年涉华报道透视》、陈寒溪的《美国媒体如何"塑造"中国形象——以"中美撞机事件"为例》、黄爱萍和李希光的《影响美国媒体如何报道中国的主要因素——对美国媒体如何塑造中国国家形象的分析》、程曼丽的《美、俄、日、德主要报纸涉华报道分析》、杨雪燕和张娟的《90年代美国大报上的中国形象》、潘志高的《〈纽约时报〉对华报道分析：1993—1998》、武曼兮的《试析美国媒体塑造的中国形象及对策思路》、许志江的《西方电视话语霸权下中国国际形象的塑造》、相德宝的《英国媒介中的中国国家形象——对〈泰晤士报〉的实证研究》、张健的《美国主流媒体涉华报道分析》、司国安和苏金远的《2006年中国国家形象——基于〈纽约时报〉涉华报道的文本分析》、史伟的《试析西方媒体北京奥运报道与中国国家形象》、于家娣的《从克林顿访华报道看美国媒体上的中国形象》，以及由李希光等完成的《新闻构架与国家利益——中美媒体关于中国驻南使馆被炸和学生示威报道的比较分析》等。这些大多发表于《对外大传播》《国际新闻界》《现代传播》《新闻战线》等刊物的文章，将关注重点投向以美国为代表的西方传媒大国，考察了中国在他国媒体中的形象状况、原因以及其对我国的影响。

自2003年始，国际新闻传媒与中国国家形象塑造问题大规模地进入青年研究者的视线，硕博论文数量逐渐增多起来。在2003年的硕士学位论文中，黄斌的《论大众媒体与中国国家形象的塑造》第3章论述了"美国媒体如何塑造中国国家形象"；任彦的《试论中国国家形象传播》第1章"国际传播与国家形象"分析了美国媒体对中国形象的塑造。2005年复旦大学李凯的博士论文《全球性媒介事件与国家形象的建构和传播——奥运的视角》第2章同样分析了美国和西方主要媒体对我国国家形象的报道。暨南大学方拥华的《菲律宾媒体上的中国形象——以马尼拉公报为例》是在研究对象选择上较为新颖的一篇硕士论文。在该文中，作者选取了 2004 年 9 月到 2005 年 8 月间菲律宾《马尼拉公报》对中国的报道内容，在统计该报对中国不同议题报道量的基础上，通过重点分析和解读其中对中国崛起的报道，分析了该报对华的倾向性报道以及原因。在结论部分，作者认为在 347 篇涉华报道中，并没有看到《马尼拉公报》对中国的指责和批评，相反许多文章表露出了对中国发展的惊讶与羡慕，所以该报大都是从积极正面的角度来报道中国的[①]。这篇论文将视角投向多数研究者较少关注的东南亚国家媒体，无论研究视野上还是结论判断上都具有扩展性的价值。其他涉及本论题的硕士学位论文还有：罗晓华的《对外传播媒体中的国家形象建构——从〈中国日报〉与西方媒体 2006 年"两会"报道谈起》、贺潇潇的《西方主流媒体对我国形象的媒介歧视问题研究》、张明霞的《传播学视角下中国国家形象的塑造》、谢照的《国家形象的柔性构建和传播》、杨婷的《议程建构理论下国家形象的塑造——以韩国〈朝鲜日报〉的中国形象为例》、李艳的《2008 年上半年中国国家形象危机——基于〈纽约时报〉涉华报道（2008 年 4 月 8 日—5 月 8 日）的分析》。2011 年，刘丹的《跨文化语境下的国家形象塑造与传播——以中国〈国家形象〉宣传片为例》，通过搜集整理美国《华尔街日报》《纽约时报》等美国主流媒体对中国《国家形象》宣传片及中国自身形象的评价，探究了外国人眼中的中国国家形象。2014 年，蒙象飞的《中国国家形象建构中文化符号的运用与传播》以建构主义理论为视角，在分析了当前中国国家形象认知困境形成原因的基础上，探讨了符号（文化符号）在传播信息、形成共识、建构身份、塑造形象中的重要作用。[②]

总结上述研究成果，可以发现相关研究的特征：①将研究视角更多地投注于西方新闻传媒，尤其是美国媒体。诚然，在现实的国际传媒格局中，美国以及其他西方发达国家凭借其垄断性操纵信息的能力，造成了美国"塑造"而发展中国家不平等地"被塑造"的传播现实。但是随着发展中国家经

---

① 方拥华：《菲律宾媒体上的中国形象——以马尼拉公报为例》，暨南大学硕士学位论文 2006 年，第 45-47 页。
② 蒙象飞：《中国国家形象建构中文化符号的运用与传播》，上海外国语大学博士学位论文，2014 年，第 1 页。

济能力的增强以及强烈的打破西方媒介霸权的愿望，这些国家的声音日益增大，这些声音同样值得关注和重视，特别是与中国具有地缘政治关系的亚洲国家。所以研究者需要在视野拓展上寻求进一步的突破。②将中国被偏差的国家形象作为重点的研究论题，在数量上逐年增多。但是论者在处理自身态度立场上应该注意，对中国国家形象的分析和阐述是否呈现出情绪化的特点，甚至是带有一种狭隘的民族主义情结。学术研究本应有的冷静与理智、严密的逻辑、严肃的学理和创新的论述在这类研究论述中更值得注意。③在研究方法和手段上，本论题的研究理论假设大部分是基于中国形象是对西方文化的投射，是被曲解和被偏差的形象。这种预置性结论在研究开始之前就存在，这种方法是否科学、客观是值得商榷的。

二、中国新闻传媒与国家形象的自塑

尽管李希光等人的"妖魔化"观点在后来受到了质疑和讨论，但关注中国国家形象塑造的学者们在这一结论判断上是具有共识的：不管是基于何种文化背景基础、新闻规则以及利益目的，国际新闻媒体报道的中国形象与中国现实状况存在较大偏差，并且这种偏差性报道影响了世界对中国的正确认识和客观判断、损害了中国的国家形象、妨碍了中国本应获得的公正的评价和接受，所以中国的国家形象除了强大的国力基础之外，最终还是要依靠本国强大的传播媒介来塑造。

1. 向世界介绍中国

新闻传媒作为一个国家议程设置、问题讨论和信息交流的重要平台，对内可以起到沟通上下、整合意见、凝聚人心的作用，对外可以将本国的价值观念、生活方式、经济政治理念输出到国际社会，从而形成柔性的软力量，成为吸引和影响他国的国家实力。20 世纪 80 年代，刚刚打开国门不久的中国迫切期望消除与世界的隔阂。如何运用新闻传媒向世界介绍中国是这一历史时期的重要命题。80 年代末期，学者们在"对外宣传"理论框架下就中国的世界之路论题进行了探索。1988 年，由黎元江著述的《中国宣传学》[①]以研究和介绍中国宣传现象为重点，折射出当时的学术思维特征。1989 年，沈苏儒的《对外报道业务基础》[②]则在实践操作层面就对外报道的特性、结构、选择、文辞、翻译等进行了论述。之后李良荣的《宣传学导论》、黄泽存的《对外宣传的理论与实践》、段连城的《怎样对外介绍中国》、中央对外宣传办公室研究室编辑出版的《对外宣传工作论文集》以及王仲莘的《对外宣传初论》等著作共同构建了新闻媒体在对外宣传和报道过程中的政策原则、理论框架和经验积累。进入 21 世纪以来，过于浓厚的宣传味道、不加掩饰的功利性目的以及并不理想的宣传效果使得越来越多的学者倾向于更加注重新闻传媒的自身特征和规律，从而逐渐摈弃了旧时的研究框架。一些学者将对外宣传与新兴的国际传播学结合起来，另一些学者则赋予了对外宣传新的原则与意义。在这方面研究成果中，具有代表性的著作有：蔡帼芬的《国际传播与对外宣传》、黄泽存的《新时期对外宣传论稿》、刘洪潮的《怎样做对外宣传报道》和曾建徽的《融冰架桥突围——曾建徽论对外宣传》；硕士学位论文有：马俊的《新形势下的对外宣传研究》、刘蕾的《新形势下对外宣传研究》、王旭的《中国对外宣传工作的传播学思考》以及刘海燕的《对外宣传与传播策略研究》等等。

2. 新闻传媒构建中国国家形象

对新闻传媒与国家形象关联问题进行的研究，是伴随着 20 世纪 90 年代以来软实力的研究逐步拓展和深入的。作为软实力核心内容的传媒塑造国家形象问题较早地体现于李松凌的《论树立中国形象问题》一文中。该文明确地指出，世界各国的国际广播都具有树立本国形象、争取世界人心、为本国内政外交服务的明确战略目的[③]。作者认为，国际广播为了塑造一个坚持改革开放、经济迅速发展、国内安定团结、欣欣向荣的真实的中国国家形象，必须坚持全面性、长期性、真实性、进攻性和独特性的原则。1996 年，支

---

① 黎元江：《中国宣传学》，广州：广东高等教育出版社，1988 年。
② 沈苏儒：《对外报道业务基础》，北京：今日中国出版社，1989 年。
③ 李松凌：《论树立中国形象问题》，《中国广播电视学刊》1995 年第 12 期，第 39-42 页。

庭荣发表《国家形象传播——一个新课题的凸现》①一文，指出国家形象传播是一种国际政治传播，呼吁加强我国媒体对外宣传和国际报道的深度和力度。在之后对"国家形象"的界定研究上，李寿源在著作《国际关系与中国外交——大众传播的独特风景线》中认为，"国家形象"是"一个主权国家和民族在世界舞台上所展示的形状相貌及国际环境中的舆论反映"②。杨伟芬在其专著《渗透与互动——广播电视与国际关系》中则认为"国家形象"是"国际社会公众对一国相对稳定的总体评价"③。之后，关于新闻传媒与国家形象塑造问题的研究数量越来越多。其中，从对外传播角度部分地对该问题进行论述的研究成果有：刘继南主编的《国际传播——现代传播论文集》、李希光和孙静惟合著的《全球新传播》、郭可的《当代对外传播》、段连城的《对外传播学初探》（2004年增订版）等。

2005年，张昆出版专著《国家形象传播》，对全球背景下新闻传媒与国家形象的构建与传播进行了分析，并着重提出了具有原创性的关于国家形象构建战略和效果考察的思考。该书指出，国家利益原则是构建国家形象的最高准则，所以新闻传媒展现的国家形象与客观实在的国家形象的偏差，归根到底是由新闻媒体的政治立场所决定的，特别是外国新闻媒体对某国的报道，与媒体所在国家的根本利益直接相关④。在构建形象战略上，该书提出：第一，借题发挥，利用"媒介事件"塑造国家形象；第二，通过对特殊人物形象的塑造来建构国家形象；第三，心理暗示，潜移默化中塑造国家形象；第四，有的放矢，在驳斥对方中塑造国家形象；第五，先发制人，引导舆论。⑤其他对新闻传媒与国家形象问题进行专论的有：刘继南与何辉合著的《中国形象：中国国家形象的国际传播现状与对策》、李正国的《国家形象构建》、刘明的《当代中国国家形象定位与传播》、段鹏的《国家形象建构中的传播策略》以及吴友富的《中国国家形象的塑造和传播》等。就本论

---

① 支庭荣：《国家形象传播——一个新课题的凸现》，《中国广播电视学刊》1996年第7期，第23-26页。
② 李寿源：《国际关系与中国外交——大众传播的独特风景线》，北京：北京广播学院出版社，1999年，第305页。
③ 杨伟芬：《渗透与互动——广播电视与国际关系》，北京：北京广播学院出版社，2000年，第25页。
④ 张昆：《国家形象传播》，上海：复旦大学出版社，2005年，第196-200页。
⑤ 张昆：《国家形象传播》，上海：复旦大学出版社，2005年，第200-208页。

题进行论述的硕博士学位论文反映了青年学者对中国的本真形象、现实偏差以及国际困境的深入思考。相关论文有：任彦的《试论中国国家形象传播》、黄斌的《论大众媒体与中国国家形象的塑造》、李凯《全球性媒介事件与国家形象的建构和传播——奥运的视角》（博士论文）、谢影月的《奥运报道如何建构国家形象——以〈人民日报〉奥运报道为例》、李莉的《我国借助传播北京奥运会树立国家形象之对策研究》、揭晓的《全球化背景下的中国国家形象战略》、赵英的《21世纪初中国国家形象的优化战略》、梁媛的《媒介外交与国家形象塑造》、郑贵兰的《全球化语境下中国国家形象的构建与传播》、刘荣华的《大众传播视野中的国家形象问题研究》、宋羽田的《国际传播视角下中国国家形象塑造研究》、夏后裔的《中国国家形象网络传播策略研究》、张筱雯的《全球化视野下国家形象的传播研究》、王珊珊的《体育赛事报道与国家形象》、谢照的《国家形象的柔性构建和传播》、任超然的《论国家形象提升与中国媒体的奥运传播——兼论 2008 年北京奥运传播策略》、王军旗的《新媒体环境下国家形象的生成》以及唐晓莉的《对外宣传主体在国家形象塑造中的作用研究》。

第二节　新闻传媒实力研究

一般来说，在构建国家形象过程中，如果本国媒体的总体实力强大，就相对地更容易发出自己的声音，因此往往突出自身国家利益，运用本国的新闻传媒展开媒体外交，从而取得显著的效果。如果本国媒体的总体实力较弱的话，在影响他国政府和民众的能力上就较弱。对中国新闻媒体本身具有的实力研究评估也是今年来学者们较为关注的论题。

一、中国的新闻传媒实力

对传媒实力和竞争力的大范围研究始于 21 世纪初。祁国钧较早地对媒体竞争力进行了界定，认为是"由媒体的一系列特殊资源组合而成的占领市场，获得长期社会效益和经济效益的能力。简言之，是媒体竞争的能力"[1]。这种构成传媒竞争能力的特殊资源包括政策资源、人力资源、采编播发资源、品牌资源、营销能力、经营能力、管理能力、开发能力以及传媒文化。2002年，刘继南、周积华和段鹏合著的《国际传播与国家形象——国际关系的新视角》第3章"综合国力中的国际传播力"中指出，强权时代的国家关系呈现出的恃强凌弱、对抗争霸的图景，随着经济和科学技术的发展以及国际关系的变化越来越不符合实际。在信息迅速传播的新时代，一国在国际舞台上传递信息的力量成为发展自身，维护、争取和实现国家利益的有力手段，成为新时代综合国力竞争中必不可少的重要内容。著者界定"国际传播力"的内涵是"一个主权国家所具有的一种特殊力量，包括政府和民间拥有的传播力量的总和，是一国为争取和实现国家利益在国际范围内进行信息交流的能力和效力。简而言之，'国际传播力'是一国所具有的国际传播的能力和效力"[2]。郑保卫等则将传媒实力界定为"该传媒在经营和发展中胜过竞争对手的核心的资源和能力的总称"[3]。2005年丁和根的专著《传媒竞争力——中国媒体发展核心方略》出版。该书从传媒竞争力管理的角度，提出了基于传媒核心竞争力的战略方案，并对培育这种竞争力的手段和路径作了详细论述[4]。更多的研究性论述集中于各个新闻传媒专业杂志的文章，这些文章有：郭可的《中国英语媒体传播效果研究》、曾嘉的《与战争共舞：信息战中的传媒文化力》、佘文斌的《公信力——传媒竞争的重要砝码》、吴辉的《关于提高我国对外传播效果的思考》、程曼丽的《论中国传媒在世界传播格局中的崛起》、郭可和毕笑楠的《网络媒体在对外传播中的应用效果研究》、陈瑞的《打造传媒竞争力》、宫玉萍和赵刚的《国际传播中的"软实力"与信息控制权》、李正国的《国家形象构建：政治传播及传媒影响力》、黄旦和屠正锋的《也谈中国的传媒实力——评胡鞍钢、张晓群先生的

---

[1] 祁国钧：《论媒体竞争力》，《理论月刊》2001年第7期，第32-33页。
[2] 刘继南、周积华、段鹏：《国际传播与国家形象——国际关系的新视角》，北京：北京广播学院出版社，2002年，第88页。
[3] 郑保卫、唐远清：《试论新闻传媒核心竞争力的开发》，《城市党报研究》2005年第3期，第4-7页。
[4] 丁和根：《传媒竞争力——中国媒体发展核心方略》，上海：复旦大学出版社，2005年。

〈中国传媒迅速崛起的实证分析〉》、刘长乐的《2008：中国媒体的视力、实力与压力》、蒋晓丽和李建华的《文化软实力与传媒软实力——对改革开放以来中国传媒发展的思考》、蒋晓丽和李建华的《传媒文化影响论》以及刘丹硕士学位论文《论我国对外传播中的媒体形象》等。

这些研究指出我国传媒存在的问题有：①就内部而言，对外传播力不足。我国传媒"软力量"不足已经影响和制约了我国国家形象的构建和推广。②就外部而言，境外媒体对中国的误读以及中国媒体不得不面临的恶劣的国际传媒环境是影响我国传媒实力的原因。在提升传媒实力的战略方面，这些研究者们提出：①在传媒硬实力投入上，继续强化传媒技术、人才、制度等传媒硬实力的建构。②在软实力上，努力构建中国传媒自身的公信力、影响力和吸引力。

二、新闻传媒软实力的指标与评测

2002年，刘继南、周积华和段鹏合著的《国际传播与国家形象——国际关系的新视角》一书，就已经提出了包括新闻传媒在内的国际传播力"评价指标"的概念。作者将构成"国际传播力"的诸多要素或者评价"国际传播力"的诸多指标归结为软硬两类，前者主要指传播者素质、传播艺术、传播权威性等一系列难以简单量化的因素，后者则主要表现为一系列能够定量分析的量化指标[①]。对中国传媒软实力的量化评测通过学者个人、研究组织与官方机构的多层面构建逐步取得了较为丰硕的成果。这些成果尽管仍然有诸多方面需要完善，但其力图从全面、客观和科学角度为传媒软实力评测所提供的翔实数据和充分资料为进一步的拓展研究奠定了基础。

首先，研究机构与官方组织的传媒发展年鉴或报告。由研究性组织或官方机构发布的对新闻传媒发展状况进行量化性总结描述的成果，表现为数量众多的新闻信息类年鉴与年度传媒发展报告，具有代表性的是：由中国社会

---

① 刘继南、周积华、段鹏：《国际传播与国家形象——国际关系的新视角》，北京：北京广播学院出版社，2002年，第92页。

科学院新闻与传播研究所主持编撰的《中国新闻年鉴》[1]，由崔保国教授主持编写的《中国传媒产业发展报告》，由中国国家统计局发布的《2007年中外信息化发展指数（IDI）研究报告》[2]等。这些研究报告的评测指标大都强调"规模实力"，往往以收入高而人口少的北欧国家的标准与我国这样一个高速发展但人口众多的国家进行比较，从而得出了中国在传媒水平实力整体处于落后态势的结论。

其次，个人成果。2004年胡鞍钢、张晓群发表的文章《中国传媒迅速崛起的实证分析》[3]，比较早地运用指标量化评测的方法定量地分析中国的传媒实力。文章将传媒实力界定为：通过传播基础、国内传播、国际传播以及传媒经济四个方面体现出来的一个国家传媒体系渗透力与影响力的总和。该文建设性地提出了衡量传媒实力的4个层次共14个指标的评测体系：传播基础（电话主线数、移动电话总数、邮局总数、互联网总机数）；国内传播（日报总数、收音机总数、电视机总数、互联网用户总数）；国际传播（图书出口额、国际广播语言数、全球电视受众数、互联网站数）；传媒经济（广告额、观看电影人数）。根据这个传媒实力指标与评测体系，该文对世界一些主要国家包括美国、中国、日本、印度、俄罗斯的传媒实力进行了计算和比较，并得出了以下三个主要结论：①2000年中国传媒实力居世界第二位，仅次于美国，超过了日本、英国、印度和德国等国。中国已经成为一个名副其实的传媒大国。②中国传媒实力的结构是不均衡的，传播基础和国内传播实力相对强，与美国的差距较小；而国际传播和传媒经济实力相对较弱，不仅与美国有巨大差距，而且与日、英、印、德等国也有很大差距。③传媒实力与综合国力是相辅相成的，综合国力较强的国家传媒实力也较强。由于中国与印度传媒业发展迅速，其传媒实力要高于本国的综合国力。胡鞍钢、张晓群的研究尝试通过量化式研究描述中国的传媒实力状况，但是

---

[1] 《中国新闻年鉴》，1982年创刊，是由中国社会科学院新闻与传播研究所主持编撰的反映我国新闻事业基本情况和发展变化的大型资料性年刊。
[2] 国家统计局国际统计信息中心编撰：《2007年中外信息化发展指数（IDI）研究报告》，见《2007—2008中国与世界：经济发展回顾与展望》，北京：中国统计出版社，2008年。
[3] 胡鞍钢、张晓群：《中国传媒迅速崛起的实证分析》，《战略与管理》2004年第3期，第24-34页。

他们的衡量指数和评测结论也受到了一些学者的质疑[①]，特别是关于传媒实力界定、指标体系的科学性与准确性以及研究结论部分。客观地看，虽然该文确实存在不完善之处，但其基本结论是符合21世纪初期中国传媒发展的基本状况的。

21世纪初期对中国传媒发展与实力状况进行量化式考察具有代表性的个人研究成果，还有支庭荣的博士论文《中国大众传播系统信息能力综合评价模式研究》[②]。在该文的第5章，作者运用了11个传媒评测指标，对150个国家或地区的大众传播系统信息密度以及使用水平进行了评估，得出了中国传媒实力排名世界第68位的结论。在第6章，作者对150个国家或地区的大众传播系统与使用水平的资源基础及影响因素分别进行了主成分分析以及因子分析，从而得出了中国传媒信息主成分分析排名世界第93位的结论。接着在第7章，作者从信息资本化和文化自主性两个角度入手对150个国家或地区的大众传播系统信息密度与使用水平的贡献率进行了比较和评价，并得出了中国排名世界第135位的结论。最后在第8章，作者提出了国家大众传播系统信息能力的综合评价模式及指标体系，并以之对150个国家或地区的国家信息能力进行了综合比较评价，评价结果是中国排名世界第64位。

2009年喻国明等出版的《中国大众媒介的传播效果与公信力研究——基础理论、评测方法与实证分析》和《中国传媒软实力发展报告——传媒软实力的构建与评测方法》两部著作，代表了当时传媒评测研究的最新成果。在喻国明与焦中栋合著的《中国传媒软实力发展报告——传媒软实力的构建与评测方法》一书的第二部分，作者选取2005年全球GDP排名前50位的国家或地区，设立28项评测指标，从"传媒规模"和"传媒水平"角度考察了报纸、杂志、图书、电视广播、电影、电话、电信、个人电脑和互联网9种大众传播媒介的实力水平，得出了中国传媒规模实力世界排名第2位，而传

[①] 黄旦、屠正锋：《也谈中国的传媒实力——评胡鞍钢、张晓群先生的〈中国传媒迅速崛起的实证分析〉》，《新闻记者》2006年第1期，第31-34页。
[②] 支庭荣：《中国大众传播系统信息能力综合评价模式研究》，中国人民大学博士学位论文，2006年。

媒水平实力世界排名第 40 位的结论[①]。在本结论的基础上，作者对 21 世纪初我国传媒实力作出了总体评价：①传媒基础规模大，水平一般。②传媒产品进口大于出口，影响力一般。③传媒实力发展快，前景可观。在第四部分，作者提出了我国传媒软实力的构建原则、构建方案和构建模式。其中传媒软实力的四大构建原则是：现代性原则、发展性原则、匹配性原则和可控性原则。传媒软实力的构建方案如下：①国家传媒战略，即由国家对传媒发展进行整体规划，从而为构建传媒软实力制定发展路线的出发点和中长期发展目标。②传媒软实力的权力体制，即从建设传媒软实力的角度明确公共传媒在国家和社会生活中应该扮演什么样的角色，拥有什么样的权利和权力，承担什么样的义务。③数字时代的传播格局，即采取积极的措施，高度重视数字时代的核心传媒——互联网的发展以及它在社会生活中所起的巨大作用。④网络时代的媒介素养教育，即在全面认识媒介、理解媒介、掌握媒介的基础上，注重媒介的素养教育。另外，作者还提出了传媒软实力的三大构建模式：权力模式、发展模式和信息流动模式。同样是 2009 年出版的《中国大众媒介的传播效果与公信力研究——基础理论、评测方法与实证分析》[②]则首次对传媒公信力进行了全面而系统的描述和评测，是当时我国学者在传媒评测的研究中，所进行的规模最大、指标体系最完整、综合评测种类最多的实证性研究和评测分析，具有较高理论构建与实践拓展价值。在上篇部分，作者在对传媒公信力概念作了清晰全面界定的基础上，从地域差异、制度基础与社会变迁角度论述了影响和判断传媒公信力的几大因素，并且对一些建立在西方社会制度和文化意识基础上的分析理论提出了质疑，从而提出了基于我国社会现实的传媒公信力的理论模式。在中篇部分，该书在总结梳理国际学术界关于传媒公信力评测理论和方法的基础上，构建了大众传媒公信力量化式的评测指标。

从 20 世纪 90 年代以来，我国学者从不同角度和层次，运用多种理论方

[①] 喻国明、焦中栋：《中国传媒软实力发展报告——传媒软实力的构建与评测方法》，北京：同心出版社，2009 年，第 48-60 页。
[②] 喻国明等：《中国大众媒介的传播效果与公信力研究——基础理论、评测方法与实证分析》，北京：经济科学出版社，2009 年。

法对新闻传媒和国家软实力特别是国家形象构建问题进行了研究。这些研究伴随着当下中国的现实困境和诉求。这种现实诉求是在中国目前的经济文化实力与国际遭遇的双重张力下展开的。虽然上述学者们的研究和努力仍存在种种问题，但正是这种学理性的研究和探索，为中国现实的诉求提供了更为科学、客观和理性的学理支撑。

第九章 文化软实力与影视研究

自"文化软实力"概念被明确写进党的"十七大"报告以来，发展文化创意产业已经成为国家战略，促进文化产业的成长，成为加强国家文化软实力的正确路子。影视产业在文化产业中被公认是高度市场化、国际化的子产业，同时也是融艺术性、观赏性和感染力为一体的、影响力巨大的战略性产业。发展影视产业，是发展文化创意产业的重要组成部分，也是一个国家软实力的具体体现。最近几年来，学界在影视产业与国家文化软实力关系的研究方面取得丰硕成果，所发表的文章在对中国影视产业现状表现出深切关注的同时，也对当下中国影视产业与文化软实力的关系进行了敏锐的前瞻性把握和深入阐释，并且该类研究持续升温，研究范围与深度进一步加大，回顾、反思以往的得失，展望、探讨研究前景及所面临的问题，也蔚成风气，兹分类缕述如下。

第一节 影视产业与文化软实力关系研究

在所有的传播形态中，影视艺术以其跨文化交流能力突出的特性，在塑造国家形象、提升国家文化软实力方面具有特殊地位，是国家文化软实力的重要载体、传播途径和投射工具。从影视产业入手，以软实力为核心打造国际竞争力已为世界各国高度重视，比如韩国制定"Dynamic Korea"（活力韩国）国际竞争战略，以韩国电影、电视、游戏、音乐为代表的"韩流"充分折射出韩国"文化强国"战略的成功。[1]日本是动漫生产大国，其动漫不仅在日本的文化产业中占有重要的比例，甚至在日本国民经济总产值中也占

---

[1] 参见程曼丽：《论我国软实力提升中的大众传播策略》，《对外大传播》2006年第10期，第32-35页。

有相当的份额。日本内阁府所属的知识产权战略本部，2005 年发表了一份《推进日本品牌战略》的研究报告，呼吁国民要大力向世界介绍日本的"魅力"，通过增强日本在世界的"软实力"来提高日本的国际地位。印度的文化产业令人瞩目，宝莱坞的电影、舞蹈和音乐世人皆知，21 世纪初印度政府还预备效仿中国设立"甘地学院"。①中国学界也很快认识到这个领域的重要性，人们一致认为中国要实现和平崛起无论从战略上还是从策略上都需要发展和运用软实力，着力塑造具有自身优势和突出特点的软实力。"十七大"报告就明确把文化作为国家软实力，提出了提高我国文化软实力的战略任务。十九大报告写出了我国在文化软实力方面取得的成就。十九大报告指出："思想文化建设取得重大进展……社会主义核心价值观和中华优秀传统文化广泛弘扬……文化事业和文化产业蓬勃发展……文化自信得到彰显，国家文化软实力和中华文化影响力大幅提升……"②

《当代电影》曾经在2008年第2期"本期焦点"栏目以"文化软实力与中国电影"为题探讨解决什么是软实力、什么是文化软实力、影视产业与文化软实力是一种什么样的关系、提高国家文化软实力作为我们国家的既定战略对影视及其影视创作提出了什么样的新要求、如何建构中国电影的主流文化价值、如何打造中国电影的世界品牌、如何在世界文化中提升中国电影的国际影响力等核心问题。倪震、尹鸿、王一川、饶曙光、张颐武等知名学者的论文，涵盖了文化软实力和影视艺术两大领域，表现了较新的现实视野和敏锐的学术触角。倪震的《软实力和中国电影》认为国家软实力的体现主要在于本国人民对政府决策/体制的拥护，对本国文化的高度自豪之情体现出来的凝聚力，主流价值观念、民族文化的影响力和吸引力，以及在国际事务中的主导力，而主旋律电影在构建主流意识形态、增强国家凝聚力方面功不可没，在塑造正面形象和传递民族价值观的深度、高度、广度上均有历史性突破。王一川的《电影软实力及其效果层面》认为："从文化软实力视野看

---

① 何品茹：《软实力较量时代到来　孔子学院背后中日中印角力》，中国侨网，2007-01-14。http://www.chinaqw.com/news/200701/14/57783.shtml.
② 习近平：《决胜全面建成小康社会　夺取新时代中国特色社会主义伟大胜利——在中国共产党第十九次全国代表大会上的报告》，中国政府网，http://www.gov.cn/zhuanti/2017-10/27/content_5234876.htm.

电影，意味着三点新转变：电影从艺术教育形式转变为艺术统治形式，从国家政治、经济与军事统治的从属形式提升到其并行形式，从国内统治形式横移为国际统治形式。"[1]他认为，电影软实力实际上是指影片感染观众的效果程度。这种效果程度可分为四个层面或环节：影讯的诱惑力；影像的感染力；影尚的吸附力；影德的风化力。这四个层面各有其功能，相互共生，构成电影软实力效果层面系统。无独有偶，阮南燕在《大象无形　道隐无名——论文化软实力与中国电影的发展》中也认为，电影是国家文化软实力的重要组成部分，是国家文化力量的载体和传播国家形象的途径，从国家关系学上说，它更是与国家政治、经济与军事统治同等重要的国家实力的一部分，是国与国之间进行文化交流的工具和政治角逐的权力象征，在文化软实力视野下，电影已经从以往的艺术教育形式演变为国与国之间权力争夺的国际政治角逐的重要筹码。李晓灵和王晓梅的《软实力竞争浪潮下的中国电影国际竞争力体系及其因素分析》则结合中国电影文化产业的根本属性和特殊要求，创造出中国电影国际竞争力体系。作者认为，电影软实力中电影作品是核心，电影制作者、电影受众、文化语境都围绕着电影作品发生作用；而硬实力包括电影产业、管理体制、国际评奖。软硬之间并非泾渭分明，而是存在较为模糊的过渡带和交融带。漆谦的《电视媒体在国家软实力建设中的作用》结合电视的媒介特性分析其在国家软实力建设中的巨大作用。作者认为，电视媒体承担着传播文化，传达国家意志的作用，在国家的软实力建设中扮演着极为重要的角色。

第二节　影视传播与国家形象研究

研究影视艺术建构国家形象，首先要界定"国家形象"内涵和外延，从研究成果来看，学者们普遍对美国政治学家肯尼思·博尔丁（Kenneth E. Boulding）对国家形象的阐释，即"国家形象广义上包括一个国家自己的认

---

[1] 王一川：《电影软实力及其效果层面》，《当代电影》2008年第2期，第27页。

识主体对自身形象的认知以及国际体系中其他行为体对该国形象的认知"[①]持肯定态度。沈义贞的《塑造国家形象：影视艺术的新使命》认为："国家形象是指能够呈现出该国的国别特征并能够与该国内在的物质要素、精神要素、制度要素相对应的、凭借其可以引发关于一国的整体想象的以人、事、景、物为外在表现形态并有着一定系列与序列的具象符号。"[②]尹鸿和石惠敏的《中国电影与国家"软形象"》认为国家形象是反映在媒介和人们心中的对于一个国家及其民众的历史、现实、政治、经济、文化、生活方式以及价值观的综合印象；饶曙光的《国家形象与电影的文化自觉》也对此作了定义。但总体而言，内涵的单向、单薄最终还是使这一命题悬而未决。

一、外国电影传播国家形象研究

根据中国期刊网的统计显示：截至2020年7月，关涉国家形象的学术论文有400多篇，以电影为理论视域的有207篇（含硕博士学位论文），而研究外国电影建构国家形象的又集中在好莱坞。倪震的《软实力和中国电影》认为好莱坞电影是传播美国价值观念、美国生活方式和国家形象的神话大本营。美国电影要么塑造帝国神话，充分展示美国作为世界最强国的英雄主义与帝国意识，以及扮演世界拯救者的角色，拥有使人类免于外来袭击和深重危机的力量；要么通过对第三世界国家政治、道义支持和保护的故事，来宣扬美国的人道主义、英雄主义及塑造伟岸、自由、平等、民主的国家形象；而其类型化创作，"大众文化包装"的模式，娱乐价值的终极追求，力求不同种族、不同肤色、不同价值观和信仰的人群，都能畅然接受它的电影娱乐产品，跟美国的流行音乐、电视连续剧、广播娱乐节目一起，达到认同美国价值观念和生活方式的效应。约瑟夫·奈也认为："软性同化式力量与硬性指令式力量同样重要。如果一个国家能使其权力在别国看来是合法的，那么它在行使权力时便不会遭到多少反对。如果它的文化和意识形态具有吸引

[①] 刘明：《当代中国国家形象定位与传播》，北京：外文出版社，2007年，第2页。
[②] 沈义贞：《塑造国家形象：影视艺术的新使命》，《南京师范大学文学院学报》2007年第1期，第159页。

力,那么,别的国家就会争相效仿。……简言之,一个国家文化的全球普及性和它为主宰国际行为规范而建立有利于自己的准则与制度的能力,都是它重要的力量来源。"①加拿大的马修·弗雷泽也认为:"美国的软实力——电影、流行音乐、电视、快餐、时装、主题公园——传播、确认、强化着人们共同的规范、价值观、信仰和生活方式。"②

提到倚赖电影、电视来出口国家文化、提升国家形象的最佳例子莫过于日本动漫了。李海燕的《动漫文化与国家形象建构》一文认为占世界动漫市场65%份额的日本动漫,其主人公形象机灵可爱,积极向上,讨人喜爱;画风唯美细致;而宫崎骏的动画展现人类复归自然、与自然和谐相处的主题,往往在淡然、含蓄的故事讲述中潜移默化地传递日本人的民族精神、价值观念、思维方式。孙宝印的《日本韩国国家形象塑造的启示》一文是针对中国外文局对外传播研究中心组织出版的"对外传播理论与实践研究"丛书中的《日本韩国国家形象的塑造与形成》而撰写的书评。孙宝印认为,该著作案例丰富生动,著者采取了历史的纵轴与现实的横轴并用的方式,对日本、韩国国家形象塑造和形成的机制与方法、特点和效果等以定量定性的研究方法予以分析,特别提及日本和韩国以奥运会和世博会为契机提升国家形象的做法和经验,还为中国如何建构国家形象提供了参考,即在面对既有历史的基础上,通过主动的规划,使现有国家形象不断得到突破和完善。

其他论及该主题的还有针对韩国影视、印度宝莱坞、伊朗电影或者美国CNN、卡塔尔电视台、欧洲主要传播媒体建构国家形象的文章,数量不多,但形式多彩,灵活多样,既有理论性较强的鸿篇巨制,也有短小精悍的个性辣评;既有逻辑严密的分析考证,也有随性活泼的畅谈体会;既有实证比较研究,也有分析对策研究。

---

① [美]约瑟夫·奈:《美国定能领导世界吗》,何小东、盖玉云等译,北京:军事译文出版社,1992年,第26页。
② [加]马修·弗雷泽:《软实力:美国电影、流行乐、电视和快餐的全球统治》,刘满贵等译,北京:新华出版社,2006年,第31页。

二、外国影视产品中的中国和中国人形象研究

外国影视作品对我国国家形象进行了一系列表述，对这些影视作品的研究为我们提供了重要的参考价值，也为不同电影文化之间的交流和对话提供了必要的前提和基础。潘源的《中国电影"走出去"与文化软实力建设》认为中华人民共和国成立前中美之间由于政治上的隔离、文化的差异和种族歧视，美国电影将中国人定型为瘾君子、小偷、强盗、军阀、黑社会势力等等，华人群像常被表现为古怪、孤僻、愚昧、嗜财、贪婪成性，即使是相对正面的形象，虽具有东方民族的智慧，但也总是安于职守、谦恭守礼、以取悦于白人社会的姿态存在，难以获得正面的歌颂和展现。宋伟杰的《形象在两极间摇摆：美国电影里的中国与中国人》（上、中、下），以史景迁（Jonathan Spence）考察欧美作家描摹中国小说时的分类方法来解读美国电影中的中国人形象，希冀挖掘内在于此类想象的话语霸权、意识形态机制，以及社会政治语境中的文化价值观念。他认为中国和中国人形象作为异域文化符号进入美国主流文化圈，自然会出现被 stereotype，即，定型化、程式化、成规、老套、刻板、固定的形象，这种"简单化、抽象化、标准化、刻板化"的做法映衬出中美之间文化的天然鸿沟以及交往的浅层，当然还和特定历史时期的政治诉求和文化焦虑有关。

2008年11月14日，《当代电影》杂志社联合中国艺术研究院研究生院电影电视系举办第八期"电影学博士论坛：国家形象何以在影像中建构"，来自国内不同高校、研究机构的专业人士对"电影传播与国家形象建构"的话题各抒己见，碰撞出学术交锋精彩的火花。针对"域外电影对中国国家形象的建构"的论题，曹怡平的《好莱坞加减法与中国国家形象的塑造》认为好莱坞善于选取中国历史文化中的可操作、可影像化、可激起观众好奇心和求知欲审美力的元素进行好莱坞式的包装，摒弃原文化中难以消化、隔膜太大、过于复杂和多元的成分，即"加减法"。但这样一来，对中国国家形象的展现是浅层的，甚至是偏颇的、歪曲的。无独有偶，林婷的《东方化语境下的中国形象——以美国动画电影为例》选取《花木兰》《功夫熊猫》作为案例，认为美国电影公司选取中国古代巾帼英雄花木兰和国宝大熊猫作为故

事的主角，融入美国式的女性主义色彩和个人英雄主义色彩，来达到宣传美国人文精神的目的，电影选取中国的文化符号，却又将之进行符合西方人审美要求的归化，简言之，即是"被东方化了"。

其他论及美国电影与中国国家形象关系的论文还有方艺玲的《美国电影里的中国人形象》（福建师范大学 2008 年硕士论文）、周文萍的《当今美国电影中的中国资源与中国形象》（暨南大学 2009 年博士论文）、孙萌的《好莱坞电影中的华人女性》（《世界文学评论》2007 年第 2 期）、黎煜的《撒旦与家臣——美国电影中的华人形象》（《电影艺术》2009 年第 1 期）、李一鸣的《银幕谎言：好莱坞电影中妖魔化的华人形象》（《大众电影》1997 年第 7 期）、姜智芹的《爱情禁忌与拯救神话：好莱坞电影中的中国男人与中国女人》（《济南大学学报》2008 年第 6 期）、刘林利的《日本大众媒体中的中国形象》（中国传媒大学出版社，2007 年）、［美］陶乐赛·琼斯的《美国银幕上的中国和中国人（1896—1955）》（中国电影出版社，1963 年）、［美］哈罗德·伊罗生的《美国的中国形象》（中华书局，2006 年）等等，这些论著考察中国国家形象美国影像呈现现状，以好莱坞电影反映的中国和中国人的形象为基础研究，分析美国主流社会折射中国形象的一般规律，比较世界主流媒体中的中国国家形象和受众心目中的国家形象的异同，探求影响外国受众心目中的中国国家形象的关键因素。李铮的英文著作《美国早期戏剧与电影中的中国人形象》尝试从美国早期戏剧与电影对华人形象的表现入手，比较不同时期美国戏剧电影塑造的华人角色的变化与异同，同时以中国作家创作的戏剧中的美国人形象为参照，分析中美文化在 19 世纪末 20 世纪初不同历史时期的交流与互动，折射出中美文化的争斗与制衡，对研究中国电影与国家形象二者关系具有很大的借鉴意义。李渝凤的《他者的再现：质疑好莱坞电影中的华人形象（1980—1999）》通过探讨华人形象在美国主流文化中作为少数民族话语、异国情调、边缘性及他者的问题，探讨好莱坞电影文化中再现出来的中美文化之间的冲突、矛盾以及融合，从而为两种不同文化之间的交流和对话提供必要的前提和基础，同样具有较大的参考价值和资料价值。

考察好莱坞电影与中国形象是学者们研究的主流，当然不乏另辟蹊径者，比如王田的《欧洲电影中的中国人形象》选取让-吕克·戈达尔（Jean-Luc Godard）电影《中国姑娘》、马泰奥·加罗内（Matteo Garrone）电影《格莫拉》、奥利维耶·阿萨亚（Olivier Assayas）电影《清洁》、让-雅克·阿诺（Jean-Jacques Annaud）电影《情人》四个个案，从文本细读与语境分析上指出欧洲电影塑造中国人的不同之处，即意识形态色彩与商业气息得以规避，中国人形象没有受到噱头式的夸张与戏剧性的虚构的影响，显得较为真实合理。柳迪善的《辫子情结——关于西方电影所反映的东方学中国形象的讨论》则从西方人为什么对"中国辫子"感兴趣入手，分析西方电影歪曲中国形象的历史原因。

三、中国电影国家形象建构研究

随着全球化形势的变化以及影视传媒对国家关系的影响不断加深，学界日益意识到国家形象对于国家地位和国家发展的重要性。从 2007 年开始，国内加大了对中国电影建构国家形象的研究力度，出现了一批专门研究国家形象的学者，并且逐步开始把国家形象问题置于国家传播的大背景下予以研究。《当代电影》曾经在 2009 年第 2 期再次开辟专栏"国家形象与中国电影"，邀请学界知名专家学者围绕这一问题发表高见。饶曙光的《国家形象与电影的文化自觉》认为，塑造良好并具备感召力的国家形象不仅对提高一个国家的文化软实力至关重要，而且对一个国家的可持续发展产生决定性的影响。美国通过好莱坞电影的输出，不但创造了可观的经济利益，也全方位地提升了美国在全球的竞争优势，好莱坞电影在娱乐的同时也传递了美国人的价值观，而英国、法国、日本、韩国在有效利用电影、电视、动漫、音乐提升本国文化软实力方面也不示弱，但是中国电影人对此认识并不深刻，在塑造国家形象上存在误区，而塑造好当代的、崭新的中国人形象，传递传统文化精华，不回避当下中国现状的复杂性，才是中国电影塑造富有亲和力、感染力和渗透力的国家形象的必由之路。

倪震的《中国电影与国家形象》《我们将为世界银幕生产什么？——再论中国电影和国家形象》《历史视野中的个体生命——改革开放 30 年电影

银幕上的中国人》,就电影如何传播国家形象出谋划策,诸如拓宽历史视野,在民族历史的影像叙述中注重人类意识和现代精神,采用更国际化的故事讲述模式,运用外视角叙述能引起全球观众共鸣的故事,等等。作者认为中国电影"反映当代生活的作品,要么习惯于英雄片的传统格局或政策解释,要么囿于狭窄的个人悲戚与咏叹,较为宏观又兼有社会参与力度的作品实在稀缺,令人充满期待和焦虑"[1]。这极大地损伤了对外宣传的影响力和国际竞争力,作者还提出发展类型电影,拓展电影形式和个人风格,来展现视点各异、个性多样的作品中的国家形象的对策。

尹鸿、石惠敏的《中国电影与国家"软形象"》则梳理了中国电影自第五代起在国际上产生的巨大的影响,他们在文章中介绍了中国在传播中国文化、表达人道主义价值观、塑造国家形象上的成就,并指出电影在塑造国家形象时,应充分尊重电影文化的传播规律和艺术传播的规律。比如对国家形象不应总一味地歌颂拔高,应该带有一定的批判性和反省性,努力寻找能体现全人类共同价值的文化价值,切忌孤芳自赏。"加速产业化改革,利用市场力量,建立具有支配能力、全球渠道的跨国电影和综合媒介企业,才能在塑造国家形象上获得更多的话语权。"[2]

此外,陈犀禾的《民族、国家和国家形象》、杨柳的《谁在消费国产电影中的国家形象——论国产电影中国家形象传播的受众和方式》、储亚南的《试论新世纪以来中国电影中的国家形象构建》、贾磊磊的《战争电影:国家形象的颠覆与建构——中国电影的经典叙事方式》、王一川的《国家硬形象、软形象及其交融态——兼谈中国电影的影像政治修辞》从电影传播与国家形象的基础理论入手,具体涉及了主旋律电影的国家形象建构、商业电影的国家形象建构、艺术电影的国家形象建构、国产电影中国家形象建构的悖论、战争电影的国家形象建构等等内容,深入探讨了中国国家形象所面临的新传媒环境,以及这种环境的变化对中国电影的制作宣传方式产生的影响:比如如何宣扬主流意识形态、电影管理制度传播技巧的变

---

[1] 倪震:《中国电影与国家形象》,《当代电影》2006年第5期,第92页。
[2] 尹鸿、石惠敏:《中国电影与国家"软形象"》,《当代电影》2009年第2期,第20页。

革等。

　　同时，对电影中国家形象的分析成果不少是个案研究，潘国美的《前新时期银幕知识分子与国家形象——以谢芳主演影片为例》，认为谢芳银幕上的知识分子形象在不同历史影片中的遭际有效地折射出不同历史时期的国家形象，也成为知识分子在 1949 年后不同历史时期命运的投影。吴匀的《通俗叙事与喻象符号——〈黄飞鸿〉电影中"国家形象"的考察》认为"黄飞鸿系列电影"以类型化的创作模式，把宏大历史背景注入商业叙事框架内，融合娱乐与教化、武打与道德，缝合了通俗文化和国家形象之间的距离。陈云度的《"后大片时代"国产电影的国家形象塑造——以〈南京！南京！〉为例》认为陆川导演的电影《南京！南京！》从以往同题材电影单纯反映屠杀仇恨的模式上升到人性表现的高度，刻画了中国人、日本人在血腥战争中的内心痛苦挣扎，为主旋律电影中国家形象的塑造提供了新的可能。陈旭光的《"创意"制胜与"国家形象"的重建》则认为《建国大业》因呈现光明磊落、豪迈、热情、奔放、亮丽并充满活力的顺民心合民意的中华人民共和国而为电影塑造国家形象、文化价值取向塑造了标杆，因此该影片对内可增强中华民族的自豪感、文化认同感，强化民族精神的凝聚力，对外则呈现了朝气蓬勃、和谐向上、顺应历史趋势，"以人为本"的精神风貌。

　　2022 年北京冬奥会和冬残奥会的成功举办，使之成为树立和传播国家形象的良好渠道和平台，成为全面提升中国文化软实力的重大实践。中国健康、积极、充满活力与历史底蕴的形象以及中国文化精神、文化理想借助这个平台向世界人民做了最好的诠释。从申办到筹办的过程，不仅是奥林匹克文化的传播过程，还是中华民族传统文化走向世界、向世界展示和平崛起的中国国家形象的过程。王彦飞、张宏家《歧视与破解：北京冬奥会话语权力构建与媒介传播的圈层策略》认为："构建北京冬奥话语权力并将之通过媒介传播出去，不仅对北京冬奥会的顺利开展，而且对我国的国际话语权构建具有积极意义……在北京冬奥会话语权力的构建中，应用行动践行'一起向未来'的口号进而构建共同话语，在'讲好中国故事'中展示中国实力进而

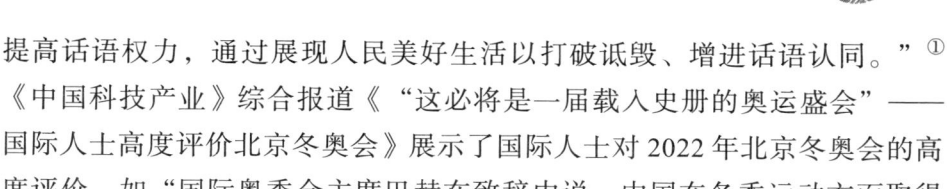

提高话语权力,通过展现人民美好生活以打破诋毁、增进话语认同。"①《中国科技产业》综合报道《"这必将是一届载入史册的奥运盛会"——国际人士高度评价北京冬奥会》展示了国际人士对2022年北京冬奥会的高度评价,如"国际奥委会主席巴赫在致辞中说,中国在冬季运动方面取得的非凡成就,开启了全球冬季运动的新时代,将使全球冬季运动参与度登上新台阶"②。

有关中国影视艺术建构国家形象的论文,无疑是学术刊物刊发的隶属于"文化软实力与影视产业"研究论文中所占比重极大的一部分。这些论文致力于解决在具体的电影电视创作中如何建构国家形象的实际问题,探讨当前中国影视产业面临的激烈市场竞争的新情况,提出可能的解决办法和发展构想,这些研究成果无论于学术研究还是实际创作而言,都具有重要意义,因此,期刊以较大的版面刊发这样的文章,其影响和价值也是不言而喻的。

第三节 提升影视产业软实力对策研究

目前中国电影处在对外输出的历史好时机、向国际社会宣扬中国形象的历史机遇。因为经过40多年改革开放,中国的经济实力得到大幅度提升,中国国民的生活水准日益提高,中国的国际地位和国际影响也在日益扩大。特别是北京2008夏季奥运会和2022年冬奥会的成功举办,使古老的中国愈加受到全球的关注,而增强中国电影的国际竞争力是传播文化软实力的最好方式。对中国电影跨国传播历史现状的梳理,对中国电影海外上座率及报刊网络评论的收集,对市场数据和发行情况等的掌握是研究中国电影软实力的切入点。很显然,在此层面上谈电影的软实力,首先得量化中国电影在跨国传播中的历史与现状,这就必然涉及实证研究。

---

① 王彦飞、张宏家:《歧视与破解:北京冬奥会话语权力构建与媒介传播的圈层策略》,《体育与科学》2022年第1期,第7页。
② 本刊综合报道:《"这必将是一届载入史册的奥运盛会"——国际人士高度评价北京冬奥会》,《中国科技产业》2022年2月,第3页。

一、实证研究

　　实证性研究作为一种研究范式，来源于培根的经验哲学和牛顿、伽利略的自然科学研究。该种研究范式秉承研究结论的科学性、客观性、可量化性，主张一切最终结论的得出必须建立在客观观察和数据分析的基础上，倡导将自然科学实证的精神用于社会科学的研究中，从经验入手，采用程序化、操作化和定量分析的手段，使社会现象的研究达到精细化和准确化的水平。"所谓实证研究是指从大量的经验事实中通过科学归纳，总结出具有普遍意义的结论或规律，然后通过科学的逻辑演绎方法推导出某些结论或规律，再将这些结论或规律拿回到现实中进行检验的方法论思想。"[1]对中国影视产业的对外吸引力的界定必须建立在一系列的跨国艺术交往的事实和数据的基础上，因此梳理中国影视作品跨国传播统计资料、国外上座率、报刊网络的评论、市场客观数据、发行情况等成为研究者切入该论题的最佳视角，塞尔日·罗西克在《中国电影的国际影响》一文中提到西方世界开始了解中国电影始于1949年后，但是从1949—1979的三十年间，中国电影只在小范围传播，比如社会主义国家和亚洲国家。20世纪80年代初，中国电影人摆脱了"文化大革命"厄境，在文艺改革开放的春风鼓动下，开始有意识地把中国电影作品送往国外交流，参加一些重要的国际电影节评奖活动。因此对该项的梳理主要集中于 1979—2009 的研究，在这方面的成果虽丰富但较为零散，大致从以下三个板块展开：

　　第一板块是中国电影海外发行渠道、方式研究。1949 年以前中国电影对外传播遭遇帝国主义和反动政府的压制，偶尔有一两部电影通过国家电影节的平台崭露头角，比如蔡楚生的《渔光曲》，但总体而言只限于小范围的民间交流，在东南亚曾产生过一定影响。改革开放后，在国家大力扶持文化产业，制定相关政策促进文化发展的前提下，一大批中国优秀电影得以通过各种平台走出国门，其中中国海外推广公司功不可没。《60 年来，中国电影海外推广工作的繁荣与发展》一文中，时任"海推"公司董事长杨步亭、

---

[1] 实证研究：https://wiki.mbalib.com/wiki/%E5%AE%9E%E8%AF%81%E7%A0%94%E7%A9%B6。

总经理周铁东介绍1949年后的60年间，中国电影海外推广工作的三个阶段，第一阶段是从1949年到1976年"文化大革命"结束，电影主要承担着外交大使和文化交流的重任；第二阶段是从1977年到2000年，这是中国电影海外推广工作的转型期，朝着既有文化交流的性质，又有商业推广的方向转变。第三个阶段是从2001年到2009年，随着中国正式加入WTO，内地电影业制作、发行、放映等领域的改革步伐开始加快，产业体系不断完善，产业规模迅速升级，再加上我国政府一再降低准入门槛，为合拍影片敞开了大门，使得以合作拍摄为主的大制作商业影片开始在国际影坛上全面开花，成功打入西方主流电影市场。

杨步亭认为，积极参与国际电影节，选择合适的影片参展、参赛、参映是扩大中国电影知名度的最佳途径，每年挑选优秀影片在世界各地举办中国电影周，并参加香港、上海、洛杉矶、戛纳电影市场的交易，邀请海外片商来中国直接选看国产影片，举办"北京放映"活动，将优秀影片推向国际市场；中国电影集团公司旗下大型电影门户网站"中国电影网"亦开通电影输出频道，以中英文双语方式向世界全面、规范地宣传介绍中国电影，使之成为沟通中国电影与国际电影采购商、国际电影节选片人以及关注中国电影的境外人士的文化和商业平台。与全球性娱乐刊物《综艺》和《好莱坞报道》合作等为中国电影海外推广做出巨大贡献。

杜惠的《论中国电影的海外发行之路》一文特别提到以合拍片为主的商业模式促销中国电影的方法，为此中国电影合拍公司贡献卓著，合拍片以共同投资、共同创作、风险共担的方式使中国电影借助国外公司的信誉、影响力和资金搭上顺风车，成功实现海外营销。其余的《从中国电影国际获奖看新时期电影外宣》《中国大片的西行路》《"北京放映"：中国电影怎样走向世界》《国产电影对外传播策略研究》《开拓海外市场　扩展生存空间——入世后中国电影开拓海外市场问题研究》等文章都从各个不同的角度给予中国电影海外营销状况的关照。

第二板块是中国电影海外接受情况研究。包括海外上座率及报刊网络评论的统计，对市场数据和发行情况等的掌握，这为我们更清晰、更直观地定位中国电影海外发行情况提供了参照，而随着技术的日益进步和中外文化交流的日益频繁，统计数据的准确性、及时性、系统性、独立性和透明度也在逐渐提高，这些数据比较多见于国外的报刊、电视、网络以及国内的《中国电影年鉴》《中国电影市场》《中国广播电影电视发展报告》等专著或刊物中。赵小青和刘东平的《评述：新时期中国电影的海外传播之路》一文对20世纪80—90年代中国电影海外获奖情况简略梳理，并指出随着中国电影海外发行状况的发展，中国形象和中国人形象得到极大改观，尤其是张艺谋的《英雄》成为首部进入美国主流院线的中国电影改变了长期以来美国电影单向输入中国的历史，但该文指出总体而言中国电影"走出去"并且在海外成功营销的只占极少数，落地的主要是日本和东南亚市场，进入欧美主流院线的还不成规模。《马来西亚影迷眼中的中国电影》则对马来西亚片商选片的标准，观众的观影喜好、文化程度，以及片商选片的渠道和中国电影在马来西亚受阻的原因以新闻报道形式予以介绍；《华语片最大的海外市场？中国电影在日本》则对华语片在日本的生存境遇有较为详细的梳理，该文提到日本人对中国电影感兴趣，体现在官方注册的25个电影节就有3个针对中国电影，中国式大片和小格局的文艺电影同样受影迷追捧，2006、2007两年内日本引进的中国电影份额上升。

杨旸的《走出去的中国电影——〈十面埋伏〉案例分析》则详尽阐明张艺谋电影《十面埋伏》的海外营销策略，包括整合营销观念，创意、剧本、选角、拍摄、制作、宣传、发行、放映及观众反馈等各个环节的营销策划。该文指出，电影《十面埋伏》既制造话题，又利用偶然事件进行宣传；充分利用品牌营销、网络营销和明星号召力等等；并以该影片在美国的发行模式来具体阐述，包括档期选择、院线投放，以及合理删减镜头以顺利定级、在上映前考虑观众反馈意见等等。该文还为读者介绍《十面埋伏》的美国反应，包括专业评论和普通观众的舆论点评。余楠的《中国大片的西行路》则是以吴宇森的《英雄本色》《赤壁》为范例，研究中国大片的海外之路。

孙绍谊的《年度报告：2008年中国电影的海外市场和评价》梳理了2008年出品的中国商业电影和艺术电影的海外市场发行情况、上座率以及报刊评价状况。作者认为，在文化、宗教、人种和语言文字上与中国存在一定历史关系的东亚和东南亚的泛华语电影大市场已经初步形成。跨国和跨区域的融资、制作、发行和营销渐具雏形，但语言、文化、宗教、价值理念乃至人种的历史和现实差异也是制约中国电影在欧美市场发挥持久影响力的潜在却至为重要的因素。如何以开放的姿态对待世界上具有市场和艺术潜质的电影力量，打造能体现全人类共同价值的电影文化是我们应该思虑的问题。

除此之外，沙丹的《构建新巴别塔：中美电影的现代交流与跨国合作》对中美的电影交流从宏观角度予以审视；姚金红的《影视中的跨文化传播》着重研究译制片；石川的《简论夏衍的电影输出思想》则是对夏衍输出思想的完整整理；赵楠的硕士论文《电影翻拍：跨文化传播中文化的解构和重建——以好莱坞对亚洲电影的翻拍为例》另辟蹊径，视角独特；徐文明的《开拓海外市场扩展生存空间——入世后中国电影开拓海外市场问题研究》提出，面对"入世"，中国电影应善于开拓海外市场，扩展生存空间，并积极从制作、发行等工作着手；刘也亮的《全球化过程中的跨文化传播思考——以华语电影冲击奥斯卡为例》从华语电影冲击奥斯卡的过程，分析中西方的文化差异如何影响跨文化传播的成功。

第三板块是海外电影在中国传播情况，这些论文将中国电影放置于全球化的滚滚浪涛中，在与以好莱坞为代表的外来电影的充分对比中，严肃地讨论中国电影所面临的严峻的国际文化环境，同时在整理中华民族电影优良传统的同时，深刻地省察中国电影在好莱坞强大攻势之下的文化弱势和传播失衡，并为中国电影国际竞争力的提升提供了有效的引导。

有不少学者对中外文化贸易的失衡表示了忧虑。张颐武在《电影与 21 世纪中国新的发展——文化软实力的展开及其意义》中认为，中国的文化软实力所面临的挑战在于两个方面：首先，文化的输出和输入的不平衡非常明显，存在极大的"传播赤字"，让世界了解中国任重而道远；其次，改革开放和西方消费文化的涌入也带来了文化安全和保护民族文化的新课题，引出了对于我们自身的内在价值的建构和建设的问题。

对美国、日本、韩国、法国、伊朗等借助影视产业助推文化软实力的分析是学者关注的重点。杜惠的《中国电影的海外发行之路》就从商业、历史、文化、政治四个方面对美国电影的全球营销模式进行梳理。饶曙光的《感染的力量——文化软实力与电影》对美国针对中国的文化输出战略和策略条分缕析，即通过对制片、发行和放映整条产业链各节点的投资、开发与合作，在中国培育美国式的现代化电影市场；吸纳优秀人才；借用中国民间故事、利用各种渠道输出好莱坞趣味。作者还认为，好莱坞本身是大产业，有成熟的产业基础和产业链条，并对好莱坞的成熟商业模式进行了细致分析。韩剧的思想观念、人情世理、生活习俗、道德准则、伦理矩制、思维范式等，则一应都是对中华民族传统文化的复制、延伸与创新。张颐武的《电影与21世纪中国新的发展——文化软实力的展开及其意义》分析了自1994年《亡命天涯》被引进到中国电影市场之后，好莱坞的大片给中国人和中国电影市场带来的各种冲击。从美国大片的引进，到今天中国大片文化的成形和逐步丰富，为中国提升国际影响力奠定了基础。温朝霞的《1980年后日韩影视剧在中国的传播》则从传播的政策环境、政治环境、资源环境和文化生态环境四个方面从文本解读的视角解析韩日影视剧风靡中国的原因。唐玲的《中韩电影产业国际竞争力比较研究》（华中科技大学2007硕士学位论文）在详细梳理中韩电影发展现状的前提下，运用迈克尔·波特（Michael Porter）的产业竞争力理论，从生产要素、需求状况、相关和支撑性产业、企业战略结构与竞争、政府和机遇六个竞争因素对中国与韩国电影产业竞争力进行比较分析和综合评价。沈中文的《法国重视发展电影产业》对法国电影发展促进手段予以分析。马婷的《从跨文化传播角度看伊朗电影在中国——以影片〈女人花〉为例》认为中国和伊朗都面临全球化无可阻挡的裹挟，都面对着西方文化伴随西方经济全球化对本国传统文化的巨大冲击，从比较认知、文本认知、情感认知三个角度探讨了跨文化传播视野下的伊朗电影与中国观众。李艳、马西平的《国外电影产业化的成功经验对中国的启示》通过分析美国和韩国电影产业化的成功经验，从资本运作、影片制作和产品营销三个部分提出推进中国电影产业化进程的思路。

有关好莱坞对中国电影的影响，1934年，谷剑尘的《中国电影发达史》"电影输入中国的情形和外片市场的三个时期"部分，详细介绍了包括美国好莱坞影片在内的各国对华输出电影的历史状况，在有声片时期更是进行了非常详细的记载和论述。民国十六年（1927）出版的《中华影业年鉴》中不仅详列了"外人所经营之影戏院公司"，还有专章"国外各处影戏院之

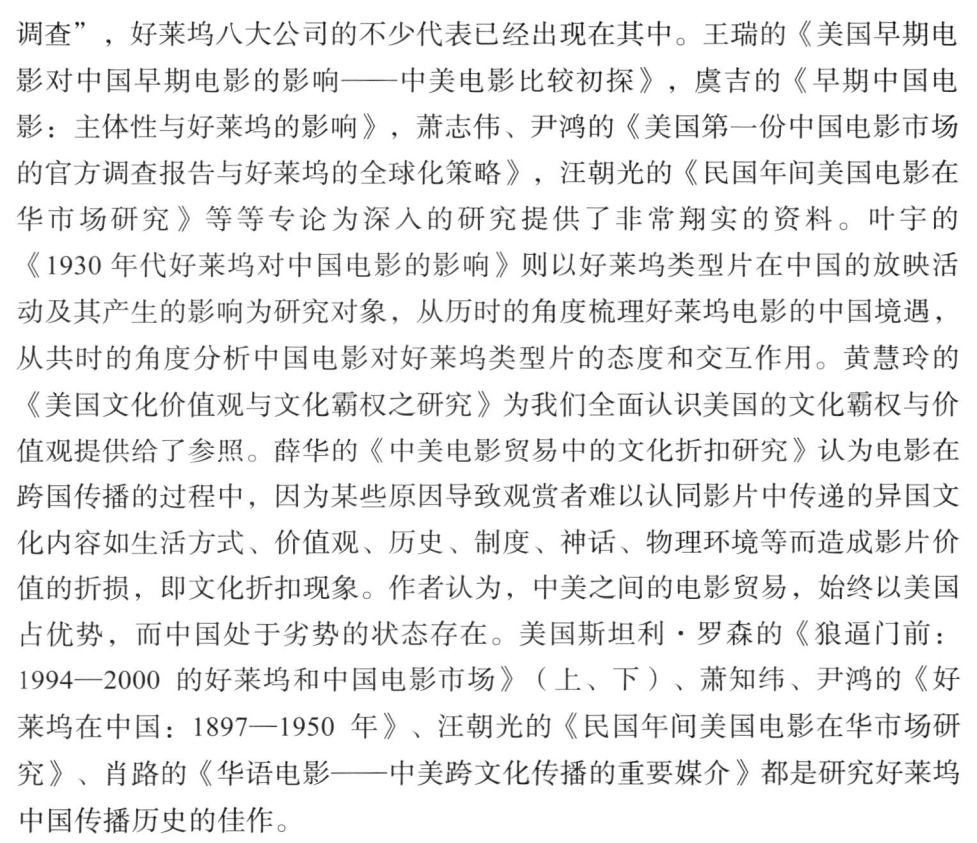

调查",好莱坞八大公司的不少代表已经出现在其中。王瑞的《美国早期电影对中国早期电影的影响——中美电影比较初探》,虞吉的《早期中国电影:主体性与好莱坞的影响》,萧志伟、尹鸿的《美国第一份中国电影市场的官方调查报告与好莱坞的全球化策略》,汪朝光的《民国年间美国电影在华市场研究》等等专论为深入的研究提供了非常翔实的资料。叶宇的《1930年代好莱坞对中国电影的影响》则以好莱坞类型片在中国的放映活动及其产生的影响为研究对象,从历时的角度梳理好莱坞电影的中国境遇,从共时的角度分析中国电影对好莱坞类型片的态度和交互作用。黄慧玲的《美国文化价值观与文化霸权之研究》为我们全面认识美国的文化霸权与价值观提供给了参照。薛华的《中美电影贸易中的文化折扣研究》认为电影在跨国传播的过程中,因为某些原因导致观赏者难以认同影片中传递的异国文化内容如生活方式、价值观、历史、制度、神话、物理环境等而造成影片价值的折损,即文化折扣现象。作者认为,中美之间的电影贸易,始终以美国占优势,而中国处于劣势的状态存在。美国斯坦利·罗森的《狼逼门前:1994—2000的好莱坞和中国电影市场》(上、下)、萧知纬、尹鸿的《好莱坞在中国:1897—1950年》、汪朝光的《民国年间美国电影在华市场研究》、肖路的《华语电影——中美跨文化传播的重要媒介》都是研究好莱坞中国传播历史的佳作。

  在与美国等电影强国的比较下,学者们深刻地省察中国电影在好莱坞等强大攻势之下的文化弱势和传播失衡,剖析中国影视产业发展之现状。程露的《经典题材类电影实力评析》认为《赤壁》《画皮》《剑蝶》等改编自经典故事,在细节、语言、人物、技术上均有创新,但更多地体现的是一种硬实力,即现代科技的力量,其文化软实力有待提升。常悦的《中国电视软实力还太"软"》认为电视是一种软实力,而中国出口海外的电视剧要么是以《三国演义》为代表的古装大片,要么是国内观众根本不熟悉的作品,说明华语电视还比较孱弱,中国的电视人和电视产品依然普遍缺乏国际化的视野和竞争实力。

二、对策研究

针对如何提升影视产业软实力的研究成果，要么对影视产品的对外传播策略进行一番思量，要么提出坚守民族文化立场，以对中国电影民族文化资源的全力挖掘和现实拓展，去改进和完善中国电影所塑造的民族形象，为中国综合实力的提高做铺垫，要么对中国电影的制作、发行、放映等环节进行经济解读，并以查缺补漏的方式梳理中国电影产业的软肋，为中国电影产业的发展提供具有现实性的建议。有很多论文虽然题目上并未有"软实力"三个字，但其对中国电影生存现状的深切关注却使我们不能将其忽略，总体而言，大致分为以下三方面。

1. 中国电影对外传播策略研究

改革开放以来，中国电影的海外传播成就斐然，但自身实力的孱弱并未使之一路凯歌高奏，面对广阔的海外市场，国产电影如何踏出国门，在海外市场大放异彩是学者们需要深思熟虑的问题。尹鸿的《全球化背景下中国电影的国际化策略》从民俗电影、独立电影、跨国制作三个时期分析传播策略；王德胜、吴锦宇的《国产电影对外传播策略研究》则从内容、生产、营销、国家扶植四个方面出谋划策。张毓强、王鑫方的《从中国电影国际获奖看新时期中国电影外宣》选取 23 部获奖电影分析中国外宣的问题所在：主动外宣效果欠佳；体制外电影的频频获奖；中国影像难以精确抓住并传达中国传统文化精髓。作者提议，调整国内电影评奖评审标准，引导各类电影拓展其视野和相关事业；制定相关政策，引导电影产业商业化步入正轨；改革完善电影体制，将地下电影适当引入"地上"方能变被动为主动。挖掘民族文化精髓，采用国家化表达方式和灵活策略，全方位、立体式整合电影外宣都有助于提升中国电影海外影响力。董海琳的《和而不同——中国电影跨国传播文化策略》提出，和而不同——即中国电影不能失去民族文化特色，但要特别关注并学习世界电影最新的美学进展才是中国电影跨国传播的根本。项欣的《从电影的分层解读模式看中国电影的跨文化传播策略》提出，中国电影第一层（视听层）的跨文化传播策略是民族性策略，第二层（故事层）

则是题材策略,第三层(观众层)则是视具体的电影题材而言,在民族特色与域外文化差异之间寻求某种平衡。另外具有代表性的还有戴元光、邱宝林的《全球化语境下中国电影文化传播策略检讨》、孟建的《"文化帝国主义"的传播扩张与中国影视文化的反弹——加入WTO,中国影视艺术的文化传播学思考》、石川的《反思与重构:跨文化视域中的中国电影与亚洲电影——"全球化语境中的中国电影与亚洲电影"国际学术研讨会述评》、尹鸿与萧志伟的《好莱坞的全球化策略与中国电影的发展》、尹鸿的《好莱坞的全球化策略与中国电影的发展》(上、下)、邵培仁、潘祥辉的《论全球化语境下中国电影的跨文化传播策略》等等。

2. 提升影视文化软实力的关键点在于主流文化本身的全面建构

刘藩在《提高文化软实力:主流大片的文化和美学策略》中认为,中国电影的对外传播,大体经历了获奖艺术片和商业大片两个阶段,前者以20世纪80—90年代第五代导演的作品为主,比如《红高粱》《霸王别姬》等,后者以新世纪《英雄》《无极》《夜宴》等一批大投资、大明星、大宣传、高回报的商业大片为主,虽然一定程度上增进了国外观众对我国的认知度,但要么展示的是古老中国的落后文化、专制政治、扭曲的人性,要么是文化意识薄弱甚至缺失、主导价值观混乱、充斥着尔虞我诈的阴谋,总体来说尚未真正揣摩透中华文化的精髓,且有意回避对现实社会主流价值形态的宣扬,导致国家形象在电影中被边缘、异化甚至损伤。

针对这一现状,学者们提出坚守民族文化立场,以对中国电影民族文化资源的全力挖掘,去改进和完善中国电影所塑造的民族形象的建议。赵小青的《评述:新时期中国电影的海外传播之路》一文认为中国电影要走向世界,必须表现民族的但又能体现全人类共同价值的文化主题,改革电影发行体制,建立多条海外发行通道,加大中国电影的宣传、包装、推广力度。倪震的《软实力和中国电影》认为从中国电影工业体系整体设计上,要提升电影的软实力,必须在观念-体制-生产力三个方面做出长期的、战略性的全盘思考和设计。作者认为,中国电影理应摒弃狭隘民族观念,多融入人类意识和关注民族未来和全球未来,多关注娱乐价值和消费话语。即"从关注民族命运的同时也必须关注人类命运、从关注本国社会的问题扩展到关注国际社会的阶段。即使是描写本民族的故事和历史，也要以人类意识和终极关怀的视点来加以思考，这是电影作品获得跨民族、跨国界共鸣的条件"[1]。尹鸿的《走得出去才能站得起来——全球化背景下的中国电影软实力》一文中也认为辩证地处理好民族性与世界性、传统与现代、以我为主与市场适应的关系，是提高中国电影国际竞争力的关键。饶曙光的《感染的力量——文化软实力与电影》则提出有的中国式大片由于价值观的混乱歪曲了中华民族历史，扭曲了本土文化的形象，艺术电影又不足以支撑电影工业，由此提出了商业电影主流化的建议，并且不仅要在类型化方面有所借鉴和发展，更要在人性化方面有所开拓和深化。张颐武的《电影与21世纪中国新的发展——文化软实力的展开及其意义》一文指出，传承发扬中华文化核心价值，并将它们转化为能体现全人类共同价值的文化是中国电影崛起的王道。潘源的《中国电影"走出去"与文化软实力建设》一文，针对中国电影如何扩大输出，更有效走出国门畅所欲言，他认为，影片应立足本土，表现本民族的独特风貌，突出真实的民族历史发展进程；当然还需要打破不同社会制度之间的意识形态屏障，注重选择能够表现当代世界共同关注的民生问题，深入发掘当代人类共通的人情人性，且用国际性运作和包装形式打造充满民族内涵的电影作品。王坤的《影视文化软实力的提升与主流文化的互动传播》认为中国电影采取多元化影视手段彰显民族文化、阐释主流文化价值、确立全球本土化的传播理念，以及坚持中国立场，世界眼光和人文胸怀，遵循国外受众思维方式和认知模式，用国外受众接受的方式拓展国外市场是中国影视提升软实力的途径。

尹晓丽的《儒家文化传统与中国电影民族品性的构成》则考察儒家文化对中国电影在题材、主题、风格、思潮等诸多层面的重要影响，辨析中国电影艺术和儒家文化之间的历史渊源和精神走向，探索中国电影艺术所蕴藏的儒家文化理念的优长与弊端。胡俊海的《文化软实力、文化产业与电影精品》认为中国电影应多出精品，创新是发展的灵魂。

---

[1] 倪震：《软实力和中国电影》，《当代电影》2008年第2期，第8页。

3. 产业方面

研究者主要从电影产业发展态势、影片投资生产、发行与营销、院线与影院经营、电影市场票房、电影创意元素、电影投融资状况等方面入手，客观翔实地勾画出中国电影产业发展脉络，并前瞻性地分析电影产业链各环节发展现状与潜在问题；部分论文还涉及国有电影企业发展、电影二级市场发掘，地域电影市场开发和主流院线的搭建、电影体制机制的改革等，这部分研究成果较为翔实，其结论以大量数据与事实为依托，因此说服力很强。尹鸿教授每年发表的中国电影产业备忘录，对电影产业在融资、制作、营销、市场开拓等诸多方面做了非常详尽的考察。李思屈的《媒介"弱控制"与国家"软实力"——关于外资进入中国影视市场的管理与政府作为的思考》提出，在中国加入 WTO，外资竞相涌入影视市场的情况下，强调以"弱控制"的方式来实现政府的干预，利用市场的力量和社会的软制约来达到目的。张江艺的《中国电影产业国际竞争力发展分析》从需求状况、经营状况、投融资体制及其他支持、相关产业、产业政策和法制环境以及出口电影产品占国际市场的比重六个方面，运用比较分析方法，对我国与美、法、韩、日四国电影产业进行比较分析，得出我国电影产业的国际竞争力不具备优势的结论。唐榕的《电影产业国际竞争力：国内现状·国际比较·提升策略》在比较他国电影竞争力的前提下，提出了人才、观众、产品、多产业协作、政府职能、产业机制改革等策略。饶曙光的《打造电影核心竞争力 维护国家文化安全——中影集团发展战略思考》则是典型的个案分析。

张焱华的《国外影视文化旅游营销运作模式对我国影视旅游发展的影响——以韩国在亚洲掀起的"韩流"为例》，通过分析研究韩国影视旅游文化营销运作的模式，针对我国影视文化旅游的发展现状和问题，从产品和市场两个维度上提出了我国影视旅游文化营销运作模式的具体策略。

经过 20 多年的发展，中国的广电传媒的影响力大幅度提升，已经成长为中国目前在对内传播和对外传播中最具影响力的大众媒体，在面对时代发展的大好机遇和行业的跨越式发展现状面前，增强中国广电传媒影响力刻不容缓。孙宝国的《广电传媒影响力与国家文化软实力》针对策略的考虑有自己成熟的想法,他从对内传播与对外传播两个方面,分别从理念、内容、形式三个角度详尽阐释如何增强对内凝聚力、对外吸引力。刘少军的《文化软实力与广电事业发展》则从意识转变、体制改革、职能加强三个方面提出建议。李新华的《立足地方 塑造品牌 增强电视文化软实力》结合城市电视台生存现状,分析如何抓住机遇提升文化软实力。

综上所述,学者们在有限的时间内给予了文化软实力视野下的影视产业研究强有力的支持,并能准确地抓住时代的脉搏,力图在进行严谨理论辨析的同时实现理论与实践间的有效沟通。这些体裁不定、长短不一、风格多样,既有固定专栏、专题组稿,也有无主题的零星编稿的论文保持了理论与实践并重、国内与国际互融的特色,内容涵盖了文化软实力、影视产业的方方面面,对于读者全面认识文化软实力与影视艺术、提升文化软实力、推动中国影视产业发展,具有重要的现实意义。

如果说到局限和不足,那便是尽管专家学者们做出了很大的努力,但总体而言,所发表文章比较偏重对理论和创作的研究,对海外传播情况的分析和本土文化的挖掘相对较少。学者对文化软实力与影视产业相辅相成关系的认识,一定程度上受到政府主流意识形态的影响,难以跳出框框而独树一帜。有的文章对电影、电视的艺术个性认识不够。

全球化时代的中国影视产业呼唤多元视角和综合思维的影视产业软实力研究,对于当前的研究现状,我们当然不应过于苛求,而应认真予以总结。因为这种总结为我们全面了解当前的学术热点、学术焦点、学术困境提供了参照和借鉴,也为以后将理论探讨推进到更加深远的层面奠定了基础。

第十章　文化软实力与大众文化研究

　　大众文化是为最广大的普通民众所喜爱的流行文化，随着世界经济的发展，大众文化在市场和商业运作中获得了迅速的繁荣，成为当下最时兴的消费文化。在我国把提升国家文化软实力作为战略发展决策提出后，与国家主导文化、知识分子精英文化鼎足而立的大众文化应该义不容辞地承担起提高国家文化软实力的神圣使命，而且作为参与市场运作的流行文化它更适合用于提升国家文化软实力，为此，国内学者对大众文化和文化软实力之间的关系进行了较为系统的研究。

第一节　文化软实力与大众文化

　　约瑟夫·奈所提出的"软实力"概念最初是属于国际政治和国际关系范畴的，而"文化软实力"一词则属于中国学者的首创。约瑟夫·奈指出的"软实力"包括文化、政治价值观和外交政策诸方面，即在他那里文化力只是展示和提升国家软实力的力量之一。但由"文化政治"的观念来看，中国学者结合本国实际情况提出的"文化软实力"在某种意义上来讲，与奈的"软实力"概念相比其内涵并没有缩小。英国学者弗朗西斯·马尔赫恩（Francis Mulhern）在其编著的《当代马克思主义文学批评》一书的引言中，在谈及"文化政治"这一概念时曾说："文化是政治的必然成分，进一步说，政治的手段在严格的意义上往往是文化的。"①以此看来，奈所说的软力量最终无非还是主要通过文化的手段来实现。

在当下中国，与国家主导文化、知识分子精英文化鼎足而立的大众文化已牢牢占据了中国文化市场的半壁江山，因此大众文化应该义不容辞地承担起提高国家文化软实力的神圣使命。而且在当今世界，我们已被大众文化所包围，电影、电视、广播、大众读物、广告形象、流行音乐、互联网络、时尚服饰等等，人们的日常生活无不在充满罗曼蒂克的大众文化市场中运转。为此，"有人竟突发奇想地宣称：而今最无法想象的就是去想象今天的人类倘若失去大众文化时将会怎样"②。

何谓大众文化，大众文化有何属性？提到大众文化，英国文化研究的重要奠基人之一雷蒙·威廉斯的话经常被人所引用，他说："大众文化不是因为大众，而是因为其他人而得其身份认同的，它仍然带有两个旧有的含义：低等次的作品（如大众文学、大众出版商，以区别于高品位的出版机构）；刻意炮制出来以博取欢心的作品（如大众新闻或大众娱乐）。它更现代的意义是为许多人所喜爱，而这一点，在许多方面，当然也是与在先的两个意义重叠的。"③英国文化研究的另一位代表人物斯图亚特·霍尔在《解构"大众"笔记》一文中，曾就"大众"（popular）一词做的第一个层次的解构便是：拿最常用的含义来说，事物被称为"大众的"，是因为成群的人听它们、买它们、读它们、消费它们，而且似乎也尽情地享受它们，这是这个概念的"市场"或商业定义。④而美国的大众文化研究专家约翰·菲斯克（John Fiske）在他的《理解大众文化》（*Understanding Popular Culture*）和《读解大众文化》（*Reading the Popular*）等著作中从另一个角度上强调了大众文化的创造性和逆反功能，甚至将其看作是一个文化的角力场。今天，我们来研究大众文化和文化软实力之间的关系，便离不开讨论大众文化

---

① ［英］弗朗西斯·马尔赫恩编：《当代马克思主义文学批评》，刘象愚等译，北京：北京大学出版社，2002 年，第 31 页。
② 潘知常、林玮：《大众传媒与大众文化》，上海：上海人民出版社，2002 年，第 1 页。
③ 陆扬：《大众文化理论》（修订版），上海：复旦大学出版社，2008 年，第 16-17 页。
④ ［英］斯图亚特·霍尔：《解构"大众"笔记》，戴从容译，见陆扬、王毅选编：《大众文化研究》，上海：上海三联书店，2001 年，第 47-57 页。

所带有的意识形态角逐这方面的属性。

纵观几位文化研究学者对大众文化的定义和研究，尽管在某些方面有些出入或者在不同的层面上所指各有不同，但他们所指的大众文化大体上就是这样一种文化形态：相对于为少数精英者所享用的高雅文化而存在的，为最广大的普通民众所喜欢的文化；与市场和商业运作密切相关的被消费的文化，甚至多少充斥着意识形态角力的文化。

既然大众文化是受众最广、最为人乐意消费的带有意识形态角力的文化，那么它的影响力必然不可限量，通过大众文化的传播提升国家文化软实力也必将成为各国政府提升软实力的首选策略。因为，向他国推销自己的大众文化，不仅可以获得巨大的经济利益，大众文化所携带的文化价值观和意识形态等还必将以雷霆之势难以抗拒地影响到他国民众的价值取向。

美国非常懂得如何在大众文化扩张中提高本国文化影响力，他们向全世界推行的不仅是"好莱坞"等流行文化商品，更是美国的文化和价值观。加拿大学者马修·弗雷泽曾对美国大众文化的软实力进行了系统而全面的研究，其充满感性的《软实力：美国电影、流行乐、电视和快餐的全球统治》[①]，从历史和现实的角度，详尽地分析了美国大众文化在美国崛起过程中所扮演的复杂角色，论述分为电影、电视、流行音乐和快餐四大主要部分，追溯了美国外交政策中这几大软实力的起源、发展及其对当今世界的影响。弗雷泽借助本书指出，在走向帝国、称霸全球的进程中，美国不仅一直仰仗着自己的硬实力即强大的政治、军事实力耀武扬威，而且一直在依赖着自己的软实力即大众文化进行潜移默化式的渗透，从而达到向全球推广美国生活方式和价值观的目的。在该书的结尾部分作者展示给我们的是：美国的软实力军火库中的确拥有令人生畏的媚惑大众的武器。

连美国自己的学者詹姆斯·特劳布（James Traub）也承认："奈认为我们的文化，不论有什么缺点，都发射出'民主，个人自由，上进心和开放性'的核心价值……但同样你也可以得出我们的娱乐产品甚至具有比我们的

---

① [加]马修·弗雷泽：《软实力：美国电影、流行乐、电视和快餐的全球统治》，刘满贵等译，北京：新华出版社，2006年。

军队更可怕的霸权性的结论。"①道出了美国大众文化产品可怕的霸权力量，即成为比军队更厉害的"武器"。所以，美国的另一位学者约翰·耶马在《世界的美国化》一文中说："美国的真正'武器'是好莱坞的电影业、麦迪逊大街的形象设计和马特尔公司、可口可乐公司的生产线。美国制作和美国风格的影片、服装和'侮辱性的广告'成了从布琼布拉一直到符拉迪沃斯托克的全球标准，这是使这个世界比以往任何时候都更加美国化的重要因素。"②

当然，美国通过大众文化向他国推行本国价值观使他国美国化的谋略早已被许多学者所看穿，但人们还是无力阻挡美国大众文化的全球市场化发展。多尔夫曼和马特拉曾在《如何解读唐老鸭：迪士尼卡通的帝国意识形态》一书中揭示了表面看上去天真无邪、全然没有恶意的迪士尼世界，其背后却隐藏着美国的文化和种种帝国价值观。他们认为："迪斯尼卡通能够成为美国帝国主义的强大意识形态之工具，原因也在于它在小孩观赏之际显得无害而有趣……他们的手法掀开了无邪的金玉外衣，暴露了意识形态的败絮内里，他们说明了这些卡通故事很有可能使得西方资本主义的种种社会关系，让人觉得很自然而正常。"③多尔夫曼和马特拉对迪士尼卡通的分析可谓鞭辟入里，他们揭示了表面看上去"天真无邪""无害而有趣"的迪士尼世界背后却隐藏着美国价值观。这种借助大众文化产品输出的价值观并没有通过引诱或者威胁的方式迫使别国接受，而是让他们觉得这些价值观的"自然"与正常，进而在这种自然的状态中，默认了美国的文化和价值观，甚至模仿美国的生活方式，这正是美国软实力通过大众文化输出所达到的效果。

面对美国大众文化的汹涌来袭，世界其他各国也并未等闲视之，也都从本国具体情况出发都采取了相应的措施。如早在第二次世界大战以后，法国在欧洲国家中就率先设立了国家文化部，负责采取得力措施保护民族文化及相关产业的发展，并扶持法国文化与美国大众文化积极抗衡。法国政府采取

---

① James Traub. "The New Hard-Soft Power." *The New York Times*, January 30, 2005.
② 转引自刘伟胜：《文化霸权概论》，石家庄：河北人民出版社，2002年，第57页。
③ ［英］汤林森：《文化帝国主义》，冯建三译，上海：上海人民出版社，1999年，第81页。"迪斯尼"应作"迪士尼"。

了各种措施鼓励发展文化产业，在制定相应法律、法规为文化产业发展提供软环境保障的同时，政府还主导兴建了大量的文化基础设施，为文化产业发展提供硬环境支撑。为了应对美国文化咄咄逼人的态势，法国政府通过规定电视台播放比例、大力宣传本国文化、资助本国影视制作业、加强同欧盟国家的文化合作等来"防守反击"，限制美国文化的渗透和影响。[①]

日本、韩国更是不愿落后，努力扶持发展本国的大众文化，树立国家的文化品牌。2006年4月，麻生太郎在发表题为《文化外交的新构想》的演讲，声称："日本以拥有具有高度吸引力的最新形式的文化而自豪，这就是日本的大众文化，包括动漫、音乐及时尚等，外交部将全力以赴推广它。"他还说，"打造一个国家的声誉，就像企业打造名牌一样，而打造国家的名牌，不能仅靠外交官，必须借助日本文化的力量，利用流行文化对其他国家的国民发生影响"。[②]而且为了打造所谓的国家品牌和声誉，日本政府甚至不惜"牺牲"部分经济利益——"据日本《朝日新闻》报道，日本外务省已决定利用'政府开发援助'中的24亿日元'文化无偿援助'资金，从动漫制作商手中购买动漫片播放版权，并将这些购来的动漫影片无偿地提供给发展中国家的电视台播放"[③]。长远来看，这样向他国推广日本的大众文化，扩大日本文化在别国的影响，必定会取得经济利益和文化影响力的双收。

韩国也尤其重视国家文化产业的发展，想通过大众文化的输出提升国家形象，对他国造成积极的影响。例如，以前的韩国动漫市场充斥着日本、美国等国的动漫产品，于是政府制定了关于动漫产业的发展战略和相应的政策法规，如《21世纪文化产业的设想》《漫画产业发展中长期计划（2003—2007年）》《动画产业中期增长战略》等，基于对整个文化产业的扶持，韩国政府还出台了《国民政府的新文化政策》《文化产业振兴基本法》《文化产业促进法》等法律法规。另外，韩国政府还设立了"文化产业局"以推

---

① 沈壮海主编：《软文化·真实力——为什么要提高国家文化软实力》，北京：人民出版社，2008年，第18页。
② 刘明：《当代中国国家形象定位与传播》，北京：外文出版社，2007年，第8-9页。
③ 吕晓志、于娜：《日本动漫产业的成功启示》，《中国电视》2007年第4期，第76-80页。

动文化创意产业的发展。①所有这些法律法规的出台以及国家扶持文化产业的机构的设立，均可以看出韩国对其大众文化和文化产业的高度重视，此举无疑是出于提升国家文化软实力的角度考虑的。如此多的努力使韩国如今已成为世界第五大文化产品与服务出口国。如韩国的电视剧，已经成了风靡我国和亚洲的"韩流"文化。并且"韩流"成了韩国国家形象提升的重要助推器，"韩流"文化产品出口不仅为韩国赚取了大笔外汇，更为国家形象的提升立下了汗马功劳，韩国《东亚日报》称："裴勇俊（韩国男影星）已成为国家级艺人，其作用超过 100 个驻外大使。"②

大众文化的软实力威力已被我国政府和学者所看重，如2009年3月，面对日本动漫的强劲来袭和我国动漫产业的现状，时任国务院总理温家宝在湖北考察工作时强调说，我们应该有自己的动漫产业："我有时看我孙子喜欢看动画片，但是动不动就是奥特曼。他应该多看中国的动画片。你们做的工作很有意义。要让中国的文化走向世界，要在世界展示中国的软实力。让中国的孩子多看自己的历史和自己国家的动画片。"③在展现国家文化软实力方面，时任国家总理温家宝对作为大众文化的动漫产业寄予了厚望，因为作为新世纪中国的"朝阳产业"，动漫产业已不仅仅是一种"产业"更是一种"文化"产业，所以，在有文化参与的新的综合国力竞争的语境下，中国大众文化产业理应肩负起传播中国历史文化、展现国家软实力的文化使命。

第二节　国内对大众文化与国家文化软实力关系的研究

大众文化在某种程度上去除了国家意识形态文化赤裸的功利性和精英文化拒普通大众于千里之外的排他性，多了几分意识形态的隐蔽性与主动迎

---

① 杜娟：《我国动漫产业发展的政策研究》，《软件导刊》2008年第6期，第3-5页。
② 沈壮海主编：《软文化·真实力——为什么要提高国家文化软实力》，北京：人民出版社，2008年，第38页。
③ 《温家宝考察动漫产业 称不希望孙子总看奥特曼》，《新华报业网》，2009年4月1日；转引自环球网。https://china.huanqiu.com/article/9CaKrnJlLgE。

合大众的亲和性，所以，作为参与市场运作的流行文化，它更适合用于提升国家文化软实力。面对国外大众文化商品对中国文化市场的冲击，在提升国家文化软实力作为国家文化发展的战略决策提出之后，中国学者开始对大众文化和文化软实力之间的关系进行了大量的研究，研究涵盖了电影、电视、动漫、图书出版、大众传媒等多种大众文化形式。纵览国内学者对大众文化和文化软实力关系的研究，具体体现在以下三个层面：一是认为大众文化的自身属性适合用于提升国家文化软实力；二是对国内外大众文化软实力的参照和对比，以此审视中国大众文化的实力和不足；第三个层面便是试图为中国大众文化提升国家文化软实力寻找合适的途径。

一、大众文化的自身属性适合用于提升国家文化软实力

贾磊磊先生曾以电影为例对流行文化的软实力进行过系统的探究，在《电影，作为流行文化的软力量》一文中，作者认识到："在当代以市场经济为主导的社会语境中，文化核心价值观的传播，文化软实力的提升不可能离开大众的、流行的文化产品。加拿大学者马修·弗雷泽认为约瑟夫·奈强调的软力量就是具有象征意义的流行文化资源，并且特别强调了流行文化在潜移默化中推广生活方式与价值观的重要作用。"[1]认识到大众文化在推广生活方式与价值观时潜移默化的特质，即大众文化提升国家文化软实力的有效性，进而提出与国家宣传这一公共平台同等重要的大众文化这一商业平台。最后他指出，文化传播的主要路径是依靠流行文化产品自身的力量来吸引、引导大众向作品所表达的价值观认同，而不是靠抽象的思想灌输给他们。在另一篇文章中，作者进一步指出流行文化在提升国家软实力方面优于一般文化产品的特质，他说："电影、电视、音乐、歌舞、动漫、互联网几乎所有的文化载体都在建构与提升国家文化软实力的要求下面临着一次历史性重组，抑或是一种文化品牌的重新建构。不过，由于'软实力'并不是所有文化产品精神价值的代名词，而是特指那种'通过吸引、而非强迫或收买

---

[1] 贾磊磊：《电影，作为流行文化的软力量》，《大众电影》2008年第1期，第1页。

的方式来达到自己目的的能力'。"①进而，作者指出，流行文化是最具有软实力特质的文化形态，所以，要建构与提升国家的文化软实力，首先就是要提高本土流行文化的核心竞争力。

还有学者从大众文化作为消费文化的商品属性入手，讨论了大众文化在提升国家软实力方面的优势地位。文章指出："当今世界正逐步进入大众消费社会，大众消费造就了大众文化的主导地位，大众文化是反映工业化技术和市场经济条件下大众日常生活、在社会大众中广泛传播、适应社会大众文化品位的一种文化。发展大众文化，不仅能够获得大量的商业利润，而且能够提高一个国家的文化吸引力，增进他国公众对自身的好感与认同。"②因此，在作者看来，发展大众文化成了获得商业利润和文化吸引力的首选举措。

王晓德在《"软实力"与美国大众文化的全球扩张》一文中对美国大众文化的全球扩张，以及美国文化价值观如何通过大众文化的扩张对外国政府和公众发生影响进行了系统的研究。分析指出，美国文化中对外国公众具有吸引力的部分很大程度上是大众文化。作者认为，美国大众文化之所以能够成为传播美国观念和生活方式的最佳途径，"原因主要在于美国大众文化的传播似乎是'势不可挡'，对只考虑到过日子的普通民众具有难以抵制的诱惑力，他们可以说是通过对美国文化产品的消费达到了物质上的满足和精神上的愉悦，与此同时，却在不知不觉的过程中受到了这种文化所张扬的价值观的影响，导致整个国家在面貌上发生了'更像美国'的趋势。这就是令很多国家精英们整日担忧的'美国化'"。作者进而指出："大众文化对人们思想的影响是潜移默化的，很难通过具体的数字来加以说明，但这种影响主要是在消费领域完成的，它的外在形式是大众文化产品，这些产品与其他物质品并不存在本质上的区别，所不同的是它们在国外市场上销售时携带着生产国的文化观念，主要是满足人们的物质需求和精神享受，如电影、电视节目、书报杂志、流行音乐以及快餐食品等等。故此，经济性和娱乐性是大众文化的两个最基本特征。"③作者洞察到了，美国大众文化对他国人民思想

---

① 贾磊磊：《用流行文化传播国家文化软实力》，《大众电影》2008年第11期，第1页。
② 阚和庆：《国外提高文化软实力的主要做法和经验》，《当代世界》2009年第6期，第62-64页。
③ 王晓德：《"软实力"与美国大众文化的全球扩张》，《历史教学》2007年第10期，第5-10页。

的潜移默化的影响，之所以是潜移默化的，是因为大众文化的商品属性，人们在消费这些物质需求和精神享受的时候，不知不觉中也吸纳了作为文化商品的大众文化所携带的美国文化观念，即大众文化在满足人们娱乐和消遣目的的同时也是传播文化观念的最佳途径。

二、对国内外大众文化软实力的参照和对比

知己知彼百战百胜，在提升中国大众文化软实力的时候，我们首先要充分认识世界其他国家在这方面取得的成就，同时还要认清我国大众文化软实力的现状，进而才能确立努力的方向。

倪震在《软实力和中国电影》一文中指出："美国电影更广泛意义上的软实力效应，超出一般意义上的现实政治阐释和外交政策的宣教。它以全球化的娱乐产品生产总汇为己任，在'大众文化包装'的模式下，以全方位的类型电影为生产原则，规模化、持续化地制作着面向全球观众的娱乐电影产品。……好莱坞总体的供销目标是力求不同种族、不同肤色、不同价值观和信仰的人群，都能畅然接受它的电影娱乐产品，跟美国的流行音乐、电视连续剧、广播娱乐节目一起，达到认同美国价值观念和生活方式的效应。"同时，作者也看到，在提升国家文化软实力的竞争中，亚洲国家的政府和领导人也对影视产业的作用给予充分的重视。如日本政府历来就十分关注其优势产业——动漫文化的国际影响力。如麻生太郎发表演讲时对发展日本流行文化的看法便可见一斑，且日本努力利用流行文化打造国家品牌对其他国家的国民发生影响的策略已很见成效。文章又谈到近些年韩国流行文化的迅速崛起和愈益繁荣，韩国政府高度重视文化产业在国家发展中的地位，如提出"文化立国"的主张，将文化产业确定为 21 世纪国家发展的支柱性产业，并成立了"韩国文化产业振兴院"，且将影视产业视为重中之重，韩国电视剧在东亚各国的广泛传播，使韩国在塑造国家形象、提升政府影响力方面增加了很大分量。[①]

---

① 倪震：《软实力和中国电影》，《当代电影》2008 年第 2 期，第 4-10 页。

如今，毫不含糊地说，美国文化已经取得了世界文化的霸权，所以国内研究者大多是将眼光聚焦在此。他们已经清楚地看到美国的大众文化主要体现在美国的产品和传播媒介中："美国的决策者历来认为，美国文化具有无坚不摧的力量，通过对外传播美国的文化价值观念和生活方式，使美国的文化成为世界的'主流文化'，美国就能在任何时候比任何国家更加强大，就能建立由美国的价值观念支配的国际政治秩序，从而使美国在国际社会中居于主导地位。"[1]当然，这绝对不是危言耸听，而是根据美国大众文化目前在全球文化市场上的地位和美国决策者对文化重视及推行所做的举措而能够预测到的。

面对美国电视节目的风靡全球，有人提出中国电视的软实力还太软。"有数据显示，美国控制了世界上75%的电视节目，每年向其他国家发行的电视节目总量时长达到30万个小时，许多第三世界国家播出的电视节目，直接来自美国的竟占到60%～80%，以致有的电视台几乎变成了美国电视节目的转播台。……相比之下，中国电视的软实力还太软。"[2] 在中国学者的研究中，类似的比较研究不占少数，尽管有时候显得有点妄自菲薄，但对悬殊的认识或许能够促使我们对我国大众文化的发展给予充分的重视，对我国在未来的国家文化软实力之争中占据有利地位或许是一剂清醒的良药。

三、对我国大众文化提升国家文化软实力的建议

如何利用大众文化提升国家文化软实力是研究的宗旨和意义之所在，对此，研究者也都站在自己研究的基点上给出了他们各自的建议，现将有代表性的观点归结为以下两方面。

一方面，从传播与影响的关系入手，必须先强化大众文化的传播能力，才能谈及文化的影响力和吸引力。"传播决定影响，某种意义上，文化传播的能力直接影响着文化的吸引力和影响力。"[3]因为，在程曼丽教授看来，

---

[1] 李环：《浅析美国国家软力量》，《国际关系学院学报》2002年第1期，第23-28页。
[2] 常悦：《中国电视软实力还太"软"》，《青年记者》2009年第3期，第35页。
[3] 王广文：《提升文化软实力的媒体责任》，《中国广播电视学刊》2008年第7期，第29-30页。

第十章 文化软实力与大众文化研究　139

"大众传媒首先是一种工具，一种载体，一种物质技术手段，它是'无形的力量资源'产生的基础，是国家传播力与影响力赖以提升的依托"。所以，"一个国家的信息扩散能力，与这个国家经济的增长及其传播技术手段的提高密不可分。正因为如此，在论及一个国家的传媒产业时，人们常常以报纸的人均拥有量、广播电视的普及率、卫星电视的覆盖面、互联网的上网人数、电缆终端的数量等等作为评价的指标。宽泛地说，这种'有形的力量资源'可以投射出'无形的力量资源'，因而可以列入软实力的评估指标系统"。当然，作者也认识到，"传播力显示的仅仅是一国媒体信号或信息可以抵达的范围，并不表明信号所及范围内受众接收或接受信息的情况"。而所谓影响力，即一个国家所传播的信息被人们接受，进而改变或扭转其态度和行为，产生对传播主体国有利的舆论氛围的力量，这才正是软实力的终极目的。①

但是，如何才能扩大传播能力呢？这不能仅仅停留在学术层面上，而是要在实践层面上有所作为，这就要依靠大众传媒的依托。"国家的文化软实力必须借助于特定的媒体形式才能够进行有效的传播，没有大众传媒的传播，单纯的文化理念将停留在学术研究的层面，并不能够直接地转变成文化的软实力，进而发挥自身强大的现实意义。大众传媒是一种工具，一种意识形态传播的载体，在提升国家文化软实力的进程中，大众传媒作为传播主流文化价值体系的依托，在实践层面上有其自身独特的传播机制。"②

学者们也看到，大众文化作为消费文化和商业文化，要想扩大影响，必定要形成更大的产业，走向市场。因为"文化要影响公众，需要公众参与，需要公众接受。市场，是公众接受文化产品的一个重要渠道。对于一项文化产品来说，没有市场就没有影响力。提高文化产品的影响力，就要扩大文化产品的市场。扩大文化产品的市场，首要的一点是培育市场主体——文化企业"③。因为，最终"文化软实力的强弱与文化发展水平和文化产业的发达

---

① 程曼丽：《论我国软实力提升中的大众传播策略》，《对外大传播》2006年第10期，第32-35页。
② 冯春久、谷桂林：《大众传媒在提升我国文化软实力过程中的传播策略》，《决策探索》2008年第12期，第48页。
③ 周伟：《内容·责任·市场——如何在文化软实力的较量中立于不败之地》，《中国出版》2008年第6期，第65-66页。

程度密切相关。文化愈发展，文化产业愈发达，文化企业及其产品愈具有竞争力，就愈能够占领市场，赢得消费者，扩大吸引力和影响力，促进文化价值的认同。反之，文化发展水平低下，文化产业薄弱，文化软实力就难以提高"[1]。所以，"我们应当遵循市场化的发展道路，利用产业化的交流平台，采用流行文化的推广方式来建构与提升国家文化软实力，而不是靠政府无休止的投资，靠国家银行无期限的贷款，我们应当把握着当今时代这个千载难逢的历史机遇，把中国的国家文化软实力提升到一个与我们民族的伟大历史传统、与我们当今重要的国际地位相一致的高度"[2]。

另一方面则是要处理好大众文化与国家主导文化和知识分子精英文化之间的关系。张颐武先生认为，在我们传播中国文化的进程中，一方面要求中国文化和精神的高端方面进一步被了解，另一方面要实现大众文化生产和消费的成功运作和国际化水准的提高。所以"我们现在必须在两个方向齐头并进，一面为高端的中华文化核心价值的发扬和经典的传承……做工作；另一面还是要对大众文化和流行文化进行研究和大力推广"[3]。

贾磊磊先生似乎更加看重流行文化的娱乐竞争力，或者说认为在提升国家文化软实力的过程中，应该首先发展大众文化的竞争力，他认为："我们现在要建构国家的文化的软实力，首先需要完善的就是提高本土流行文化的整体的娱乐竞争力，在总体的娱乐机制逐渐成熟之后再进一步强化流行文化产品的思想属性与艺术属性，在这样一个分别对待、逐级推进的历史过程中实现提升国家文化软实力的总体战略目标。"[4]

相对于以上两位学者的看法，李宗桂等则强调了在提升国家软实力的过程中，主流文化、精英文化和大众文化"三元"并举及三者良性互动的发展策略，但同时他们也认为大众文化是有多元价值并需要积极给予引导的文化。他们认为，大众文化对日常文化生活的各个领域都产生了巨大影响，使

---

[1] 张伟民：《文化软实力与出版体制和机制创新》，《出版发行研究》2007年第12期，第9-14页。
[2] 贾磊磊：《用流行文化传播国家文化软实力》，《大众电影》2008年第11期，第1页。
[3] 张颐武：《电影与21世纪中国新的发展——文化软实力的展开及其意义》，《当代电影》2008年第2期，第21-27页。
[4] 贾磊磊：《电影，作为流行文化的软力量》，《大众电影》2008年第1期，第1页。

文化市场具有更浓的商业性和世俗性，其本质除了具有商业性和消费性之外，还具有参与性和普及性，是文化建设中不可或缺的内容之一。但是要把握大众文化的发展机制，正视大众文化功利化、平面化和简单化特征，积极应对文化转型期的价值失落、道德缺失等现象。他们觉得应对大众文化这些方面的不足应采取的办法是大力提倡社会主义道德建设，发挥道德理想的作用，以此来提升大众文化的品位。最后，得出的结论是：主流文化在不取代大众文化的前提下，和精英文化一起，将社会共同的基本价值观念等思想内容贯彻到文化建设中，形成全社会自觉认同的"命运共同体"，进而提升国家文化软实力。[1]

但是无论孰先孰后，总的来说，我们对外传播中国大众文化时应该做到"'讲究含而不露、引而不发，讲究软包装、硬内核，软着陆、硬效果，讲究润物细无声、潜移默化。切忌耳提面命、穿靴戴帽，切忌硬、直、透、露，切忌拔高、溢美，堆砌形容词、大话、空话、套语'，要善于把结论寓于报道之中，让国外受众从事物的内在逻辑中得出与传者相同的结论"[2]。

与西方国家相比，中国的大众文化的发展程度还显得相对落后，因此，对大众文化的研究也缺乏较为完善的体系，有创见的大众文化理论更是少见。在政府把文化软实力作为国家发展战略决策提出之后，尽管已有不少大众文化和文化软实力之间的关系研究，但这些研究还远远不够，并且相对缺乏可操作性，这还需要中国政府和学者们继续为更好地利用大众文化提升国家文化软实力而努力。

---

[1] 李宗桂、张倩：《"三元"并举提升文化软实力》，《岭南学刊》2008年第3期，第111-115页。
[2] 孙宝国：《广电传媒影响力与国家文化软实力》，《中国广播电视学刊》2007年第12期，第31-32页。

第十一章 中国文论西方化的现代性语境

第一节 "科学主义"与中国文论

一、什么是"科学主义"

"科学主义"（scientism)和"科学"（science）显然是两个不同的概念。"科学"源于拉丁文"scientia"，最初就是指"知识""学问"，到近代则侧重于自然科学的含义，指某种具体的知识形态。在中国古代汉语中"科学"是指"科举之学"，明治时期日本思想家西周（1829—1897）在《明六杂志》上首次使用这个汉语词来翻译西方的"science"，中国本土是以"格致"一词来翻译西方的"science"，取其"格物致知"的含义，这种"格物致知"之学也接近于西方近代的自然科学。一般认为，中国最早使用"科学"一词的学者大概是康有为，他在 1897 年出版的《日本书目志》中就列举了《科学入门》《科学之原理》等书目。在戊戌维新前后，"格致"和"科学"都有使用。20 世纪初，梁启超的著述和文章中开始大量使用"科学"一词，此后"格致"一词渐为"科学"所取代用来指称西方的"science"。"科学主义"也是一外来词，它自然与"科学"相关，但当科学泛化为科学主义之后，它的内涵就与科学有了本质的区别。按照《韦氏百科全书式未删节英语词典》（*Webster's Encyclopedic Unabridged Dictionary of the English Language*）的解释，"科学主义"或称"唯科学主义"是指"一种信念，认为物理科学和生物科学的假设、研究方法等对于包括人文与社会科学在内的所有其他学科同样适用并且必不可少"①。"科学主义"强调自然科学基本原理和研究方法具有普遍适用性，且应该被用于其他非自然科学领域。

西方学者对科学主义的评判历来存在分歧，有的从正面的意义来评价科学主义，比如兰迪·奥尔森（Randy Olson）就认同将科学的观念、科学的态度和科学活动大规模地扩展到其他领域。约瑟夫·本-戴维（Joseph Ben-David）也认为正是法国的唯科学主义运动在促进科学进步中发挥了重要作用，但参与这场运动的却往往是唯科学主义哲学家和其他知识分子而并非科学专家。卡斯珀·海克夫特（Casper Hakfoort）和巴里·巴恩斯（Barry Barnes）则站在中性的立场来理解"科学主义"，海克夫特认为"科学主义"是一种历史现象，其含义会随着时代的发展发生变化，应该采取历史的观点对"科学主义"加以分析；巴恩斯认为对"科学主义"的理解是具有相对性的，在一个群体认为是科学的东西，在另一个群体看来则可能是科学主义的。更多的西方学者是从批判的角度来理解"科学主义"。

就批判性角度理解"科学主义"而言，各家的观点也不尽相同。D. R. G. 欧文（D. R. G. Owen）将"科学主义"理解为一种认识论上的权威主义，他认为科学主义的特点在于"将科学的有限原理转换为无所不包的教条，这一趋向使之超越了具体的知识领域"②。汤姆·索雷尔（Tom Sorell）则从价值论来理解"科学主义"，认为"科学主义"除了是一种认识论上的权威主义，更是一种价值论上的权威主义，它不满足于科学认知方法上的扩张，而要使科学成为一种价值评判标准，"科学主义就是这样的信念：科学特别是自然科学是人类知识中最有价值的部分，之所以最有价值是因为它最权威、最严格、最有用"③。顾斐德（Frederick C. Cooper）则完全从贬义上来理解"科学主义"，认为"科学主义"旨在将科学（主要是以物理学为典范的自然科学）提升为信仰："由科学主义一词所指的信条包括三项基本的教义：第一，被理解为自然现象科学的数学化的物理学是典范科

---

① *Webster's Encyclopedic Unabridged Dictionary of the English Language*. New Revised Edition, Portland House, 1986, p.1.
② D. R. G. Owen. *Scientism, Man, and Religion*. Philadelphia: The Westminster Press, 1952, pp.20-21.
③ Tom Sorell. *Scientism: Philosophy and the Infatuation with Science*. London and New York: Routledge, 1999, p. 1.

学，所有其他科学的自我认定必须根据它来衡量；第二，所有存在领域，包括意义和本质，都能应用典范科学的方法来进行研究，并且不会有任何信息损失；第三，如果在此情况下还坚持认为存在着不屈从于典范科学处理的实在领域，那么，这些领域或者与科学知识无关，或者可被还原为科学知识，因为这些领域的非科学形式只是一种幻象。"①顾斐德理解的"科学主义"不仅在于主张科学方法的万能论，更在于坚持科学知识的唯一合法性立场。米卡埃尔·斯腾马克（Mikael Stenmark）区分了"学术内的科学主义"和"学术外的科学主义"。学术内的科学主义表现为方法论的科学主义；学术外的科学主义则形式多样，可分为认识论的科学主义与本体论科学主义，又可区分为科学主义的理性主义形式、价值论形式和存在论形式。两者的结合就是综合的科学主义，认为科学能够最终解决几乎所有人类的问题。②

各种关于"科学主义"的解释，都表现为对待科学的一种激进的态度和立场，或是科学知识的绝对性，或是科学方法的普遍适用性。科学知识的绝对性就是将科学（主要指自然科学）视为唯一可靠的知识形态，并获得一种优先的地位，其他非科学性的知识如人文、伦理、审美等方面的知识遭到贬抑。科学方法的普遍适用性就是将科学方法视为科学的核心，实证的观念、观察与实验的原则、数学化的追求、归纳和演绎的推理被普遍地引向人类生活的各个领域。这里面又包含着科学的真理性标准和科学价值原则的扩张，科学标准是唯一真理性标准，科学性等于合理性，判断一切事物正确与否就是看其是否具有科学性，是不是科学的。科学不单是判断真假的标准，还是判断善恶的标准，科学标准不仅追求普遍的合理性，还追求普遍的合法性，符合科学的就是好的，科学意味着文明、进步、效率等正面的价值评判。玛丽·米奇利（Mary Midgley）认为，在20世纪的西方文化中，科学有时满足了以往由宗教来满足的需要。③在信仰和膜拜科学，视科学为万能的力量的

---

① 转引自叶闯：《论对科学主义的批判》，见吴国盛：《自然哲学》（第 2 辑），北京：中国社会科学出版，1996 年，第 122 页。
② 转引自魏屹东：《科学主义的实质及其表现形式》，《自然辩证法通讯》2007 年第 1 期，第 11 页。
③ 参见 Casper Hakfoort. "The Historiography of Scientism: A Critical Review." *History of Science*, Vol.33, December, 1995, p388 (London: Science History Publications Ltd.).

同时，是对人文意义的漠视。

西方科学主义有其哲学认识论上的渊源，英国现代实验科学的创始者培根提出关于认识的经验原则，创立了归纳的科学研究方法，并将其运用于各个领域，对于不适合归纳法的科学，一概予以贬斥。他认为只有把仔细的观察和正确的推理结合起来的归纳法才是人类认识自然、寻求真理的正确道路。英国经验论者霍布斯和约翰·洛克（John Locke）进一步发扬了这种精神。与此同时，大陆理性主义则从另一个方面发展了科学主义，他们主张以理性作为判断的准绳，要求把一切放在理性的尺度下来衡量。笛卡儿是大陆理性主义的哲学的奠基者，他认为人天然均等地拥有理性，但在人能够完全运用自己的理性之前，就已经接受了各种教育和观念，并且形成种种成见，理性为许多虚幻的观念所窒息，这样只有通过普遍的怀疑，才能摆脱成见，以理性的自然之光去发现真理。笛卡儿主张把几何学的方法提升为哲学方法论，并认为不证自明的理性直觉和演绎推理是人类达到确实性知识的唯一途径。英国经验主义和大陆理性主义分别将归纳推理和演绎推理的科学方法推向极端，运用于一切知识领域，这是科学主义在欧洲形成的认识论根源。

西方科学主义的形成在 19 世纪三四十年代法国实证主义哲学中得到了充分的体现。法国哲学家、社会学家孔德提出人类精神发展的三阶段即神学的阶段、形而上学的阶段和科学的阶段，神学的阶段是虚构的阶段，形而上学的阶段又名抽象的阶段，而科学的阶段即实证的阶段，也是人类精神的最高阶段。1830 年，孔德刊布了六卷本哲学著作《实证哲学教程》，其基本的观点是在本体论上主张物质一元论，否定精神现象的存在，相信物质是宇宙唯一的现实组成，思想和意识只是物质的副产品，以机械因果性和线性发展观来解释一切现实事物的变化过程，解释人类社会的一切现象，个体思想、情感、生命都用机械模式加以说明。在认识论上坚持唯经验论和唯理论，遵循的基本信条是：第一，只有经验证实和逻辑推理确证的知识才是科学的知识；第二，要求客观、冷静、理性地看待自然、社会和人生；第三，只有科学的方法才是把握世界的唯一方法。在历史观方面也是一种科学万能论，表现为科学即等于进步。以此为基础，孔德将"实用"解释为"确定""精确""有机""实在""有用""相对"等，"实证"摒弃人类一切虚妄、不确定、无用、绝对的东西。孔德深信自然科学的成果可以运用于社会研究领域。孔德的实证主义哲学在文艺研究领域得到了发扬，H. A. 丹纳（H. A. Taine）的《艺术哲学》（Philosophie de l'art）提出的"种族""环境""时代"三因素说实际上就深受孔德的实证主义和达尔文的生物进化论的影响。丹纳认为人类历史犹如一部自然史，美学就像植物学，艺术作品可以被当作标本室的植物和博物馆的动物一样来研究。

弗里德里希·哈耶克（Friedrich Hayek）在《科学的反革命：理性滥用之研究》（The Counter-Revolution of Science: Studies on the Abuse of Reason）中对"唯科学主义"持坚决批判的态度，他认为19世纪上半叶出现了对"科学"的一种新的态度："'科学'一词日益局限于指自然科学和生物学科，同时它们也开始要求自身具有使其有别于其他一切学问的特殊的严密性与确定性。它们的成功使另一些领域的工作者大为着迷，马上便着手模仿它们的教义和术语。由此便出现了狭义的科学（Science）方法和技术对其他学科的专制。这些学科为证明自身有平等的地位，日益急切地想表明自己的方法跟它们那个成就辉煌的表亲相同，而不是更多地把自己的方法用在自己特殊的问题上。"①哈耶克反对社会科学研究对自然科学方法的盲目模仿，认为这无助于理解社会现象，并给社会科学工作造成混乱。"唯科学主义"往往生搬硬套、不加批判地将某些领域的思维习惯运用于与之不同的领域，这种态度并不具有正确意义上的科学性，"唯科学主义观点不同于科学观点，它并不是不带偏见的立场，而是一种带有严重偏见的立场，它对自己的题目不加思考，便宣布自己知道研究它的最恰当的方式"②。

西方近代以来的科学主义取向在18世纪便遇到了康德哲学的挑战。康德区分出与"现象界"相对的一个"本体界"，并将人的理性认识能力分为理论理性、实践理性和审美理性。"现象界"可加以科学的认识，而"本体界"即"物自体"是不可知的，所谓不可知是指不可加以科学的认知。康德

---

① ［英］弗里德里希·哈耶克：《科学的反革命：理性滥用之研究》，冯克利译，南京：译林出版社，2003年，第4页。
② ［英］弗里德里希·哈耶克：《科学的反革命：理性滥用之研究》，冯克利译，南京：译林出版社，2003年，第6页。

为科学认知活动划定界限，明确将科学认识限定在现象世界，而作为道德领域的"善"和作为审美领域的"美"是属于科学认知之外的领域。新康德主义者如文德尔班（Windelband）、海因里希·李凯尔特（Heinrich Rickert）等进一步将康德的"现象界"和"本体界"的区分发展为"事实世界"和"价值世界"的分立。他们从价值论出发，论证了自然科学与人文科学在对象上的不同，人文科学对象是有目的、有意识的人的创造物，它不同于自然科学对象很重要的一方面即在于其具有隐含的意义和价值。

德国哲学家威廉·狄尔泰（Whilhelm Dilthey）的解释学基本出发点就是人文科学的特殊性，他提出了"人文科学如何可能"的问题，他认为人文科学的对象是构造性的，不同于自然科学对象的既存性，人文科学并不遵循自然科学之因果法则，所以在方法论上，只能是"解释"，而不可是"说明"。20世纪，西方思想家对于科学主义的思考进入更深的层次，埃德蒙德·胡塞尔（Edmund Husserl）和马丁·海德格尔（Martin Heidegger）对科学实证主义进行了有力的批判，胡塞尔把科学主义的取向称之为"科学的危机"："十九世纪后半叶，现代人让自己的整个世界观受实证科学支配，并迷惑于实证科学所造就的'繁荣'。这种独特现象意味着，现代人漫不经心地抹去了那些对于真正的人来说至关重要的问题。只见事实的科学造成了只见事实的人。"[①]胡塞尔认为实证主义排斥了对整个人生意义问题的思考，并把西方科学文明的危机归因于理性的危机。胡塞尔晚年提出"生活世界"的概念，来为科学提供本体论和价值论的基础，他要论证主体的、理性的、前科学的生活世界是客体的、逻辑的科学世界的基础。

海德格尔承认我们生活的时代是科学的时代，科学在当今的时代具备无比的优越地位，而他的研究正是要努力地发掘科学的本质，除了《存在与时间》（*Sein und Zeit*）、《尼采》（*Nietzsche*）等著作中多有关于科学的讨论，在《技术的追问》（"Die Frage nach der Technik"）、《世界图像的时代》（"Die Zeit des Weltbildes"）、《科学与沉思》（"Wissenschaft und

---

① ［德］埃德蒙德·胡塞尔：《欧洲科学危机和超验现象学》，张庆熊译，上海：上海译文出版社，1988年，第5-6页。

Besinnung"）等文章中也深入探讨了科学的本性，他认为科学是"关于实在或现实的理论"，现实在古希腊人那里被理解为一种活动，而今人则把它理解为一种确定的东西，一种对象；原来理论所关注的是事物的过程，现在却使现实在其对象中得到确认。①从古希腊到近代，对于知识和科学的理解经历了深刻的变化，古希腊的科学（episteme）、中世纪科学（doctrina）和近代科学（science）是三种完全不同的东西，从古希腊的科学到近代科学并非一个发展进步的过程，而是基本概念体系的转换，近代科学的本质是研究，而古希腊的知识和中世纪的学说都不是研究意义上的科学。亚里士多德说轻的物体下落更慢与伽利略说自由落体速度相等并没有对错之分，因为他们对物体、位置及其相互间的关系的理解有着本质上的不同，声称近代科学比古代科学更加精确并没有什么意义，古代科学原就不要求精确性，海德格尔一般性地否定进步观念，相应地也否认科学是向着绝对真理渐进的知识，在不同的科学体系之间，没有一个简单的共同标准。②海德格尔将近代科学的基本特征概括为：精确性、实验性和专门化。数学的自然科学的严格性乃精确性，但对于人文科学来说精确性与严格性并非一回事："所有的人文科学，甚至所有研究生命体的科学，若要保持其严格性就势必不是精确的。虽然有生命的东西也可以被看作一种时空中的运动量，可是这样一来它就不再是有生命的东西了。具有历史性的精神科学之不精确并非一种缺陷……"③

　　海德格尔深刻地揭示了西方近代科学的本质，对西方科学主义的反思和批判达到了相当的深度。近代自然科学建基于一种对象性之思，在自然现象的对象化过程中，研究必然是一种先行，先行领会、先行筹划、先行把握，这种先行筹划决定了事物将如何显现以及如何被经验。自然科学的精确性并不是计算的结果，而是由科学的研究本质决定的。海德格尔强调了人文科学与自然科学的区别，认为人文科学的方法论基础应该建立在解释学之上。

---

① 陈嘉映：《海德格尔哲学概论》，北京：生活·读书·新知三联书店，1995年，第209-211页。
② 陈嘉映：《海德格尔哲学概论》，北京：生活·读书·新知三联书店，1995年，第211-212页。
③ 陈嘉映：《海德格尔哲学概论》，北京：生活·读书·新知三联书店，1995年，第215页。

二、"科学主义"影响下的中国文论

较早将科学主义引入中国现代思想研究的是美国学者郭颖颐，他认为 20 世纪上半叶中国思想界也出现了一种唯科学主义倾向，并且影响到现代思想的诸多领域。在他看来，"唯科学主义可被看做是一种在与科学本身几乎无关的某些方面利用科学威望的一种倾向"①。唯科学主义就是一种科学万能论，它"把所有的实在都置于自然秩序之内，并相信仅有科学方法才能认识这种秩序的所有方面（即生物的、社会的、物理的或心理的方面）"②。郭颖颐追溯了唯科学主义在中国发生的历史根源及其演变，认为中国现代思想中的唯科学主义表现为唯物论的唯科学主义和经验论的唯科学主义两种形态，唯物论的唯科学主义以吴稚晖和陈独秀为代表，而经验论的唯科学主义则以胡适为代表。唯物论的唯科学主义是"认为人类与自然的其他方面即物理科学的自然并无不同"③；经验论的唯科学主义"把科学作为一种最好的东西，并把科学方法作为寻求真理和知识的惟一方法来接受"④。事实上，在唯科学主义的表现形式中，唯物论和经验论往往交织在一起，很难对其做出明确的划分，但郭颖颐对于中国现代思想史中的唯科学主义的考察无疑是很有启发性的，因为长期以来，我们对于发生在 20 世纪上半叶中国思想界的大变革和文化转型普遍持肯定和赞扬的立场，尤其是新文化运动被誉为一场伟大的文化启蒙运动，而对五四新文化运动的唯科学主义倾向却认识不足。

中国近代以来的社会转型同样是一种"现代现象"，"现代现象是人类有'史'以来在社会的政治—经济制度、知识理念体系和个体—群体心性结构及其相应的文化制度方面发生的全方位秩序转型"⑤。"现代"与"古

---

① ［美］郭颖颐：《中国现代思想中的唯科学主义（1900—1950）》，雷颐译，南京：江苏人民出版社，1990 年，第一章第 1 页。
② ［美］郭颖颐：《中国现代思想中的唯科学主义（1900—1950）》，雷颐译，南京：江苏人民出版社，1990 年，第 17 页。
③ 参见［美］郭颖颐：《中国现代思想中的唯科学主义（1900—1950）》，雷颐译，南京：江苏人民出版社，1990 年，第 19-20 页。
④ 参见［美］郭颖颐：《中国现代思想中的唯科学主义（1900—1950）》，雷颐译，南京：江苏人民出版社，1990 年，第 19-20 页。
⑤ 刘小枫：《现代性社会理论绪论》，上海：上海三联书店，1998 年，第 3 页。

代"相对，表述为简单的历史分期术语，其可以表述为既相互联系，又有区别的三个结构性位置，即"现代化""现代主义""现代性"。现代化指社会政治经济制度由古代向现代的转型；现代主义表现在知识感受理念体系的转变；现代性关涉个体—群体心性结构及其文化制度质态和形态的变化。[①]这里有必要厘清"现代性"与"现代化"之间的关系，现代化作为社会实践运动，在不断塑造现代主体的心性结构模式，但另一方面现代性作为一种观念前提对现代化发生作用。马克斯·韦伯（Max Weber）认为现代性是西方理性主义的结果，"理性"和"主体性"是现代性的基本原则。如果从现代化角度来理解现代性，很容易将其归结为人类文明发展的普遍性的历史进程。何谓现代性？夏尔·波德莱尔（Charles Baudelaire）认为"现代性就是过渡、短暂、偶然，……这种过渡的、短暂的、其变化如此频繁的成分，你们没有权利蔑视和忽略"[②]。马克思在《共产党宣言》中也强调了现代性这种变动不居的特点："一切固定的古老的关系以及与之相适应的素被尊崇的观念和见解都被消除了，一切新形成的关系等不到固定下来就陈旧了。一切固定的东西都烟消云散了，……"[③]正是现代性这种变动不居的特征，所以任何试图对其进行本质的概括都是不适宜的，格奥尔格·西梅尔（Georg Simmel）（原译为西美尔）也说"现代性现象之本质是它根本就没有本质"[④]。米歇尔·福柯（Michel Foucault）认为应将现代性看成一种态度，而不是一个历史时期："我说的态度是指对于现时性的一种关系方式：一些人所作的自愿选择，一种思考和感觉的方式、一种行动、行为的方式。它既标志着属性也表现为一种使命，当然它也有一点像希腊人叫作气质的东西。"[⑤]福柯认为与其置于与所谓"前现代性"或"后现代性"相区分中来

---

① 刘小枫：《现代性社会理论绪论》，上海：上海三联书店，1998年，第3页。
② [法]波德莱尔：《现代生活的画家》，见波德莱尔：《波德莱尔美学论文选》，郭宏安译，北京：人民文学出版社，1987年，第485页。
③ 马克思、恩格斯：《马克思恩格斯选集》（第1卷），中共中央马克思恩格斯列宁斯大林著作编译局编译，北京：人民出版社，1972年，第254页。
④ 转引自刘小枫：《现代性社会理论绪论》，上海：上海三联书店，1998年，第2-3页。
⑤ [法]福柯：《何为启蒙？》，见福柯：《福柯集》，杜小真编选，上海：上海远东出版社，1998年，第534页。

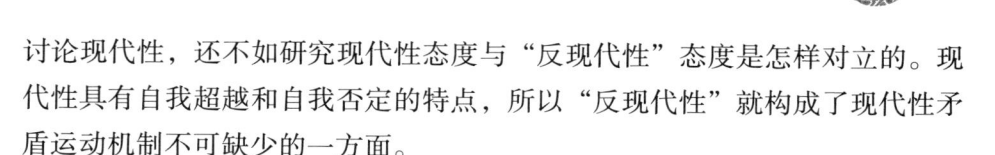

讨论现代性，还不如研究现代性态度与"反现代性"态度是怎样对立的。现代性具有自我超越和自我否定的特点，所以"反现代性"就构成了现代性矛盾运动机制不可缺少的一方面。

正是在这种意义上，我们可以更深刻地理解西方科学主义与人文主义的对立。西方现代性包括科学主义和人文主义两种不同的维度，它的现代性过程在朝向科学主义发展的同时伴随着对科学主义的反思，人文主义在西方现代性中是一个重要的维度。科学主义强调客观的探索，人文主义强调人生的意义和价值，两者属于人类理性的不同方面。人类在自然科学领域的巨大成就，使人们对工具理性产生了绝对信赖，认为以客观性为特征的科学主义精神乃是人类理性的全部。唯科学主义的立场、方法、思维方式向人文社会领域的扩张，使人认为那些诗意的、浪漫的、带有神秘色彩的、无法予以科学实证的东西都是毫无意义的，或者它们要成为合法的知识必须通过科学的检验。但同时也存在人文主义对唯科学主义的反抗与批判，强调生活世界的本源性和丰富性，人生意义和价值的整体性和独特性。

中国的现代性是移植的现代性，由于不同的历史背景和文化土壤，现代性呈现出不同于西方的特点，中国的现代性启蒙一开始就与救亡图存联系在一起，上自朝廷士大夫，下至民间知识阶层，普遍认为中国积弱积贫的原因就是科学的落后。科学成为富国强兵的利器，也是改造世道人心的良方。经过洋务运动、戊戌维新、辛亥革命等一系列政治社会运动，科学逐渐获得了至高无上的地位，科学上升为检验所有知识合法性的唯一标准，成为真理的权威。至"五四"新文化运动以来，科学几乎成了知识界的基本信念，标举科学大旗的胡适也被称为"赛先生，活菩萨"。在强大的科学信念支撑下，许多本来不完全由科学提供合法性基础的领域如政治、伦理、审美领域都被假以科学的论证。

中国近代知识转型不同于魏晋时代印度佛学影响下的文化转型。从两汉经学到魏晋玄学，从儒学到佛学，只是思想观念的变化而不是知识系统和知识质态的转换，因此转型后本土知识言路的学术规则仍然沿着其学理发展。但近现代西学输入主导的文化转型，中国传统知识言路的学术规则被替换，知识的性质及其合法性信念发生了根本性的转变。科学性成为衡量知识合理性和合法性的标准，在以西学标准建立起来的现代教育体系和学术体制根本上规训了现代知识生产和知识积累。按照现代教育通行的学科门类划分和知识标准，除了清代的朴学，中国传统学术都不能算是知识，因为这些都是不科学的。例如古代天文、历法、方舆之学都被认为是前科学形态，甚至根本不是科学，关于中医是不是科学今天依然争论不休。

中国文论知识形态和质态由传统向现代的转换伴随着中国政治、经济制度的现代化转型，伴随着现代知识理念体系的现代转换与重构。在西方现代学科体制的规范下，在西方文学理论话语的框架中，中国古代文学与中国传统文论被纳入现代学科体系中，在一系列的西学概念、范畴和术语的统辖之中，中国古代文论具有了某种"合理性"。中国文论传统形态的变异和现代中国文学理论形态的形成实质上就是一个文论科学化的过程，展现为文学观念的科学化、文学批评和文学创作的科学化、古代文论的学科化以及现代文论建构中的范畴化和体系化。这种科学化、学科化、范畴化、体系化过程并非中国文论发展的必然，而是源自现代性背景中的西方科学方法和科学精神在人文学科领域的应用。由科学走向科学崇拜，科学转变为科学主义，这在20世纪初以来的各种"革命"话语和文化论争中得到充分的体现。在科学信仰的背景之下，具有悠久历史的那些直觉式的、感悟式的、喻示性、评点式的传统文论被西方的文学理论或"文艺学"所取代，失去了对于文学进行言说的合法性和合理性。中国古代文论和西方文论本是两种不同的知识形态，具有不同的言说方式和意义生成方式，以西方学术规则对中国古代文论进行重新编码，使得中国文论远离了自身固有的形态和特质。

令人遗憾的是，20世纪80年代在建设具有民族特色的马克思主义文艺理论的过程中，在文艺理论方法论的讨论中，科学主义话语又一次取代政治意识形态话语成为中国文论的主流话语。20世纪90年代以来，在文论"失语症"和中国文论现代转换的讨论，以及中国现代文学史的写作问题的论争中，科学主义话语霸权挥之不去。在为中国文论的现代性、为中国现代文学史写作的现代性辩护中，仍然隐含着知识科学性至上的诉求。在谈论中国文论的现代转换时，仍然有很多人认为中国文论的主要问题是不够科学，现代转换就是朝着文论科学化方向的转换。现当代文学史的书写将大量现代作家

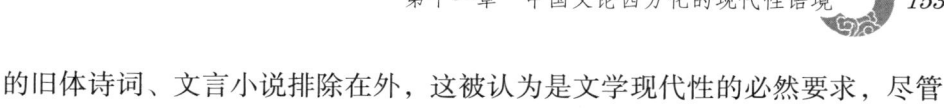

的旧体诗词、文言小说排除在外，这被认为是文学现代性的必然要求，尽管这些旧体诗词和文言小说从艺术技巧和审美感受方面远高于同时代的一些白话诗歌和白话小说。

中国文学批评史学科的形成及其教材的编写很大程度上就是在科学主义话语主导下对中国古代文论的改造，这种以适应现代文论学科体制为目的的转换，根本上扭曲了中国传统文论的本来面目，从这个意义上说，中国文学批评史的学科史就是"学科死"。汲取中国古代文论思想的资源以建构中国本土的文艺理论是百年来中国学人孜孜以求的梦想，王国维、朱光潜、宗白华、钱锺书等学者作出了有益的探索，为中国现代文论贡献出了《人间词话》《诗论》《谈艺录》《管锥编》等这样的文论经典。但一个不得不面对的事实是，我们百年来的现代中国文论基本沿着一条西化的道路前行，跟随西方理论话语后面"鹦鹉学舌"，在文学理论原创性建设方面实在是乏善可陈。20世纪80年代以来的关于中国文论的体系化和范畴化的论争，仍然凸显出中国文论科学化的强烈诉求，而这背后正是一种科学主义元语言的话语霸权。对于科学主义元语言的话语霸权形成的原因及其演变形态没有认真的清理，中国文论"失语"的现状就不可能有根本的改变，而古代文论的现代转换在这条道路上也很难为自己找到生机。

第二节 科学主义在中国的兴起

一、近代中国关于"科学"的观念

从晚清至"五四"运动，近代科学在中国经历一个由"技"至"学"再至"道"的演进过程，这是中国现代思想中科学主义兴起的历史背景。两次鸦片战争失利，西方船坚炮利轰开了古老帝国的大门，清政府被迫接受了一系列的屈辱条约，朝野有识之士看到了科学技术的强大威力。以曾国藩、左宗棠、张之洞为代表的洋务派，以兴办军工企业、培养军事人才为鹄的，掀开了大规模引进西方先进科学技术的帷幕。当时的一些人士如李善兰、徐寿、徐建寅、华蘅芳等带着强烈的"科学救国"意识参与到洋务运动中，他们摒弃了八股致仕的传统人生道路，以提倡洋务教育、仿造新式机器、传播西方自然科学为己任。以科学技术实现富国强兵的愿望，无疑提升了科学的价值，为西方近代自然科学知识的传播奠定了基础。但不可否认的是，近代中国知识分子对西学的理解是从"器"与"技"开始的，洋务运动时期对科学的输入，也基本停留在器物技术层面。冯桂芬在谈到师夷之长的问题时说"且用其器，非用其礼也，用之乃所以攘之也"①。洋务派的主要代表人物曾国藩也认为"将来师夷智以造炮制船，尤可期永远之利"②。也就是说在甲午战争之前，科学的价值还是体现在"用"的层面，甚至主要还在"船坚炮利"方面。不过，正是凭借在"技"与"器"方面的力量，西方近代科学得到了广泛的认同，科学的价值也逐渐得到提升。

近代知识分子逐渐意识到先进技术背后的学理，"论泰西之学，派别条分，商政、兵法、造船、制器，以及农、渔、牧、矿诸务，实无一不精，而皆导其源于汽学、光学、电学"③。郑观应看到了西方近代科学的真正力量在于它学理的层面。李善兰指出："今欧罗巴各国日益强盛，为中国边患，推原其故，制器精也；推原制器之精，算数明也。"④19 世纪后期，出现了京师同文馆、江南制造局翻译馆等有组织的译书机构，大量翻译西方自然科学理论著作，如《代数学》《微积溯源》《三角数理》《格物入门》《格物测算》《电学》《声学》《光学》《化学指南》《化学阐原》《化学鉴原》《化学分原》《谈天》《地学浅释》《农学理说》《农学津梁》《农务全书》《内科理法》《西药大成》等。与之相应的是，期刊报纸也推动了科学知识的普及，使科学走向民众，19 世纪 70 年代上海创办了著名的科普杂志《格致汇编》，介绍自然科学常识，并设有问答栏以回答读者提出的科学问题。

19 世纪后期，科学已显出向社会各领域渗透的迹象，格致书院学生王佐才在"中国近日讲富强之术当以何者为先？"的题目答卷中可见一斑：

---

① 冯桂芬：《校邠庐抗议·制洋器议》，第 29 页。
② 《曾文正公全集·奏稿》卷一二。
③ 夏东元编：《郑观应集》（上），上海：上海人民出版社，1982 年，第 274 页。
④ 李善兰：《重学·序》。

第十一章 中国文论西方化的现代性语境

"格致之学一出,包罗一切,举古人学问之芜杂一扫而空,直足合中外而一贯。盖格致学者,事事求其实际,滴滴归其本源,发造化未泄之苞符,寻圣人不传之坠绪,譬如漆室幽暗而忽燃一灯,天地晦冥而皎然日出。自有此学而凡兵农、礼乐、政刑、教化,皆以格致为基。"[①]礼乐、教化等传统上属于观念的内容也要以科学为基础,科学作为一种普遍原理显示其价值。需要指出的是,这一时期的知识分子仍然普遍受"中体西用"思维的主导,科学向文化观念层面渗透也主要体现在接受科学的普遍原理,而在价值领域,传统文化精神仍然占据核心地位,科学价值的提升并未实现对传统价值体系的转换。

中国在甲午战争中的失败使中国士大夫阶层中有识之士认为中国的失败不仅在于科学技术层面的落后,还在于观念制度层面的腐朽和僵化,输入西方科学不能只停留在技术层面,而应该学习西方科学的政治制度和教育体系,培养具有新的知识结构的士人群体。维新派的"立宪"政治诉求虽然因顽固派的镇压而遭到失败,但他们的改良思想却产生了巨大的影响,越来越多的人意识到传统精神框架、价值理念与现代趋向的龃龉不合。康有为认为"泰西之强,不在军兵炮械之末,而在其士人之学,新法之书"[②]。梁启超《戊戌政变记》中说:"甲午以前,我国士大夫言西法者,以为西人之长不过在船坚炮利,机器精奇,故学之者亦不过炮械船舰而已。此实我国致败之由也。己未和议成后,士夫渐知泰西之强由于学术。"[③]严复指出洋务派所理解的格致之学仍然属于形外,而未得其命脉,西学之要义"于学术则黜伪而崇真,于刑政则屈私以为公"[④]。前者实指"科学",后者是为"民主",五四时期的两大旗帜实则在严复这里已有渊源。戊戌变法前后,严复陆续翻译了赫胥黎的《天演论》、斯宾塞的《群学肄言》、穆勒的《穆勒名

[①] 王佐才:《课艺答卷》,见王韬:《格致书院课艺》(第 1 册),上海:上海富强斋书局,1898 年,第 14 页。
[②] 康有为:《日本书目志》"序",见康有为:《康有为全集》第 3 集,上海:上海古籍出版社,1987 年,第 583 页。另见中国人民大学出版社 2007 年版。
[③] 梁启超:《饮冰室合集》(第 6 册),北京:中华书局,1989 年,第 27 页。
[④] 严复:《论世变之亟》,见严复:《严复集》(全五册),王栻主编,北京:中华书局,1986 年,第 2 页。

学》和《群己权界论》、亚当·斯密的《原富》、孟德斯鸠《法意》等西方社会科学著作，大力介绍西方的科学、政治、经济、哲学思想，尤其是《天演论》宣扬的社会进化论思想在中国产生了巨大而深远的影响。在译赫胥黎的《天演论》按语中，严复极力推崇斯宾塞的社会进化论思想："斯宾塞尔者，与达（尔文）同时，亦本天演著《天人会通论》，举天、地、人、形气、心性、动植之事而一贯之，其说尤为精辟宏富。其第一书开宗明义，集格致之大成，以发明天演之旨。第二书以天演言生学。第三书以天演言性灵。第四书以天演言群理。最后第五书，乃考道德之本源，明政教之条贯，而以保种进化之公例要术终焉。"[1]斯宾塞尔将生物界的进化论引入社会领域，正符合严复以进化论阐明图存保种的思想。可以说，进化论在严复看来不只是自然科学原理，而且是一种社会普遍原理，社会制度的选择是进化的结果，社会群体的争胜也符合"物竞天择"的自然法则。

  严复的科学主义倾向是将自然科学原理（主要是进化论原理）推衍到人类社会领域，将其视为人类社会秩序和历史进程的普遍法则。梁启超进一步推进严复的进化论思想，认为达尔文天演之学说"不能但视为博物家一科之学，而所谓天然淘汰、优胜劣败之理，实普行于一切邦国、种族、宗教、学术、人事之中，无大无小，而一皆为此天演大例之所范围"[2]。进化论不单使有形之科学为之大变，其他历史学、政治学、宗教学、伦理学、生机学等一切学术均受其影响，所以他不禁赞叹："伟哉！近四十年来之天下，一进化论之天下也。唯物主义昌，而唯心主义屏息于一隅；科学（此指狭义之科学，即中国所谓格致）盛而宗教几不保其残喘。进化论实取数千年旧学之根柢而摧弃之、翻新之者也。"[3]戊戌变法失败后，梁启超流亡日本，期间他创办了《清议报》《新民丛报》《新小说》等刊物，大量阅读西方著作，介绍西方的新思想和新学理。他发表的《霍布士学案》《斯片挪莎学案》《卢梭学案》《近世文明初祖二大家之学说》《天演学初祖达尔文之学说及其略传》《法理学大家孟德斯鸠之学说》《乐利主义泰斗边沁之学说》《进化论

---

[1] 严复：《严复集》（全五册），王栻主编，北京：中华书局，1986年，第1325页。
[2] 梁启超：《天演学初祖达尔文之学说及其略传》，《新民丛报》第3号，1902年3月10日。
[3] 梁启超：《进化论革命者颉德之学说》，《新民丛报》第18号，1902年10月16日。

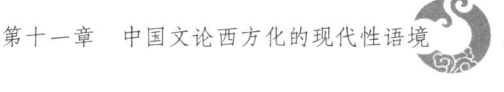

革命者颉德之学说》《亚里士多德之政治学说》《近世第一大哲康德之学说》《政治学大家伯伦知之学说》等多篇文章介绍培根、笛卡儿、霍布斯、斯宾诺莎、卢梭、达尔文、康德、边沁等人的思想和学说①。这一系列的文章很好地宣传了梁启超的"新民"思想,在社会上产生了很大的影响,梁启超的"新民体"文风也风靡一时。

在《格致学沿革考略》中,梁启超进一步强调自然科学的作用,形而下的自然科学被称为格致学:"学问之种类极繁,要可分为二端。其一,形而上学,即政治学、生计学、群学等是也;其二,形而下学,即质学、化学、天文学、地质学、全体学、动物学、植物学等是也。吾因近人通行名义,举凡属于形而下学,皆谓之格致。"②他认为我国学术迟滞不进的原因是缺乏格致之学,"夫虚理非不可贵,然必藉实验而后得其真"。梁启超显然认为自然科学的巨大效力在于其科学的方法,所以他认同严复的说法,培根、笛卡儿乃近世之圣人,此二人的学说为"数百年来学术界开一新国土",是西方16世纪学术转换的一大原动,而尤其适于现世之中国。③

在1904年发表的《论中国学术思想变迁之大势》中,梁启超认为西方文明进步的原动力是培根的"归纳论理学",亚里士多德的演绎推理以其假定的前提进行推论,因而其判断不必具有真理性,而归纳推理的前提必经过经验的积累和反复验证,其判断方具有科学性。中国学术的演进到了清代的考证之学,也是由演绎而趋于归纳,因而具有科学精神。"所谓科学的精

---

① 《霍布士学案》(《清议报》96、97册,1901年11月1、11日)、《斯片挪莎学案》(《清议报》97册,1901年11月11日)、《卢梭学案》(《清议报》98—100册,1901年11月-12月)、《近世文明初祖二大家之学说》(载《新民丛报》第1、2号,1902年2月8、22日)、《天演学初祖达尔文之学说及其略传》(《新民丛报》第3号,1902年3月10日)、《法理学大家孟德斯鸠之学说》(《新民丛报》第4、5期,1902年3月24日,4月8日)、《乐利主义泰斗边沁之学说》(《新民丛报》15、16号,1902年9月)、《进化论革命者颉德之学说》(《新民丛报》18号,1902年10月16日)、《亚里士多德之政治学说》(《新民丛报》1902年汇编,第154-160页)、《近世第一大哲康德之学说》(《新民丛报》25、26、28、46、47、48号,1903年2、3月及1904年2月14日)、《政治学大家伯伦知理之学说》(《新民丛报》32号,1903年5月25日)。
② 梁启超:《格致学沿革考略》,见梁启超:《饮冰室文集之十一》,第4页,载梁启超:《饮冰室合集》,北京:中华书局,1989年。
③ 梁启超:《近世文明初祖二大家之学说》,见梁启超:《饮冰室文集之十三》,第1-2页,载梁启超:《饮冰室合集》,北京:中华书局,1989年。

神，何也？善怀疑，善寻间，不肯妄循古人之成说、一己之臆见，而必力求真是真非之所存，一也。既治一科，则原始要终，纵说横说，务尽其条理，而备其左证，二也。其学之发达，如一有机体，善能增高继长，前人之发明者，启其端绪，虽或有未尽，而能使后人因其所启者而竟其业，三也。善用比较法，胪举多数之异说，而下正确之折衷，四也。"①清代学术的科学精神还辅以组织的分业："挽近实学益昌，而学者亦益以专门为贵，分科之中，又分科焉，硕儒大师，往往终身专执一科以名其家。盖昔之学者，其所研究博而浅，今之学者，其所研究狭而深。"②清代的考据之学其流弊是琐碎，但其研究方法确实科学的。他赞扬墨子乃是两千年前东方之培根，《墨子》全书皆言论理学，其言论理学虽东鳞西爪，但没有一处不用论理学的法则，其释名、法式、应用等皆合于西方论理学。墨子纯用归纳法，因此以历史学和物理学为一切学说的根源，《经上》《经下》《经说上》《经说下》《大取》《小取》皆言物理学。③梁启超以西方学术背景作为中国传统学术的参照，得出清代考据学"其精神近于科学"。在《清代学术概论》中，他批判康有为的托古改制学说，自言"三十以后已绝口不谈'伪经'，亦不甚谈'改制'"，认为康有为好引纬书，以神秘性说孔子，犯科学家之大忌。④

梁启超在20世纪初的著述中已经越来越多地使用"科学"一词，而以"格致"专指形而下之自然科学，"科学"涵盖的范围越来越广，且已经从思维方式和价值观念方面来理解"科学"，尤其推崇科学方法的普遍有效性，所以将科学方法用于对传统学术的整理，用于对中国文学的研究也就是很自然的事情了。梁启超的《中国之美文及其历史》就是以科学方法整理研

---

① 梁启超：《论中国学术思想变迁之大势》，见梁启超：《饮冰室文集之七》，第87页，载梁启超：《饮冰室合集》，北京：中华书局，1989年。
② 梁启超：《论中国学术思想变迁之大势》，见梁启超：《饮冰室文集之七》，第87页，载梁启超：《饮冰室合集》，北京：中华书局，1989年。"挽"古同"晚"。
③ 梁启超：《子墨子学说》，见梁启超：《饮冰室专集之三十六》，第55-72页，载梁启超：《饮冰室合集》，北京：中华书局，1989年。
④ 梁启超：《清代学术概论》，见梁启超：《饮冰室专集之三十四》，第63、57、58页，载梁启超：《饮冰室合集》，北京：中华书局，1989年。

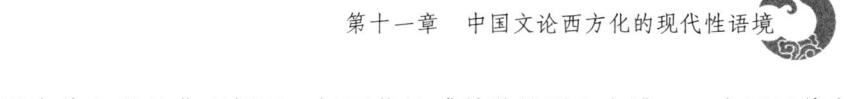

究中国古代文学的典型例子。杨国荣的《科学的形上之维——中国近代科学主义的形成与衍化》中认为："19世纪后期，维新思想家开始登上历史舞台。较之他们的前辈，维新思想家更多地将目光由形而下的器与技，转向了思想、观念、制度等层面，与之相应，对科学的理解和阐发，也往往与世界观、思维方式、价值观念等等相互融合。"[1]科学从形而下层面向形而上层面的转向，就是以科学方法的普遍有效性和科学知识的绝对真理性为标志的，这种科学主义倾向成为"五四"新文化运动标举"科学"大旗的先导。

对科学方法的崇拜，不只是当时那些被认为比较西化的知识分子，还有像王国维这样被认为坚守传统的知识分子。王国维国学功底深厚，除经史子集外，兼通诗词、小说和戏曲。他对西学的接触始于德国的哲学美学，1898年，22岁的王国维赴上海《时务报》馆任职，并从日本学者藤田丰八和田冈佐代治学习英文和日文，开始接触到康德和叔本华哲学："是时社中教师为日本文学士藤田丰八、田冈佐代治二君。二君故治哲学，余一日见田冈君之文集中，有引汗德、叔本华之哲学者，心甚喜之。顾文字暌隔，自以为终身无读二氏之书之日矣。"[2]尽管不甚通达，德国哲学却对他产生了强烈的吸引力，1903年他开始读康德的《纯粹理性批判》："至《先天分析论》几全不可解，更辍不读，而读叔本华之《意志及表象之世界》一书。叔氏之书，思精而笔锐。是岁前后读二过，次及于其《充足理由之原则论》、《自然中之意志论》，及其文集等。尤以其《意志及表象之世界》中《汗德哲学之批评》一篇，为通汗德哲学关键。至二十九岁，更返而读汗德之书，则非复前日之窒碍矣。嗣是于汗德之《纯理批评》外，兼及其伦理学及美学。"[3]可以说德国哲学那种精细的思辨给他留下了深刻的印迹，也影响了他后来的学术品格和学术取向。

1905年，王国维发表《论近年之学术界》，从历史发展眼光论证中国急

---

[1] 杨国荣：《科学的形上之维——中国近代科学主义的形成与衍化》，上海：上海人民出版社，1999年，第15页。
[2] 王国维：《王国维文集》第三卷，姚淦铭、王燕编，北京：中国文史出版社，1997年，第470-471页。"汗德"现译作"康德"。
[3] 王国维：《王国维文集》第三卷，姚淦铭、王燕编，北京：中国文史出版社，1997年，第470-471页。

切需要吸收西方文化。在《论新学语之输入》中，他指出："抑我国人之特质，实际的也，通俗的也。西洋人之特质，思辨的也，科学的也，长于抽象而精于分类，对世界一切有形无形之事物，无往而不用综括（Generalization）及分析（Specification）之二法，故言语之多，自然之理也。吾国人之所长，宁在于实践之方面，而于理论之方面，则以具体的知识为满足，至分类之事，则除迫于实际之需要外，殆不欲穷究之也。"[1]他认为我国战国时期虽然论辩之风极盛，并不在印度和古希腊之下，然而却没有产生像印度因明学和古希腊逻辑学那样的抽象思辨法则，公孙龙、惠施为代表的名家只停留在诡辩上，所以说"我中国有辩论而无名学，有文学而无文法，足以见抽象与分类二者，皆我国人之所不长，而我国学术尚未达自觉（Self consciousness）之地位也"[2]。

　　王国维认为缺乏抽象和分类，缺乏逻辑和思辨乃中国传统学术的一大缺点。现在看来，这一论断是很成问题的，首先中西思维的特点是否可以实际的与思辨的、通俗的与科学的进行区分？《易经》虽与古人占卜的实际生活息息相关，但其讲变化之道却体现中国传统文化独特的思辨特点。其次，逻辑形态的知识是否就优于具体的知识，换句话说，是否可以综括和分析作为判断知识科学性的标准。不能不说王国维这种判断是带有科学主义倾向的，而且他往往从这一立场出发来衡量中国的传统文化："抑无论何学，苟无系统之智识者，不可谓之科学。中国之所谓历史，殆无有系统者，不过集合社会中散见之事实，单可称史料而已，不得云历史。"[3]以科学系统为标准来否认中国有历史，以科学为标准否认中国有文学史，自20世纪初以来成了一种颇为流行的观点。力图采用西方综括与分析之法，以使中国的学术研究达到科学的、思辨的理论层面，就成了王国维国学研究的学术取向。

　　王国维的"二重证据法"在史学研究领域取得了重要的研究成果，但我们也应该看到，这种实证主义的方法如果做超越界限的推广，则会走向科学主义，他的《〈红楼梦〉评论》就是一个例证。陈寅恪在《王静安先生遗书

---

[1] 王国维：《王国维文集》（下），姚淦铭、王燕编，北京：中国文史出版社，2007年，第23页。
[2] 王国维：《王国维文集》（下），姚淦铭、王燕编，北京：中国文史出版社，2007年，第23页。
[3] 王国维：《〈东洋史要〉序》//王国维：《王国维文集》（下），姚淦铭、王燕编，北京：中国文史出版社，2007年，第526页。

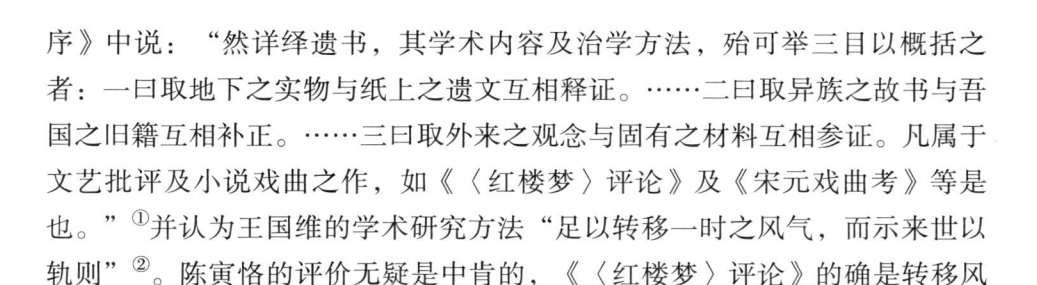

序》中说:"然详绎遗书,其学术内容及治学方法,殆可举三目以概括之者:一曰取地下之实物与纸上之遗文互相释证。……二曰取异族之故书与吾国之旧籍互相补正。……三曰取外来之观念与固有之材料互相参证。凡属于文艺批评及小说戏曲之作,如《〈红楼梦〉评论》及《宋元戏曲考》等是也。"①并认为王国维的学术研究方法"足以转移一时之风气,而示来世以轨则"②。陈寅恪的评价无疑是中肯的,《〈红楼梦〉评论》的确是转移风气之作,但也应该认识到其科学主义的倾向对文学研究造成的消极影响。

二、五四"科学"观念的泛化

"五四"科学主义的兴起,无疑与20世纪初的社会大背景有关,新的教育体系的形成和新式学堂的蓬勃发展,使科学获得了前所未有的发展普及的机会,大量报纸杂志的出版和学术团体成为科学宣传的重要阵地。最早由中国人自己创办的科学杂志是1900年的《亚泉杂志》,辛亥革命前后,出现了《科学世界》《理学杂志》《科学一斑》《科学》《进步》等许多普及科学知识的杂志。1907年,吴稚晖和李石曾在巴黎创办《新世纪》周刊,在留学生中有广泛的影响,他们强调"科学"与"革命"是社会进化的公理:"科学公理之发明,革命风潮之澎涨,实十九、二十世纪人类之特色也。此二者相乘相因,以行社会进化自然之公理。"③科学不局限于对自然界的认识,还是推动社会进化的普遍原则。

由康奈尔大学的中国留学生发起成立的中国科学社于1915年创办了《科学》杂志,这份杂志除了刊发有关科学的专业文章,宣传科学的世界观,在《例言》中声明"专述科学,归以效实,玄谈虽佳不录,而科学原理之作必取"。什么是科学?"科学者,缕析以见理,会归以立例,有思理可寻,可应用以正德利用厚生者也。"④科学的效用不仅改变了人类的生产生

---

① 《王静安先生遗书序》,《王国维遗书》第一册,上海:上海古籍出版社,1983年,第1页。
② 《王静安先生遗书序》,《王国维遗书》第一册,上海:上海古籍出版社,1983年,第1页。
③ 《新世纪之革命》,《新世纪》第1期,1907年6月,第2-3页。
④ 《例言》,《科学》1915年第1卷第1期第1号。

活方式，推动了人类智识的进步，而且还间接影响人的道德。[1]科学不仅在物质生活领域发生影响，而且影响到人类的精神生活领域。为什么要将"科学"的引入作为当务之急，目的显然不是洋务派时期的"船坚炮利"，而是要重塑国民的精神："国人失学之日久矣，不独治生枯窳，退比野人。即数千年来所宝为国粹之经术道德，亦陵夷覆败，荡然若无。民生苟偷，精神形质上皆失其自立之计。虽闭关自守，犹不足以图存，矧其在今之世耶。夫徒钻故纸，不足为今日学者，较然明矣。然使无精密深远之学，为国人所服习，将社会失其中坚，人心无所附丽，亦岂可久之道。继兹以往，代兴于神州学术之林，而为芸芸众生所托命者，其唯科学乎，其唯科学乎！"[2]这里提出了一个十分尖锐的问题，就是传统文化的衰落导致国民精神信仰的危机，"人心无所附丽"，重建国民精神信仰，唯有"科学"能当其任，也就是说要使"科学"成为人们安身立命的根基。这样"科学"不但是要成为社会生活领域的普遍原则，而且要成为精神信仰，以科学来取代传统文化在塑造国民精神世界中的核心作用，这是科学主义的直接表达。

科学主义除了表现为科学在社会生活领域的泛化，还表现为科学在思想知识领域的泛化。中国科学社的核心成员任鸿隽在《吾国学术思想之未来》一文中将人生思想分为三类：文学的、哲学的和科学的，而我国四千年之思想是文学的，而非科学的："一说之成，一学之立，构之于心，而未尝徵之于物；任主观之观察，而未尝从客观之分析；尽人事之繁变，而未暇究物理之纷纭。"[3]之所以说中国的学术思想是文学的而不是科学的，是因为中国的学术崇尚主观和理想。任鸿隽认为"科学为正确知识之源"，科学不等于物质主义，而在于其思维方法，尤其是经验归纳法，实验和推理为其原则，有实验才可能有正确的知识："人之智识，不源于外物，不径于感官者，其智识不可谓真确。"[4]这里涉及了知识的真理性问题，什么样的知识才是正确有效的知识？科学的知识是经过试验检验的，符合推理的原则，只有从科

---

[1] 《例言》，《科学》1915年第1卷第1期第1号。
[2] 中国科学社：《发刊词》，《科学》1915年第1卷第1期第1号。
[3] 任鸿隽：《吾国学术思想之未来》，《科学》1916年第2卷第12期，第1289-1296页。
[4] 任鸿隽：《吾国学术思想之未来》，《科学》1916年第2卷第12期，第1289-1296页。

学得来的知识才是正确的知识。这也是他说"文学必归于科学"的原因。

在《说中国无科学之原因》中，任鸿隽也强调了科学的要义在于其方法："科学者，智识而有统系者之大名。就广义言之，凡智识之分别部居，以类相从，井然独绎一事物者，皆得谓之科学。自狭义言之，则智识之关于某一现象，其推理重实验，其察物有条贯，而又能分别关联抽举其大例者谓之科学。"①他认为中国是没有科学的，原因是自秦汉以来，"人心梏于时学。其察物也，取其当然而不求其所以然。其择术也骛于空虚而引避乎实际"。②先秦的一些成就不能证明科学的存在，因为那样的一些知识是缺乏条理和系统的。科学的本质不在于物质而在于方法，得其方法则所见之事实都是科学，方法包括归纳的方法和演绎的方法，中国没有科学就是因为历来缺乏归纳的方法，归纳的方法是实验的、是进步的。

中国传统学术并无现代学科意义上的知识分类，考据、词章③和义理之学虽描述不同的知识形态，但并不是学科分类；清代的音韵、训诂、校勘、目录、金石、舆地之学尽管在各自领域得到相当的发展，但并不具有独立的学科品质，而是统一于经学之中。中国的传统学术长期以来都是处于一种未分化状态，只是到了近代新的学科体制规训之下，才被划分为哲学、伦理学、政治学、历史学、地理学、文学等不同的知识领域，而这些原本统属于传统经史子集，经史子集也只是目录学上的名称，而非学科门类。近代以来的科学主义倾向是以现代学科分类为背景的，不管是具体学科的分类，如哲学、宗教学、历史学、政治学、伦理学、经济学、地理学、文学；还是学科领域的分类如自然科学、社会科学、人文科学。这种学科分类在确定学科范围和研究对象中以科学性为原则，同时也为科学提供了知识划界的基础，在区分科学与非科学的过程中，科学在知识领域建立了其霸权地位，而上升为科学的意识形态。

除了《科学》这样的由自然科学家创办的科学杂志，一些非科学类杂志也以宣传科学作为刊物的宗旨。同在 1915 年，陈独秀在上海创办《青年》

---

① 任鸿隽：《说中国无科学之原因》，《科学》1915 年第 1 卷第 1 期，第 8 页。
② 任鸿隽：《说中国无科学之原因》，《科学》1915 年第 1 卷第 1 期，第 8 页。
③ "词章"同"辞章"。

杂志，在发刊词《敬告青年》中，他从六个方面提出自己对青年期望，"自由的而非奴隶的""进步的而非保守的""进取的而非退隐的""世界的而非锁国的""是实利的而非虚文的""科学的而非想象的"，他说："科学者何？吾人对于事物之概念，综合客观之现象，诉之主观之理性而不矛盾之谓也。想象者何？既超脱客观之现象，复抛弃主观之理性，悬空构造，有假定而无实证，不可以人间已有之智灵，明其理由，道其法则者也。在昔蒙昧之世，当今浅化之民，有想象而无科学。"并认为科学和人权"若舟车之两轮"。[①]1917年由留日学生创办的《学艺》主张以科学求真促进学术与批判，1919年由北大学生组织创办的《新潮》更是在其前言中表明自己的信条，那就是科学思想、批判精神和文学改良。以当时众多宣传科学精神的刊物为阵地，中国新一代知识分子把科学作为一种价值观来追求。

科学成为划分知识与非知识的标准，而其中最主要的乃科学的方法，唯有经过科学方法的洗礼，才能进入知识的领域。作为"五四"时期中国思想界的重要人物蔡元培也持类似观点："科学发达以后，一切知识道德问题，皆得由科学证明。"[②]对于"五四"一代知识分子来说，他们对于科学方法的理解往往又被具体化为自然科学的研究方法，通过观察、实验、分析、归纳、推理，是得到正确知识的途径，这样在将所有知识领域科学化的过程中，具体的科学形态尤其是自然科学形态就成为知识的理想范型。陈独秀也认为科学的权威在于科学的方法，科学的方法是具有普遍真理性的，科学的方法不仅可以应用于非自然科学领域，而且应该成为这些知识领域的权威。"我们中国人向来不认识自然科学以外的学问，也有科学的威权；向来不认识自然科学以外的学问，也要受科学的洗礼；向来不认识西洋除自然科学外没有别种应该输入我们东洋的文化；向来不认识中国底学问有应受科学洗礼的必要。"[③]

陈独秀与《新青年》把"民主"与"科学"树为新文化运动的两面大旗，号召人们拥护"德谟克拉西（Democracy）和赛因斯（Science）两位先

---

① 《青年》，1915年9月15日，《独秀文存》卷一，第9-10页。
② 蔡元培：《致〈新青年〉记者涵》，《新青年》第3卷第1号，1917年3月。
③ 陈独秀：《新文化运动是什么？》，《新青年》第7卷第5号，1920年4月1日。

生"①,"要拥护那德先生,便不得不反对孔教,礼法,贞节,旧伦理,旧政治;要拥护那赛先生,便不得不反对旧艺术,旧宗教;要拥护德先生又要拥护赛先生,便不得不反对国粹和旧文学"②。陈独秀直接用科学来打倒传统文化,打倒传统文学艺术,科学和民主代表光明,传统伦理和文化、传统文学艺术代表黑暗。他认为钱玄同废除汉文的主张尽管有些激进,但正是因为汉文书籍里都"带着反对德赛两先生的臭味"③,所以要不惜一切将其打倒,并宣称:"西洋人因为拥护德、赛两先生,闹了多少事,流了多少血,德、赛两先生才渐渐从黑暗中把他们救出,引到光明世界。我们现在认定只有这两位先生,可以救治中国政治上道德上学术上思想上一切的黑暗。若因为拥护这两位先生,一切政府的压迫,社会的攻击笑骂,就是断头流血,都不推辞。"④在摧毁一切旧学术、旧道德的同时,陈独秀急于将"科学"和"民主"树立为国民精神的救世主。

尽管陈独秀主张"科学"与"民主"为"舟车之两轮",但现实情况是,"科学"这面旗帜获得接受和认同的程度远远大于"民主"。金观涛和刘青峰通过"科学"和"民主"两个词在"五四"新文化运动时期的使用情况进行数据检索,发现"在新文化运动中科学和民主虽然是新知识分子极力要推广的两种新观念,但实际上这两种观念却并不对等。'科学'被不同思想流派的知识群体共同推崇,一直是新文化运动中反迷信、反传统的符号,也是后来提出的新人生观的基础,成为建构新政治文化的要素"。⑤"科学"为何能够取代儒家精神成为新的精神权威,是否其中也有传统文化因素在起作用?余英时就认为,中国因为实用需要发展起来的技术传统,使得"五四"时期对于"科学"的理解往往和技术混杂起来。"中国'五四'以来所向往的西方科学,如果细加分析即可见其中'科学'的成分少而'科技'的成分多,一直到今天仍然如此,甚至变本加厉。……提出的'四个现代化'

---

① 陈独秀:《〈新青年〉罪案之答辩书》,《新青年》第6卷第1号,1919年1月15日。
② 陈独秀:《〈新青年〉罪案之答辩书》,《新青年》第6卷第1号,1919年1月15日。
③ 陈独秀:《〈新青年〉罪案之答辩书》,《新青年》第6卷第1号,1919年1月15日。
④ 陈独秀:《〈新青年〉罪案之答辩书》,《新青年》第6卷第1号,1919年1月15日。
⑤ 金观涛、刘青峰:《中国近现代观念起源研究和数据库方法》,《史学月刊》2005年第5期,第89-101页。

全是'科技'方面的事。中国人到现在为止还没有真正认识到西方'为真理而真理'、'为知识而知识'的精神。我们所追求的仍是用'科技'来达到'富强'的目的。"①"五四"科学主义的兴起是否有中国传统文化中所谓实用理性的作用，这恐怕还不好认定，因为技术尽管在中国古代有一定程度的发展，但它始终未占据传统文化的主流。中国"五四"一代知识分子对于西方科学的理解无疑是片面的，这也是科学主义对中国传统文化的延续造成巨大消极影响的重要原因，科学化是"五四"时期中国社会的一个显著的趋向，"科学"成为口号，并用来衡量一切，其实恰恰远离了"科学"的真意。

三、科玄论战

科学从形而下的层面提升到形而上的层面，科学泛化为一切知识领域的基本原则，成为一切知识的新权威，而中国科学主义的特点又表现为对传统文化精神和价值信念的贬斥和压制。科学主义的全面胜利以20世纪20年代知识界发生的科玄论战为标志。当时思想界的诸多精英如胡适、陈独秀、张君劢、丁文江、吴稚晖、梁启超、范寿康、林宰平、唐钺、王星拱、孙伏园等都参与了这场论战。科玄论战起于丁文江对张君劢1923年2月14日在清华大学的一场演讲的批评。张君劢在演讲中称科学与人生观有着不同的特点：科学为客观的，为论理（逻辑）方法所支配，采用分析的方法，为因果律所支配，以自然现象之普遍规律为原则；而人生观则是主观的，直觉的，综合的，自由意志的，单一性的。"故科学无论如何发达，而人生观问题之解决，决非科学所能为力，惟赖诸人类之自身而已。"②张君劢的观点遭到了丁文江的激烈批判，丁文江认为人生观不能同科学分家，不能脱离逻辑学的公例、定义和方法，人生观同样要求得是非真伪的标准，而这个是非真伪的标准只能来自科学的方法："我们所谓科学方法，不外将世界上的事实分起类来，求他们的秩序。等到分类秩序明白了，我们再想出一句最简单明白

---

① 余英时：《中国思想传统的现代诠释》，南京：江苏人民出版社，2004年，第17页。
② 张君劢：《人生观》，见张君劢等：《科学与人生观》，济南：山东人民出版社，1997年，第35-38页。

的话来，概括这许多事实，这叫做科学的公例。"科学的知识论要经过概念推论的严格审查："第一，凡概念推论若是自相矛盾，科学不承认他是真的。第二，凡概念不能从不反常的人的知觉推断出来的，科学不承认他是真的。第三，凡推论不能使寻常有论理训练的人依了所根据的概念，也能得同样的推论，科学不承认他是真的。"[1]任何知识都受论理学的支配，人生观也不例外，"凡不可以用论理学批评研究的，不是真知识"。针对张君劢提出的科学与人生观的二元论，丁文江认为在科学方法上没有所谓物质科学和精神科学的区别："科学的万能、科学的普遍、科学的贯通，不在他的材料，而在他的方法。"[2]心理上的内容也是科学的材料，自然应该运用科学的方法，"在知识界内，科学方法是万能的，不怕玄学终久不投降"。丁文江与张君劢争论的焦点是科学方法是否具有普遍适用性。张君劢对于科学与人生观的二元划分和归纳是成问题的，但是他关于科学方法有其适用范围的主张无疑超出了当时许多科学主义者的认识。但在"五四"的时代氛围中，恰恰是丁文江的"科学万能论"得到了更多人的拥护。

科学派对张君劢的一篇关于人生观的演讲大加挞伐，实际上是针对已经出现的对西方科学的反思和批判，其中还包括曾经高举"科学"大旗的梁启超。当时知识界出现了一种观点，认为以中国精神文化可以补救西方物质文化之弊，还得到了来华讲学的罗素等人的佐证，这种现象在科学派看来是倒行逆施，所以丁文江等人讨伐张君劢实有更为深刻的背景。梁启超1920年游历欧洲归来，在目睹了第一次世界大战给欧洲带来的灾难和创伤后，对中西文化精神有了重新的思考，并写下了《欧游心影录》以反思欧洲的"科学万能之梦"。他认为欧洲人精神上失却了安身立命之所，重要原因在于"科学万能"主义："宗教和旧哲学，既已被科学打得个旗靡辙乱，这位'科学先生'便自当仁不让起来，要凭他的试验，发明个宇宙新大原理。"[3]科学

---

[1] 丁文江：《玄学与科学》，见张君劢等：《科学与人生观》，济南：山东人民出版社，1997年，第42、47页。
[2] 丁文江：《玄学与科学——评张君劢的〈人生观〉》，见张君劢等：《科学与人生观》，沈阳：辽宁教育出版社，1998年，第46页。
[3] 梁启超：《饮冰室合集·专集二十三》，北京：中华书局，1988年，第10-12页。

万能主义者被一战留下的创伤浇了一盆冷水："当时讴歌科学万能的人,满望着科学成功,黄金世界便指日出现。如今功总算成了,一百年物质的进步,比从前三千年所得还加几倍。我们人类不惟没有得到幸福,倒反带来许多灾难。好像沙漠中失路的旅人,远远望见个大黑影,拼命往前赶,以为可以靠他向导,那知赶上几程,影子却不见了,因此无限凄惶失望。影子是谁?就是这位'科学先生'。欧洲人做了一场科学万能的大梦,到如今却叫起科学破产来。"[①]梁启超对于科学的反思,主要针对的是科学昌明对宗教和哲学的褫夺,动摇了人们内部生活的根基,人心失去了宗教和哲学的支撑,弥漫社会的虚无主义就会造成信仰的缺失和道德的沦丧。

梁启超认为科学主义乃是人类精神信仰失落的罪魁祸首。按照生物进化论的科学原理,"宇宙间一切现象,不过物质和它的运动,哪里有什么灵魂?更哪里有什么天国?"。依照科学的心理学原则,"所谓人类心灵这件东西,就不过物质运动现象之一种,精神和物质的对待,就根本不成立"。哲学家也只能投降到科学的旗下,这就出现了所谓"唯物派的哲学家",他们"托庇科学宇下建立一种纯物质的纯机械的人生观,把一切内部生活外部生活,都归到物质运动的'必然法则'之下"。既然人类精神受自然法则的支配,"于是人类的自由意志,不得不否认了,意志既不能自由,还有什么善恶的责任?我为善,不过那'必然法则'的轮子推着我动;我为恶,也不过那'必然法则'的轮子推着我动。和我什么相干?如此说来,这不是道德标准如何变迁的问题,真是道德这件东西能否存在的问题了"[②]。梁启超对于科学主义的反思,关于自然法则与自由意志的冲突,在西方思想界并不是一个新鲜的话题,早在康德就通过知识的划界而为自由意志在道德和信仰领域留下地盘。

梁启超为科学下了一个定义:"根据经验的事实分析综合求出一个近似的公例以推论同类事物,这种学问叫作'科学'。"他批评张君劢、丁文江二人的观点均有偏颇:"人生问题,有大部分是可以——而且必要用科学方

---

① 梁启超:《饮冰室合集·专集二十三》,北京:中华书局,1988年,第10-12页。
② 梁启超:《饮冰室合集·专集二十三》,北京:中华书局,1988年,第10-12页。

法来解决的。却有一小部分——或者还是最重要的部分是超科学的。"①他指出张君劢的错误在于抹杀了客观的理智而谈自由意志；而丁文江则在于迷信科学万能，相信科学方法将来也许可以将人生观统一。梁启超断然否定所谓人生观的统一："人生观的统一，非惟不可能，而且不必要。非惟不必要，而且有害。"至于用科学来统一人生观就更不可能。②人类生活中哪些是不能用科学来解决的呢？他认为至少情感是不能用科学来解决的，而情感乃生活中极重要一部分："情感表现出来的方向很多。内中最少有两件的的确确带有神秘性的，就是'爱'和'美'。'科学帝国'的版图和威权无论扩大到什么程度，这位'爱先生'和那位'美先生'依然永远保持他们那种'上不臣天子下不友诸侯'的身份。请你科学家把'美'来分析研究罢，什么线，什么光，什么韵，什么调……任凭你说得如何文理密察，可有一点儿搔着痒处吗？至于'爱'，那更'玄之又玄'了。"③梁启超其实并不反对科学，甚至可以说从戊戌维新、创办报刊宣传"新民说"、发起"三界革命"，中经参与政治活动的失败，到 20 年代专心治学，他一直是一个"科学"的鼓吹者。实际上，他并不反对科学方法运用于某些非自然科学领域，反对的只是"科学万能"的主张，认为科学的方法仍然有其适用的范围，人类生活的有些问题是科学所不能解决的。

针对梁启超提出的情感和美是不能以科学的方法加以认识的观点，唐钺予以反击："就是一时不能完全分析美感，但却不可不用分析方法来驾驭他。因为用所谓'直觉'，'综合'等方法，是无结果的。譬如杜甫的诗，用分析的方法，如《杜工部诗话》所采集来的材料中一部分，虽然不精密，还有可以使人了悟的地方。若不用分析方法，简直一天到晚说他怎样沉郁，怎样雄浑，岂不是越说越糊涂了吗？"④科学派元老吴稚晖也有类似的看法："科学者，让美学使人间有情，让哲学使情能合理，彼即由合理得到真

---

① 梁启超：《人生观与科学》，《晨报副镌》，1923 年 5 月 29 日。
② 梁启超：《人生观与科学》，《晨报副镌》，1923 年 5 月 29 日。
③ 梁启超：《人生观与科学》，《晨报副镌》，1923 年 5 月 29 日。
④ 唐钺：《一个痴人的说梦——情感真是超科学的吗？》，见张君劢等：《科学与人生观》，济南：山东人民出版社，1997 年，第 224 页。

正合理之一部分。美学随宇宙而做工不完，哲学随宇宙而做工不完，科学区域，亦随宇宙而日扩日大，永远不完。物质文明之真正合理者，固是他管辖。精神文明之真正合理者，亦是他管辖。"① 在吴稚晖看来，人类的情感、理智，美学、哲学、科学在科学方法的基础之上最后必然趋于统一。吴稚晖 1924 年任《科学周报》的编辑，并在发刊语中对科学大加赞誉："科学在世界文明各国皆有萌芽。文艺复兴以后，它的火焰在欧土忽炽。近百年来，更是火星迸裂，光明四射。一切学术，十九都受它的洗礼。即如言奥远的哲学，言感情的美学，甚至瞬息万变的心理，琐碎纠纷的社会，都一一立在科学的舞台上，手携手的向前走着。人们的思想终容易疏忽，容易笼统，受着科学的训练，对于环境一切，都有秩序的去观察、整理，对于宇宙也更有明确的了解。"②

胡适在这场论战过程中写过一篇《孙行者与张君劢》，略带戏谑口吻嘲讽张君劢的人生观"仍旧不曾跳出赛先生和逻辑先生的手心里"③，科学和逻辑就像如来佛祖的手心，玄学无论如何千变万化都逃不脱科学和逻辑之网。胡适对科学在当时中国知识界的地位和影响，作了充分的概括："这三十年来，有一个名词在国内几乎做到了无上尊严的地位；无论懂与不懂的人，无论守旧和维新的人，都不敢公然对他表示轻视和戏侮的态度。那个名词就是'科学'。这样几乎全国一致的崇信，究竟有无价值，那是另一问题。我们至少可以说，自从中国讲变法维新以来，没有一个自命为新人物的人敢公然毁谤'科学'的。"④ 他认为梁启超的《欧游心影录》助长了反科学的威风，使得科学的尊严在国内大不如前。他说科学的尊严在西方根深蒂固，几个"玄学鬼"撼动不得，而中国还没有得到科学的赐福，根本不配去排斥科学。"我们这个时候，正苦科学的提倡不够，正苦科学的教育不发

---

① 吴稚晖：《一个新信仰的宇宙观及人生观》，《太平洋》1924 年第 4 卷第 3 号，见张君劢等：《科学与人生观》，沈阳：辽宁教育出版社，1998 年，第 388 页。
② 吴稚晖：《吴稚晖先生文存》（上册），周云青编，上海：上海医学书局，1926 年，第 74-75 页。
③ 胡适：《孙行者与张君劢》，见张君劢等：《科学与人生观》，沈阳：辽宁教育出版社，1998 年，第 103 页。
④ 胡适：《科学与人生观》"序二"，见张君劢等：《科学与人生观》，济南：山东人民出版社，1997 年，第 19 页。

达，正苦科学的势力还不能扫除那弥漫全国的乌烟瘴气"①，这个时候怎么能菲薄科学？胡适自称是"信仰科学的人"，坚决赞同吴稚晖的"漆黑一团"的宇宙观和"物欲横流"的人生观，他指责那些拥护科学的人缺乏吴稚晖那样对科学的信仰，所以不能公然坚决地主张"纯物质、纯机械的人生观"就是科学的人生观。②

胡适号召为"新信仰"战斗，使其由少数人的信仰变成大多数人的信仰。胡适为《科学与人生观》作序，大有对这次"科玄大战"总结的意味。承认"科学的人生观"就是"自然主义的人生观"，并将其概括为十点："（1）根据于天文学和物理学的知识，叫人知道空间的无穷之大。（2）根据于地质学及古生物学的知识，叫人知道时间的无穷之长。（3）根据于一切科学，叫人知道宇宙及其中万物的运行变迁皆是自然的，——自己如此的，——正用不着什么超自然的主宰或造物者。（4）根据于生物的科学的知识，叫人知道生物界的生存竞争的浪费与残酷，——因此叫人更可以明白那'有好生之德'的主宰的假设是不能成立的。（5）根据于生物学、生理学、心理学的知识，叫人知道人不过是动物的一种，他和别种动物只有程度的差异，并无种类的区别。（6）根据于生物的科学及人类学、人种学、社会学的知识，叫人知道生物及人类社会演进的历史和演进的原因。（7）根据于生物的及心理的科学，叫人知道一切心理的现象都是有因的。（8）根据于生物学及社会学的知识，叫人知道道德礼教是变迁的，而变迁的原因都是可以用科学的方法寻求出来的。（9）根据于新的物理化学的知识，叫人知道物质不是死的，是活的；不是静的，是动的，（10）根据于生物学及社会学的知识，叫人知道个人——'小我'——是要死灭的，而人类——'大我'——是不死的，不朽的；叫人知道'为全种万世而生活'就是宗教，就是最高的宗教；而那些替某个人谋死后的'天堂''净土'的宗教，

---

① 胡适：《科学与人生观》"序二"，见张君劢等：《科学与人生观》，沈阳：辽宁教育出版社，1998年，第8-29页。
② 胡适：《科学与人生观》"序二"，见张君劢等：《科学与人生观》，沈阳：辽宁教育出版社，1998年，第8-29页。

乃是自私自利的宗教。"[①]科学（主要是自然科学）可以解释宇宙人世的一切现象，不存在科学以外的东西，无论中西方都是作为人文精神体现之道德、宗教都不能逃脱胡适所谓的科学这张大网。胡适对于科学的理解和对自然科学的推崇，将其树立为一切知识领域的权威，形成了一股强大的科学主义思潮，无疑影响了此后一代代知识分子的思想观念。当今中国社会重理轻文的思想风气大概与此不无关系。

在这场关于科学与人生观的论争中，陈独秀的主张更为激进，他认为科学派对张君劢、梁启超等人的进攻表面上取得了胜利，其实还没有攻破玄学派的大本营，甚至对于科学派主将丁文江和胡适也提出了批评。他说丁文江攻击张君劢唯心的见解是"五十步笑百步"，因为丁文江自己也没有说明"科学何以支配人生观"，自号为"存疑的唯心论"，承认宇宙间有不可知的部分而存疑就是给玄学家留了余地。他认为："我们对于未发现的物质固然可以存疑，而对于超物质而独立存在并且可以支配物质的什么心（心即物之一种表现），什么神灵与上帝，我们已无疑可存了。"[②]陈独秀不满意丁文江、胡适对玄学不彻底的批判，给唯心论留有余地。他坚决主张客观的物质原因可以解释世间的一切现象，包括人生观，而不是胡适所说的"唯物史观至多只能解释大部分的问题"[③]。陈独秀是站在"唯物的历史观"立场上来批判玄学，他的科学主义带有鲜明的唯物论色彩，对于科学的理解也是十分肤浅的。他批评胡适关于"心的"原因（知识、思想、言论、教育）可以"变动社会、解释历史、支配人生"的主张，认为这种心物二元论违背了科学，"离开了物质一元论，科学便濒于破产，适之颇尊崇科学，如何对心与物平等看待"[④]。陈独秀的科学主义倾向比胡适和丁文江更加极端。陈独秀

---

① 胡适：《科学与人生观》"序二"，见张君劢等：《科学与人生观》，沈阳：辽宁教育出版社，1998年，第21-22页。
② 陈独秀：《科学与人生观》"序一"，见张君劢等：《科学与人生观》，沈阳：辽宁教育出版社，1998年，第1-7页。
③ 陈独秀：《科学与人生观》"序一"，见张君劢等：《科学与人生观》，沈阳：辽宁教育出版社，1998年，第1-7页。
④ 陈独秀：《科学与人生观》"序一"，见张君劢等：《科学与人生观》，沈阳：辽宁教育出版社，1998年，第1-7页。

借科玄论战提倡马克思主义唯物史观,当时的学人也普遍认识到这一点,但马克思主义唯物史观后来占据中国思想界的主流却是让人感到意外,仔细考究,陈独秀为唯物史观加上了一个"科学"的金字招牌恐怕是一个很重要的原因。这种渊源也导致了长期以来思想界往往在一种"唯科学主义"的视野中来理解马克思主义,甚至有将马克思主义教条化的倾向。

本-戴维在评价欧洲的科学主义运动时说:"唯科学主义运动的参加者是这样一群人,他们相信科学是求得真理和有效地控制自然界以及解答个人及其所在社会中(面临的)问题的一种正确途径,即使这些人可能并不懂得科学。在这种观点中,经验科学和数学科学是解决普通问题的一种模式,也是世界无限完美的一个象征。"[1]本-戴维的这一观点也适合用来评价中国20世纪20年代掀起的这场科学主义运动,参与科玄论战的主将除了丁文江、王星拱等少数是从事自然科学研究,其他大部分都不是以科学为专门职业者,包括胡适、陈独秀、吴稚晖等科学派的主将,但他们的个人影响力足以转一时代之风气,所以科玄论战以后的科学主义思潮并没有真正在自然科学领域产生实质性的影响,反而是在人文社会学科领域造成了重大的影响。

四、知识界的科学化运动

如果说20年代的科玄论战是科学主义在知识界的胜利,那么30年代的中国科学化运动则试图将科学主义在精神层面的胜利转化为大众的行动。科学化就是要将科学利用于人类活动的一切领域。在《中国科学化运动发起旨趣书》中提出要把科学知识送到民间去,以复兴日渐衰败的中国文化。陈有丰在《中国科学化运动的进行方向和路径》一文中说:"中国要科学化起来,要赶紧的科学化起来,是没有人可以否认。"[2]"顾毓琇说,'凡利用科学以使科学与文化、社会、人类相关联的,谓之科学化。''科学的对象是自然,科学化的对象是文化,社会和人类。'中国如何才能科学化?他认

---

[1] [以色列]约瑟夫·本-戴维:《科学家在社会中的角色》,赵佳苓译,成都:四川人民出版社,1988年,第151-152页。
[2] 陈有丰:《中国科学化运动的进行方向和路径》,《科学的中国》,1933年第2卷第5期,第3页。

为，中国的科学化包括两个方面，即社会科学化和科学社会化。社会科学化是'利用科学以适应社会，充实社会和改造社会'；科学社会化是'科学而推及社会'。"①以一种具体的科学形态推广到所有的知识领域，哲学的科学化、历史学的科学化、文学的科学化等差不多成了知识界的共识，傅斯年就认为应该像物理学和生理学一样来建设历史语言学。这种科学化的运动通过体制化的教育和大众传播媒介在整个社会形成了一种科学主义的文化氛围。

丁文江直接将"科学"捧上了信仰的宝座，科学一旦成为信仰，就意味着它和宗教一样，是绝对真理，是不能够被怀疑的。丁文江用"我的信仰"表达对于科学的崇拜："不用科学方法所得的结论都不是知识；在知识界内科学方法万能。科学是没有界限的；凡百现象都是科学的材料。凡是用科学方法研究的结果，不论材料性质如何，都是科学。从这种知识论所得的结论是举凡直觉的哲学，神秘的宗教，都不是知识，都不可以做我们的向导。"②在《科学化的建设》中，他又说："知识界里科学无所不包。所谓'科学'与'非科学'是方法问题，不是材料问题。凡世界上的现象与事实都是科学的材料，只要用的方法不错，都可以认为科学。"③世间一切的现象被简化为科学的材料，科学被简化为科学方法，科学方法又偏指自然科学方法，这是当时许多知识分子所持的基本观念。只有由科学方法得来的知识才是切实有效的，科学是知识生产和知识累积唯一可靠途径。照此说来，中国传统文化大多都不是知识，因为中国传统思想更讲究直觉和体验，而不讲究逻辑的分析和推理："所谓科学的方法是用论理的方法把一种现象或是事实来做有系统的分类，然后了解它们相互的关系，求得它们普遍的原则，预料它们未来的结果。所以我们说这一种知识是真的，就等于说这是科学的，说一件事业有系统、合理，就等于说这是科学化的。"④这无疑是把知识的真理性等同于科学性。

---

① 任定成：《在科学与社会之间：对 1915—1949 年中国思想潮流的一种考察》，武汉：武汉出版社，1997 年，第 64 页。
② 丁文江：《我的信仰》，《独立评论》1934 年第 100 号，第 9-12 页。
③ 丁文江：《科学化的建设》，《独立评论》1935 年第 151 号，第 8-12 页。
④ 丁文江：《科学化的建设》，《独立评论》1935 年第 151 号，第 8-12 页。

第三节　现代学科体系与文学学科

一、现代学科体系

中国现代教育体系以及在此基础上的学科分类体系，显然是受到"科学主义"的导向与规训。不管是癸卯学制取法于日本，壬子癸丑学制仿效于欧洲，还是"五四"时期修订并通行的壬戌学制，都以其"科学性"区别于传统教育体制。其学制的设定、学科的划分、教学的模式均以"科学"为依归。现代意义上的诸学科的出现，就是"科学"在知识领域建立霸权地位的体现，科学成为知识分类和学科划界的标准。对于科举制度的指责最重要的一个原因就是这种僵化的体制已经不能培养经世致用的人才，以拯救风雨飘摇中的国家。科学（不单是技术）的落后被认为是整个国家落后的根源。"科学"在中国向现代教育制度转型中扮演了重要的角色："19世纪90年代和新文化运动时期，'科学'的普遍真理在改革家的思想中曾占重要地位，这种真理成为中国赶上外部世界的法宝。中国的教育家寻求通过运用'科学方法'解救中国，这种方法不仅存在于自然科学和社会科学之中，而且也存在于人文科学和中国历史研究之中。对某些人来说，它是几乎具有宗教色彩的信条。"[1]

洋务运动时期，中国就已经出现了一批国家创办的新式学堂，如京师同文馆、广州同文馆、上海广方言馆、天津水师学堂、湖北武备学堂、福建马尾船政学堂、南京陆军学堂等。这些学堂以培养洋务人才为旨归，重在西方语言的学习和西方技术的引进，尽管培养了中国第一批科技人才，翻译了许多西方科技著作，但是并没有引起中国教育制度的根本变革。科举仍然是士人的晋身之途，经学仍是教育的主要内容。西方近代科学尽管在一些书院中已有教习，但并没有成为科举的考试内容。甲午战败以后，朝野有识之士才

---

[1] ［美］费正清、［美］费维恺编：《剑桥中华民国史（1912—1949年）》（下卷），刘敬坤等译，北京：中国社会科学出版社，1994年，第416-417页。

逐渐认识到，器物层面上向西方的学习，不能真正改变中国落后的现实。魏源"师夷长技以制夷"的主张，在洋务运动几十年的实践后，并没有达到"制夷"的目的，却败给了同样向西方学习的东邻日本。中国与西方国家的差距看来并不在于所谓船坚炮利，而是制度和文化精神层面的落后。改革体制、培养有用的人才成了当时朝野有识之士的共识，延续一千多年的科举取士制度被认为是阻碍中国社会进步的病根。康有为、梁启超、徐勤、林乐知、李佳白等纷纷痛陈八股试帖之害，提倡新学以补旧学之弊。

1896年，梁启超在《学校总论》中主张"采西人之意，行中国之法，采西人之法，行中国之意，其总纲三：一曰教，二曰政，三曰艺"。他认为当时的各种学堂、学馆不能培养有用的人才，以其言艺之事多，言政教之事少，这种弊病的根源在于"科举制度不改，就学乏才""师范学堂不立，教习非人""专门之业不分，致精无自"。[①]其中涉及学生、教师、教学内容等方面的弊端，而学校得不到很好的发展，病根还在于科举。在《论科举》一文中，梁启超指出："欲兴学校、养人才以强中国，惟变科举为第一义。大变则大效，小变则小效。"上策乃在"远法三代，近采泰西，合科举于学校"，中策在效法汉唐，多设诸科，设"明经""明算""明字""明法""通礼""技艺""学究""明医""兵法"等与帖括并立。下策保留原有的取士之法，而改变取士之具，即在考试中增加中外政治、中外史学、时务要事、算法格致、天算地舆、声光化电、农矿商兵等内容。[②]梁启超变法科举的要义在于取法泰西，兴办新式学校，强调实学，以经世致用为教育的宗旨。徐勤也痛陈科举之弊："故谓覆中国，亡中国，必自科举愚民不学始也，不除科举搭截枯窘之题，不开后世书后世事之禁，不去大卷白折之楷，八股之体，试帖之诗，定额之限，场期之促，试官之少，累试之繁，而求变法自强，犹却行而求及前也。"[③]徐勤

---

① 梁启超：《学校总论》，见汤志钧、陈祖恩编：《中国近代教育史资料汇编·戊戌时期教育》，上海：上海教育出版社，1993年，第7页。
② 梁启超：《论科举》，见汤志钧、陈祖恩编：《中国近代教育史资料汇编·戊戌时期教育》，上海：上海教育出版社，1993年，第10-12页。
③ 徐勤：《中国除害议·除不学之害》，见汤志钧、陈祖恩编：《中国近代教育史资料汇编·戊戌时期教育》，上海：上海教育出版社，1993年，第19页。

认为科举是"中国之害",科举考试的内容和形式都存在极大的弊端,不能选拔真正的有用之才。

1898年,康有为奏请广开学校,以养人才:"臣窃惟今变法之道万千,而莫急于得人才;得才之道多端,而莫先于改科举;今学校未成,科举之法,未能骤废,则莫先于废弃八股矣。"改科举、废八股旨在培养通经致用之人才,"从此内讲中国文学,以研经义、国闻、掌故、名物,则为有用之才;外求各国科学,以研工艺、物理、政教、法律,则为通方之学"①。光绪二十四年五月十五日(1898年7月3日)康有为再上书光绪"请饬各省改书院淫祠为学堂折","故欲富强之自立,教学之见效,不当仅及于士,而当下逮于民,不当仅立于国,而当遍及于乡",奏请将各省及府州县已有公私之书院、义学、社学、学塾都改为兼习中西之学校,省会大书院改为高等学,府州县书院改为中等学,义学、社学改为小学。②光绪二十四年五月二十二日(1898年7月10日),光绪帝下令"将各省府厅州县现有之大小书院,一律改为兼习中学西学之学校。至于学校等级,自应以省会之大书院为高等学,郡城之书院为中等学,州县之书院为小学,皆颁给京师大学堂章程,令其仿照办理,其地方自行捐办之义学社学等,亦令一律中西兼习,以广造就"。8月19日,光绪下令,变通科举,各项考试改为策论:"朝廷造就人才,惟务振兴实学,一切考试诗赋,概行停罢,亦不凭楷法取士,俾天下翕然向风,讲求经济,用备国家任使"③。高等学、中等学、小学的学校层级结构表面上是"远法三代",实质上是采用西方的模式。从康有为的改革内容看,"内讲中国文学","外求各国科学",能够得到较大的支持,因其体现了"中体西用"的精神,这是当时大多数知识人的基本观念。康有为所说的"文学"其实包括中国传统学术的大部分,而"科学"除了西方自然科学,还有政教、法律这样的社会科学。虽然还

---

① 康有为:《请废八股试帖楷法试士改用策论折》,见汤志钧、陈祖恩编:《中国近代教育史资料汇编·戊戌时期教育》,上海:上海教育出版社1993年,第37-40页。
② 康有为:《请饬各省改书院淫祠为学堂折》,见汤志钧、陈祖恩编:《中国近代教育史资料汇编·戊戌时期教育》,上海:上海教育出版社,1993年,第52-53页。
③ 汤志钧、陈祖恩编:《中国近代教育史资料汇编·戊戌时期教育》,上海:上海教育出版社,1993年,第55-57页。

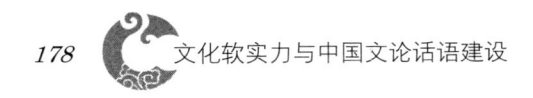

没有具体规范的学科门类划分，但从康有为使用的名称看，已经初显学科分类的雏形。

　　康有为、梁启超等主导的变法维新运动虽以失败告终，但他们倡导的"废八股，兴学堂"的教育改革已成趋势。清政府 1902 年颁布的壬寅学制和 1904 年颁布的癸卯学制使教育改革措施终于在实践层面获得推行。癸卯学制颁行之前，清政府先后派遣姚锡光、李宗棠、张之洞、罗振玉、吴汝纶、缪荃孙、胡景桂等赴日本进行考察。袁世凯、张之洞1903年3月的"奏请递减科举折"认为科举与学校并举不能真正达到培养人才的目的，科举实与利禄相连，是传统士人的荣身之途，占有较多的社会资源，必然妨碍学校的发展。"科举一日不废，即学校一日不能大兴，将士子永远无实在之学问，国家永远无救世之人才，中国永远不能进于富强"，为顾全大局，科举即便不能骤然废除，亦当分科递减。[①]1904 年，张百熙、荣庆、张之洞再请"递减科举注重学堂"，认为取材于科举不如取材于学堂。清政府颁布的《奏定大学堂章程》规定："分科大学堂，为教授各科学理法，俾将来可施诸实用之所；通儒院为研究各科学精深义蕴，以备著书、制器之所。"[②]1905 年 9 月 2 日，袁世凯、赵尔巽、张之洞等会奏立停科举推广学校："科举一日不停，士人皆有侥幸得第之心，以分其砥砺实修之志。"兴办学堂，不只是为了因应危难之时局，培养有用之人才，还在于启迪民智，普及教育。清政府下令停办科举，所有乡试、会试一律停止，各省岁科考试也停止。谕令称"学堂本古学校之制，其奖励出身亦与科举无异。历次定章，原以修身、读经为本；各门科学，又皆切于实用"。并下令学务大臣速颁发各种教科书以定指归，各州县于城乡各处建立蒙小学堂，广开民智。[③]科举制度的废除，为现代教育体制的确立扫清了障碍。以西方为范型的现代教育体制逐渐转变了中国传统的知识系统，其科学性的知识分类体系通过学

---

① 璩鑫圭、唐良炎编：《中国近代教育史资料汇编·学制演变》，上海：上海教育出版社，1991 年，第 523-526 页。
② 璩鑫圭、唐良炎编：《中国近代教育史资料汇编·学制演变》，上海：上海教育出版社，1991 年，第 339 页。
③ 璩鑫圭、唐良炎编：《中国近代教育史资料汇编·学制演变》，上海：上海教育出版社，1991 年，第 530-533 页。

科的划分、课程的设置、规范化的教学内容等体制性因素不断得到强化。学校教育的普及也同时在改变现代学人的知识结构和思维方式。

废除科举的一个直接后果就是，数以百万计的童生士子求取功名之途完全阻断，被迫进入新式学堂。据不完全统计，1903年有新式学堂769所，学生数为31428人；1904年有学堂4476所，学生人数为99475人；1905年有8277所，学生人数为258873人；1906年新式学堂数量和学生人数迅速增长，增至23862所学堂，学生人数达到545338人；到1909年学堂数量为59177所，学生数量为1639641人；辛亥革命后的1912年学堂数量为87272所，学生人数为2933387人[①]。"科举思想务富少数人之学识，以博少数人之荣誉，而仍在不可知之数。其思想也，但为个人非为国家也。学校思想务普全国人之知识，以巩全国人之能力，而不容有一夫之不获，其思想也，视吾个人即国家之一分子也。科举之义狭，学校之义广；科举之道私，学校之道公。"[②]

二、中国文学的学科化

中国第一部现代意义上的学制是壬寅癸卯学制，壬寅学制1902年制订，包括《钦定京师大学堂章程》《钦定考选入学章程》《钦定高等学堂章程》《钦定中学堂章程》《钦定小学堂章程》《钦定蒙学堂章程》。《钦定京师大学堂章程》全学纲领规定京师大学堂主持教育，统筹全国学校事宜。京师大学堂既是全国最高学府，又有教育行政之功能。大学堂分为大学院、大学专门分科、大学预备科，附设仕学馆与师范馆，大学院主要为研究机构并不设置课程。预备科生卒业后升入大学专门分科。该章程的大学分科门目表即仿照日本制定，分为政治科、文学科、格致科、农业科、工艺科、商务科和医术科。其中文学科分为经学、史学、理学、诸子学、掌故学、词章学和外国语言文字学。预备科分为政科和艺科，其中政科的科目有伦理学、经

---

① 王笛：《清末近代学堂和学生数量》，《史学月刊》1986年第2期，第107-110页。
② 《光绪三十四年（1908）江苏教育总会上学部请明降谕旨勿复科举书》，《江苏教育总会文牍》第3编，第1-3页，见朱有瓛主编：《中国近代学制史料 第二辑（上册）》，上海：华东师范大学出版社，1987年，第115页。

学、诸子、词章、算学、中外史学、中外舆地、外国文、物理、名学、法学、理财学、体操等十三个科目；艺科分为伦理学、中外史学、外国文、算学、物理、化学、动植物学、地质及矿产学、图画、体操等十个科目。政科卒业生升入大学专门分科中的政治科、文学科、商务科；艺科卒业生升入格致科、农业科、工艺科、医术科。①从这个课程设置来看，自然科学占据较大的比重，而中国传统学术主要被归入文学科这个大科目之下，经学、史学、理学、诸子、词章、掌故等虽然还沿袭了中国传统学术分类名称，但是已经被纳入以西方学术为范型建立的现代学术体制之中，作为学科课程呈现出来。这个学制还没有来得及颁行就被癸卯学制取代。

1904年颁行的癸卯学制参照泰西、日本的学制体系，虽延续不久就随着清王朝的覆灭而宣告结束，但却开启了中国传统教育方式向现代教育体制的转化。该学制中西方自然科学课程占有相当大的比重，中国传统学术在新的学制中尽管也占有一席之地，但融入了按照西学范式建构起来的现代学科体系之中。《奏定大学堂章程（附通儒院章程）》规定大学堂设立分科大学堂和通儒院，通儒院主研究并无课堂功课。大学堂分为八科：经学科、政法科、文学科、医科、格致科、农科、工科、商科。②文学科大学分为九门：中国史学门、万国史学门、中外地理学门、中国文学门、英国文学门、法国文学门、俄国文学门、德国文学门、日本国文学门。其中的"中国文学门"主课程包括文学研究法、说文学、音韵学、历代文章流别、古人论文要言、周秦至今文章名家、周秦传记杂史周秦诸子等。补助课程包括四库集部提要、汉书艺文志补注、隋书经籍志考证、御批历代通鉴辑览、各种记事本末、世界史、西国文学史、中国古今历代法制考、外国科学史、外国语文等。"文学研究法"从其名称看类似于后来的文学理论，但其规定的内容却十分庞杂，更像是文化史。从后面的说明看，历代文章流别、周秦至今文章名家、周秦传记杂史周秦诸子类似于中国文学史课程；历代名家论文要言后

---

① 璩鑫圭、唐良炎编：《中国近代教育史资料汇编·学制演变》，上海：上海教育出版社，1991年，第236-238页。
② 璩鑫圭、唐良炎编：《中国近代教育史资料汇编·学制演变》，上海：上海教育出版社，1991年，第339-340页。

面的说明是"如《文心雕龙》之类,凡散见子史集部者,由教员搜集编为讲义",其内容相当于后来的中国文学批评史。[①]值得注意的是,文学的概念仍然是传统学术的"文",其外延包括把经学单列开来后的史学、诸子和集部,不仅没有包括被传统学术视为小道的小说和戏曲文体,而且诗赋也没有被纳入课程当中。整个中国文学门的课程设置及其要求,在应世达意的实用目的指导下,中国传统学术按照新的学科门类逐渐产生知识的分化,这是中国语言文学学科各专业确立的前提。

在新的学科体制中,如何纳入中国传统文化学术,是当时一个重要的问题。在壬寅学制中,经学属于文学门,而在癸卯学制中,经学单独成为一个大的学科门类,说明传统儒家文化仍被视作晚清知识分子的精神资源,"中体西用"的思想在新学制中需要得到体现。另外,中国文学科目在高等小学堂、初级师范学堂、高等学堂、优级师范学堂、大学堂各科均有设置。经学和中国文学科目被赋予了保存国粹的作用,癸卯学制的《奏定学务纲要》中说:"学堂不得废弃中国文辞,以便读古来经籍。中国各体文辞,各有所用。古文所以阐理纪事,述德达情,最为可贵。骈文则遇国家典礼制诰,需用之处甚多,亦不可废。古今体诗辞赋,所以涵养性情,发抒怀抱。中国乐学久微,借此亦可稍存古人乐教遗意。中国各种文体,历代相承,实为五大洲文化之精华。且必能为中国各体文辞,然后能通解经史古书,传述圣贤精理。文学既废,则经籍无人能读矣。外国学堂最重保存国粹,此即保存国粹之一大端。假使学堂中人全不能操笔为文,则将来入官以后,所有奏议、公牍、书札、记事、将令何人为之乎?行文既不能通畅,焉能畀以要职重任乎?惟近代文人,往往专习文藻,不讲实学,以致辞章之外,于时势经济,茫然无知。"[②]中国文学科目既为"保存国粹"以"传述圣贤精理",亦"以资官私实用"为目的。陶行知《中国建设新学制的历史》指出同治以后,甲午以前的中国各类学堂,受泰西影响甚大,偏重西文西语,抄袭西国

---

① 璩鑫圭、唐良炎编:《中国近代教育史资料汇编·学制演变》,上海:上海教育出版社,1991年,第349-357页。
② 璩鑫圭、唐良炎编:《中国近代教育史资料汇编·学制演变》,上海:上海教育出版社,1991年,第493页。

学堂的形式。他说："甲午战败之后，大家以兴学为急务。此时热心兴学的人，对于从前之偏重西文，颇不满意，故'中学为体，西学为用'，成为当时最有势力的反动。"①在西学东渐的大趋势下，发扬中国传统学术，保存国粹，延续文化精神，在晚清思想界得到了普遍的认同。但随着科举制度的废除，经学的地位也根本动摇，如何来保存国粹，延续中华文化的精神命脉，这是一个很大的难题。

经学在癸卯学制中作为一个大学科被凸显出来，与格致、农、工、商等现代西方学科处于同等的地位。通过制度化的力量，使得中国传统文化学术在现代教育中发挥影响，在当时的学制制定者和教育思想家看来，这是解决中西文化关系问题的出路。但是应该看到，中国传统学术被纳入现代教育体系的学科体制当中，就必然要受到学科体制的规训。学科体制为其建立完整系统的理论知识形态，提供方法论训练的同时，也导致知识分化并向日益狭隘的专业化方向发展，现代学科体制本身就蕴涵西方中心主义和科学主义的因素。经学在癸卯学制中分为十一门，除了《尔雅》和《孝经》，其余各经都有专门学。每一门的主课均为研究法，比如周易学门的主课是周易学研究法、尚书学门的主课是尚书学研究法。每一门的补助课都是尔雅学、说文学、御批历代通鉴辑览、中国古今历代法制考、中外教育史、外国科学史、中外地理学、世界史、外国语文和钦定四库全书提要经部各类。②《尔雅》和《说文》历来被看作是经学研究的辅助，可为什么要在补助课中设立一门外国科学？在周易学研究要义中有一条为"外国科学证《易》"，可见以现代西方科学的方法研究中国传统学术是被普遍认可的。

1912 年，辛亥革命结束了在中国延续几千年的帝制，蔡元培就任中华民国教育总长，7 月 10 日他主持召开了全国临时教育会议，他在演说报告中称，"此次教育会议即是全国教育改革的起点"。壬子癸丑学制的颁布替代了清朝时期的壬寅癸卯学制，1912 年 10 月 24 日，教育部公布《大学令》，

---

① 璩鑫圭、唐良炎编：《中国近代教育史资料汇编·学制演变》，上海：上海教育出版社，1991 年，第 1052 页。
② 璩鑫圭、唐良炎编：《中国近代教育史资料汇编·学制演变》，上海：上海教育出版社，1991 年，第 341 页。

第一条即明确"大学以教授高深学术、养成硕学闳材、应国家需要为宗旨",将大学分为文、理、法、商、医、农、工七科。1913年1月12日教育部颁布《大学规程》,对比此前的《奏定京师大学堂章程》,"经学"被取消,原来学制中的中国文学门被"文科"取代,文科分为哲学、文学、历史学、地理学四门,一个明显的不同就是增加了哲学科,文学科又分为国文学、梵文学、英文学、德文学、法文学、俄文学、意大利文学和言语等八类。国文学类课程有:"(1)文学研究法,(2)说文解字及音韵学,(3)尔雅学,(4)词章学,(5)中国文学史,(6)中国史,(7)希腊罗马文学史,(8)近世欧洲文学史,(9)言语学概论,(10)哲学概论,(11)美学概论,(12)论理学概论,(13)世界史。"[①]《奏定京师大学堂章程》中的"文学研究法"被保留下来,在英文学类、法文学类、德文学类、俄文学类、意大利文学类、言语学类中都包含文学概论科目。与《奏定京师大学堂章程》相比较,《大学规程》中的课程已经非常接近当代大学文学学科的课程设置。

经学门作为一个学科门类的地位被取消,是教育体制进一步西化的必然结果。那些完全西化的学科和课程名称就充分体现了教育现代化的基本方向,如文学、理学、法学、商学、工学、农学、医学的学科名称,哲学、历史学、地理学、伦理学、美学、心理学、宗教学、论理学、社会学、教育学、人类学、言语学等课程名称,都完全移植了西方的学科和课程名称。原来作为经学的内容被分割到各个新的学科当中,比如《周易》《毛诗》《仪礼》《礼记》《论语》《孟子》《春秋穀梁传》《春秋公羊传》被纳入中国哲学课程,《尚书》《春秋左氏传》被纳入中国史课程。中西文化学术本是两种不同知识谱系,新的学科分类系统是建立在西方知识谱系基础之上,以这样一种学科分类体系对中国传统文化进行知识分类,必然会龃龉难合甚至扭曲变形。例如,作为经学的《论语》在现代学科体制中属于何种学科,或被归入哲学,或被归入伦理学,一些内容属于教育学,又有些内容更像文

[①] 中央之部《大学规程》(二年一月十二日教育部部令公布),《江苏教育行政月报》1913年第8期,第1-17页。

学。同属"五经"的《周易》和《尚书》一被纳入文学,一被归入历史,也是按照西方现代学科关于哲学和历史的定义来进行区分的,但这种在中国传统文化和西方现代学科两者之间寻找相似的做法往往是很成问题的。20 世纪初以来,将中国传统学术文化纳入现代学科体系之中,几乎是不被怀疑的,这背后不能不说有科学主义的影响,除了社会层面的科学化,知识领域的科学化追求也是一股强大的时代潮流。

尽管壬子癸丑学制的颁布使高等教育成为完整的国家体制的一部分,但从 1912 年至 1916 年间全国唯一的教育部直属高校国立北京大学的情况看,并没有得到完全的实施。与当时全国政治环境的不稳定有关,国立北京大学在这五年间,学潮迭起,校长频繁更换,校园生活普遍不安。1916 年,蔡元培应老友当时的教育总长范源濂邀请,归国出任北京大学校长。当时北京大学的混乱状况已引起社会的不满,其风气之坏广为社会诟病,蔡元培认为原因在于学生仍然普遍抱有求学做官的思想:"孑民推求其故,以为由学生之入大学,仍抱科举时代思想,以大学为取得官吏资格之机关。故对于教员之专任者,不甚欢迎。其稍稍认真者,且反对之。独于行政司法界官吏之兼任者,虽时时请假,年年发旧讲义,而学生特别欢迎之,以为有此师生关系,可为毕业后奥援也。"[1]根深蒂固的入仕荣身思想与现代大学教育目标相背离,阻碍了教育体制的现代转型,而陈旧的教学内容与教学方法不符合现代学科课程要求也是新学制难以得到贯彻施行的重要原因。

蔡元培解释北大的校旗为"借助科学、哲学、玄学的符号"。"世界事物,虽然复杂,总可以用科学说明他们;科学的名目,虽然也很复杂,总可以用三类包举他们。哪三类呢?第一,是现象的科学,如物理、化学等等;第二,是发生的科学,如历史学、生物进化学等等;第三,是系统的科学,如植物、动物、生物学等等。我们现在用红蓝黄三色,作这三类科学的符号。"[2]哲学算是科学的总和,故用七色之和的白来表示,玄学不能用科学的概念证明,故以无颜色的黑来表示。蔡元培以科学来解释各个学科的特

---

[1] 《蔡孑民传略》,见蔡元培:《蔡孑民先生言行录》,长沙:岳麓书社,2010 年,第 11 页。
[2] 蔡元培:《国立北京大学校旗图说》,见蔡元培:《蔡孑民先生言行录》,长沙:岳麓书社,2010 年,第 187-188 页。

点，可以看出科学不只是诸多学科中的一种，而且也是其他各个学科确立的标准。在《北京大学月刊发刊词》中，蔡元培说："所谓大学者，非仅为多数学生按时授课，造成一毕业生之资格而已也，实以是为共同研究学术之机关。研究也者，非徒输入欧化，而必于欧化之中为更进之发明；非徒保存国粹，而必以科学方法，揭国粹之真相。"[1]科学是追求真理的唯一途径，所谓国粹也要得到科学的检验。他批评当时大学生专己守残，或以学校为科举，或以学校为书院，不知以科学为单纯之目的："于是治文学者，恒蔑视科学，而不知近世文学全以科学为基础；……治哲学者，以能读古书为足用，不耐烦于科学之实验，而不知哲学之基础不外科学，即最超然之玄学，亦不能与科学全无关系。"[2]蔡元培明确提出文学、哲学，甚至超然的玄学，都得以科学为基础，可见科学在整个教育体系中的地位。

1918 年，北京大学中国文学门教授会就"文学史"和"文学"的讲授方法和内容作了重新确定，"文科国文学门设有文学史及文学两科"，"习文学史在使学者知各代文学之变迁及其派别，习文学则使学者研寻作文之妙用，有以窥见作者之用心，俾增进其文学之技术"。这里的"文学"分为"文""诗赋""词曲"三类，并认为文学概论"当道贯古今中外，《文心雕龙》《诗品》等书虽可取裁，然不合于讲授之用，以另编为宜"。[3]作为古代文论经典的《文心雕龙》《诗品》不能作为文学概论教材，因为作为理论教材需要提供规范化的学科内容和普遍有效的方法论训练。之前黄侃、刘师培讲授《文心雕龙》也并不是作为一门文学概论课程来教授的，虽然在北京大学的课程设置中有文学概论，但 1921 年之前并没有专人讲授，这或许与缺乏此类教材有关。文学概论进入大学课堂是作为文学的科学来要求的，而中国古代文论并不具有这种理论品质，这样必然就求助于西方。1923 年，吴宓在东吴大学就直接采用温切斯特（Winchester，原译为温彻斯特）的《文学评论之原理》作为文学概论教材。20 世纪 20 年代，大量按照西方文论编写的文学概论教材就是一种文论科学化的要求。

---

[1] 舒新城：《中国近代教育史资料》，北京：人民教育出版社，1981 年，第 1038 页。
[2] 舒新城：《中国近代教育史资料》，北京：人民教育出版社，1981 年，第 1038-1039 页。
[3] 《本校纪事·文科国文学门文学教授案》，《北京大学日刊》，1918 年第 126 期，第 2 页。

1922 年，民国政府颁布实施学校系统改革方案以取代民国元年的壬子癸丑学制，是为壬戌学制，确立其改革的标准为："（一）适应社会进化之需要。（二）发挥平民教育精神。（三）谋个性之发展。……"[1]在壬戌学制中的"新学制高级中学必修科课程纲要草案"中，包含了关于文学理论方面的内容。该草案中的"公共必修科国语科学程纲要"和"第一组必修科本科特设国文科学程纲要"中分别对"文学欣赏"和"文学概论"课程制定了基本的规范。

"文学欣赏"课程第一学年是针对"最近文字"的，并从散文、小说、诗歌、剧本等四个方面来要求，散文要求取材于近代杂志的论文和新著作中的序文，教学中要求提出的是"白话文学之价值与特点""新文学之特质""散文文学之条件"；小说要取材于新文学出版物如托尔斯泰集、现代小说译丛以及小说月报等，教学中注意之点是"小说之特质""小说文学之派别""短篇与长篇小说之同异点""小说文学评论之研究"；剧本也应该取材于译本，如林肯、易卜生集等作品，教学注意之点是"新剧本之特色""剧本文学评论之研究"；新诗应取材于《女神》《尝试集》《草儿》《冬夜》等新诗中的佳作，教学注意之点是"新诗之成立理由及其特色""新诗评论之研究"等。第二学年是针对"古代文字"部分，要求取材于《诗经》《离骚》《古诗源》《陶潜诗集》《杜甫诗集》《李太白诗集》《白香山诗集》及盛唐后有价值的诗，教学中注意之点是"古诗之优点""诗之进化""韵文之美质"。[2]这个文学欣赏课程中提出的文体分类，文学研究的概念、范畴、命题，根本不同于中国传统文论的表述，全然借鉴了一套西方文论话语。在"第一组必修科本科特设国文科学程纲要"之乙项的"文学概论"科目中，包括了"文学概说""中国历代文学之变迁""近代世界文学之变迁"三部分内容。"文学概说"中包括"文学界说""文学与人生""文学家的人格与修养"，并要求教学中注意"文学的

---

[1] 璩鑫圭、唐良炎编：《中国近代教育史资料汇编·学制演变》，上海：上海教育出版社，1991 年，第 989-993 页。

[2] 冯顺伯、朱复、穆济波：《新学制高级中学必修科课程纲要草案》，《教育杂志》1923 年第 15 卷第 7 期，第 5-10 页。

意义与价值""文学的欣赏与创作";"中国历代文学之变迁"包括"周秦文学之蔚起""魏晋六朝学术之衰替""唐诗之极盛与文学复古运动""词曲与小说之进步"等内容,教学中要求注意"中国文学与文学思想""政治与宗教势力之侵轹""民族的精神之递嬗""生活的适应与近世思潮之影响";"近代世界文学之变迁"包括"欧洲中古之文艺复兴""近世西方文学思潮之激变""近世东方文学之渐起"等内容,教学中要求注意之点是"近代文学的精神""未来派文学之新趋向"。① 从这个课程大纲中,我们大致可以看见后来大量出现的文学概论教材的基本内容要求,如文学的本质、文学特征、文学的鉴赏、文学的评价、创作论、作家论、文体论、发展论等。

从 20 世纪初以来的学制演变,可以看到传统的"四部之学"向现代"七科之学"的转变,中国传统学术文化在新的教育体系中已经按照西方学科分类纳入新的知识构架中。新式学堂的发展和西方科学知识的传播也促进了现代学术研究范型、现代知识形态的形成。我们注意到,科学主义对现代教育体系和学科体制起到了模范和导向的作用。从文学学科来看,它使文学、文学史和文学理论作为独立的学科得以确立。但是科学主义在推动知识的分化和专业化的同时,也同时限制了各学科的视域,使其朝越来越狭隘的方向发展;在促进中国传统学术文化进入现代学科体系的同时,也对于传统文化学术造成了扭曲和遮蔽。华勒斯坦指出:"十九世纪思想史的首要标志就在于知识的学科化和专业化,即创立了以生产新知识、培养知识创造者为宗旨的永久性制度结构。"② 华勒斯坦的话也适用于 20 世纪初的中国。这种知识的学科化和专业化的过程同时也是各领域知识的科学化的过程。

---

① 冯顺伯、朱复、穆济波:《新学制高级中学必修科课程纲要草案》,《教育杂志》1923 年第 15 卷第 7 期,第 5-10 页。
② [美] 华勒斯坦等:《开放社会科学:重建社会科学报告书》,刘锋译,北京:生活·读书·新知三联书店,1997 年,第 8-9 页。

第十二章 新文学运动的科学主义话语与文学元语言的替换

第一节 科学主义与文白之争

一、晚清白话文运动

考察晚清的白话文运动，不能忽视启蒙现代性的背景。黄遵宪、裘廷梁、梁启超等知识分子倡导的白话文运动更多的是出于启蒙、新民的需要。他们在理解文言与白话之间的关系时，始终以西方语言作为参照，将欧洲各国语言的言文合一与中国几千年来的言文分离进行对比。在这种比较中隐含着中西文化优劣论的逻辑，西方的言文合一是现代的、进步的，是符合语言进化的逻辑的，而中国的文言分离是古代的、落后的、不符合语言进化的规律。晚清白话文运动体现出实用和工具性的追求，文字走向通俗易懂被认为是社会进化的必然，文字的根本目的是实用，工具性是文字根本属性。

早在戊戌变法之前的 1887 年，黄遵宪在《日本国志·学术志二·文学》中倡导"文言合一"，认为中国文字最大的病根是"语言与文字不相合"，"盖语言与文字离，则通文者少，语言与文字合，则通文者多，其势然也"。文字与文体日趋简易晓畅是社会发展的必然，"欲令天下之农工商贾妇女幼稚皆能通文字之用"，将来只能变更文体为"适用于今，通行于俗"。①黄遵宪没有直接提出以白话文取代文言文，但已经明确未来实现文言合一的目标。从工具性看，白话显然比文言更加实用。

---

① 黄遵宪：《日本国志·学术志二·文学》，见郭绍虞：《中国历代文论选》（第 4 册），新 1 版，上海：上海古籍出版社，2001 年，第 117 页。

第十二章 新文学运动的科学主义话语与文学元语言的替换

1897 年，裘廷梁提出"白话为维新之本"，他认为文字在产生之始是和语言一致的，文字本身并无什么神秘可言，只是后来人不明白文字的创造是为了实用，一味好古，模仿古人言语，才使得"文与言判然为二"。文、言的分离使得人们受困于文字，此乃我国几千年文化之大不幸，"独吾中国有文字而不得为智国，民识字而不得为智民，何哉？裘廷梁曰：此文言之为害矣"。他概述了白话的八大益处，倡导崇白话而废文言，将作为工具的语言文字提到了一个相当的高度，"文言兴而后实学废，白话行而后实学兴"。[1] 裘廷梁从政治维新的角度突出白话文的重要性，文言白话的消长决定了实学兴废，而开启民智、提倡实学乃政治维新的重要依托。以实用性和工具性作为语言文字优劣的衡量标准，裘廷梁在关于白话文的正当性论证中显然是一种科学主义的话语。

从社会进化论和实用目的来论证白话文的合理性是维新派知识分子的一个普遍立场。梁启超在《新民说·论进步》中详细论证"文言分离"之害与"文言合一"之利。他认为文言分离是中国文化普及的巨大障碍，西方文字由衍形变而为衍声，中国文字衍形亘古不变，衍声之国文言常可相合，衍形之国必然导致文言相离。"言文合，则言增而文与之俱增，一新名物、新意境出，而即有一新文字以应之，新新相引而日进焉。言文分，则言日增而文不增，或受其新者而不能解，或解矣而不能达，故虽有方新之机，亦不得不室。其为害一也。言文合，则但能通今文者，已可得普通之智识，其古文之学，待诸专门名家者之讨求而已，故能操语者即能读书，而人生必需之常识，可以普及。言文分，则非多读古书、通古义，不足以语于学问，故近数百年来，学者往往瘁毕精力于《说文》、《尔雅》之学，无余裕以从事于实用，夫亦有不得不然者也。其为害二也。且言文合而主衍声者，识其二三十之字母，通其连缀之法，则望文而可得其音，闻音而可解其义。言文分而主衍形者，则《苍颉篇》三千字，斯为字母者三千；《说文》九千字，斯为字母者九千；《康熙字典》四万字，斯为字母者四万。夫学二三十之字母，与

---

[1] 裘廷梁：《论白话为维新之本》，见郭绍虞编：《中国历代文论选》（一卷本），新 1 版，上海：上海古籍出版社，2001 年，第 399-407 页。

学三千、九千、四万之字母,其难易相去何如?故泰西、日本,妇孺可以操笔札,车夫可以读新闻,而吾中国,或有就学十年,而冬烘之头脑如故也。其为害三也。"①西方文字为表音文字,中国汉字为表意文字,中西文字的发展演变走向不同的方向,具有各自的特点,原本并不存在优劣高下之分。但在以科学主义为推动力的现代性启蒙的压力之下,语言文字的工具性内涵得到凸显。科学技术的发展与一国语言文字的特点本无必然的联系,但在晚清知识分子的论证中,国家的富强基于科学,科学的发展基于文化的普及,文化的普及在于"言文一致",而以表音为特征的西方文字是"言文一致"的,所以中国的将来也应该走向"言文一致"。

1903年,卢戆章在《一目了然初阶》一文中说:"窃谓国之富强,基于格致;格致之兴,基于男妇老幼皆好学识理;其所以能好学识理者,基于切音为字……基于字话一律,则读于口遂即达于心;又基于字画简易,则易于习认,亦即易于捉笔;省费十余载之光阴,将此光阴专攻于算学、格致、化学、以及种种之实学,何患国之不富强也哉!"②晚清的汉语拼音化运动得到了民间知识分子的推动,甚至也得到了官方的支持。戊戌变法领导者之一的王照就曾创造60个"官话字母"来"专拼白话",并认为"语言必归一致"。他的主张得到了严修、吴汝纶、周馥、劳乃宣等人不同程度的支持。③这也是"五四"时期激进的汉字拼音化运动、废除汉文运动的滥觞。

在民国元年前十年左右,就已经流行白话文,全国很多地方都出现了白话报,如杭州林獬、陈敬第等主编的白话报,陈独秀、刘光汉在芜湖所主编的白话报,杭新斋、陈翼仲在北京主编的白话报等,蔡元培、王季同、汪允宗所主编的《俄事警闻》《警钟》也每日刊载白话论说文。这一时期也出现了多种白话教科书,白话小说就更为繁荣。民国以后,白话报纸越来越多,据统计,自光绪二十五年(1899年)至民国七年(1918年),全国大小30个城市有白话报纸一百七十余种,而仅1919年,就有至少四百种白话报纸

---

① 梁启超:《饮冰室文集点校》,昆明:云南教育出版社,2001年,第583页。
② 转引自倪海曙:《清末汉语拼音运动编年史》,上海:上海人民出版社,1959年,第21页。
③ 马以鑫:《"白话文运动"历史轨迹的重新考察》,《华东师范大学学报》(哲学社会科学版)1996年第2期,第77页。

出版。"五四"文学革命之前,许多报刊刊载白话论说文或者刊登白话小说,但是白话文的提倡并没有使文言文的发展受到很大的阻隔,即便是《新青年》创刊伊始,其思想是新的,但仍是以文言表达。可见"文学革命"之前大体上的情势是白话文与文言文并行。

二、文白之争

与清末那些提倡白话文学的人不同,胡适不只是把白话看作启迪大众和政治教育的工具,更重要的是把白话作为文学表达的工具,认为文言已经是"半死"的语言,因文言偏重形式上的藻饰而使得中国文学变得僵化,因此中国文学的主流将是从白话文中去发现。胡适1915年在康奈尔大学写的一首诗中首次使用了"文学革命"这个概念,主要是朋友间关于中国语言问题的学术探讨,意在表明白话可以成为文学的工具。1916年胡适从美国寄回国内的《文学改良刍议》刊载于《新青年》杂志,文中提出了"八不主张",掀起了"五四"时期的文学革命运动。这八项主张即"须言之有物""不摹仿古人""须讲求文法""不作无病之呻吟""务去滥调俗语""不用典""不讲对仗""不避俗字俗语"。[①]"须言之有物""不作无病之呻吟""务去滥调俗语"本是任何语体文都应避免的弊病,无须申言。其他几个方面主要针对文言的,胡适在反对文言的论证中,显然有科学主义的立场。关于"不摹仿古人"这一点,他是从文学的进化论观点来论证的。周秦、汉魏、唐宋、元明不同的文学形式,被胡适作了进化论的解释。他认为文学的代变乃是文明进化的公理,而白话文乃文学进化的结果,所以中国古代最有文学价值的是白话小说。关于"须讲求文法",胡适没有做详细的论证,但他以骈文和律诗作为不讲文法的典型,可见其标准实为一种科学的文法结构,所以骈文律诗之对仗被斥为微细纤巧的末技。

陈独秀响应胡适的"八不主张",高举文学革命的大旗,提出三大主义:"曰,推倒雕琢的阿谀的贵族文学,建设平易的抒情的国民文学;曰,

---

[①] 胡适:《文学改良刍议》,见胡适:《中国新文学大系·建设理论集》(影印本),上海:上海文艺出版社,2003年,第34页。

推倒陈腐的铺张的古典文学，建设新鲜的立诚的写实文学；曰，推倒迂回的艰涩的山林文学，建设明了的通俗的社会文学。"①陈独秀也从文学进化论的角度来论证文言的不合理性，因文学复古主张，明代前后七子和归方刘姚更是被斥为"十八妖魔"。他认为中国的政治革命没有洗净中国的"旧污"，而所谓的"旧污"就是中国人精神界的道德、伦理、文学、艺术等。按照文学进化论的观点，贵族文学与国民文学、古典文学与写实文学、山林文学与社会文学的区分就是进步与落后、先进与腐朽的分别，而包括汉赋、骈文、律诗在内的多数文言都是落后的、腐朽的文学。

　　胡适对陈独秀的"三大主义"是"均极赞同"，认为白话文作小说已经为施耐庵、曹雪芹等证明，"不容更辩"，唯有白话作韵文尚待实验。胡适认为"八不"主张和"三大主义"尚可讨论、切磋和研究。陈独秀则认为完全没有讨论的必要，他在回复胡适的信中说："鄙意容纳异议、自由讨论，固为学术发达之原则。独至改良中国文学，当以白话为文学正宗之说，其是非甚明，必不容反对者有讨论之余地，必以吾辈所主张者为绝对之是，而不容他人之匡正也。……盖以吾国文化，倘已至文言一致地步，则以国语为文，达意状物，岂非天经地义，尚有何种疑义必待讨论乎？"②在陈独秀看来，白话文为文学正宗的地位是无须论证的，甚至不容争辩。钱玄同也将胡适的观点推向极端，认为凡是用典不管工拙均是作文的弊病，《燕山外史》《聊斋志异》《淞隐漫录》等文言小说是"全篇不通"；讲求对仗和平仄的律诗应该废除，至于乐毅《报燕惠王书》中的"蓟丘之植，植于汶篁"，江淹《恨赋》中的"孤臣危涕，孽子坠心"、杜甫诗中的"香稻啄馀鹦鹉粒，碧梧栖老凤凰枝"这样的句子更是文法不通。③在胡适、陈独秀、钱玄同等人对文言的贬斥具有很强的科学主义倾向，人为地树立白话文学的正宗地位隐含着文学科学化的追求。文言文和白话文本是中国文学中并行不悖的两种

---

① 陈独秀：《文学革命论》，见胡适：《中国新文学大系·建设理论集》（影印本），上海：上海文艺出版社，2003年，第44页。
② 陈独秀：《答胡适之》，见胡适：《中国新文学大系·建设理论集》（影印本），上海：上海文艺出版社，2003年，第56页。
③ 钱玄同：《寄陈独秀》，见胡适：《中国新文学大系·建设理论集》（影印本），上海：上海文艺出版社，2003年，第48-49页。

第十二章　新文学运动的科学主义话语与文学元语言的替换

文体。中国古代文学中，既有优秀的白话文学作品，也有经典的文言文学，且这两种语体往往是交织在一起的。人为地将文言与白话对立起来，并以此区分文学作品的优劣是没有合理根据的，不管是胡适为白话文权威提供正当性论证，还是陈独秀的独断，都是受到他们科学主义立场的影响。骈文和律诗为什么不好？因为不符合现代的语法结构。写实文学为什么优于古典文学？因为这是文学进化的规律。

在文学革命的强大压力下，为古文辩护的知识分子中最有代表性的人物是林纾，他先后写了四篇文章：《论古文之不宜废》（原载 1917 年 2 月 1 日天津《大公报》）、《致蔡鹤卿书》（原载 1919 年 3 月 18 日北京《公言报》）、《林琴南再答蔡鹤卿书》（原载 1919 年 3 月 25 日《大公报》）、《论古文白话之相消长》（原载1919年4月印行的《文艺丛报》第 1 期）批判胡适等人的观点。这引来刘半农、钱玄同的回击，胡适也嘲讽其"吾识其理，但不能道其所以然"的说法是嗜古之病。以《新青年》《新潮》等刊物为主要阵地的文学革命运动，对文言进行不遗余力的攻击。胡适、钱玄同、刘半农等人都从科学主义的立场出发，认定白话文学才是活的文学。建设新文学的目标就是要废除文言文，提倡白话文。科学主义成了判定文言与白话孰优孰劣的标准。在文白之争中，胡适、陈独秀、钱玄同等人不仅提出要废除文言文改用白话，甚至提出废除汉字。钱玄同认同陈独秀推翻孔学的主张，而这汉文是承载孔学的语言工具，所以"欲废孔学，不可不先废汉文；欲驱除一般人之幼稚的野蛮的顽固的思想，尤不可不先废汉文"[①]。不仅因为其承载的旧思想，而且作为表意的工具，汉文也是应当废弃的，因为它不能表达正确的知识："中国文字，字义极为含混，文法极不精密，本来只可代表古代幼稚之思想，绝不能代表 Lamark、Darwin 以来之新世界文明。"[②]在钱玄同看来，不单是汉字当废，就是中国的言语也要废除。陈独秀、胡适认同吴稚晖、钱玄同废除汉字的主张，只是废除中国言语却要缓行。傅斯年没有钱玄同激进，但也认为中国汉字当废，主要是作为表达思想的工具是不

---

① 钱玄同：《中国今后之文字问题》，《新青年》1918 年 5 月 14 日。
② 钱玄同：《中国今后之文字问题》，《新青年》1918 年 5 月 14 日，见胡适：《中国新文学大系·建设理论集》（影印本），上海：上海文艺出版社，2003 年，第 141-142 页。

便利的，而主张用拼音取代汉字，汉字的难写难认妨碍了知识的普及，阻碍了文化的进步，"语言是表现思想的器具，文字又是表现语言的器具。惟其都是器具，所以都要求个方便"①。他们都是从语言的工具性出发来论证汉字当废，将客观性、严密性、精确性作为语言文字的根本特征。但任何一种语言除了工具性的一面，还有审美性的一面。在科学主义背景之下的文学革命运动，极力清除语言文字的审美性，而将工具性上升为语言文字的唯一特性，这与文学的科学化追求是密切相关的。

在科学主义引导下，"五四"时期中国掀起的这场激烈的反传统运动，旨在将传统文化彻底打倒，文言文被认为是传统文化的载体，因而成为知识分子攻击的对象，废止文言的主张于是甚嚣尘上。朱经农1918年给胡适的信中归纳了当时文字革命的四种意见：第一种是改良而并不废止文言；第二种是废止文言而改良白话；第三种是保存白话而以罗马字拼音代替汉文；第四种是文言白话一概废止而采用罗马文字作为国语。朱经农采取一种比较折中的立场，他认为："'文学的国语'，对于'文言''白话'，应该并采兼收而不偏废。"应吸取文言的精华去除白话的糟粕而另成一种"'雅俗共享'的'活文学'。""活文学"的标准是"第一是要把作者的意思完完全全地描写出来；第二要使读文字的人能把作者的意思容容易易透透彻彻地领会过去；第三是把当时的情景或正确的理由活灵活现实实在在地放在读者的面前"②。朱经农虽然没有主张完全废弃文言，但他关于"活文学"的标准显然还是具有明显的科学主义倾向，所谓"活文学"就是客观、清楚、明白地反映作者的思想和情感，正确地反映社会现实。这种主张正体现"五四"时期对于写实文学的推崇。

胡适在回复朱经农的信中也反对以罗马文字作为国语，但却认为保存白话以拼音代汉字的主张是"将来总该办到的"。他反对朱经农"精华"与"糟粕"的说法，认为"文学的国语"就是"白话的文法，白话的文字，加

---

① 傅斯年：《汉语改用拼音文字的初步谈》，《新青年》1919年2月11日，见胡适：《中国新文学大系·建设理论集》（影印本），上海：上海文艺出版社，2003年，148页。
② 朱经农、胡适：《新文学问题之讨论》，见郑振铎：《中国新文学大系·文学争论集》（影印本），上海：上海文艺出版社，2003年，第49-50页。

入文言中可变为白话的文字"。胡适以其实验主义哲学态度来推行白话文主张："一切学理都只是一种假设；必须要证实了（verified），然后可算是真理。"①白话文理论也是一种假设，这种假设在小说词曲中已经得到证明，而最需要证明的是用白话作韵文，所以胡适把自己的白话诗写作看作是实验主义的应用。②胡适的白话诗实验就是打破诗歌的格律，提倡"诗体大解放"，即"有什么材料，做什么诗；有什么话，说什么话；把从前一切束缚诗神的自由的枷锁镣铐拢统推翻"③。胡适在《谈新诗》中也说："新文学的语言是白话的，新文学的文体是自由的，是不拘格律的。……形式上的束缚，使精神不能自由发展，使良好的内容不能充分表现。若想有一种新内容和新精神，不能不先打破那些束缚精神的枷锁镣铐。"④当胡适建立白话文权威的主张受到诗歌文体的挑战时，他毫不犹豫地选择了打破文言诗歌在形式上的限制，赋予白话诗以"自由""精神解放"这样的价值内涵。文言诗歌的格律是一种限制，但同时也是诗歌审美上的特征，胡适为了贯彻他的白话文学理论，摧毁诗歌形式特征，同时也消解了诗歌的审美性，把作诗等同于说话，等同于材料的安排。在新诗运动中，将文学的工具性提升为一种准则，正是科学主义在文学领域扩张的表现。

在科学主义的主宰下，文学即便是所谓人生的艺术，或者说文学是人学，这个"人"也更多地被赋予了生物学的内涵。周作人将新文学归结为"人的文学"，并且申明他所说的"人"并不是"天地之性最贵"的人，而是"从动物进化的人类"，其中有两层含义：一是从"从动物"进化的；二是从动物"进化"的。前一层含义说明人类的生存以动物性生活为基础，在这个层面上人与动物并无区别；后一层意思说明人类进化的结果使人的内在生活达到了一个更高的境地。按照周作人"人的文学"之标

---

① 胡适：《逼上梁山》，见胡适：《中国新文学大系·建设理论集》（影印本），上海：上海文艺出版社，2003年，第23页。
② 胡适：《逼上梁山》，见胡适：《中国新文学大系·建设理论集》（影印本），上海：上海文艺出版社，2003年，第23页。
③ 朱经农、胡适：《新文学问题之讨论》，见郑振铎：《中国新文学大系·文学争论集》（影印本），上海：上海文艺出版社，2003年，第52-54页。
④ 胡适：《胡适文存·谈新诗》第1集卷1，上海：上海书店，1989年，第227-228页。

准，中国文学中的大部分就要被归入非人的文学，"从儒教道教出来的文章，几乎都不合格"①。他列出十大类应该被排斥的中国文学，历来被当作中国传统文学经典的《西游记》《聊斋志异》《水浒传》等都不是"人的文学"②。周作人从"动物的"和"进化的"两个方面来理解人性，一切不符合这一人性标准的文学都是非人的文学，说明周作人的人的文学主张也是一种科学主义话语。

新文化运动者提倡白话而否定文言，提倡新文学而否定旧文学，也引起了学衡派知识分子的回击。梅光迪是胡适留美时期结交的朋友，他在《评提倡新文化者》一文中对新文化者提出了尖锐的批评。他指出无论从西洋还是中国的文学历史来看，文学进化论的观点都是难以成立的。他说："吾国文学，汉魏六朝则骈体盛行，至唐宋则古文大昌。宋元以来，又有白话体之小说、戏曲。彼等乃谓文学随时代而变迁，以为今人当兴文学革命，废文言而用白话。夫革命者，以新代旧，以此易彼之谓。若古文白话之递兴，乃文学体裁之增加，实非完全变迁，尤非革命也。"③易峻批评胡适以进化论的观点来解释文学的演进，把文体的演变强解为文学的革命。他认为："文章体裁之增加，乃文人创造本能之代有发展；文体新旧之盛衰，乃文人习尚风气之代有变迁，无所谓革命，亦无所谓进化也。三百篇之'变'而至于五言七言，赋之'变'而至于骈文，古诗之'变'而至于词曲与戏剧，其'变'者，乃推陈出新之自由发展的创造作用，而非新陈代谢之天演进化的革命作用也。"④吴芳吉先后发表《论吾人眼中之新旧文学观》《再论吾人眼中之新旧文学观》《三论吾人眼中之新旧文学观》批驳文学进化论的观点，指出文学无新旧之分，也无所谓进化与退化。

郭颖颐认为："就这些新式知识分子对科学表现出的巨大热情而言，语言和文学的变革主要不是技术性的——使中国语言能吸收现代科学术语。它

---

① 周作人：《人的文学》，见胡适：《中国新文学大系·建设理论集》)（影印本），上海：上海文艺出版社，2003年，第193-199页。
② 周作人：《人的文学》，见胡适：《中国新文学大系·建设理论集》)（影印本），上海：上海文艺出版社，2003年，第193-199页。
③ 梅光迪：《评提倡新文化者》，《学衡》1922年1月第1期，第2页。
④ 易峻：《评文学革命与文学专制》，《学衡》1933年7月第79期，第5-6页。

是基于社会考虑的——使口语和书面语言统一，以利大众使用。"①在白话文的权威与社会文化的发展进步之间建立一种必然联系是很成问题的，从科学主义立场出发对文言的非法性论证更是武断的、没有合理根据的。余虹指出："事实上，废文言而用白话作文学的工具，完全是一种主观意志对文学与文字关系的粗暴干涉，胡适式的正当性论证基本上是一种主观臆断与虚构。在现代语言思想的背景下，我们对文言有更深入的理解。文言不是一种可以随意抛弃的工具，它意味着我们难以断然割掉的历史，是整个汉语文学经验的重要组成部分，它和白话一起构成了汉语言文学的语言背景。"②

三、白话文之胜利

20世纪20年代末，胡适发表《新文化运动与国民党》一文，提出两点主张：一是一切公文法令改为白话；二是全国日报、新闻、论说一律改用白话。当时的北洋政府教育部接受了胡适等人的主张，下令学校改用白话，在制度层面确立白话文的地位，这就将一种学术上的运动变而为由政治权力支撑的学术体制。这个重要的制度性因素，是白话战胜文言的一个重要原因。1920年伊始，北洋政府教育部下令，从当年秋季起，国民学校一二年级的国文教科书一律改用白话。陈平原认为："这是决定文白胜负的关键性举措。因教育制度上下连接，牵一发则动全身，小学改了，初中、高中也随之改，培养中小学教师的师范院校更得改。连类所及，大学也不可能置身度外。学校课本改用白话，这比任何政治家或文人学者的提倡更有力。可以说，百年中国的文言白话之争，这是个转折点。此后，白话一路凯歌，文言则处于绝对劣势地位。"③从体制上确立白话文的权威地位，对于中国现代文学的发展产生了极其重要的影响，文言作品不断受到挤压，逐渐被边缘化。

---

① [美]郭颖颐：《中国现代思想中的唯科学主义》，雷颐译，南京：江苏人民出版社，1990年，第6页。
② 余虹：《革命·审美·解构——20世纪中国文学理论的现代性与后现代性》，桂林：广西师范大学出版社，2001年，第85页。
③ 陈平原：《当代中国的文言与白话》，《中山大学学报（社会科学版）》2002年第3期，第16-18页。

1921年12月16日，国立东南大学南京高师日刊刊出"诗学研究号"，刊登古近体诗并探讨旧诗写作的文章，引起了一场激烈的争论。《时事新报·文学旬刊》第19号发表了署名斯提的文章《骸骨之迷恋》，认为人生是变动不息的，诗歌也应该是变迁和创新，旧诗的生命是消亡了，只能成为研究文学史的材料。旧诗"已成为骸骨"，因为"用死文字"且"格律严重拘束"，因此"诗学研究号"的先生们刊布旧诗，讨论旧诗的做法乃是"骸骨之迷恋"。①此文一出，立即引起强烈反响。"诗学研究号"诗作者之一薛鸿猷写了《一条疯狗！》批驳斯提，薛鸿猷强调旧体诗并不像斯提所说是"骸骨"，在当时的一些著名报刊中旧体诗并不鲜见，如《申报》《新报》《新申报》《新闻报》《中华新报》等皆有旧诗刊载，《新声》《栩园杂志》《小说新报》《半月》等杂志旧体诗也很多，至于"死文字"的说法更是不合逻辑。但他也认为旧诗过严的格律需要加以改良。②守廷回击薛鸿猷，称"骸骨"之说是为旧诗的形式，并不是指"古人之诗"，旧的形式已经不能用来表现现代的人格和时代的精神，"我们现代的人如用古代的已成滥调的旧诗的格律来发表自己的意见，其势非至于受严重的格律的牵制"③。缪凤林撰文强调旧诗如有文学价值，则不能谥以骸骨，旧诗的形式是旧体诗的重要特质，诗之天才并不受韵律的束缚，所以不仅旧诗仍然具有生命力，旧诗的形式也不是"骸骨"。他们为旧体诗辩护的立场受到卜向、静农、吴文祺、王警涛、沈雁冰等人的反驳。卜向指责创作和刊载旧诗是"诗坛底逆流"，"竟籍着那样郑重的招牌，开起骸骨陈列所，宣传起——如不欲宣传，何必刊布？——骸骨迷恋主义来"。④吴文祺更是指责缪凤林"替'弱点显著'的旧诗护短"，认为旧诗的内容包含表现旧诗人的世界观和人生观，不能移植到批评现代人生的诗里，至于旧诗的形式使用不见于口语的死文字，受严重韵律的拘束，自然是"骸骨"了。⑤旧体诗的反对者多从进化论的立场

---

① 斯提：《骸骨之迷恋》，《文学旬刊》1921年第19期，第2页。
② 薛鸿猷：《一条疯狗！》，《文学旬刊》1921年第21期，第1-2页。
③ 守廷：《对于〈一条疯狗〉的答辩》，《文学旬刊》1921年第21期。
④ 卜向：《诗坛底逆流》，《文学旬刊》1921年第21期，第2-3页。
⑤ 吴文祺：《驳"旁观者言"》，《文学旬刊》1922年第25期，第1页。

第十二章 新文学运动的科学主义话语与文学元语言的替换

出发,表达的不过还是胡适的"一时代有一时代的文学"之观点,他们反对旧体诗并不是从诗歌本身的艺术性出发,而是着眼于其反映现实和社会人生的功用。在这种科学主义的进化论文艺观主导下,对新诗的倡导同时是对旧体诗的压制。

汪震发表在《晨报副镌》上的《古文与科学》直接从科学主义的立场出发否定古文。他认为古文应被废除的一大原因,就是古文是与科学不相容的,而古文与科学不相容的地方,在他看来有两点:"一、古文不太精细,二、古文的推理只可以用直觉获得。"古文讲暗示,讲弦外之音,但是这种不精细的语句无法表达科学的关系,"科学的过程是分析与综合。科学最注重分析。科学里面是分析,是比较,是抽象。这些微细的条理如何直觉得出来?但是古文只给人直觉的推理,不给人科学的推理。"[1]他用科学的分析方法来评价王安石的《读孟尝君》,得出的结论是这篇历来被推崇的文章是不通的,他认为:"唐宋以后的古文不足为法,两汉以前的古文又何足为法?假使墨翟把墨经作得和《胡适文存》、吴稚晖的《一个新信仰的宇宙观和人生观》一样明白,又何用辗转注释,越讲越糊涂?"说明古文是不科学的,古文与科学不相容,自然应该被改造或被排斥:"二十世纪是科学的时期,中国是需要科学的国家,我们决不能因古文而使科学受了委屈。"[2]古文不符合科学的原理,意义表达不精确,对古文的理解无法运用科学的分析方法,这些本是古文特点的东西在科学主义的标准之下,都成了古文的"罪状",成了古文应该被打倒、被抛弃的理由。

经过"五四"文学革命后,白话文战胜文言文取得了话语霸权。尽管还有学衡派、甲寅派等一些人在为旧体诗文辩护,但都被打为文学发展进化的逆流。一些文言创作的文学作品在文学史中也得不到承认。因为这些文学都被动贴上了"旧文学""落后文学""反动文学"的标签。长期以来中国现代文学史都被称为"中国新文学史"。第一部完备形态的中国现代文学史是

---

[1] 汪震:《古文与科学》,《晨报副镌》1925年第1259期,第165-167页。
[2] 汪震:《古文与科学》,《晨报副镌》1925年第1259期,第165-167页。

王哲甫编的《中国新文学运动史》①（杰成印书局，1933年）。赵家璧主编的《中国新文学大系》（1935—1936年由上海良友图书出版公司出版）全书共十卷，《建设理论集》《文学论争集》《史料·索引》各1卷，编选创作的共7卷，收入小说81家共153篇作品，散文33家共202篇作品，新诗59家共441首诗作，话剧18家的18个剧本，"五四"时期创作的文言文和近古体诗词没有被纳入"新文学"当中。②20世纪40年代，朱自清在高校开设现代文学的讲稿《中国新文学研究纲要》，李一鸣编的《中国新文学史讲话》（1943年）都是以"新文学"为现代文学。1949年以后，王瑶的《中国新文学史稿》（新文艺出版社，1951年上册）、蔡仪的《中国新文学史讲话》（新文艺出版社，1952年）、张毕来的《新文学史纲》（作家出版社，1955年）、刘绶松的《中国新文学史初稿》（作家出版社，1956年）也都以"新文学"指现代文学。"新文学"这一名称带有明显的"五四"痕迹，即包括用白话文和新的文学形式创作的作品，反映时代精神和表现启蒙新思潮的文学作品。一些文言小说散文和旧体诗词名正言顺地被排除在外。什么是新文学？什么是旧文学？文学本无新旧之分，只有艺术价值高低之别，以语体形式和时代的先后来区分文学的新与旧更加没有道理，诗歌的艺术价值不必高过汉赋，明清小说也不能说优于唐诗宋词。之所以出现文学的新旧之分，乃科学主义的文艺观使然。科学主义的文艺观一个重要的表现就是将文艺的演变看作一个线性的历史进化过程，新的取代旧的是历史发展的规律，"新"则意味着现代、进步、科学，"旧"则意味着古代、落后、腐朽。旧体文学就是在科学主义文艺观的主宰之下逐渐被边缘化的。

值得一提的是，1933年在王哲甫编《中国新文学运动史》的同时，钱

---

① 该书在确定什么是"新文学"时驳斥了两种流行的观点，一种是认为白话文就是新文学，文言文就是旧文学；另一种观点认为新产生的文学就是新文学，而过去的文学作品就是旧文学。他认为新旧文学的区分不能根据语体形式，而要根据文学思想内容，新文学应该有优美的思想、情感、想象。不是所有用白话写的小说、诗歌、戏曲都是新文学，如鸳鸯蝴蝶派的白话小说就不能算是新文学。相反，林纾用文言翻译的小说却不能说是旧文学。至于后面一种以时代划分新旧的观点就更加错误，因为《诗经》、《楚辞》、《史记》、白居易的诗、王实甫的《西厢记》、施耐庵的《水浒传》、曹雪芹的《红楼梦》不能说是旧文学、死文学。他列举了胡适、陈独秀、周作人、沈雁冰、成仿吾、郭沫若等人对于文学革命的观点，指出文学之"新"在于文学的观念。
② 刘保昌：《郁达夫传》，武汉：崇文书局，2010年，第265页。

基博写了一本《现代中国文学史》，作者序言中称"是编以网罗现代文学家，尝显闻民国纪元以后者"①。该书将现代文学分为两派：古文派和今文派。古文学分为文、诗、词、曲四类，新文学分为新民体、逻辑文、白话文三类。文又分为魏晋文、骈文、散文；诗分为中晚唐诗和宋诗。每一类都选取代表性的作家予以论述。在"古文学"方面，魏晋文的王闿运、章太炎、苏玄瑛；骈文的刘师培、李祥、孙德谦；散文的林纾、马其昶、姚永概；中晚唐诗的樊增祥、易顺鼎；宋诗作家陈三立、陈衍、郑孝胥、胡朝梁、李宣龚；词类的朱祖谋、况周颐；曲类的王国维、吴梅等均有较详细的论述和评介。"新文学"中，康有为、梁启超的新民体和严复、章士钊的逻辑文也有详细的评述，而当时已成为现代文学主流的白话文在这部《现代中国文学史》中竟然只占有很小的篇幅。他评论白话诗是"光怪陆离"，新小说是"佶屈聱牙"，谈及几个新文学家，多是轻蔑口吻。钱基博的"现代文学"将大部分篇幅留给了古文，今文派中的康有为、梁启超、严复、章士钊等人的文章也主要是文言，而留给白话文的只是很小的篇幅。这是对当时流行的以新文学尤其是白话文为"现代"文学观念的一种反抗。不过钱基博关于文学的现代性观念并没有引起多大的重视。以白话文学为"新文学"，以"新文学"为现代文学在知识界几乎是不言自明的真理，且一直影响当今的现代文学史书写。

20世纪80年代以前，由唐弢、严家炎主编的《中国现代文学史》（人民文学出版社，1979年）是最有代表性的现代文学史著作，全书分上下两册，上册包括两个分册，共70余万字。它的指导思想和内容构架深刻地影响到现代文学史学科的建设和发展。各个时期的新诗都以专门的章节进行评述，但对旧体诗词没有进行介绍和讨论，这种处理方式也反映了一个时代共同的学术观念。同时期的许多现代文学史也是依循了这样的编写模式，在他们看来，文言文和古体诗词不入现代文学史是不言自明的。进入90年代，越来越多的人进入现当代文言文和古体诗词的研究领域，也已经有不少研究成果，对旧体文学进入现代文学史的呼声越来越强烈，但从最著名的几部现

---

① 钱基博：《现代中国文学史》（上），长春：吉林出版集团股份有限公司，2017年，序言第1页。

代文学史著作来看，旧体文学仍然被排斥在现代文学史外。钱理群、温儒敏、吴福辉编写的《中国现代文学三十年》，程光炜等撰写的《中国现代文学史》，由朱栋霖、朱晓进等主编的《中国现代文学史（1917—2013）》等教材都没有把文言文和古体诗词作为讨论的对象。两部有代表性的当代文学史著作是洪子诚撰写的《中国当代文学史》和陈思和主编的《中国当代文学史教程》，一定程度上实现了对以往文学史观的突破，将被主流意识形态遮蔽的一些地下文学写入文学史，但对一些旧体诗词仍然保持沉默。"五四"新文学运动后，白话文占据了绝对的主导地位，文言小说、骈文、旧体诗词等全面被压制，在文学的生产、文学的研究中被彻底边缘化了，它们的合法性也因此遭到否定。为什么旧体文学不能进入现代文学史？最主要的原因恐怕还是因为科学主义的文学史观主宰了中国现代文学史的写作。现代文学史的编撰仍然没有摆脱"五四"新文学运动以来科学主义文史观的影响，他们的现代性观念仍然是建立在"五四"时期新与旧、文言与白话的二元对立模式之上。这种文学现代性观念以文学语体的新旧作为裁剪的标准，实际上是漠视和否定文言文学的价值。

中国现当代文学史著作及现代诗歌史、现代文学理论批评史等，都不把旧体文学作为叙述和评论对象，对于新、旧体文学作品均有创作的作家，往往只讨论他们的新文学创作而忽视他们旧体文学作品的创作。以旧体诗词为例，它们在现当代文学中的合法性没有得到普遍的承认，可实际情况是旧体诗词并没有随着新诗的兴起而消失，它们一直活跃在众多名家的文学创作中。从"五四"到抗战前夕，旧体诗词的创作仍然比较活跃。严复、林纾、王国维、章太炎、刘师培、黄侃、黄节等为代表的一批知名学者在民国初期创作了大量的旧体诗词。晚清的"同光体"诗人如陈三立、夏敬观、郑孝胥、陈宝琛、陈衍、沈曾植等，"汉魏诗派"诗人如王闿运、陈锐、曾广钧、杨度等，"中晚唐诗派"诗人如梁鼎芬、樊增祥、易顺鼎等进入民国后创作的旧体诗依然有一定的影响。南社的很多诗人的创作一直延续到1949年以后，柳亚子、陈去病、高旭、高燮、苏曼殊、林庚白等在民国初期的诗词创作影响巨大。"诗界革命派"的梁启超、夏曾佑、金松岑等进入民国后也有旧体诗词的创作。国民党人孙中山、廖仲恺、胡汉民、于右任、谭延闿、叶楚伧等,共产党人李大钊、邓中夏、恽代英、瞿秋白、毛泽东、周恩来、朱德等在本时期也创作了不少旧体诗词。

抗战期间旧体诗词的创作也很活跃,大学教授和一些知名学者如陈寅恪、吴宓、浦江清、萧公权、顾随、胡小石、汪辟疆、吴梅、汪东、沈祖棻、陈匪石、丁宁、乔大壮、胡先骕、刘永济、马一浮、谢无量、王季思、缪钺、吴世昌、夏承焘、钱仲联、唐圭璋、钱锺书等都有旧体诗词的创作。即使从事主要新文学创作的作家如郭沫若、郁达夫、茅盾、叶圣陶、朱自清、老舍、胡风、田汉等人也创作旧体诗词,且人们普遍承认郁达夫的旧体诗创作水准达到了相当的高度。国民党元老和民主党派人士如章士钊、柳亚子、马叙伦、叶恭绰、江庸、李根源、翁文灏、冯玉祥、程潜、李济深、陈铭枢、傅真吾、罗卓英、黄炎培、张澜、沈钧儒、陈叔通、胡厥文等创作的旧体诗词的数量也相当可观。

中华人民共和国成立后,旧体诗词的创作依然没有中断。1957年《诗刊》创刊号发表了毛泽东诗词18首,掀起了旧体诗词创作的高潮。《光明日报》创办了《东风》副刊以发表旧体诗词,董必武、林伯渠、张澜、李济深、程潜、沈钧儒、黄炎培、陈叔通、胡厥文、赵朴初等人的诗词当时影响很大。著名学者陈寅恪、吴宓、俞平伯、胡先骕、夏承焘、王力、冯友兰、钟敬文、钱锺书、顾随、周谷城、翦伯赞、吕思勉、刘永济、邓云乡、钱仲联、胡小石、霍松林、缪钺、王季思、杨树达、张中行、唐圭璋、程千帆、周汝昌、浦江清、沈尹默、赵朴初、启功等也没有中断旧体诗词的创作。1976年的天安门"四五运动"掀起了一个自发的民间旧体诗词创作运动,而且给当代中国社会的新变带来很大影响。

民国时期的章回小说和一些通俗文学,公案小说、侠义小说、鸳鸯蝴蝶派小说等逐渐得到了主流文学界的承认,张恨水、张爱玲、金庸等人在现代文学史中已有相当的地位。但是大量的旧体文学被边缘化或处于地下状态的情况仍没有改变,学界依然以"新文学"的概念来构建现代文学学科和现代文学史,沿用古典文学形态的诗词、小说、随笔、传奇、杂剧、诗话、词话等被归属于"旧文学",旧文学是与新文学相对的,而现代文学史就是新文学史,那些被归入"旧文学"的作品自然被排除在文学史之外。20

世纪 80 年代关于现代文学史写作的争论中，唐弢就断然否定旧体诗在文学史中的合法性，他说："我们在'五四'精神哺育下成长起来的人，现在怎能回过头去提倡写旧体诗？不应该走回头路。所以，现代文学史完全没有必要把旧体诗放在里面作一个部分来讲。"[1]他并不否认旧体文学的艺术价值，但为什么不让旧体诗进入文学史呢？因为"五四"精神是不能否定的，承认了旧体诗的文学地位，就是挑战了"五四"精神的绝对合法性。而文言文及旧体文学形式正是在"五四"科学主义主导下的激进反传统思潮中被打倒的。20 世纪 90 年代，刘纳的"抗战时期郭沫若旧体诗研究"提出了正视旧体诗的价值问题，并得到了李怡的支持。在《十五年来中国现代诗歌研究之断想》一文中，李怡提出"将现代新诗和现代旧体诗统一考察"的观点。

这一问题尽管被重新提起，但多数人还是不同意将旧体诗词纳入现代文学史的写作，王富仁认为："作为个人的研究活动，把它（原注：旧诗词）作为研究对象本无不可，但我不同意把他们写入中国现代文学史，不同意给它们与现代白话文学同等的文学地位。"[2]他承认这里面有一种"文化压迫"，但又认为这种文化压迫是新文化为自身发展不得不采取的一种战略，问题不是旧体诗词是否存在，而是它们在现当代中国存在的意义和价值。[3]王富仁的这一观点，在现代文学研究界很有代表性。这里提出两个问题，第一，这种"文化压迫"是否是新文化自身发展的需要？文言和白话历来在中国文学中并行不悖，只是两种不同的语体形式，唐代古体诗歌的发展达到一个相当的高度，但那时的白话文学同样很繁荣，唐代的变文、传奇，甚至白话诗歌在那个时期都有很大的发展，且文言与白话同样源自中国的历史文化语境，在书面语中也都有使用，不存在文言文阻碍白话文发展的问题。白话对文言的压制只是"五四"时期科学主义影响下话语霸权的结果，不能说是新文化自身

---

[1] 见唐弢：《中国现代文学史的编写问题》，转引自钱理群：《返观与重构——文学史的研究与写作》，上海：上海教育出版社，2000 年，第 228 页。
[2] 王富仁：《当前中国现代文学研究中的若干问题》，《中国现代文学研究丛刊》1996 年第 2 期，第 76 页。
[3] 王富仁：《当前中国现代文学研究中的若干问题》，《中国现代文学研究丛刊》1996 年第 2 期，第 76 页。

发展的需要。第二，旧体诗词在当代是否有存在的价值和意义？且不说"五四"以来新诗从总体上说成就不高，与传统旧体诗词的成就不可比拟，就旧体诗词本身来说，依然承载着中国传统文化的精神意蕴，我们要使中国的文化走出西化的困境，发出自己的声音，真正屹立于世界文化之林，还得返回我们本民族自己的文化之源。

第二节　科学主义与文学史写作

一、"五四"前的文学史写作

作为近代科学与启蒙产物的科学主义，催生了近代学科的建制和各种历史学科，为适应近代教育体制和学科建制，中国文学史的编写也就是一种必然。从早期文学史的编写来看，试图从宏观上把握文学发展和演变的规律，提供一种客观性的知识，并运用实证主义的方法，这些都隐含着一种科学主义的倾向。中国古代文论中也有关于往代文学创作情况的描述和评价，但并不试图寻找一条文学发展的宏观历史线索，而多是一种文学特征性的描述。据陈玉堂《中国文学史书目提要》引述刘厚滋《中国文学史钞》和储皖峰编《中国文学史》绪论的说法，窦警凡《历朝文学史》脱稿于光绪二十三年（1897年），是中国人自己撰写的第一部中国文学史教材，可能是南洋师范课本，但实为国学概论而非现代意义上文学史。[①]另据周兴陆考证，《历朝文学史》正文内容为"读书偶得序"、"文字原始第一"（非"文学原始"）、"志经第二"、"叙史第三"、"叙子第四"、"叙集第五"。"文字原始"部分概述"文字之所由""许慎《说文》""列朝政《说文》之学者""音韵之学"；"志经"分论《易》《书》《诗》《礼》《春秋》等十三经；"叙史"则概述《史记》《汉书》《三国志》等史著；"叙子"则评述墨家、法家、名家、道家、纵横家等；"叙集"则简略勾勒了文（散文和骈

[①] 陈玉堂：《中国文学史书目提要》，合肥：黄山书社，1986年，第4页。

文)、诗、词、曲的演变轨迹。①这部文学史中的"文学"概念仍然是中国传统"文"的观念，其范围包含了经、史、子、集的内容，该书仍然遵循了中国传统目录学的分类原则，以经史子集、诗词曲赋分列叙述，但冠以"历朝文学史"的名称，并已经具有分类演进和实证性方法的史学编写特征。

黄人的《中国文学史》1905年前后由国学扶轮社印行，全书共29册一百七十多万字，系作者在东吴大学任教时所编写的教材。该书的内容颇为庞杂，不但包括诗词曲赋、小说、传奇和骈散、制艺，还有制、诏、策、谕，乃至金石碑帖、音韵文字等，几乎无所不包，可以说实际上是一部中国文化史。该书依然采用了中国传统的大文学概念，但文学"史"的观念已较清楚。

黄人在《中国文学史》中的科学主义倾向集中体现在他的进化论文学史观。黄人认为"真""善""美"是人生的三大目的，科学、哲学等谋求"宇宙最大之公理"，属于真的领域；教育学、政法学、伦理学、宗教学等"谋人生最高之幸福"，属于善的领域；而文学则属于美的部分。但三者相互关联，都是"求真之学"，文学与政治、伦理"亦莫不推及自然，由现象而知原则，力求进步，薄补苴而重完全"②。我国历来重文学，而无文学史，文学家列传、目录、选本、批评等虽然也"考文学之源流、种类、正变、沿革……既失先河后海之旨，更多朝三暮四之弊"③。文学史不仅是文学家的参考，而更在于"就既往之因，求分合沿革之果"④。黄人从文明进化、保存国粹来论述文学史的效用。第一，我国文学就谱牒而言是"万世一系瓜瓞相承"，其间虽有"求野、求夷"，也是吸收新质，而不乱"文学生殖上遗传之性"，所以，有文学史，则可抑制这种"厌家鸡而爱野鹜"的风气。第二，优胜劣败、适者生存乃进化之公理，而文学史能够"动人爱国、保种之感情"。第三，我国的现象往往外形统一而内容支离破碎，而文学更甚，外虽一体而内质混杂，言文学皆推原于大道，然而"道非一端"，细加

---

① 周兴陆：《窦警凡〈历朝文学史〉——国人自著的第一部中国文学史》，《古典文学知识》2003年第6期，第78页。
② 黄人：《中国文学史》，杨旭辉点校，苏州：苏州大学出版社，2015年，第2页。
③ 汤哲声等编著：《黄人：评传·作品选》，北京：中国文史出版社，1998年，第39页。
④ 汤哲声等编著：《黄人：评传·作品选》，北京：中国文史出版社，1998年，第39-44页。

分析，实各自成一家，而文学史则可述文学的系统。第四，史为"人事之鉴"，而"文学之不诚"往往是"初级进化"阶段的普遍情况，文学史可以"抉障翳""生光明"，从而使人有所鉴别而能抉择。①他较早对中国文学进行历史的分期，把中国文学的发展分为全盛期（先秦时期）、华离期（两汉至元代）、暧昧期（明代）、第二暧昧期（清代）。早期文学史一般按照朝代来分期，黄人这种按照文学演进规律来进行文学史分期的观点对于后来的文学史写作影响甚大，此后的文学史多按照西方的标准分为古代、中世纪和近代，或按照进化演进的规律分为萌芽期、少年期、壮年期、丰收期，这些分期方法均体现一种文学进化论观点。

林传甲的《中国文学史》1910年由武林谋新室初版。该书系京师大学堂的国文教义，原是作者1904年仿照早稻田大学的中国文学史教义编就而成，出版前曾在《广益丛报》连载。其篇章目次完全按照《大学堂章程》中国文学门科目中的"文学研究法"要求编写。②从第一章古文籀文、小篆、

---

① 汤哲声等编著：《黄人：评传·作品选》，北京：中国文史出版社，1998年，第39-44页。
② 附《大学堂章程》中国文学门科目之"中国文学研究法略解"研究文学之要义："一、古文籀文、小篆、八分、草书、隶书、北朝书、唐以后正书之变迁，一、古今音韵之变迁，一、古今名义训诂之变迁，一、古以治化为文，今以词章为文关于世运之升降，一、修辞立诚、辞达而已二语为文章之本，一、古今言有物、言有序、言有章三语为作文之法，一、群经文体，一周秦传记杂史文体，一、周秦诸子文体，一、史汉三国四史文体，一、诸史文体，一、汉魏文体，一、南北朝至隋文体，一、唐宋至今文体，一、骈散古今分之渐，一、骈文又分汉魏六朝唐宋四体之别，一、秦以前文皆有用、汉以后文半有用半无用之变迁，一、文章出于经传古子四史者能名家、文章出于文集者不能名家之区别，一、骈散各体文之名义施用，一、古今名家论文之异同，一、读专集读总集不可偏废之故，一、辞赋文体、制举文体、公牍文体、语录文体、释道藏文体、小说文体，皆与古文不同之处，一、记事、记行、记地、记山水、记草木、记器物、记礼仪文体、表谱文体、目录文体、图说文体、专门艺术文体，皆文章家所需用，一、东文文法，一、泰西各国文法，一、西人专门之学皆有专门之文学，与汉艺文志学出于官同意，一、文学与人事世道之关系，一、文学与国家之关系，一、文学与地理之关系，一、文学与世界考古之关系，一、文学与外交之关系，一、文学与学习新理新法制造新器之关系（通汉学者笔述较易），一、文章名家必先通晓世事之关系，一、开国与未造之文有别（如隋胜陈、唐胜隋、北宋胜晚唐、元初胜宋末之类，宜多读盛世之文以正体格），一、有德与无德之文有别（忠厚正直者为有德，宜多读有德之文以养德性），一、有实与无实之别（经济有效者为有实，宜多读有实之文以增才识），一、有学之文与无学之文有别（根柢经史、博识多闻者为有学，宜多读有学之文以厚气力），一、文章险怪者、纤佻者、虚诞者、狂放者、驳杂者，皆有妨世运人心之故，一、文学习为空疏，必致人才不振之害，一、六朝南宋溺于好文之害，一、翻译外国书籍函陵文字中文不深之害。"（见北京大学校史研究室编：《北京大学史料》第一卷，北京：北京大学出版社，1993年，第107页）。

八分、草书、隶书、北朝书、唐以后正书之变迁开始,以下为音韵、训诂、群经、诸子、史传、骈散及历朝文体的变迁,篇章目录照抄了《大学堂章程》中文学研究法课程中的研究文学之要义的前十六款。虽然作者自序中说采用纪事本末体裁,以文体为主编撰而成,但实际上该书将文字、书法、音韵、训诂、文法、修辞、经学、史学等并列论述,显得混乱不清,可见其文学概念仍然是传统"文"的观念,文学的范围依然十分驳杂。对于元代的小说、戏曲文体更是持贬斥的态度,他认为元代的小说、戏曲变乱正史,文格卑下,不应该被载入文学史当中:"日本笹川氏撰《中国文学史》,以中国曾经禁毁之淫书,悉数录之,不知杂剧院本传奇之作,不足比于古之虞初,若载于风俗史犹可,笹川载于《中国文学史》,彼亦自乱其例耳。况其胪列小说戏曲,滥及明之汤若士、近世之金圣叹,可见其识见污下,与中国下等社会无异。而近日无识文人,乃译新小说以诲淫盗,有王者起,必将戮其人而火其书乎!"[1]尽管林氏《中国文学史》的编写仍然是传统文学观念,但该书的编写体例和方法已经浸透现代科学精神。全书十六章,每章十八节,结构安排整饬有序。林传甲早年既接受算数、舆地之学的教育,年轻时游学武昌,创时务学堂,受知于张之洞,这种经历使他深受自然科学思维方式的影响。

来裕恂的《中国文学史稿》大约成书于 1905 年间,写作期间作者任教于海宁中学堂,当时的中学堂普遍开设了文学史课程,所以这本《中国文学史稿》很有可能是当时的授课讲义。该书共三卷九编八十四章,内容为中国文学之起源、诸子时代、汉代之文学、汉以后之文学、唐代之文学、宋代之文学、宋以后之文学、明代之文学、国朝之文学。该书文学的内容依然驳杂,包括传统小学、经学、史学、子学、理学和心学,甚至还有天文、舆地、算学等内容。在绪言中,来氏痛惜中国科学不昌,"故思想窒塞,智识滞钝",他说"今日世界之改观者,(皆)科学为之也。惜(乎)我国(之)科学,仅于先秦时一现其光影"[2]。在对中国传统文化的评述中流露

---

[1] 林传甲:《中国文学史》,北京:武林谋新室,1910 年,第 182 页。
[2] 来裕恂:《萧山来氏中国文学史稿》,长沙:岳麓书社,2008 年,第 1-3 页。

出明显的科学主义意识。

　　来裕恂指出先秦是中国文学的极盛时期，不只是哲理和政法诸学，而且是产生了许多专门实际之学如医学、天算、兵学、理财学等。这一时期也是中国国民思想最优胜的时期，表现在国家思想的发达、生计问题的昌明、世界主义的光大、家数之繁多，但其缺点也不少：一是"论理之学"缺乏，虽然有邓析、惠施、公孙龙等名学家，但是多流于诡辩，不能辨析因果之理，即便如墨子的《大取》《小取》也不能成"特种科学"，因此，"文学不能光大"；二是"物理之学"不精，虽有"格物一目"，然"有录无书"，百家之言很少论及格物之学，只有墨子"剖析颇精"，然而"传者既微"，秦汉以后便中断了，故文学"蹈于空疏"；三是门户之见太深，缺乏辩难的精神，不以追求真理为目的，孟子拒杨墨、墨子非儒、荀子非十二子率多谩骂，而与真理不相关，这是文学上的一大障碍；四是保守之念太重，著述以依傍古人为重，"不以发明为念"，故阻碍"文学之进境"。[①]来氏所说的"论理之学"，实指西方的逻辑学，而他所说的"物理之学"，则指强调观察、实验、分析的自然科学。由此看来，他对先秦文学优劣的判断实立足于科学主义，以西方现代科学的标准来衡量先秦的学术，可见来裕恂隐含的科学主义倾向。在国朝文学的总论中，他说："道光以来，西学东渐，于是欧亚文化，混合（而）为一。迄今学校兴，学科分，求学之士，凡得之于学堂者，皆有科学之性质，于是文章益形进步矣。"[②]他认为近代引进西方分科之学、开办新式学堂以后，学子知道中国文学之不足用，转而求诸西方学术，科举废除以后，学堂盛开，"中国之文学，自此将与欧美合乎。是又开前古未有之景象，而文学史上，又为之生色矣"[③]。统揽全书，我们可以看到来裕恂在他的中国文学史建构中，带有明显的科学主义意识。

　　民国后出现的中国文学史著作如王梦曾《中国文学史》（商务印书馆，1914年）、曾毅《中国文学史》（泰东图书局，1915年）、张之纯《中国文学史》（商务印书馆，1915年）、钱基厚《中国文学史纲》（锡成公

---

① 来裕恂：《萧山来氏中国文学史稿》，长沙：岳麓书社，2008年，第42-44页。
② 来裕恂：《萧山来氏中国文学史稿》，长沙：岳麓书社，2008年，第185页。
③ 来裕恂：《萧山来氏中国文学史稿》，长沙：岳麓书社，2008年，第203页。

司，1917 年）、谢无量《中国大文学史》（中华书局，1918 年）、褚石桥《文学密史》（1919 年）、葛遵礼《中国文学史》（会文堂新记书局，1920 年）等基本仍然遵循传统"文"的概念，包括的内容广泛庞杂，但它们"史"的叙述方式已经蕴含科学主义的倾向。

二、整理国故运动与文学史的编撰

20 世纪二三十年代出现大量文学史编撰，虽然是现代教育体系下文学学科体制的要求，还有一个重要的原因就是受到"五四"以来整理国故思潮的影响。整理国故就是以现代科学的方法来清理中国的传统学术文化。在这种思潮的影响下，各种史学纷纷出现，哲学史、政治史、教育史、经济史、伦理史等，而文学史的编撰也很流行。中国文学史写作的科学主义倾向是与整理国故的基本精神密切相关的。整理国故最早由"国故社"倡导，这个学术团体是在刘师培、黄侃等人的支持下成立的。1919 年，北京大学文科出版《国故》月刊，刘师培在发刊词中称该刊"以昌明中国固有之学术"为宗旨。同年 5 月，罗家伦、傅斯年等人主编的《新潮》杂志发表了毛子水的文章《国故和科学的精神》，提出以"科学的精神"对国故加以整理。1922 年，吴宓、梅光迪等人在东南大学创办《学衡》杂志，声明其办刊宗旨为"论究学术，阐求真理，昌明国粹，融化新知。以中正之眼光，行批评之职事。无偏无党，不激不随"。1923 年，胡适创办《国学季刊》，具体系统阐述"整理国故"的原则、方法、指导思想。文学研究会的郑振铎、顾颉刚、沈雁冰和创造社的郭沫若、成仿吾等人都对此提出了自己的主张。20 年代，各大学等团体先后创办以传统文化研究为主的学术刊物，如东南大学的《国学丛刊》（1923）、清华国学研究院的《国学论丛》（1927）、北京大学研究所国学门的《北京大学研究所国学门周刊》（1925）和《北京大学研究所国学门月刊》（1926）、燕京大学与哈佛-燕京学社的《燕京学报》（1927）、厦门大学国学研究所的《厦门大学国学研究所周刊》（1927）等。整理国故运动促使 20 世纪 20 年代形成了一个传统文化研究的高潮。

针对国故社保存国粹的主张，新潮社成员毛子水发表《国故和科学的精神》,将"国故"解释为"中国古代的学术思想和中国民族过去的历史"[1],与欧洲现代的学术思想相比,"国故是过去的已死的东西,欧化是正在生长的东西,国故是杂乱无章的零碎的智识,欧化是有系统的学术"[2]。毛子水否定中国传统学术文化的价值显然是站在科学主义的立场之上,因为中国的传统学术是"零碎的""无系统的",而且也没有产生像希腊罗马那样的名学和数学,所以对于世界文明没有什么贡献。既然国故在世界学术史上并不重要,我们为什么要去研究它呢?他认为通过研究国故,"我们就可以知道中国从前的学术思想和中国民族所以不很发达的缘故;我们亦就可以知道用什么法子去救济他。譬如一个得了奇病而死的人,是很没有用处的一个东西,却是经一个学问高深的医生,把他解剖起来,就可以得了病理学上的好材料,就有很大的用处。我们中国的国故,亦同这个死人一样"[3]。"国故"的价值仅在于作为科学研究的"死材料",更要紧的是研究科学,"吸收欧洲现代确有价值的学术,一来医治我们学术思想上的痼疾,二来造成一个能够和欧化'并驾齐驱'的'国新'。倘若要研究国故,亦必须具有'科学的精神'的人,才能和上等医生解剖尸体一样,得了病理学上的好材料。不然,非但没有益处,自己恐怕还要受着传染病而死"[4]。"科学的精神"大旨即"重征"和"求是",用科学的精神研究国故,首先要做的就是以科学的精神去采取材料。毛子水特别推崇章太炎的国故研究,章太炎的经学研究,得疏证学"重征""求是"的心习,而"重征"和"求是"就是科学的精神。

《新潮》杂志的主编傅斯年修正了毛子水过分贬低中国传统文化价值的观点,但是赞同毛子水用科学整理国故的主张,在该文后的《附识》中,指出当时研究国故的两种手段即"整理国故"和"追慕国故"。"整理国故"的态度是把中国以往的学术、政治、社会等作为材料"研究出些有系统的事

---

[1] 毛子水:《国故和科学的精神》,《新潮》第1卷第5期,1919年5月。
[2] 毛子水:《国故和科学的精神》,《新潮》第1卷第5期,1919年5月。
[3] 毛子水:《国故和科学的精神》,《新潮》第1卷第5期,1919年5月。
[4] 毛子水:《国故和科学的精神》,《新潮》第1卷第5期,1919年5月。

物来"；至于"追慕国故"则是"愚不可及"①。这显然是针对刘师培等人保存国粹的主张。他也极力主张研究国故必须用"科学的主义和方法"。毛子水撰文反驳张煊《驳〈新潮〉〈国故和科学的精神〉篇》中的观点，再指"国故"是"已死的东西"，作为学术研究之参考也越来越没有价值，科学是近世的发明，中国古代的学术虽然也有些科学的知识，但都是杂乱无章的零碎的知识，"国故"虽可以整理，但必须用科学的方法才能整理，研究学术最正当的方法是科学的方法，科学就是"合法的学术"。②哪些是有价值的知识，哪些是合法的知识，都要经过科学的衡量。传统学术文化不是合法的知识，是没有价值的"死材料"是因为它们不合乎科学的标准。

胡适 1919 年发表《新思潮的意义》一文，提出新文化建设的纲领是"研究问题，输入学理，整理国故，再造文明"③。怎样对待中国传统学术思想？那就是整理国故。"整理就是从乱七八糟里面寻出一个条理脉络来；从无头无脑里面寻出一个前因后果来；从胡说谬解里面寻出个真意义来；从武断迷信里面寻出一个真价值来。"④因古人学术缺乏条理，没有系统，所以第一步是"条理系统的整理"；因古人缺少历史进化的眼光，不讲学术的渊源，不求前因后果，故第二步是找出每种学术思想的发生和影响；前人学术往往以讹传讹，相沿成习，所以第三步是要用科学的方法，作精确的考证，把古人的意义弄明白清楚；前人对古代的学术思想，往往是武断成见，盲目迷信，所以第四步是还各家学说以真面目、真价值。⑤胡适的科学主义倾向来源于他的进化论思想和实验主义哲学。

如果说中国传统文化在文化现代性构建中，还有可资借鉴的精神资源，那也需要用科学的方法加以整理。胡适主张用科学的方法整理国故，且只有用科学的方法对民族遗产加以重建，才是有价值的。整理国故就是"打鬼"，就是"化黑暗为光明，化神奇为臭腐，化玄妙为平常，化神圣为凡

---

① 毛子水：《国故和科学的精神》，《新潮》第 1 卷第 5 期，1919 年 5 月。
② 毛子水：《驳〈新潮〉〈国故和科学的精神〉篇》订误，《新潮》第 2 卷第 1 号，1919 年 10 月。
③ 胡适：《新思潮的意义》，《新青年》第 7 卷 1 号，1919 年。
④ 胡适：《新思潮的意义》，《新青年》第 7 卷 1 号，1919 年。
⑤ 胡适：《新思潮的意义》，《新青年》第 7 卷 1 号，1919 年。

庸：这才是'重新估定一切价值'"①。胡适认为清代的汉学是不自觉地使用科学的方法，而整理国故却要自觉地使用科学的方法。怎样才是科学的方法？胡适在 1923 年《〈国学季刊〉发刊宣言》中提出"整理国故"的三大策略："用历史的眼光来扩大国学研究的范围""用系统的整理来部勒国学研究的材料""用比较的研究来帮助国学的材料的整理与解释"②。胡适提出的系统的研究得到了当时许多学者的支持，曹聚仁认为中国有"国故"而无"国故学"，国故即是五千年中华民族以文字表达之思想，而国故学则是"记载此思想之生灭，分析此思想之性质，罗列此思想之表现形式，考察此思想之因果关系，以合理的，系统的，组织的方式述说之者也"③。简单地说就是以科学的方法处理作为研究对象的国故，使之成为一门科学。他认为中国古代的典籍如朱熹、戴震的哲学思想，都可以说是无组织、无系统，如刘知几的《史通》、章学诚的《文史通义》，甚至章太炎的《国故论衡》也止于有组织，而不可说有系统。这些都不能算是学术，而只是学术的资料，要建立中国的国故学，必要采取合理的、组织的、系统的方式，所谓合理即"客观性之存在"；所谓组织即"归纳方法求一断案，以演绎方法合之群意"；所谓系统即"或以问题为中心，或以时代为先后，或以宗派相连续，于凌乱无序之资料中，为之理一纲领也"④。曹聚仁强调的合理、组织、系统正是中国传统学术文化在西方学科分类体系之下不断分化和学科化的基本路向，中国传统学术文化在科学的标准之下成为材料，又在科学体系和科学的方法之中被重新组织起来。中国文学史和中国文学批评史亦在科学主义的主宰之下循此向路，逐渐演化成现代学科形态。

　　胡适等人对于"国故"的整理都提倡科学的方法、科学的精神，这基于一个共同的认识，即中国古代的学术思想是模糊的、不精确的、零乱的、无系统的。唐钺列举中国传统思想的弱点为"受道德和功利的观念所束

---

① 胡适：《整理国故与打鬼》，见胡适：《胡适文集》第 4 集，欧阳哲生编，北京：北京大学出版社，1998 年，第 117 页。
② 《〈国学季刊〉发刊宣言》，《北京大学日刊》第 1187 期，1923 年，第 2-3 页。
③ 曹聚仁：《国故学之意义与价值》，《东方杂志》第 22 卷第 4 期，1925 年，第 70 页。
④ 曹聚仁：《国故学之意义与价值》，《东方杂志》第 22 卷第 4 期，1925 年，第 65-78 页。

缚""为快感和文学性质所左右""断片的无系统的""模糊的不准确的""笼统的空泛的""口头的字面的"[1]等，要补救这些弱点，最好是研究科学，研究科学不只是用几个科学名词、引几个科学事实，而是要运用科学方法和体验科学精神。这样，对于中国古代经典就要进行重新的认识和评价："我国思想界的书籍有统系的很少。大抵都是短篇简语零零碎碎的，老子的书，虽然自成律贯，但也是许多断片集成的。《论语》更无论。《论语》不是孔子做的，是门人随便杂凑的；他的没有系统，还可以饶恕。但是《孟子》七篇据说是他自己做的，也不免东鳞西爪似的。……到了唐朝，文集盛行；宋朝语录盛行；求像庄子，韩非子那种稍有系统的书越少了，后来更是江河日下了。断片的大危险，就是意义不能正确，人家可以随便解释，可彼可此，使人不能依他为推究的起点，因而思想不能进步。又因为他不含一点条件，都没有应用的价值，所以就是精理，也变成空言。"[2]在科学主义的标准之下，中国传统文化的特点都成了缺点，系统性、精确性、明晰性成了衡量知识价值性的标准，不具有此种科学性的知识都是没有价值的。

三、科学的文学史

整理国故运动经过新潮社和胡适等人的倡导，得到各界的响应，中国文学作为国故的一部分自然也有整理的必要，也须经受科学的洗礼。文学研究会1921年将"整理中国旧文学"写入他们的简章，作为其重要任务之一。1922年文学研究会的《文学旬刊》发表了郑振铎的《整理中国文学的提议》、汪馥泉《整理中国古代诗歌的意见及其他》等文章。1923年《小说月报》第12卷第1号刊发《改革宣言》，指出中国文学变迁的过程有亟待整理的必要，第14卷1号还开设"整理国故与新文学运动"栏目。[3]郑振铎、顾颉刚、王伯祥等人认为整理国故是建设新文学的重要条件。他们对于整理

---

[1] 唐钺：《吾国人思想习惯的几个弱点》，《东方杂志》1923年第20卷第7号，第19-22页。
[2] 唐钺：《吾国人思想习惯的几个弱点》，《东方杂志》1923年第20卷第7号，第19-22页。
[3] 秦弓：《"整理国故"的历史意义及当代启示》，《文学评论》2001年第6期，第125-132页。

中国文学的论述具有明显的科学主义倾向。

郑振铎《新文学之建设与国故之新研究》认为国故需要整理的理由有二：一是彻底改革旧的文艺观念；二是建设我们的新文学观，并且重新估定中国文学的价值。要彻底改革旧的文学观，一方面"要把什么是文学，什么是诗，以及其他等等的文学原理介绍进来"，另一方面要打翻旧文学的传统信条，要重新估定中国文学的价值，就像"把金石从瓦砾堆中搜找出来，把传统的灰尘，从光润的镜子上拂拭下去"①。他提出整理国故的新精神是"无征不信"，"以科学的方法来研究前人未开发的文学园地。我们怀疑，我们超出一切传统的观念——汉宋儒乃至孔子及其同时人——但我们的言论，必须立在极稳固的根据地上"②。顾颉刚在《我们对于国故应取的态度》中指出要将内容庞杂的国故整理到科学的境域，将国故中的文学整理出来"可以使得研究文学的人明了从前人的文学价值的程度更增进，知道现在人所以应做新文学的缘故更清楚，此外没有别的效用"③。整理的方法是"搜集""分类""批评""比较"。王伯祥的《国故的地位》一文认为"整理国故"是历史的观念，要"在历史上寻究他的来源，观察他的流变"。④余祥森《整理国故与新文学运动》认为整理国故的方法是"搜集""选择""汇别"，而选择的标准是"高深的思想""完美的格式""浅显的文字"。⑤严既澄《韵文及诗歌之整理》认为所谓整理就是"从浩如烟海，漫无端绪的载籍中，理出一条道路来"，其效果在于"与人便利"，"导人正轨"。⑥郑振铎、顾颉刚等人通过对中国文学进行科学的整理，使其具有历史的形态。文学研究的科学化倾向是文学史写作的一个根本动因，也决定了文学史的基本形态。

郑振铎认为文学研究者更像植物学家、地质学家，要求通过分析和考察

---

① 郑振铎：《新文学之建设与国故之新研究》，《小说月报》1923 年第 14 卷第 1 期。
② 郑振铎：《新文学之建设与国故之新研究》，《小说月报》1923 年第 14 卷第 1 期。
③ 顾颉刚：《我们对于国故应取的态度》，《小说月报》1923 年第 14 卷第 1 期，第 132-134 页。
④ 王伯祥：《国故的地位》，《小说月报》1923 年第 14 卷第 1 期，第 134-135 页。
⑤ 余祥森：《整理国故与新文学运动》，《小说月报》1923 年第 14 卷第 1 期，第 135-138 页。
⑥ 严既澄：《韵文及诗歌之整理》，《小说月报》1923 年第 14 卷第 1 期，第 138-141 页。

以寻求真理，所以文学研究实乃"文学之科学的研究"①。中国古代虽有繁富的文学作品，但文学研究却是很不发达的。"所谓文史类的著作，发达得原不算不早；陆机的《文赋》，开研究之端，刘勰的《文心雕龙》与钟嵘的《诗品》，继之而大畅其流。然而这不过是昙花一现。……《四库全书总目提要》曾将诗文评（即'文史'）分为五类：（一）究文体之源流而评其工拙——《文心雕龙》。（二）第作者之甲乙而溯厥师承者——《诗品》。（三）备陈法律者——皎然《诗试》。（四）旁采故事者——孟棨《本事诗》。（五）体兼说部者——刘颁《中山诗话》，欧阳修《六一诗话》。除了第一、第二两类之著作以外，其余的都不过是琐碎的记载与文法的讨论而已（像第一第二两类的著作却仅有草创的《文心雕龙》与《诗品》二种）。间有单篇论文，叙述古文和骈文之源流，叙述某某诗派，某某文社之沿革，或讨论某个文学问题的，或讨论什么文章之得失的。然却是太简单了，不成为著作。"②他赞扬金圣叹对小说和戏曲的文学价值的认识，但认为其研究方法却走入歧途，流于琐碎的句评字注，而不去研究作品的起源和影响。中国传统文论的感悟式批评，零碎片段，不成系统，至少算不得好的文学研究。郑振铎提出文学研究应该有新途径和新观念："我们要走新路，先要经过接连着的两段大路；一段路叫作'归纳的考察'，一段路叫作'进化的观念'。"③这种将文学作历史科学的研究，必然将丰富的文学现象作为材料封闭起来，致力于客观的呈现、真相的追索、源流的考察。这样文学史的写作就必然从科学研究中获取其话语资源。

　　胡适 1921 年在国语讲习所的教学讲义是他最早的文学史著述，1927 年，胡适出版的《国语文学史》是以 1922 年的南开油印本为底本，1928 年在此基础上写成《白话文学史》。名称上将"国语文学史"改成"白话文学史"，正体现胡适关于"白话文学为中国文学之正宗"的观点。从工具论的

---

① 郑振铎：《研究中国文学的新途径》，见郑振铎：《郑振铎全集》第五卷，石家庄：花山文艺出版社，1998 年，第 284-285 页。
② 郑振铎：《研究中国文学的新途径》，见郑振铎：《郑振铎全集》第五卷，石家庄：花山文艺出版社，1998 年，第 286-287 页。
③ 郑振铎：《研究中国文学的新途径》，见郑振铎：《郑振铎全集》第五卷，石家庄：花山文艺出版社，1998 年，第 290 页。

第十二章 新文学运动的科学主义话语与文学元语言的替换

科学主义确立白话文的权威，胡适多有论述，而要推动以白话为中心的新文学运动，还要从历史主义的角度来论证白话文的权威。他在《自序》中说白话文学史其实就是中国文学史，"白话文学史就是中国文学史的中心部分。中国文学史若去掉了白话文学的进化史，就不是中国文学史了，只可叫做'古文传统史'罢了"①。他又说："我把'白话文学'的范围放得很大，故包括旧文学中那些明白清楚近于说话的作品。……这样宽大的范围之下，还有不及格而被排斥的，那真是僵死的文学了。"②胡适要为白话文学作史，源于他新文学运动中对白话文正宗地位的合法性论证。而为白话文建立历史无疑是其倡导新文学史观的一个重要步骤，"要大家知道白话文是有历史的"。这表明他要从历史来捍卫白话文在现实中的地位。他从历史性的叙述中赋予白话文言相对立的价值内涵，进而否认文言文存在的意义。早在1918年发表于《新青年》的《建设的文学革命论》中就表明了他的这一立场："他们所以还能存在中国，正因为现在还没有一种真有价值，真有生气，真可算作文学的新文学起来代他们的位置。有了这种'真文学'和'活文学'，那些'假文学'和'死文学'，自然会消灭了。所以我望我们提倡文学革命的人，对于那些腐败文学，个个都该存一个'彼可取而代也'的心理，个个都该从建设的一方面用力，要在三五十年内替中国创造出一派新中国的活文学。"③写作白话文学史是为树立其"真文学""活文学"的地位。

胡适早期便强调文学的研究要有历史的观念，这种历史的观念与当时颇为流行的科学史观相关，这种科学史观认为具有因果联系的事件构成了历史，而历史学的任务就是要揭示这种因果联系。胡适在编写《中国哲学史大纲》时就总结出一套哲学史的研究方法，即明变、求因和评判。"把各家的学说，拢统研究一番，依时代的先后看它们传授的渊源，交互的影响，变迁

---

① 胡适：《白话文学史》（上卷），载《引子》，新月书店，1928年；参见安徽教育出版社1999年版第9页。
② 胡适：《白话文学史》（上卷），载《引子》，新月书店，1928年；参见安徽教育出版社1999年版第9页。
③ 胡适：《建设的文学革命论》，《新青年》1918年3月第4卷第4号，第40页。

的次序：这便叫做'明变'。然后研究各家学派兴废沿革变迁的缘故：这便叫做'求因'。然后用完全中立的眼光，历史的观念，一一寻求各家学说的效果影响，再用这种效果影响来批判各家学说的价值：这便叫做'评判'。"①史学被认为是最具有科学性的人文学科，主要在于其一套科学的研究方法，文学史属于历史科学的一部分，也要求其运用科学的方法。这样，胡适的科学主义立场就表现在他要以严格的科学考据来保证内容的真实可靠性。他的文学史叙述力求建立在文献考证的基础上，考虑到上古文献资料的可信性，他的白话文学史宁从汉代开始。这种重实证的科学主义态度决定了他对文学材料的选择，也影响到了他对文学价值的评判。

胡适白话文学史写作的科学主义倾向还体现在贯穿全书的文学进化论观点。他认为历史的进化有两种情况：一种是自然的演化，可以称之为演进；另一种是自身的顺势加上人力的督促，叫作革命。演进是无意识的、迟缓的，而有意识的鼓吹加上人力的促进则可以加快自然进化的趋势，所以进化的时间大大缩短，看起来就像是革命。在中国，白话文学的历史就是这种自然演进："这几年来的'文学革命'，所以当得起'革命'二字，正因为这是一种有意的主张，是一种人力的促进。……故一千多年的白话文学种下了近年文学革命的种子；近年的文学革命不过是给一段长历史作一个小结束：从此以后，中国文学永远脱离了盲目的自然演化的老路，走上了有意的创作的新路了。"②胡适以文学进化论为根据，来为其"白话文学史"的写作寻找合理性和合法性的理由。他以文学的进化、写实主义、平民文学等标准来判定唐代文学不同时期的文学价值："以政治上的长期太平而论，人称为'盛唐'，以文学论，最盛之世其实不在这个时期。从杜甫中年以后，到白居易之死，期间的诗与散文都走上了写实的大路，由浪漫而回到了平实，由天上回到人间，由华丽回到平淡，都是成人的表现。"③胡适的《白话文学史》写作的科学主义立场形成了一种文学史写作的范式，也构成了文学研

---

① 胡适：《中国哲学史大纲》，长沙：岳麓书社，2010年，第20-21页。
② 胡适：《白话文学史》（上卷），载《引子》，新月书店，1928年；参见安徽教育出版社1999年版第4-5页。
③ 胡适：《白话文学史》，《胡适文集》第8册，北京：北京大学出版社，1998年，第307-308页。

究领域的一种话语权力。20世纪二三十年代以来的诸多文学史的写作都深受影响。

20世纪二三十年代，中国出现了文学史写作的热潮，主要的有刘贞晦和沈雁冰《中国文学变迁史》（集成公司，1921年）、凌独见《新著国语文学史》（商务印书馆，1923年）、李振镛《中国文学沿革概论》（上海大东书局，1924年）、胡怀琛的《中国文学通评》（上海大东书局，1924年）和《中国文学史略》（梁溪图书馆，1924年）、刘毓盘《中国文学史》（上海古今图书店，1924年）、胡毓寰《中国文学源流》（商务印书馆，1924年）、易树声《中国文学史》（金陵大学，1924年）、谭正璧《中国文学史大纲》（光明书局，1925年）、曹聚仁《平民文学概论》（梁溪图书馆，1926年）、鲁迅《中国文学史略》（厦门大学油印，1926年）、胡适《国语文学史》（北京文华学社，1927年）、胡小石《中国文学史讲稿上编》（上海人文出版社，1928年）、谭正璧《中国文学进化史》（光明书局，1929年）、穆济波《中国文学史》（上海群乐书店，1930年）、李劼人《中国文学史讲义》（1930年）、郑振铎《中国文学史》（1930年）、蒋鉴璋《中国文学史纲》（1930年）、郑宾于《中国文学流变史》（上海北新书局，1930—1933年）、胡怀琛《中国文学史概要》（商务印书馆，1931年）、胡云翼《新著中国文学史》（上海北新书局，1932年）、刘麟生《中国文学史》（世界书局，1932年）、陆侃如和冯沅君《中国文学史简编》（上海大江书铺，1932年）、郑振铎《插图本中国文学史》（北平朴社，1932年）、周作人《中国新文学的源流》（北平人文书店，1932年）、胡行之《中国文学史讲话》（光华书局，1932年）、刘大白《中国文学史》（上海开明书店，1933年）、陈子展《中国文学史讲话》（1933年）、钱基博《现代中国文学史》（世界书局，1933年）、童行白《中国文学史纲》（上海大东书局，1933年）、康璧成《中国文学史大纲》（上海广益书局，1933年）、谭丕模《中国文学史纲》（北新书局，1933年）、刘经庵《新编分类中国纯文学史纲》（北平著者书店，1935年）、谭正璧《新编中国文学史》（1935年）、容肇祖《中国文学史大纲》（北平朴社，1935年）、张长弓《中国文学史新编》（上海开明书店，1935年）、赵景深《中国文学史新编》（北新书局，1936年）、陈介白《中国文学史概要》（国立北京大学文学院，1937年）、杨荫深《中国文学史大纲》（1937年）等。在这些文学史写作中，中国传统文化学术被作为材料予以分类和重新整理，按照新的文学观念，哪些是属于文学？哪些不是文学？确定文学的定义，划分文体的类别；根据文学进化的观念，追溯文学的起源、清理文学发展的脉络，总结文学演变的规律。这种客观性和实证性的文学研究，秉持科学的精神，使用科学的方法。可以说，文学史的写作，就是朝向建立"文学的科学"之目标。

　　文学史写作中被强调的"纯文学"与"杂文学"的区分就表现为一种科学主义的倾向。以"纯文学"观为标准，即只认定诗、词、曲、赋、小说以及部分美的散文游记是纯粹的文学，其他的就不能算作文学，至少不是"纯文学"。比如胡云翼的《新著中国文学史》中说："文学向有广狭二义，广义的文学即如章炳麟所说'著于竹帛之谓文，论其法式谓之文学'，即是说一切著作皆文学。这样的广泛无际的文学界说，乃是古人对学术文化分类不清时的说法，已不能适用于现代。至狭义的文学乃是专指诉之于情绪而能引起美感的作品，这才是现代的进化的正确的文学观念。本此文学观念为准则，则我们不但说经学、史学、诸子哲学、理学等，压根儿不是文学，即《左传》、《史记》、《资治通鉴》中的文章，都不能说是文学；甚至于韩、柳、欧、苏、方、姚一派的所谓'载道'的古文，也不是纯粹的文学。"[1]他评价了此前二十多部文学史著作，认为最初的文学史家都缺乏明确的文学观念，把一切的学术都包括在文学史里面，谢无量、曾毅、顾实、葛尊礼、王梦增、张之纯、汪剑如、蒋鉴璋等人所编写的都不是纯文学史，而是学术史。胡云翼以西方现代的文学观念来衡量中国传统学术，就把相当一部分作品排除在文学的范围之外。什么是"纯文学"？符合西方现代文学概念的就是"纯文学"，"纯文学"观念又是现代的、进化的、正确的，如此用它来裁剪中国传统文学也就是合理的、科学的，这种理念先行的文学史写作显然具有科学主义的倾向。

---

[1] 胡云翼：《新著中国文学史》，上海：北新书局，1947年，第5页"自序"。

经验论的科学主义在 20 世纪二三十年代的文学史写作中得到了充分的体现。按照经验主义的科学原则，文学史的研究必须对复杂的文学现象进行分析，追源溯流，寻出文学发展变化的因果规律，以此预测文学的发展趋势。谭正璧《中国文学进化史》将文学史定义为"叙述文学进化的历程，和探索其沿革变迁的前因后果，使后来的文学家知道今后文学的趋势，以定建设的方针"①。所谓退化的文学要被拆除在文学史之外，文学价值的标准也看其是否符合文学进化的概念，进化的文学就是活文学。张希之《中国文学流变史论》明确文学史即是一种特殊的"历史科学"，历史科学又是一种特殊的科学，这样看来，要明确文学史的研究任务，就要先理解"科学"的任务。科学的任务是"（一）观察现象，搜集现象，作精确的，系统的记述。（二）由现象的记述，进而认识现象连续的'因果关系'。（三）由个别现象的因果关系，进而推得一般现象的'因果法则'。（四）对于体系化和因果化的现象设法利用"②。由此规定文学史的研究任务是"（一）对于过去现在文学作品的认识与叙述。（二）由确定的叙述，研究其产生及变迁的原因。（三）由分析的研究进而推得一般的法则。（四）把握住一般的法则，实践地来完成了历史的使命"③。

与经验论的科学主义有所不同，文学史写作中还有一种唯物论的科学主义，这主要表现在唯物史观的文学研究之中。胡秋原主张文艺研究应走向科学的研究，成为艺术科学（Science of Art）。研究的目标包括"横向的分析"和"纵向的说明"，诗学和文艺批评是"横向的分析"，属于"静的研究"；文学史和文艺思潮就是"纵向的说明"，属于"动的研究"。纵向的文艺史的说明又有"历史底地理解释""历史之生理心理底解释"和"历史之社会底解释"，而"历史之社会底解释"也即在社会历史环境中和社会生产形式、经济形式、政治形态中寻求文艺发展的动力根源，这就是文艺研究的唯物史观。这种研究"企图在经济底，政治底，法律底等一切社会制度，在一切习惯，风俗哲学，宗教，语言，艺术之传统与环境——在这所有的因

---

① 谭正璧：《中国文学进化史》，上海：光明书局，1929 年，第 10 页。
② 张希之：《中国文学流变史论》，北平：文化学社，1935 年，第 1-2 页。
③ 张希之：《中国文学流变史论》，北平：文化学社，1935 年，第 5 页。

子中，去追寻文艺流变之迹"①。这种文学史观主要受到普列汉诺夫等人的文艺理论的影响。

以辩证唯物史观来指导文学史的写作，比较有代表性的是谭丕模《中国文学史纲》。他认为学习中国文学史就是要"用辩证唯物论和历史唯物论的观点、立场、方法，研究中国文学发展过程中一切现象变动的因果关系，来阐明中国文学发展的规律性"②。并按照这种观点将中国文学发展的阶段分为原始封建制度时代的文学、原始封建制度崩溃时代的文学、封建制度复兴时代的文学、封建制度破坏时代的文学、封建制度稳定时代文学、封建制度危机时代的文学、封建制度表层稳定时代文学、畜牧民族侵略下的文学、畜牧民族统治下的文学、新封建化时代的文学、封建制度回光返照时代的文学、民族资产阶级意识萌芽时期的文学、封建残余与民族资产阶级混合统治时代的文学、劳苦大众觉醒时期的文学等阶段。③唯物论的科学主义主要从社会经济基础来理解文学发展的动因。所以他们研究文学产生的地理历史环境、生产生活方式、经济发展状况、政治法律制度等，并以此作为理解文学的根据。

科学主义引导了 20 世纪二三十年代的文学史写作，也决定了文学史写作的基本范式和价值倾向，这与"五四"新文学运动的基本理念是一致的。钱基博直接道出了文学史写作的目的："文学史非文学。何也？盖文学者，文学也。文学史者，科学也。文学之职志，在抒情达意；而文学史之职志，则在纪实传信。文学史异于文学者，文学史乃记述之事，论证之事，而非描写创作之事；以文学为记载之对象，如动物学家之记载动物，植物学家之记载植物，理化学家之记载理化自然现象，诉诸智力而为客观之学，科学之范畴也。"④在他看来，胡适的《五十年来之中国文学》也不能算是文学史，因为该书"褒弹古今、好为议论"，抬高白话而贬低文言，带有明显的成见，缺乏客观的记载的精神。文学史写作追求客观、精严、系统的理论品质使其作为一门独立的学科得以成立，但文学史写作的科学主义倾向又是对丰富而

---

① 胡秋原：《文艺史之方法论：欧洲文艺思潮史绪论》，《读书杂志》1931年第1卷第1期，第4-6页。
② 谭丕模：《中国文学史纲》，上海：北新书局，1933年，"绪论"。
③ 谭丕模：《中国文学史纲》，上海：北新书局，1933年，"绪论"。
④ 钱基博：《现代中国文学史》，长沙：岳麓书社，2010年，第4页。

复杂的文学现象的一种肢解,其科学化的追求和理念知识形态也不断消解文学的审美意蕴。

第三节 文学元语言的替换与科学主义的文学批评

一、文学"元语言"

　　希腊文 meta（元）是"……之后"的意思,表示对于研究对象的一种后设追问,亚里士多德的"形而上学"（metaphysics）即是以"meta-"来表示一种物理学"之后"的学问。语言分析哲学用"元语言"概念来分析语言的层级结构。波兰数学家、逻辑学家塔尔斯基认为语言系统具有内部断定自己语句真值的能力,他称之为"语义上封闭的语言",为了保证语义概念使用中的一致性,消除产生悖论的根源,在讨论真理定义或语义学问题时,必须禁止使用这类语义上封闭的语言,而用不同功能的两种语言来代替:第一种是被谈及的作为讨论对象的语言,称为"对象语言";第二种是谈及第一种语言的语言,称为"元语言"。元语言比对象语言从本质上更丰富,对象语言可以在元语言中得到解释,但元语言不能在对象语言中得到解释。[①]如果把真理概念运用到"元语言"的语句上,那么它就自动成为我们讨论的"对象语言",这时,要给这个语言作出真理定义的话,又需要求助新的元语言,一个更高层级的元语言。[②]塔斯基又将"元语言"区分为"句法元语言"和"语义元语言","句法元语言"只涉及"对象语言"的语言表达式,比如演绎系统的语法部分,像原始符号、形式规则、变形规则等;而"语义元语言"还涉及表达式所关涉的对象,如语义中的真假、可满足、普遍有效性等。[③]符号学家将逻辑学家在语义研究中"元语言"概念推广到符

[①] 张祥龙:《从孔夫子到现象学》,北京:商务印书馆,2011年,第169页。
[②] ［波兰］塔尔斯基:《语义性真理概念和语义学的基础》（1944年）,见［美］马蒂尼奇编:《语言哲学》,牟博、杨音莱、韩林合等译,北京:商务印书馆,1998年,第93页。
[③] 涂纪亮主编:《语言哲学名著选辑》（英美部分）,北京:生活·读书·新知三联书店,1988年,第244—285页。

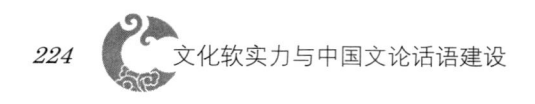

号学研究领域。

赵毅衡从符号学角度来拓展"元语言"概念，他认为元语言就是符码的集合，"元语言是理解任何符号文本必不可少的，仪礼、宗教、民俗、舞蹈、手势、绘画、体育、男女关系，只要被当做意义传播，就得必须有相应的元语言，来提供解释的符码"，"元语言是文本完成意义表达的关键"；更进一步，"元语言不仅是意义实现的先决条件，元语言也是意义存在的先决条件"。① 从这个意义上说，文本断无不可解之理，因为文本并不具有独立的本体存在，只要去解释它，其背后就必然有元语言的集合，元语言强迫符号文本产生可解的意义。他列举《诗经》中大量表达忧心的词语，"我心惨惨（《大雅·抑》）；忧心炳炳（《小雅·頍弁》）；忧心奕奕（《小雅·頍弁》）；忧心殷殷（《小雅·正月》）；忧心钦钦（《秦风·晨风》）；劳心博博兮（《桧风·素冠》）；忧心惙惙（《召南·草虫》）；忧心忡忡（《召南·草虫》）"。②《尔雅·释训》把这些拟声的叠字解作一个意思："忧也"，原因是上下文的压力迫使它们不可能有别的意思。③赵毅衡认为"元语言"包括"社会文化语境元语言""解释者能力元语言""文本自携元语言"，他讨论了"异层次"元语言的解释框架问题，而且注意到"同层次"元语言冲突的现象，一个意义系统的完备性和自洽性会形成悖论："一个意义系统如果是'完整'的，就是不能自我解释的，如果是能自我解释的，就不可能是完整的"，所以"元语言结构的诸种不完整之处，各种矛盾、模糊、冲突、悖论，只有靠上一层的元元语言来解释"。这就是说元语言具有不同的层次。④

语言学的"元语言"概念提出后，诸多学科在合取追问"始基"的"元意识"基础上借用这一概念，用来表示比既有层次更高的一个解释性层次，如"元理论""元哲学""元美学""元物理""元数学"等等。在这种后现代的语境中，文学批评也兴起了对自身批评实践和批评理论的反思，"元

---

① 赵毅衡：《符号学原理与推演》，南京：南京大学出版社，2011 年，第 228-237 页。
② 赵毅衡：《符号学原理与推演》，南京：南京大学出版社，2011 年，第 228-237 页。
③ 赵毅衡：《符号学原理与推演》，南京：南京大学出版社，2011 年，第 228-237 页。
④ 赵毅衡：《符号学原理与推演》，南京：南京大学出版社，2011 年，第 227-237 页。

批评"就是作为文学批评的一种后设形态。杰里米·霍索恩（Jeremy Hawthorn）在《当代文学理论词典》（*A Glossary of Contemporary Literary Theory*）中将"元批评"定义为："批评理论将文学批评（或其他批评）作为其主题，试图分析和归纳各种批评实践，进而为批评实践建立普遍适用的原则。"① 特里·伊格尔顿（Terry Eagleton）在《文学理论导读》（*Literary Theory: An Introduction*）中指出："文学批评可以成为一种'元批评'（Metacriticism）：它的任务主要不是作出种种解释性或评述性的陈述，而是后退一步去考察这些陈述的逻辑，并去分析我们作出这些陈述时目的何在，以及应用了哪些代码和模式等等。"② 其实，长期以来，已经有不少文学批评家开始了对文学批评活动及文学批评理论、批评主体的探讨，比如约翰·德莱顿（John Dryden）的《悲剧批评的基础》（*The Grounds of Criticism in Tragedy*）、亚历山大·蒲柏（Alexander Pope）的《论批评》（*An Essay on Criticism*）等。真正将文学批评作为一门独立学科进行系统研究的是加拿大学者诺思罗普·弗莱（Northrop Frye）的《批评的剖析》（*Anatomy of Criticism*），该书力图从宏观的角度探索文学批评的理论、范围、原则和技巧等问题。③ 这些理论家尽管没有提出"元批评"的概念，但已经超越了具体的文学文本或文学现象的批评，而是对文学批评的对象、主体、理论、方法、原则等方面展开研究。现代哲学尤其是现象学、存在主义、阐释学、后结构主义等为"元批评"话语提供了丰富的理论资源。

弗雷德里克·詹姆逊（Fredric Jameson）是西方马克思主义的代表性理论家之一，他的"元批评"理论呈现了其马克思主义文化批评的主要特征。"关于解释的任何真正有意义的讨论的出发点，绝不是解释的性质，而是最初对解释的需要。换句话说，最初需要解释的，不是我们如何正确地解释一部作品，而是为什么我们必须这样做。一切关于解释的思考，必须深入阐释

---

① 转引自范建刚、张进：《"元批评"的思维特征与学科取向》，《兰州大学学报》（社会科学版）2007年第4期。
② Terry Eagleton. *Literary Theory: An Introduction*. Oxford: Blackwell. 2nd ed.1996. p107 参见中译本伊果顿：《文学理论导读》，吴新发译，台北：书林出版有限公司，1993年，第155页。Eagleton 的规范中译名为"伊格尔顿"。
③ [加] 诺思罗普·弗莱：《批评的剖析》，陈慧等译，北京：百花文艺出版社，1998年，"译序"。

环境的陌生性和非自然性；用另一种方式说，每一个单独的解释必须包括对它自身存在的某种解释，必须表明它自己的证据并证明自己合乎道理：每一个评论必须同时也是一种评论之评论。"[1]每一种文学批评都应该包括对自我的解释和证明，为什么要以这样的方式去解释文本？有怎样的合理性？西方理论家对于"元批评"的阐述，尽管各有差异，但以文学批评为"对象语言"和以对文学批评的解释为"元语言"的基本模式是一致的。

如果说中国文学是一种对象语言，那么决定中国文学意义阐释和指导中国文学创作的中国传统文论就是一种"元语言"。文化现代性发生之前，中国传统文论作为决定传统文学经验的意义阐释和价值评判的元语言是有效的，它自有一套言说和阐释中国文学的话语规则，并植根于儒、道、释的文化传统之中。由于20世纪初知识界科学主义的兴起和愈演愈烈的反传统运动，源于中国本土文化经验的文学元语言即中国传统文论不断受到西方科学主义的挑战、排斥，并逐渐被替换。科学主义向人文研究领域的僭越，使得中国文论的元语言地位逐渐丧失，中国传统文论对于中国文学的影响、阐释和评价失去了原本具有的合理性与有效性。

二、中国文学元语言地位的失落

中国传统文论元语言地位的丧失首先表现在以西方"文学"的观念取代中国传统"文"的观念，这是中国现代文学形成的一个重要标志。"五四"新文学运动关于文学的定义、文学的范围、文学研究的方法的各种争论，逐渐将中国传统"文"的观念驱除出文学的领域。采用西方的"文学"概念来取代传统的"文"的概念，一个很重要的原因在于，西方的"文学"概念在大多数知识人看来是更加"科学"的概念，"文学"概念有清晰的内涵和外延界定，而这对于"文学"作为一门独立学科是至关重要的，也与"五四"时期各门学科建设中的科学化的基本趋向是一致的。刘半农在《我之文学改良观》中认为："欲定文学之界说，当取法于西文，分一切作物为文字

---

[1] [美]詹姆逊：《元评论》，见王逢振：《詹姆逊文集 第2卷 批评理论和叙事阐释》，北京：中国人民大学出版社，2004年，第4页。

Language 与文学 Literature 二类。"①朱希祖在《文学论》中指出："吾国之论文学者，往往以文字为准，骈散有争，文辞有争，皆不离乎此域；而文学之所以与其他学科并立，具有独立之资格，极深之基础，与其巨大之作用，美妙之精神，则置而不论。故文学之观念，往往浑而不析，偏而不全。"②朱希祖认为文学要获得独立的学科地位，必须摆脱传统上把一切学术称为"文学"的观念，文学革命是破坏的事，文学独立是建设的事。文学如何才能具有独立之地位？他认为文学应分内外，"内事或称内容，即思想之谓也；外事或称外形，即艺术之谓也。欲内外事之完备，必有种种极深之科学哲学以为基础"。③文学的巨大作用在于能感动人，文学之好坏以能感动人之多少为标准。罗家伦的《什么是文学》认为中国书中关于文学的论说"没有明明白白从文学的本体上着想"，《文心雕龙》《文史通义》都不曾为文学下一明确的定义，阮元和章太炎虽然为文学作了界定，但都是不明白的。他列举温切斯特、马修·阿诺德（Matthew Arnold）、拉尔夫·爱默生（Ralph Emerson）等人的定义，总结出文学的八大要素："人生的表现同批评""最好的思想""想象""情感""体裁""艺术""普遍""永久"，将文学定义为"文学是人生的表现和批评，从最好的思想里写下来的，有想象、有感情、有体裁、有合于艺术的组织；集此众长，能使人类普遍心理，都觉得他是极明了、极有趣的东西"。④对比西洋文学，中国文学里大多浮浮泛泛、混混沌沌，缺少表现人生的著作，即便有表现人生的，也不能表现人类普遍的情感，而多数述怀寄情之作也多是不真实的。⑤新文学运动时期的几乎所有的文学研究都要首先讨论文学的定义问题，文学的本质是什么？文学的要素是什么？这种讨论的前提无非是认为中国传统学术关于文学的论说都是含混的，都是不科学的。

所谓新文学的建设，就是文学学科化和科学化的建设，文学要获得与其

---

① 刘半农：《我之文学改良观》，《新青年》1917年第3卷第3期。
② 朱希祖：《文学论》，《北京大学月刊》1919年第1卷第1期，第45页。
③ 朱希祖：《文学论》，《北京大学月刊》1919年第1卷第1期，第49页。
④ 罗家伦：《什么是文学？——文学界说》，《新潮》1919年第1卷第2期，第40-51页。
⑤ 罗家伦：《什么是文学？——文学界说》，《新潮》1919年第1卷第2期，第40-51页。

他学科同样的学科独立性，那就应将文学建设成一门科学，而对文学进行科学的界说则是文学学科化和科学化的前提。"文学的一切组织及研究法，与其他科学——美学，心理学，社会学，言语学等有多数同点。其最著者，莫过于所用的方法及态度。"这是施畸在《科学的文学建设论》中的主张，他认为新文学之"新"不是白话、不是新式符号，而是新的系统，这新的系统"使文学脱离因袭的，盲目的，偶然的，纷杂的情境，入于创造的，理解的，必然的，系统的，规范的情境；然后才能谓之新文学。"①"文学是不是科学？科学的文学能否建设成功？"需要回答十个问题："A，文学所研究的是什么？B，文学上的假定。C，文学的目的。D，心现象的讨论。E，美的讨论。F，文学的组织。G，文学家的态度。H，近代文学的新倾向。I，玄学方法的末路。J，文学中的科学［能］（Energy）"②。他把文学研究的对象设定为"有形的联续言语"，然后加以说明、证实，一个很重要的理由就是这个对象符合科学对象的几个标准，即长久性、普遍性、规范性、可理解性，文学的大任就是要把这个"有形的联续言语"中的种种原理，自然法则找出来，以便人生的应用。但其中是否存在原理、法则？他认为答案是肯定的，因为宇宙现象都有律令可循，宇宙中充满了方程式，宇宙现象都是系统的。文学的目的是什么？也要根据一般科学的目的加以规定，据此，文学的目的有四个：第一"就是要把此'有形的联续言语'中的无限的现象，寻找出秩序来"；第二"就是要就已整理出的现象构造成各定律，以管理方生的，未来的，一切同质量的现象。例如文章的形式，究竟必要如何，要怎样组织，才算合度？一切文章是否有一条普遍法则？"；第三"不只要把自然法则发现出来，还要为彻底的说明。……没有原理的法则，仍是盲目的，谬误的，危险的！"；第四"就是文学实用的问题"，即增进人生的兴趣。③这种文学的科学化目标，在中国传统学术文化中找不到恰当的理论资源，所以只有借助于西方的理论，这或许就是 20 世纪二三十年代，大量西方文论被译介到中国的一个重要背景。

---

① 施畸：《科学的文学建设论》，《学艺》1921 年第 3 卷第 2 期。
② 施畸：《科学的文学建设论》，《学艺》1921 年第 3 卷第 2 期。
③ 施畸：《科学的文学建设论》，《学艺》1921 年第 3 卷第 2 期。

第十二章　新文学运动的科学主义话语与文学元语言的替换　229

毋庸置疑，20 世纪二三十年代的西方文论译著相当大程度上决定了中国文学概论、文学史、文学批评史课程的基本言路。[①]温切斯特提出的文学"四要素"说，即情感（emotion）、想象（imagination）、思想（thought）、形式（form）成为 20 世纪二三十年代中国的文学研究和文学理论言说的一个普遍模式。1923 年，景昌极、钱堃新翻译了温切斯特的《文学评论之原理》[②]，随后翻译的 N. H. 哈德逊（N. H. Hudson，原译为韩德生）的《文学研究法》、卡尔弗顿（V. F. Calverton，原译为卡尔佛登）的《文学之社会学的批评》、亨特（T. W. Hunt，原译为亨德）的《文学概论》等几部欧美的文学理论名著，都强调文学"四要素"。国内编写的大部分文学史、文学批评和文学原理类著作，普遍引用这一观点来解释中国的文学现象。

沈天葆的《文学概论》（梁溪图书馆 1926 年出版）论文学的定义列举了中外各家观点，然后指出："文学是人生的表现与批评；须具有以下的条件：要有最嘉妙的思想，要有魔力似的感情，要有合于艺术性的精神，要有促进理解和激发欣赏的魄力，此外要具有普遍的性质，永久的价值，人生的

---

① 直接从欧美文论著作译出的有：美国温切斯特（Winchester，原译为温彻斯特）的《文学评论之原理》（景昌极、钱堃新译，商务印书馆，1923 年）、美国蒲克（G. Buck）的《社会的文学批评论》（傅东华译，商务印书馆，1926 年）、英国哈德逊（N. H. Hudson，原译为韩德生）的《文学研究法》（宋桂煌译，光华书局，1930 年）、美国硫威松（Ludwig Lewisohn）的《近世文学批评》（傅东华译，商务印书馆，1928 年）、美国卡尔弗顿（V. F. Calverton，原译为卡尔佛登）的《文学之社会学的批评》（傅东华译，华通书局，1930 年）、美国亨特（T. W. Hunt，原译为亨德）的《文学概论》（傅东华译，商务印书馆 1935 年）、美国勃利司·潘莱（Bliss Perry）《诗之研究》、瑞恰兹（I.A.Richards）的《科学与诗》、干恩（S.Gunn）的《文学的故事》（王焕章译，商务印书馆，1937 年）、德国叔本华的《文学的艺术》（陈介白、刘共之译，北平人文书店，1933 年）等。此外，日本的文艺理论译述扮演了西方文论进入中国的桥梁作用，如厨川白村《苦闷的象征》（丰子恺译，商务印书馆，1925 年）、本间久雄《新文学概论》（章锡琛译，商务印书馆，1925 年）、平林初之辅的《文学之社会学的研究》（方光焘译，大江书铺，1928 年）、本间久雄的《欧洲近代文艺思潮论》（沈端先译，开明书店，1930 年版）、小泉八云《文艺谭》（石民译注，北新书局，1930 年版）、本间久雄《文学研究法》（李自珍译，北平星云堂书屋，1932 年）、获原朔太郎《诗底原理》（孙俍工译，中华书局，1933 年）、吉江乔松《西洋文学概论》（高明译，现代书局，1933 年）、小泉八云《文学入门》（杨开渠译，现代书局，1930 年）和《文学十讲》（现代书局，1931 年）、丸山学《文学研究法》（郭虚中译，生活书屋图书馆，1937年）等。

② 温切斯特（原译为温彻斯特）的《文学评论之原理》外文版出版于1899年，1916年本间久雄的《新文学概论》引用了温切斯特的文学"四要素"理论，国内 1919 年即由章锡琛以文言译出了本间久雄的《新文学概论》。

兴趣，完全的形式。"①这个定义综合了文学的社会学研究和文学本体研究的观点。文学是人生的表现与批评是就文学与外部的关系而言，思想、情感、形式则是就文学的内部而言。这种文学研究的模式在本间久雄的《新文学概论》中也可以看得很清楚，该书的前两编分别为"文学的本质"与"为社会的现象的文学"，他将文学的特质、文学的个性、美的情绪与想象、形式归为"文学的本质"；将文学的起源、文学与时代、文学与国民性、文学与道德归为"为社会的现象的文学"。②类似的文学理论著作关于文学的定义虽略有差异，但基本言路是一致的，抽取出一些基本要素，为文学研究划定一个范围。③

西方的"文学"概念取代了中国传统"文"的概念，那么整个关于文学的知识言说就必然是西方的。在"五四"之前，中国文论中是没有所谓的"诗学原理"的说法，尽管中国有几千年的诗歌传统，有《诗经》、乐府、唐诗等浩如烟海的诗歌作品，也有丰富的诗论著作。中国古典诗论中关于声律、炼字、用事等关于诗歌技法方面的讨论也比比皆是，而所谓"诗歌原理"或"诗学原理"却阙如。20 世纪二三十年出现大量的诗歌原理类著作与当时的文学研究的科学化追求密切相关，尤其是新诗创作更需要有不同于古体诗的原则和标准，而这种原则和标准不是到中国古代文论中去找，因为那些所谓用典、对仗、格律、炼字等传统诗歌技法被作为"死文学"的附庸被抛弃，这样就只能是从西方文论中"拿来"。④

---

① 沈天葆：《文学概论》，上海：梁溪图书馆，1926 年，第 6 页。
② 沈天葆：《文学概论》，上海：梁溪图书馆，1926 年，第 6 页。
③ 如潘梓年的《文学概论》（北新书局，1925 年）、卢冀野的《何谓文学》（大东书局，1932 年）、陈穆如的《文学理论》（启智书局，1930 年）、马仲殊的《文学概论》（现代书局，1930 年）、李幼泉和洪北平的《文学概论》（民智书局，1930 年）、钱歌川的《文艺概论》（中华书局，1930 年）、曹百川的《文学概论》（商务印书馆，1931 年）、陈北鸥的《新文学概论》（立达书局，1932 年）、赵景深的《文学概论》（世界书局，1932 年）、孙俍工的《文学概论》（广益书局，1933 年）、胡行之的《文学概论》（乐华图书公司，1933 年）、隋育楠的《文学通论》（元新书局，1934 年）、崔载之的《文学概论》（立达书局，1934 年）、薛祥绥的《文学概论》（启智书局，1934 年）等。
④ 诗歌研究方面著作主要有潘大道的《诗论》（商务印书馆，1923 年），王希和的《诗学原理》（商务印书馆，1924 年），汪静之的《诗歌原理》（商务印书馆，1927 年），张崇玖的《诗学》（上海新民图书馆兄弟公司，1928 年），傅东华的《诗歌原理 ABC》（世界书局，1928 年）和《诗歌与批评》（新中国书局，1932 年），胡怀琛的《新诗概说》（世界书局，1923 年）、《小诗研究》和《诗歌学 ABC》（世界书局，1929 年），朱志泰的《诗的研究》（中华书局，1948 年）。

第十二章　新文学运动的科学主义话语与文学元语言的替换

王希和的《诗学原理》引述渥茨华士（威廉·华兹华斯，William Wordsworth）、亚南坡（埃德加·爱伦·坡，Edgar Allan Poe）、邦扬（约翰·班扬，John Bunyan）、查尔斯·兰姆（Charles Lamb）、珀西·雪莱（Percy Shelley）、士蒂文生（罗伯特·史蒂文森，Robert Stevenson）等人的"幻想"事例，强调"诗的幻觉和梦的幻觉"之间的联系。该书借鉴精神分析学说关于梦的解析和无意识理论，对诗歌中想象的要素、来源和作用，诗歌中的象征与比喻等方面作心理学的探讨，认为文艺产生于人的欲望的升华，"欲望得不到实际的满足，可退入想像之中追求假定的满足。因此诗就产生了"①，欲望在想象中得到满足的同时，诗的表白减却了诗人的疯狂，这是诗歌的一种消极的功能。精神分析学说当时被广泛引入中国文学研究当中，诗歌历来被认为是"天才"的想象，而在诗歌的创作和研究当中使用精神分析法，这也使得诗歌的研究和其他的文学样式一样变成一种科学的研究，心理学的方法就是一种科学的方法。

新文化运动的一个重要方面就是推翻所谓传统"载道"文学观念，而以表现情感作为文学的本质，在全盘接受西方近代文学观念的同时，就是援引西方文论来解读中国诗歌并重新确立诗歌评价标准。汪静之的《诗歌原理》采用西方文学理论来研究诗歌的起源、诗歌的特征和诗歌的要素。他从心理学和发生学的角度，借鉴康德、席勒的游戏冲动说和亚里士多德的心理净化说，列举古今中外文学家的事例来论证艺术的起源。诗歌和其他文学体裁一样具有感情、想象、思想和形式四个要素，但它们又有不同，这个分别不是有韵和无韵的分别，诗歌极为重要的一点就是"诗意"，"诗意"是由"感情、思想和想象综合、调和、变化而生出来的一种新东西"，没有"诗意"不成其为诗歌。何谓诗歌？"诗歌是表现人生感情思想的，比别的文学更多情绪想像的成分，更接近音乐，而多数是有韵律的"。②那么诗歌表现情感的标准是什么呢？他采用了温切斯特（原译为温楷斯突）的观点："一，情感的合宜或适当……二，情感的有活气或有力……三，情感的连续或持

---

① 王希和：《诗学原理》，上海：商务印书馆，1924 年，第 134 页。
② 汪静之：《诗歌原理》，上海：商务印书馆，1927 年，第 25 页。

久……四，情感的广博或变化……五，情感的等级或性质。"①据此，他批评曹操的《短歌行》违反了情感连续性的原则："'对酒当歌，人生几何！譬如朝露，去日苦多。'至'月明星稀，乌鹊南飞，绕树三匝，何枝可依！'这一节是一贯的，但后面忽然接着又说'山不厌高，海不厌深。周公吐哺，天下归心。'这四句和上面一气下来的情调是相背而驰的，这一结束简直是狗尾续貂，把全诗减色不少。"②情感是有高下之分的，悲剧是高等的情感，喜剧是下等的情感，汉高祖的《大风歌》是劣等的情感，汉武帝的《秋风辞》便是高等的情感；李后主除了《一斛珠》外，其他都是高等的情感，悲剧的情感，《乌夜啼》《浪淘沙》《相见欢》《破阵子》《浪淘沙令》《蝶恋花》《虞美人》等的情感都是悲剧的，所以李后主是中国词人之冠。③

中国传统文论有大量诗论、诗话，但从来不会去探讨诗的本质，不会对"诗是什么？"这样的问题进行阐述。傅东华的《诗歌原理 ABC》引述古今中外各种关于诗歌的讨论④，认为诗与其他艺术不同的地方在于它的媒介是文字的符号和声音，诗之所以为诗必具两个条件："第一，诗所表现的是主观的观念，不是客观的实在。……诗的第二个特征，就是凡诗所表现的恒必是一种'假象'……这是一切艺术都如此的。"⑤他认为："在心为志"的"在心"就是主观，"诗"和"文"的区别就在于主观，"即凡主观的抒写，无论韵体散体都算诗，凡属客观的描写，无论散体韵体都算文"。⑥傅东华作出这样的论断，原因在于他这里要用英文的 Poetry 一词的含义来理解诗歌，Poetry 具有"创造文学"的含义，"创造文学"也就是主观的文学，并且引用亚里士多德（原译文为亚里斯多德）《诗学》中的解释："诗人与

---

① 汪静之：《诗歌原理》，上海：商务印书馆，1927年，第35页。
② 汪静之：《诗歌原理》，上海：商务印书馆，1927年，第40-41页。
③ 汪静之：《诗歌原理》，上海：商务印书馆，1927年，第43、45页。
④ 《尚书·舜典》、《礼记·乐记》、《毛诗序》、《广雅·释言》、《鲁语》、《郑氏六艺论》、《荀子·劝学》、《春秋说·题辞》、《管子·山权数》、《贾子·道德说》、（梁）简文帝以及约翰·弥尔顿（John Milton）、塞缪尔·柯勒律治（Samuel Coleridge）、阿诺德、华兹华斯、雪莱、爱默生、伊丽莎白·布朗宁（Elizabeth Browning）、亨特等。
⑤ 傅东华：《诗歌原理 ABC》，上海：世界书局，1928年，第17、24页。
⑥ 傅东华：《诗歌原理 ABC》，上海：世界书局，1928年，第22页。

第十二章　新文学运动的科学主义话语与文学元语言的替换　233

历史家的区别,并不在其一用韵文,其一用散体。希罗多德(希腊历史家)之作品纵改为韵文,亦仍不失为历史的一种。"①他意识到"主观性"作为判断诗的标准过于宽泛,还得具有第二个条件即诗表现的是"假象"。在他看来,中国古典诗论中"比兴"之说不能用"显譬"与"隐譬"来加以解释,"比"只是方法,"兴"才是诗的本质和功用,凡诗莫不有"兴",孔颖达解释的"诸举草木鸟兽以现意者,皆兴辞也"中的"诸举草木鸟兽"就是指"假象","以现意"之"意"便是诗人主观的意识。诗与非诗的区别在于"诗借假象以明普遍的真理,历史则只就特殊的事实而记载之",孔子说诗最明白"比兴"的真谛,"告诸往而知来者"就是"兴"的意思,也就是说诗即以"假象"来表现真理。②傅东华以西方理论中的主观/客观、现象/本质来理解中国诗论中的一些重要思想,"兴"被解释为透过现象看到本质或者说通过假象以表现真理。这样的以西释中显然是扭曲了中国古代文论的面目。

唯物史观的文学批评主要受到俄苏文论的影响,从20世纪20年代后期开始逐渐在中国现代文论中占据重要位置。其以唯物与唯心二元对立为基础的阶级分析方法实际上开了50年代文论政治意识形态话语的先河。唯物史观被认为是科学的文学理论,对于各种文学体裁的作品都被贴上不同世界观和阶级立场的标签。傅东华的《诗歌与批评》③就体现了这种唯物论的科学主义倾向。在《诗的唯物与唯心》一文中,他用阶级的观点来分析诗的唯物与唯心,认为实验心理学派的批评是狭义的诗歌唯物论,广义的唯物论就是诗歌的社会学批评,这是古已有之的。"诗的解释之有唯物的和唯心的两派之争,乃是近来复活的,乃是阶级意识明显之后才著明的,乃是无闲阶级自觉及抬头之后才成为争点的。这个理由很明显;因为无闲阶级不懂有闲阶级

---

① 傅东华:《诗歌原理ABC》,上海:世界书局,1928年,第22页。
② 傅东华:《诗歌原理ABC》,上海:世界书局,1928年,第27-29页。
③ 《诗歌与批评》收入十二篇诗歌理论文章,其中《诗歌与批评》(Edith Sitwell)、《诗的心》(Frederick Prescott)、《诗的效用》(Percy Bysche Shelley)、《俄国现今研究文学的方法问题》(Voznesensky)、《自然主义的开幕》(George Brandes)、《批评的二态相》(George Edword Woodberry)等六篇文章是译作,《诗的创作》《创作与模仿》《风格与人格》《诗的唯物与唯心》《文艺批评的基础知识》是作者自著的文章。

那些所谓'神韵'所谓'天才'的玩意儿，而又不甘缄默于'不懂'之下，所以要另外找出一条'唯物'的路来走。"①儒家的诗教与现代唯物论都是一种社会学批评，只是立场不同而已，前者站在统治阶级的立场，后者站在被统治阶级的立场。他解释汉代以来出现的扬雄、曹丕对于诗歌的唯心的解释："（一）因士大夫阶级的诗只代表'一个'阶级的意识；说来说去无非是'感遇''闺情'；所以要分别彼此的好坏，觉得仅用唯物的解释是不够的。（二）因为唯其是士大夫阶级才有闲空弄这种'神''气'的玩意儿。（三）士大夫阶级靠着这些'神秘'的玩意儿可以显出他们那个阶级的优异和尊严。"②古代诗论中的"神韵""文气"在这种唯物论科学主义的诗论中成了无意义的东西。

　　小说在中国古典文学中是不登大雅之堂的雕虫末技，自梁启超为代表的维新派提倡"小说界革命"以来，小说被作为一种"新民"的工具备受推崇。20世纪初以来，小说创作十分繁荣，出现了众多刊载小说的期刊，同时随着西方小说的大量翻译，西方小说观念和小说理论也逐渐进入中国。经过"五四"新文学运动，小说作为白话文学的典型文体成为文学的主要样式，小说的地位大大提升，但是用来指导新文学小说创作和评价的却是西方小说理论。从早期中国文学批评史的编写中，我们可以发现，与传统的"诗文评"的命运不同，中国传统小说理论则几乎完全被忽略，陈钟凡、郭绍虞等人仍然将中国古代的小说评点排除在中国文学批评史之外。20世纪二三十年代出现了多部研究小说的理论著作，但基本上是建立在西方小说观念和理论基础之上。③沈雁冰说明编写《小说研究 ABC》一书的目的："一是研究近代小说（Novel）发达的经过，二是研究一篇小说内所应包含的技术上的要素。前者属于历史的考察，后者属于理论的探讨。"④这里使用了西文

---

① 傅东华：《诗歌与批评》，上海：新中国书局，1932年，第106页。
② 傅东华：《诗歌与批评》，上海：新中国书局，1932年，第108-109页。
③ 如徐敬修的《说部常识》（大东书局，1924年）、沈雁冰的《小说研究 ABC》（世界书局，1928年）、陈穆如的《小说原理》（中华书局，1931年）、李何林的《小说概论》（北平文华学社，1932年）、胡怀琛的《中国小说研究》（1929年）和《中国小说概论》（世界书局，1934年）、赵景深的《小说原理》（1933年）等。
④ 玄珠（沈雁冰）：《小说研究 ABC》，上海：世界书局，1928年，"凡例"第1页。

Novel 来指称"近代小说",该书中作者对汉语中"小说"一词作了粗略的考证,又对西文"小说"(Novel)的起源和界定作了分析。作者介绍了自菲尔丁以来直至培利(Bliss Perry)和史蒂文森(Stevenson)等人关于小说的定义,最后将小说界定为:"Novel(小说,或近代小说)是散文的文艺作品,主要是描写现实人生,必须有精密的结构,活泼有灵魂的人物,并且要有合于书中时代与人物身份的背景或环境。"[①]如果以西方"小说"概念作为标准,中国古典的志怪小说、轶事小说、话本、章回体小说等是不是"小说"竟还是一个问题。

胡怀琛《中国小说概论》探讨了中国历代"小说"概念的内涵,比较中西小说的差异。什么是中国小说?看起来好像不是个问题,因为谁都能列举出《三国演义》《水浒传》《聊斋志异》《搜神记》《列仙传》等作品,但仔细考校起来,这些作品与现代所谓的小说其实"同名异实":"现代通行的小说,实在是从外国移植过来的一种新的东西,在中国原来是没有的。只不过因为他略和中国的所谓小说大概相像,所以就借用'小说'二字的名称罢了。"进一步说,"现代讲文学的人,大概都是拿外国的所谓小说做标准,拿来研究或整理中国的所谓小说。这实在是个新的办法。因为我们假定立在这个立场,竟可以说中国在'五四运动'以前没有小说"。[②]其实,自梁启超等人发起的"小说界革命"以来,中国就出现了以西方小说理念创作小说的趋势,在 20 世纪初兴起的所谓科学小说就是一种理念先行的小说创作。西方小说理念中的关于小说的基本要素如人物、情节、结构、背景的理论已经被用来作为评价小说的普遍标准。

不只是对于小说这种文体的划定要使用西方文论标准,其内容、手法也被赋予了现实主义/浪漫主义的含义。受到实证主义思潮影响的自然主义创作方法被认为是科学的方法,在中国也获得了很高的赞誉。以西方小说理论来研究中国古典小说从 20 世纪二三十年代以来已渐成趋势,中国传统小说研究中的评点之学被遗弃,因为按照西方小说理论,这些文论形式都不具

[①] 玄珠(沈雁冰):《小说研究 ABC》,上海:世界书局,1928 年,第 14 页。
[②] 胡怀琛:《中国小说概论》,上海:世界书局,1934 年,第 1-2 页。

有客观、逻辑的理论形态。金圣叹、张竹坡的评点只是个人的主观感受，"好""妙""太妙"等评点式文论不具有理念知识形态，所以也是"不科学"的。受到新文学运动科学主义思潮的影响，西方文学理论、诗歌理论、小说理论被作为科学的文学批评理论，取代了中国传统文论的元语言地位。

三、文学研究中的科学主义

科学在汉语知识界获得众多思想家的推崇，科学成为中国现代知识建设的重要资源。不论是何种"科学"，在众多的思想家那里言谈科学成为进步、文明、发达、事实的标志。许多知识分子深信，通过学习和掌握科学知识，能够完全转变国民认知和把握世界的方式，凭借西方的科学精神，以科学的方法建构中国历史文化的新图景。在这个背景下，文学作为启迪民智的工具，如何走向科学化就成了知识界的一个重要课题。到了"五四"时期，"科学"成为一个响亮的口号，不单为自然科学家所推崇，人文学者也是言必称科学，深信科学有助于文学的创作和研究。蔡元培就认为要多读《水经注》那样的地理书，《周髀算经》那样的数学书，《考工记》那样的理学书，《尔雅》和《本草纲目》那样的博物书，这些书都利于扩充国文的内容，锻炼国文家的头脑。[①] 这种科学的精神还引导文学学科本身的自省与文学观念的改造。20世纪初中国文学界翻译介绍了大量国外的科学小说，以科学为立足点阐发文学的情况也开始出现。"科学"的介入使中国文学呈现出另一种发展形态。

梁启超 1922 年发表于《改造》上的《作文教学法》"主意在根据科学方法研究文章构造之原则"。他阐述记载之文写作的两大原则，即客观性和系统性。第一要客观的忠实，第二叙述要有系统："客观的事实，总是散漫的、断续的，若一条一条地分开胪列——像孔子作《春秋》一般。只能谓之记载，不能谓之文，既要作文，总须设法把散漫的排列起来，把断续的连贯

---

① 蔡元培：《论国文的趋势及国文与外国语及科学的关系》，见高平叔编：《蔡元培语言及文学论著》，石家庄：河北人民出版社，1985年，第189-194页。

起来。"他赞扬韩愈的《画记》是《韩昌黎集》中第一杰作,尤其突出的地方在于其精密的列举:"这篇文用那么短的篇幅,写那么琐屑复杂的物态,能令人对于客观的原样一目了然,而且文章上很发生美感。问它何以能如此呢?主要功夫全在有系统的分类观察,把主从轻重先弄明白,再将主要部分一层一层的详密分类,自然能以简驭繁。"①中国古代的"名学",印度的"因明"和西洋的"逻辑"皆指思想和论辩的法则,即思辨学(旧译论理学)。论辩文以不违背思辨学的法则为要义,思辨学包括"形式的思辨学"和"实质的思辨学"。"形式的思辨学"即演绎推理,"实质的思辨学"即归纳推理,演绎推理即"先知道一个普遍原则,然后用这原则去推论它所包含的那一类事物之任何部分";归纳推理即"先观察一类事物中之各部分,根据各个实例求出普遍原则"。他认为演绎推理的三段论式是支撑论说文的主体结构,并将贾谊的长文《过秦论》提炼为三句话:"一、守国要用仁义=大前提;二、秦不以仁义守国=小前提;三、所以秦国不能守=断案。"②

胡怀琛在《科学观之诗谈》一文中主张"用科学的方法,说明诗是什么东西;并用科学的方法说明诗怎样作法"③。他用分析的方法,把诗分为"外表"和"内容"。"外表"指"声"和"色","内容"指的是"意义"。"声"分为"四声"(平上去入)、"五音"(宫商角徵羽)、"调"(清浊抑扬),"色"分为"锻炼"、"装点"(用典)、"白描"、"形容";"意"包括"事""景""理""情"。他认为"诗理和物理相通",而写景诗需以锐利的眼光观察自然,类似科学家考察自然现象。比如"潮平两岸阔、风正一帆悬""雨耽云脚重、风约燕身轻""沙平不受月、因水得明晦"等诗句都是诗中含物理。俞平正的两句诗"沙平不受月、因水得明晦"就含有光学的奥理:"我们知道水有回光,沙没回光,水有回光所以明,沙没回光所以晦,不过在光学里应该说沙受月(没回光),水不受月(有回光),现在他说:'沙平不受月'是说反了,但是他

---

① 梁启超:《饮冰室合集·专集之七十》,北京:中华书局,1988年,第7-8页。
② 梁启超:《饮冰室合集·专集之七十》,上海:中华书局,1936年,第36-39页。
③ 胡怀琛:《科学观之诗谈》,《妇女杂志》1920年第6卷第5期,第1页。

的眼光和心思，实在是锐利精深。"①如此拘于"理""法"的条分缕析，完全采用了西方文论中科学理性的论诗逻辑，而抛弃了中国传统文论的言诗方式，分析的确精致细微，然却不得古人论诗之三昧。叶燮在《原诗》中说："诗之致处，妙在含蓄无垠，思致微妙，其寄托在可言不可言之间，其指归在可解不可解之会，言在此而意在彼，泯端倪而离形象，绝议论而穷思维，引人于冥漠恍惚之境，所以为至也。若一切以理概之，理者，一定之衡，则能实而不能虚，为执而不为化，非板则腐，如学究之说书，间师之读律，又如禅家之参死句，不参活句，窃恐有乖于风人之旨。"②胡怀琛所提倡的科学之论诗逻辑恰是中国传统文论所反对的。

文学研究会主张文学"为人生的文学"，他们认为文学是反映人生的。茅盾认为文学从古典主义到浪漫主义再到写实主义是文学的进化："科学昌明时代的十九世纪后半叶，人人有个科学万能的观念：所谓科学方法一直运用到哲学方面，不但哲学，社会改造的企图，本是多少带几分空想性质的，也闹起'科学的'、'不科学的'来。文学当这潮流，焉能不望风披靡呢？这是写实主义兴起的一个大原因。"③他为浪漫主义文学与现实主义文学做出四点区分，并指出写实文学优于浪漫文学的地方在于：浪漫文学描写上等社会的生活，而写实文学描写下等社会的生活；浪漫文学重艺术，写实文学重人生。茅盾从客观与主观来区分写实文学与浪漫文学，并以文学的进化角度来区分二者的优劣，可见，他的"为人生"的文学主张具有鲜明的科学主义倾向。

1922年发表于《小说月报》上的《自然主义与中国现代小说》中，茅盾批评中国小说中的"文以载道"观念和"游戏"的观念，都是脱离对现实人生的考察和描写。他批评中国小说创作不知道小说重在描写，不知道客观观察而只知道向壁虚造，以及游戏消遣的金钱主义文学观，而要铲除这些错误的文学观，须提倡文学上的自然主义。他指出自然主义的目标是"真"，不真的就是不美的、不善的，所以自然主义强调实地观察，而把观察到的照

---

① 胡怀琛：《科学观之诗谈》，《妇女杂志》1920年第6卷第5期，第5页。
② 郭绍虞：《中国历代文论选》第3册，新1版，上海：上海古籍出版社，2001年，第351页。
③ 茅盾：《文学上的古典主义、浪漫主义和写实主义》，《学生杂志》1920年第7卷第9期，第1-19页。

实描写出来。自然主义对于中国旧的小说观念就像是"消毒药":"自然主义是经过近代科学的洗礼的;他的描写法,题材,以及思想,都和近代科学有关系。曹拉的巨著鲁孔·玛加尔就是描写鲁孔·玛加尔一家的遗传,是以进化论为目的。莫泊三的一生则于写遗传而外又描写环境支配个人。意大利自然派的女小说家塞劳(Matilde Serao,原译为塞拉哇)的《病的心》(Cuore infermo)是解剖意志薄弱的妇人的心理的。进化论,心理学,社会问题,道德问题,男女问题……都是自然派的题材;自然派作家大都研究过进化论和社会问题,霍普德曼在作自然主义戏曲以前,曾经热烈地读过达尔文的著作,马克司和圣西蒙的著作,就是一个现成的例。"①他认为中国新文学创作不免于浅薄的原因就是没有学习自然派作家事先进行这些研究:"我们应该学自然派作家,把科学上发见的原理应用到小说里,并该研究社会问题,男女问题,进化论种种学说。"②茅盾把科学研究看作小说创作的重要前提,主张将科学原理运用于小说创作,并以真实性、客观性、规律性作为小说评价的价值标准,科学已经成为一种价值信仰,可见科学主义深刻地影响了茅盾的文学创作和文学批评。

如果说文学研究会理论家受到科学主义的影响,与他们偏于写实的"为人生的艺术"文学理念有关,那么被视为偏于浪漫文学的创造社作家也有着科学主义的倾向似乎就有些不可思议,但实际上,创造社成员的文学批评同样受到科学主义的引导。1922年8月,郭沫若在《论国内的评坛及我对于创作上的态度》一文中,谈到想借助科学来纠正和锻炼"自己性格的偏颇,意志的薄弱","我研究科学正想养成我一种缜密的客观性,使我的意志力渐渐坚强起去。我研究医学也更想对于人类社会直接尽我一点对于悲苦的人生之爱怜"③。1925 年,郭沫若在《文学的本质》中认为:"科学的方法告诉我们,我们要研究一种对象总要先把那夹杂不纯的附加物除掉,然后才能得

---

① 沈雁冰:《自然主义与中国现代小说》,《小说月报》1922 年第 13 卷第 7 期,第 9 页。"曹拉"指"左拉","莫泊三"指"莫泊桑"。
② 沈雁冰:《自然主义与中国现代小说》,《小说月报》1922 年第 13 卷第 7 期,第 9 页。"见"现作"现"。
③ 郭沫若:《文艺论集》,上海:光华书局,1925 年,第 176 页。

到它的真确的，或者近于真确的，本来的性质。"①关于文学是什么的问题，有"自然的模仿""游戏的冲动""性欲的升华""天才的至高精神的表现""时代和环境的产物"等等不同的说法，不一而足。所以，为求一个确切的文学本质的定义，首先就要从"文学的净化"入手："我们研究过化学的人，要先求纯粹的原素，然后才能知道它的真正的性质。我们研究过生物学的人，要先求生命的基本单位，然后才能了解一切繁赜的生之现象。象化学上的原素，生物学上的细胞，我相信在文学上是可以寻求出来的。我们要研究文学的本质的人，须先求文学上的基本单位，便是文学的原素，或者文学的细胞，然后才能免却许多纠纷，免却许多的谬误。"②他通过时间艺术和空间艺术的划分，以沟通文学上的主观说与客观说，唯美说和功利说。诗歌是时间艺术，小说和戏剧是空间艺术，而空间艺术是时间艺术的分化，后起于时间艺术。最后得出结论："文学的本质是有节奏的情绪的世界。"③以科学的方法得出文学的本质，同样，郭沫若的文学批评主要就是以科学的方法来分析作家、作品的情绪世界。

郭沫若的《〈西厢〉艺术上之批判与其作者之性格》以精神分析学说来解释中国的古典戏剧。"吾人细读西厢记一书，可知作者底感觉异常发达几乎到了病的程度，作者底想象异常丰赡几乎到了狂的地步。他在音响之中可以听得出色彩出来，你看他叙莺莺听琴说出'其声幽，似落花流水溶溶'，落花的红色，流水的绿色，和两种的动态都听了出来，这分明是种'色听'。他见了作对的昆虫和鸟雀也可以激起一种性的冲动，你看他说：'春心荡，怪黄莺儿作对，怨粉蝶儿成双'，这明明是种'见淫'。他这人底性的生活我看是很有个莫大的缺陷：他是犯过非法淫的人，他更几乎有拜脚狂的倾向，你看他说：'休提眼角留情处，只这脚跟儿将心事传'，此外在西厢中脚上来鞋上来的地方更还有好些处；他这人对于女性的脚好象很有莫大的趣味。所以我揣想王实甫这人必定是受尽种种钳束与诱惑，逼成了个变态性欲者，把自家纯粹的感情早早破坏了，性的

---

① 郭沫若著，黄淳浩校：《〈文艺论集〉汇校本》，长沙：湖南人民出版社，1984年，第269页。
② 郭沫若著，黄淳浩校：《〈文艺论集〉汇校本》，长沙：湖南人民出版社，1984年，第271页。
③ 郭沫若著，黄淳浩校：《〈文艺论集〉汇校本》，长沙：湖南人民出版社，1984年，第279页。

生活不能完完全全地向正当方向发展，困顿在肉欲底苦闷之下而渴慕着纯正的爱情。"①他认为精神分析学说不只是可用来解读《西厢记》这样的戏剧作品，而且可以用来说明楚辞、胡笳十八拍、织锦回文诗等文学作品。通过解读这些作品，他得出结论认为屈原精神有些变态、蔡文姬和苏蕙是歇斯底里性的女人。

在《革命与文学》中，郭沫若运用心理学和生理学知识来反驳文学创作的天才论。他说："我们人类气质（Temperament）是各有不同的，从来的学者大别分为四种：一种是胆汁质（choleric），一种是神经质（melancholic），一种是多血质（sanguinic），一种是粘液质（phlegmatic）。神经质的人感受性很锐敏，而他的情绪的动摇是很强烈而且能持久的。这样的人多半倾向于文艺。因为他情绪的动摇强而且持久，所以他只能适于感情的活动而且是静的活动。……文学家并不是能够转移社会的天生的异材，文学家只是神经过敏的一种特殊的人物罢了。"②不但是文学家的所谓"天才"可以用心理学和生理学的原理来解释，而且革命时代文学的兴盛也有心理学的根据："革命时代的希求革命的感情是最强烈最普遍的一种团体感情，由这种感情表现而为文章，来源不穷，表现的方法万殊，所以一个革命的时期中总含有一个文学的黄金时代。"③革命的时代最容易产生悲剧文学，因为革命时代有阶级的压迫和阶级的反抗，而在革命成功之前，这种个人或者团体的反抗必然是失败的，这种反抗阶级压迫的失败史表现为文章就是悲剧，悲剧是有最高价值的文学作品。

郭沫若文学批评的科学主义不仅表现在使用心理学、生理学的知识来理解文学，甚至用数学公式来进行文学的阐释："革命文学=F（时代精神），更简单地表示的时候，便是：文学=F（革命），这用言语来表现时，就是文学是革命的函数。文学的内容是跟着革命的意义转变的，革命的意义变了，文学便因之而变了。革命在这儿是自变数，文学是被变数，两个都是 XYZ，两个都是不一定的。在第一个时代是革命的，在第二个时代又

---

① 郭沫若著，黄淳浩校：《〈文艺论集〉汇校本》，长沙：湖南人民出版社，1984 年，第 242 页。
② 郭沫若：《革命与文学》，《创造月刊》1926 年第 1 卷第 3 期，第 4-14 页。
③ 郭沫若：《革命与文学》，《创造月刊》1926 年第 1 卷第 3 期，第 4-14 页。

成为非革命的,在第一个时代是革命文学,在第二个时代又成为反革命的文学了。所以革命文学的这个名词虽然固定,而革命文学的内涵是永不固定的。"① 他用欧洲文艺思潮发展史来论证革命文学的进展,公元六世纪出现了基督教禁欲主义对贵族享乐主义的反动,宗教禁欲主义文学就是革命文学;市民阶级的兴起,意大利文艺复兴和法国大革命产生个人主义和自由主义的思潮,这时候便表现为浪漫主义对古典主义的抗争,浪漫主义文学就是十七八世纪的革命文学;到了 19 世纪出现写实主义对浪漫主义的反抗,写实主义文学就是革命的文学。

创造社作家郭沫若、郁达夫、成仿吾都曾经留学日本,都有自然科学的学习背景,而且受近代心理学的影响颇深。郁达夫的文学批评也表现出科学主义的倾向,在《介绍一个文学的公式》里,他认为:"世界上的文学,总逃不了底下的一个公式:F+f。F 是焦点的印象,就是认识的要素。f 是情绪的要素。"② 以自然科学原理来解读文学作品方面,创造社理论批评的代表人物成仿吾尤具典型性,他用自然科学中的公式、图表、坐标之类的手段来进行文学批评,条分缕析。在《评冰心女士的"超人"》一文中,成仿吾认为凡是一种文艺作为批评的对象都可以分为效能和艺术来进行研究(图 12.1)。

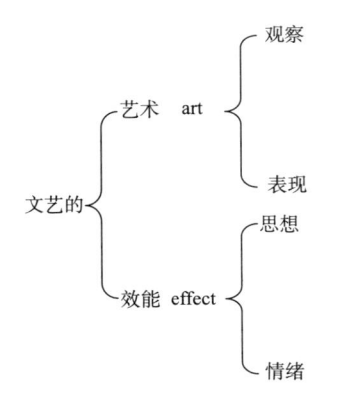

```
                    ┌ 观察
            ┌ 艺术 art ┤
            │         └ 表现
文艺的 ──────┤
            │         ┌ 思想
            └ 效能 effect ┤
                      └ 情绪
```

图 12.1 文艺作为批评对象的分类③

---

① 郭沫若:《革命与文学》,《创造月刊》1926 年第 1 卷第 3 期,第 4-14 页。
② 吴秀明主编:《郁达夫全集》(第十卷),杭州:浙江大学出版社,2007 年,第 106 页。
③ 成仿吾:《评冰心女士的"超人"》,《创造季刊》1923 年第 1 卷第 4 期。

第十二章　新文学运动的科学主义话语与文学元语言的替换　243

　　成仿吾认为《超人》这部小说如果表现作者的思想从"否定"到"肯定"的经过，并通过爱的实现，也就是"否定→爱的实现→肯定"这样分析出来，会发现这部小说的表现并不成功，比如表现何彬的否定，止于客观的可见的现象，而很少表现主观的心的现象。他采用归纳的方法从近代人精神上痛苦的普遍现象出发，认为按照一个人的情感变化过程，即"否定→媒介甲→零点→媒介乙→肯定"，冰心描写何彬的情感轨迹是存在问题的。

　　成仿吾反对削足适履的文学批评，却不忘科学这把尺子。他反驳"摄生"在批评郭沫若的小说《残春》时的观点，认为不能以有无高潮"Climax"来衡量小说的成功的标准。文艺的内容应不应当有一个最高点（"Climax"）？他认为最好是没有这种东西；文艺的情绪是否应当有一个最高点（"Climax"）？他用了一个图来进行详细直观的解释（图12.2）。

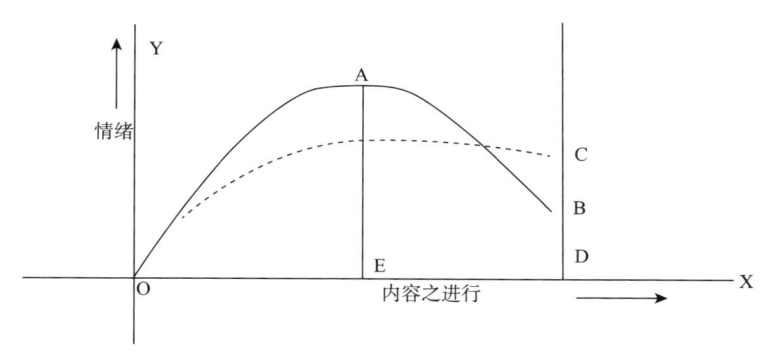

图 12.2　"文艺的情绪是否应有最高点"直观解释图
注：图片来源：成仿吾：《残春的批评》，《创造季刊》1923年第1卷第4期，第10页

　　这里以文艺的内容（即事件）的发展为横轴，情绪之变化为纵轴，这样内容的演进和情绪的变化就呈现出一条 OAB 曲线。他对这个过程进行了一个科学形式的解读："作品的内容由 O 点进行到 D 点之间，内容所诱起的情绪，亦由 O 经过最高点 A 到 B 点，在这种有最高点的变化，有一个最可注意的地方，就是，情绪由 O 变到 A 之间，情绪是与内容并长，因为这时候 DY/DX 是正符号，情绪由 A 变到 B 之间，内容虽渐增，情绪却反而渐减，因为这时候 DY/DX 是负符号。由文艺的原则说起来，情绪不可不与内容并长；因为内容增加时，情绪若不仅不与他同时增加，反而减小，则此内容之增加，不啻画蛇

添足，所以一篇作品的情绪，如果有一个 Climax，则 OE 以后之内容，为有害无益的蛇足。"①

成仿吾认为文学是情感的传达，而不是理智的报告，情感是文学生命，诗歌要以情感的传达来判定它的优劣，且一字一句当以情感的贫富为选择的标准。他以一个公式来说明诗歌情感传达的过程："假使：F 为一个对象所给我们的印象的焦点 focus 或外包 envelope，f 为这印象的焦点或外包所唤起的情绪。那么，这对象的选择，可以把 F 所唤起的 f 之大小来决定，用浅显的算式来表出时，便是我们选择材料时，要满足 df/dF>0 一个条件。如果这微分系数小于零时，那便是所谓蛇足。"②诗歌中每一字的增加要能增加诗歌的情绪。

西方浪漫主义的兴起有着反科学主义的历史背景，卢梭提出"回归自然"的口号就是针对西方资本主义工业文明的负面影响。科学技术的进步创造了辉煌的物质文明，但也造成了人文精神的失落，强大的技术统治带来了人的"异化"，使得人与自然日益疏离，人类社会变得冷漠，人的生存丧失了诗性之维。卢梭肇其端，经康德、施莱格尔，至狄尔泰、海德格尔、法兰克福学派等，对工具理性至上的科学主义的批判，对生存意义的追问，形成了欧洲浪漫主义的哲学思潮。与此同时，浪漫主义的文学思潮也逐渐形成，主要表现为对资本主义工业文明和城市文明的厌恶，对美好大自然的讴歌。但是，西方的浪漫主义传入中国，在"五四"科学主义思潮的强大压力下，发生了变异，其反科学主义的特质被清除，而其内涵只呈现为奇异的想象和情感的宣泄。所以说，郭沫若、郁达夫等人理解的浪漫主义往往表现为想象和情感，而支撑他们的文学理念仍然是"五四"时期的科学主义主潮。

---

① 成仿吾：《诗之防御战》，《创造周报》1923 年第 1 期，第 3-13 页。
② 成仿吾：《诗之防御战》，《创造周报》1923 年第 1 期，第 3-13 页。

第十三章 科学主义与"文学批评史"

第一节 科学主义与中国文学批评史学科的奠基

一、何谓"文学批评"?

通常将中国文学批评史学科的发生定于陈钟凡1927年出版的《中国文学批评史》,但也有学者认为黄侃在北京大学讲授《文心雕龙》才是中国文学批评史学科的开始。但如果以中国传统文论进入大学课程为界,桐城派的代表姚永朴的"文学研究法"课程已经纳入了诸多传统文论的因素。1914年,姚永朴在北京大学讲授桐城派文学理论,影响很大,讲义编成《文学研究法》(商务印书馆,1916年)共25篇,这部文学理论著作效仿刘勰《文心雕龙》的体例,上篇论述起源、根本、范围、纲领、门类、功效、运会、派别等,下篇分论性情、状态、神理、气味、格律、声色、刚柔、奇正等文章修辞学理论。从"文学研究法"这一名称就体现了文学的学科化和科学化的倾向,尽管姚永朴的讲授吸纳了传统中国文论中的文章修辞学理论,但上篇的编写框架显然是一种科学研究的模式。可以说,中国传统文论自进入文学课程开始,就受到科学主义的影响。在同一年,章太炎的弟子黄侃也来到北京大学任教,讲授《文心雕龙》(讲义后来编成《文心雕龙札记》),并引起了散文与骈文之间的一场论争,《文心雕龙札记》并非完全遵循传统学术的校勘、评注的治学方式,而是对刘勰的文论思想多有阐发。刘师培拥袁失败后,进入北京大学任教,开设魏晋南北朝文学的课程,也讲授《文心雕龙》这部专著。黄侃和刘师培的《文心雕龙》讲授,其实也已经吸收西方现代学术方法来阐发中国传统文论，如黄侃就试图以一种分析的方法和逻辑化、规范化的语言来阐发"风骨"这一传统文论的重要概念。

20世纪20年代开始普遍使用的"文学批评"一词显然是西方舶来品，其在中国文学研究中的兴起，与20世纪初中国文学史和文学概论课程密切相关。在20年代开始出现的诸多文学概论译著和编著中，普遍引入了西方文学理论概念，将文学理论划分为文学史、文学原理和文学批评三个部分。"文学批评"往往作为"文学裁判"部分在很多文学概论或者文学原理类教材中出现。当然也有从广义上来使用"文学批评"一词的，认为"文学批评"包含文学原理和文学裁判。中国文学批评史教材的编著更多的是从广义上理解文学批评。但在学科化的过程中，用来统摄中国文论思想的都是来自西方的文学理论，追求的目标是使中国文论具有现代学科形态。其实，早期的中国文学批评史研究者也意识到，在西方文论这样一些概念的裁剪下，许多中国传统文论的理论知识并不能纳入这些理论框架之中。西学术语的"文学批评"与中国传统的"诗文评"概念显然是不同的，其所植根的文化传统和知识谱系背景存在明显的差异，将这两个概念进行直接对接不可避免会龃龉难适。

学衡派的吴宓认为文学批评并非文学裁判和文学鉴赏，而是古人所谓的义理之学："文学批评者，非仅如前人之诗话艺谈，零篇断句，自述其涵咏之心得，以为专门研究此道之人说法者。文学批评之范围较大，目的较正，方法较静。盖今之文学批评，实即古人所谓义理之学也。且职务，在分析各种思想观念，而确定其意义。更以古今东西各国各时代之文章著作为材料，而研究此等思想观念如何支配人生，影响实事，终乃造成一种普通的、理想的、绝对的、客观的真善美之标准。不特为文学艺术鉴赏之准衡，抑且为人生道德行事立身。"[1]吴宓理解的文学批评更偏重一种理念型知识形态，但中国古代的义理之学实为对于儒家经典的阐发，与西方的文学原理和美学原理还是有根本的不同。

在中国传统学术文化中，很难说某种知识能够完全符合西方"文学批

---

[1] 吴宓：《浪漫的与古典的》，《大公报》（天津），1927年9月17日，第3版。

评"概念。于是有一种观点就认为中国传统文化中根本就没有文学批评。茅盾说:"中国自来只有文学作品而没有文学批评论:文学的定义,文学的技术,在中国都不曾有过系统的说明。收在子部杂家里的一些论文的书,如《文心雕龙》之类,其实不是论文学,或文学技术的东西。"①因为"文学批评"是一种系统的理念型知识,需要对文学加以科学的定义,有特定的研究领域和研究范围,提出普遍的文学研究原理,有科学的研究方法。总之,文学批评是一种文学的科学研究,中国古代的文论都不具备这样的知识特征,即便历来被认为成系统的《文心雕龙》也不符合这样的知识形态标准。

陈钟凡认为中国古代无专门的文学批评家,但有大量的文章、著作涉及对文学的鉴赏,只不过这一类的知识大多不成系统。"文学批评远自希腊学者亚里斯多德以来,迄于今日,已成独立之学科矣;中国历代虽无此类专门学者,然古人对于文艺,欣赏之余,未尝不各标所见,加以量裁:如曹丕《典论论文》,陆机《文赋》,挚虞《文章流别论》,皆其嚆矢也。惜曹陆之作,并属短篇,挚李之书,均归散佚;惟刘勰《文心雕龙》,钟嵘《诗品》独存,二者皆论文之专著也。此外,若《宋书·谢灵运传论》,《北史·文苑传叙》,《唐书·文苑传叙》等编,又属断代为书,未遑博综今古,此后论文之书,如历代诗话,词话,及诸家曲话,率零星破碎,概无系统可寻。"②又说:"中国论文之有专著也,始于魏晋。时人论文,既知区分体制为比较分析的研寻;又能注重才程。盖彼等确认文章有独立之价值,故能尽扫陈言,独标真谛,故谓中国文论起于建安以后可也。"③他认为中国文论起于魏晋以后,原因是文章体制之区分和文章独立价值之确立,而这两个标准显然是来自对西方文论的挪用。李长之《论研究中国文学者之路》批评陈钟凡说:"他所知道的批评只以为非标明文论文赋或者诗话诗说是不算在范围以内的,未免太近视了。殊不知文学既不是独立的,大批评家也就不限于只批两句诗文了,倘若真正作文学批评史的话,中国的大批评家不是归有光姚姬传的八股先生专讲'义法'之流,乃是在除了刘勰钟嵘严羽金圣

---

① 雁冰:《文学作品有主义与无主义的讨论》,《小说月报》1922年2月第13卷第2号。
② 陈钟凡:《中国文学批评史》,上海:中华书局,1927年,第9页。
③ 陈钟凡:《中国文学批评史》,上海:中华书局,1927年,第31页。

叹之外，更其重要的，却是孟轲王充司马迁朱熹崔述一般人。批评家所重的是他的批评精神及批评方法，并不是他用没用过朱笔，圈没圈过诗文。"①可见，对于中国传统文化学术中哪些是文学批评、哪些不属于文学批评的问题，各家存在认识上的差异，对于中西文学批评能否互通，认识上也不尽相同。这种差异的根源在于我们是按照西方"文学批评"的概念内涵来衡量中国古代的文论，这也为早期中国文学批评史学科的开创者带来了很大的难题。为什么要以西方文论的"文学批评"概念来衡量中国传统文论？原因是在科学主义引导下的学科化过程中，西方文论被认为是科学的。

20世纪20年代中期，朱光潜就提出建设中国文学批评史的设想，他在《中国文学之未开辟的领土》中说："受西方文学洗礼以后，我国文学变化之最重要的方向当为批评研究（Literary criticism），在这个方向，借助于他山之石的更要具体些，更可捉摸些。……尤其重要的是把批评看作一种专门学问，中国学者亦甚重批评。刘彦和的《文心雕龙》，刘知几的《史通》，章学诚的《文史通义》，在批评学方面，都是体大思精的杰作，不过大部分批评学说，七零八乱的散见群籍。我们第一步工作应该是把诸家批评学说从书牍札记、诗话及其他著作中摘出——如《论语》中孔子论《诗》、《荀子·赋篇》、《礼记·乐记》、子夏《诗序》之类——搜集起来成一种批评论文丛书著。于是再研究各时代各作者对于文学见解之重要倾向如何，其影响创作如何，成一种中国文学批评史。"②朱光潜明确提出建设中国的文学批评史需要借助西方的"文学批评"概念，把符合这一概念的学说从各种著作中离析出来，成一统系，以见时代的倾向及对文学创作的影响。建设中国文学批评史学科就是要使这些所谓"七零八乱"的诗论、文论成为系统的知识。

尽管"文学批评"与"诗文评"有着明显的差异，但在以西方观念来研究中国问题已成趋势的情况下，以"文学批评"来给中国文论界定范围却是难以避免的。朱自清对于这种中西、古今的矛盾深有体会，他在《诗文评的

---

① 李长之：《批评精神》，《李长之文集》第三卷，石家庄：河北教育出版社，2006年，第109页。
② 朱光潜：《中国文学之未开辟的领土》，《东方杂志》1926年第23卷第11号，第85-88页。

发展》一文中说："'文学批评'是一个译名。我们称为'诗文评'的，与文学批评可以相当，虽然未必完全一致。我们的诗文评有它自己的发展；现在通称为'文学批评'，因为这个新名字清楚些，确切些，尤其郑重些。"①为什么要选用"文学批评"一词来书写中国文论？就是因为它讲得清楚、说得明白，换句话说就是科学，要用"文学批评"这把"明镜"来"照清楚诗文评的面目"。他说，"将我们的材料跟那外来的意念打成一片，才能处处抓住要领"②，这样看来，"诗文评里有一部分与文学批评无干，得清算出去"③也就是很自然的事了。在诗文评以外的其他类中的一些部分却属于文学批评，朱自清认为应该把这部分包括进去，如选本总集的笺注序跋、选家的眉批总评，还有别集中的书札、诗话、文话，史传文苑传或文学传中的墓志之类的内容。中国文学批评史要成为一门学科，就得有规范的学科内涵，而西方的"文学批评"概念赋予了这一学科以科学的知识形态。

二、中国文学批评史学科的初创

陈钟凡的《中国文学批评史》（1927 年）是第一部由本国学者编写的中国文学批评史著作，七万余言却涵盖了从先秦到清代的中国文学批评，从体例和结构看，著者力图以科学的方法对中国传统文论思想进行整理和研究。全书共有十二章：①文学之义界；②文学批评；③中国文学批评史总述；④周秦文学批评史；⑤两汉文学批评史；⑥魏晋文学批评史；⑦宋齐文学批评史；⑧北朝批评史；⑨隋唐批评史；⑩两宋批评史；⑪元明批评史；⑫清代批评史。著者开篇就对"文""文学""批评"等概念作了意义上的界定。"以远西学说，持较诸夏，知彼之所言感情、想像、思想、兴趣者，注重内涵。此之所谓采藻、声律者，注重法式。实则文贵情深而壮丽，故情感、采藻二者，两方兼所并重。特中国鲜纯粹记事之诗歌，故不言

---

① 朱自清：《诗文评的发展》，《文艺复兴》1946 年 7 月第 1 卷第 6 期，第 759 页。
② 朱自清：《诗文评的发展》，《文艺复兴》1946 年 7 月第 1 卷第 6 期，第 760 页。
③ 朱自清：《诗文评的发展》，《文艺复兴》1946 年 7 月第 1 卷第 6 期，第 760 页。

及想象；远西非单节语，不能准声遣字，使其修短适宜，故声律非所专尚。此东西文学义界之所以殊科也。今以文章之内涵，莫要于想像、感情、思想，而法式则必藉辞藻、声律以组纂之也，故妄定文学之义界曰：'文学者，抒写人类之想像、情感、思想，整之以辞藻、声律，使读者感其兴趣洋溢之作品也。'"[1]陈钟凡采用了当时普遍通行的文学概论或文学原理类著作中的四要素说，即从思想、情感、想象和形式等四个方面来界定"文学"。

关于"批评"的定义，陈钟凡认为，中国古代虽有诗文评论，但都"或究文体之源流，或第作者之甲乙，为例各殊，莫识准的"，不如西学"批评"一词含义规范清晰。"考远西学者言'批评'之涵义有五：指正，一也。赞美，二也。判断，三也。比较及分类，四也。鉴赏，五也。若夫批评文学，则考验文学著述作品之性质及其形式之学术也。故其于批评也，必先由比较、分类、判断，而及于鉴赏；赞美、指正特其余事耳。若专以讨论瑕瑜为能事，甚至引绳批根，任情标剥，则品藻之末流，不足与于言文事也。"[2]陈钟凡对"文学批评"的理解显然带有科学主义的倾向，他强调文学批评重点在于分析和判断，对于文学好坏的品评只是"余事"。在他看来分析性和逻辑性知识形态才是科学的"文学批评"，而中国古代的文论、诗论其实大多不过是"品藻之末流"。作为中国文学批评史学科的开山之作，陈钟凡的《中国文学批评史》融合了西方文学理论中关于文学批评的定义，指明了这门学科的基本性质，确立了它的研究对象和研究范围。但是，陈钟凡的中国文学批评史的写作，实际上确立了中国古代文论西方化的道路，他根据西方文论的概念和范畴对中国传统文论进行整理和"史"化的过程就是使中国文论科学化的过程。

另一位对中国文学批评史学科的建立起到奠基性作用的是郭绍虞，郭绍虞在《中国文学批评史》（上册由商务印书馆初版于 1934 年）自序中说，原本打算编写一本中国文学史，由于考虑到工程太过浩大，遂缩小为中国文学批评史，旨在"从文学批评史以印证文学史，以解决文学史上的许多问

---

[1] 陈钟凡：《中国文学批评史》，上海：中华书局，1927 年，第 5-6 页。
[2] 陈钟凡：《中国文学批评史》，上海：中华书局，1927 年，第 6-7 页。

题"①，郭著将整个中国文学批评史划分为三个时期：自周秦到南北朝是文学观念的演进期，文学观念由含混而趋于明晰；自隋唐至北宋，是文学观念的复古期，文学观念由明晰而返回到含混；南宋至清代，是文学批评的完成期，主要是调和融合前两时期的文学理论。郭著《中国文学批评史》重在从"史"的角度对中国传统文学批评思想进行清理，并考察文学批评与文学演进之间的关系。这本有 70 余万言的鸿篇巨著，内容较陈著丰富得多，精心结撰。但此书关于中国文学批评史的分期显然受到西方进化论思想的影响，仍然可以看出他用科学的方法使传统文论思想系统化的努力。

  郭绍虞在阐释和评价儒家文论观时就体现出一种科学主义的倾向。他认为，孔门文学观念的影响分为"道"的观念和"神"的观念，"道"的观念重在尚用，"神"的观念则重在讨论文事。"神"的观念对文学批评的影响，一在"作"的方面，一在"评"的方面，运用"作"的方面是文学的修辞问题，运用在"评"的方面就是体会的方法。"不过儒家之所谓体会，其方法有二种：一是在本文内体会的，一是在本文外体会的。在本文内体会者犹不离本文的原意，所以是近于科学的。其在本文外体会者，有时竟与原意绝无关系，所以又简直是'非科学'的了。盖本文内的体会较重在考据；本文外的体会，全出于附会。所以前者之失泥，后者之失凿。"②儒家说的"知人""论世"是文本内的体会；而所谓"诗可以兴"则是文本外的体会。他评价孟子的"以意逆志"说："照他这样以意逆志，用之得当，对于纯文学的了解，确是更能深切而不流于固陋。可是他这种以意逆志，全凭主观的体会终究不是客观研究的方法。所谓以意的意，本身漫无定准的，偶一不当，便不免穿凿附会，成为过分的深求。孟子论诗所以时多乱断的地方以此。"③在客观、准确、精严的文学批评标准之下，儒家文论的"知人论世"说，"比兴"说、"以意逆志"说都是缺乏科学性的。

  郭绍虞认为南北朝在文学批评史上占有重要地位，原因在于："（1）所讨论的问题，空前启后，不囿于传统的思想，而能范围后来的作者，指导后

---

① 郭绍虞：《中国文学批评史》（上卷），2 版，天津：百花文艺出版社，1999 年，"自序"第 1 页。
② 郭绍虞：《中国文学批评史》（上卷），2 版，天津：百花文艺出版社，1999 年，第 21 页。
③ 郭绍虞：《中国文学批评史》（上卷），2 版，天津：百花文艺出版社，1999 年，第 24 页。

来的批评家。如文笔之区分,如音律之发明等等,都是值得大书特书的。(2)至是才有文学批评之专著,如钟嵘《诗品》、刘勰《文心雕龙》等书——均得流传至今,而《文心雕龙》尤为重要的著作,原始以表末,推粗以及精,敷陈详核,条理密察,即传至现代犹自成为空前的伟著。(3)此期的批评家能应用种种批评的方法,如文体的分类及说明,则归纳的批评也;《文选序》之以沈思翰藻为文,《文心雕龙》之《原道》、《宗经》诸篇则推理的批评也;四声八病之说,则判断的批评也;论诗而溯流别以及《文心》、《时序》诸篇,则历史的批评也;萧子显《南齐书·文学传论》之分作家为三体,《文心·体性篇》之分八体,则又比较的批评也。他如道德的批评,审美的批评,考证的批评,及鉴赏的批评等亦随处有之,虽不必出主入奴,互成派别,而各种批评的方式殆无不具备。(4)此期的批评家才真是纯粹的批评家。不同曹丕、曹植一样以创作家兼之,所以所论的不仅润饰改定的问题,而重在建立文学上的原理和原则。又不同于王充、葛洪一样以学者兼之,所以所论的不偏重在杂文学的方面,而很能认识文学的性质。更不同挚虞、李充一样以选家的态度为之,所以更是纯粹的批评而不必附丽于总集。"①这一时期最重要的两部作品,钟嵘的《诗品》和刘勰的《文心雕龙》,前者是文学的批评,偏于鉴赏的批评;后者是文学批评的批评,偏于归纳的批评和推理的批评。

郭绍虞推崇南北朝文论的理由,其实是以文学批评的科学性作为判断的标准。在他看来,南北朝时期出现了有关文学的独立性的讨论,体现在:有成系统、有条理的文论著作出现,有文体分类与文学批评方法的讨论,有专门的批评家的出现。有相对确定的研究对象、研究方法、基本的原理和原则、系统的理论和专业批评家,这几个方面都是文学的科学研究所应具备的重要条件。郭绍虞援引西方文论中对于批评方法的划分,以归纳的批评、推理的批评、判断的批评、历史的批评、比较的批评等对南北朝文论进行方法论上区分,这实有以西释中、牵强附会之嫌。郭绍虞《中国文学批评史》在文论材料的搜集与考订方面较陈钟凡的《中国文学批评史》更为全面和深

---

① 郭绍虞:《中国文学批评史》(上卷),2版,天津:百花文艺出版社,1999年,第96-97页。

入，对许多中国传统文论的重要概念如"神""道""气"等也有非常独到而精细的阐发，是中国文学批评史学科重要的奠基之作，对后来中国文学批评史的写作产生了非常大的影响。但同时应该看到，郭绍虞中国文学批评史写作也隐含着一种科学主义倾向，比如以进化论思想对中国传统文论进行"史"的宏观叙述；以西方文学概念作为纯文学和杂文学区分的标准；以客观、精确、谨严作为文学批评的标准等。这种科学主义倾向为中国文论的西方化提供了合理性的支撑。

罗根泽的四卷本《中国文学批评史》出版于1943年，由商务印书馆出版，分为周秦两汉文学批评史、魏晋六朝文学批评史、隋唐文学批评史、晚唐五代文学批评史。该书综合采取了编年体、纪传体、纪事本末的所谓"混合体"进行编写，即按批评家、批评对象以及文学理论、批评方法，加以汇集分析。有关周秦文学批评史、两汉文学批评史、魏晋南北朝文学批评史的内容早前于1934年由北平人文书店出版，书名为《中国文学批评史》，出版前已在清华大学讲授。著者虽取西学加以比照，但考虑到中国文学理论自身的特点，自然很是谨慎："学术没有国界，所以不惟可取本国的学说互相析辨，还可与别国的学说互相析辨。不过与别国的学说互相析辨，不惟不当妄事糅合，而且不当以别国的学说为裁判官，以中国的学说为阶下囚。糅合势必流于附会，只足以混乱学术，不足以清理学术。以别国学说为裁判官，以中国学说为阶下囚，简直是使死去的祖先，作人家的奴隶。"[1]罗根泽意识到当时学术界存在的"以西释中"或"以中注西"的弊端，用西方的"文学批评"概念来量裁中国传统文论显然也存在这个问题。但罗根泽同样不能放弃使用西方的"文学批评"概念，而是扩大"文学批评"所涵盖的范围。他认为当时被广泛引用的森次巴力(Saintsbury)的文学批评定义不够准确："按'文学批评'是英文 Literary Criticism 的译语。Criticism 的原来意思是裁判，后来冠以 Literary 为文学裁判，又由文学裁判引申到文学裁判的理论及文学的理论。文学裁判的理论就是批评原理，或者说是批评理论。所以狭义的文学批评就是文学裁判；广义的文学批评，则文学裁判以外，还有批评

---

[1] 罗根泽：《中国文学批评史》，上海：古典文学出版社，1957年，第32页。

理论及文学理论。"①西方的文学批评偏于文学裁判和批评理论，而中国的文学批评偏于文学理论。罗根泽从广义的文学批评来理解中国古代文论的确比同时期的许多中国文学批评研究者仅从文学批评和文学裁判角度来理解要更加合理，但它的广义的文学批评仍然未出西方文论的解释框架，他对中西文学批评差异的观点也不能说是合理的，中国古代文论不同于西方文论中的文学批评和文学裁判，同样也不同于西方文论中的文学理论，中国古代文论不具有西方文学批评中那样的文学理论形态。

罗根泽认为文学批评"事实上的历史"是存在的，而要使人们认识和理解，有待于"编著的历史"，而在此过程中，应消除成见，秉持客观、求真的精神。罗根泽秉承"古史辨"派的疑古精神，试图以现代西方的科学方法和科学精神还中国文学批评的真面目，但实际上这样做的时候难免也遮蔽了中国古代文论的真面目。他从中国传统文论中梳理出"载道"和"缘情"相互消长的发展过程，即是用"编著的历史"来认识所谓"事实上的历史"，但"载道"与"缘情"相冲突之说显然是"五四"时期抨击文学"载道"传统，将情感性作为文学本质特征的时代精神，而并非中国古代文论"事实上的历史"。所以说，罗根泽的"求历史之真"，还中国文学批评以历史真面目其实仍是受到"五四"科学主义思潮的影响，其疑古、证古的科学精神在文学批评资料的搜集、整理和考订方面发挥了很大的作用，但其以"编著的历史"来认识"事实的历史"的科学观念必然在某种程度上扭曲中国古代文论的本来面目。从罗根泽的《中国文学批评史》来看，中国文学批评进一步"史"化的过程就是中国文论进一步西方化的过程。

方孝岳的《中国文学批评》与朱东润的《中国文学批评史大纲》在资料的搜集方面不如郭绍虞和罗根泽的著作，但在"史"的叙述中，同样可以看出他致力于中国古代文论的学科化和科学化的努力。方孝岳《中国文学批评》1934年②由世界书局出版，是作为刘麟生主编的"中国文学丛书"八种之一。该书叙述简略，但确是一部完整的中国文学批评史。全书分为上、

---

① 罗根泽：《中国文学批评史》，上海：古典文学出版社，1957年，第5页。
② 本书引用文献是1944年新一版。

中、下三卷共 45 节,选取了中国古代五六十位文论家,每个文论家从他们文论中抽取一个范畴术语进行阐述,如魏文帝的"文气说"、刘勰的"文德"、司空图的"味外之味"、邵康节的"忘情论"、方回的"高格"、宋濂的"摹仿论"、李东阳的"格调"、唐顺之的"本色"、陈眉公的"品外"、方望溪的"义法论",等等。虽然没有冠以"中国文学批评史"的名称,但作者在导言中指出本书"大致是以史的线索为经,以横推各家的义蕴为维",其实还是一种"史"的叙述。全书分为先秦文学批评、汉魏文学批评和唐以后至清代文学批评,但并不像郭绍虞一样要寻出一条中国古代文论发展的线索,而是以文论家为纲,推阐他们各自的文论观点并按照时间先后编辑而成。尽管全书并无自觉的体系化追求,在具体文论家的论述中,作者还是要寻找一种普遍的原理和方法,他说:"我们要研究中国的古代文学批评,就应当把古代论诗的话,来寻索一番,找出他的条理和他们批评所根据的基点;就自然可以得到古时人鉴赏文学和辨别美恶的方法。"[1]著者并不直接以西方文论概念来阐释中国古代文论,但从古代文论中理出条理和寻找批评理论的基点,仍表现一种科学主义的倾向,是以西方文论的科学性为标准的。

方孝岳认为古代文学观念有一个基本的性质,就是"重义不重文","古代论文的话,总是注重根本的思想、情感和作用,很少说到本身构造的技术"[2],春秋战国到诸子百家,都是"立意为宗","不以能文为本",比如说孔子的"兴观群怨""温柔敦厚"就是重要的批评标准,《诗》三百遵循着这一标准,所以它不算是个人文学,而是国家文学、社会文学。即便是诗三百后的批评家,西汉的淮南王刘安、东汉的班固、南朝的刘勰在评价屈原和《离骚》时都时时返顾这种批评的标准。他认为到了汉代,赋这样文体的出现实在是写实文学的大观,文学开始有自己的领域,也就是说文学开始作为情感的表现而显出美学的价值。他在"司马相如论赋家之心"一节中说:"文学家对于文学,实在已经不能像古代那样专讲思想作用而不论本身的技术。因为文学已渐渐开辟自己的领土,表现出美的价值。"[3]方孝岳的

---

[1] 方孝岳:《中国文学批评》,上海:世界书局,1944 年,第 6 页。
[2] 方孝岳:《中国文学批评》,上海:世界书局,1944 年,第 26 页。
[3] 方孝岳:《中国文学批评》,上海:世界书局,1944 年,第 30 页。

看法显然是"五四"科学主义思潮影响下的科学文学观，以情感为文学的本质，以写实为文学的正宗。他在对传统文论进行评价时，认可当时很普遍的一种观点，即文学是一种表现情感的艺术，具有美学的价值。在儒家"兴观群怨""温柔敦厚"的批评标准之下产生的文学不能算是"纯文学"。在"邵康节的忘情论"中他直接表达了这种文学观："说到文学，人人都知道是情感的表现，都知道是以情感为惟一的原素。没有情感，就根本没有文学。"[1]这就不难理解他对于王充的推崇，他认为王充对文学批评最重要的贡献就是区别了"纯文学"和"非纯文学"。他认为王充在《书解篇》中对"文儒"和"世儒"的区别就是"纯文学"和"非纯文学"的区别。[2]"杂文学"与"纯文学"在当时普遍用来作文学观念的区分，但方孝岳以之评价中国传统文论则未免牵强。

朱东润《中国文学批评史大纲》1944年由开明书店出版，是在作者于1931年在国立武汉大学讲授中国文学批评史课程的讲义的基础上修订而成。叙述上起先秦，下至清末。尽管叙述简略，但结构完整，严格意义上说本书最早完成中国文学批评史的整体构架。著者认为伟大的批评家是超越时代和流派的，所以该书编排上没有明确表明时代和流派，但对于批评家的排列还是以"史"为序。尽管在编排体例上与前几部中国文学史略有不同，试图淡化以时代和流派对完整文论思想的切割，但在他的叙述和阐释中，仍不能摆脱以西方现代文论观念对中国古代文论的框范，如他将唐代诗人分为"为艺术而艺术"和"为人生而艺术"两派："大抵主张为艺术而艺术者，其论或发于唐代声华文物最盛之时，如殷璠是；或发于战事初定，人心向治之时，如高仲武是；或发于乱离既久，忘怀现实之时，如司空图是。惟有在天下大乱之际，则感怀怅触，哀弦独奏而为人生而艺术之论起：元结丁天宝之乱，故有《箧中集序》；元白在元和间，目睹藩镇割据，国事日非，故有论诗二书。至于杜甫，则其诗虽为人生而作者虽多，而其论则偏于为艺术而艺术，元白推重其诗，不取其论也。"[3]朱东润的中国文学批评史写作以批

---

[1] 方孝岳：《中国文学批评》，上海：世界书局，1944年，第71页。
[2] 方孝岳：《中国文学批评》，上海：世界书局，1944年，第34页。
[3] 朱东润：《中国文学批评史大纲》，上海：上海古籍出版社，2001年，第93-94页。

评家为纲，且将戏曲和小说批评作为重要的内容，能够较为全面地呈现文论家的思想，弥补了同时代中国文学批评史著作的不足。但他将"五四"新文学运动时期的"为人生而艺术"和"为艺术而艺术"观念运用到古代文论的阐释和理解之中，却有以西格中之嫌。

三、中国文学批评史写作的西方化

1947 年出版的傅庚生《中国文学批评通论》在古代文论的西化上迈出了重要的一步，而在中国文论的科学化道路上走得更远。如果说陈钟凡、郭绍虞、罗根泽、朱东润等在将中国古代文论纳入"史"的框架中时，还力图保留古代文论的本来面貌，傅庚生则认为这正是前述中国文学批评史的缺陷，他放弃以往以"史"为纲的写法，而将古代文论放入先行的西方文论框架之中。作者自序中说："今时我国从事研究文学批评者，多搜集历代文评资料，编撰为史，可以就觇文学评论递嬗之轨辙，及其与文学流变轸鲍之迹象。其业云劳，厥功至伟。独惜对于文学批评之原理与问题，短于发抒；间有旁及之者，又不免格于体例，或则简括其言辞，或则柄凿其篇目，不能予人以明确之概念与因依之准则。研核评论学之往迹，群智兢明夫一端；形成文学史之附庸，无缘蔚萃乎大国。因以董理文思，别标体制，将纳殊途于同轨，冶今古于一炉。斟酌众说，商榷利病，缕析而贯持之。"[①] 郭绍虞最初编写"中国文学批评史"的动机就是为了有助于参证"中国文学史"，傅庚生认为这样使得中国文学批评成为资料，并且对于文学批评原理缺乏明确的概念阐述，这种"史"的编写模式没有赋予中国古代文学批评以独立地位，所以需要打破以往文学批评史的编写体例。傅庚生的中国文学批评史体制放弃"史"的论述，而以文学批评原理为中心，通过精确的概念、逻辑的分析来重新建构中国古代文论同样体现了一种科学主义的倾向。

与以往"中国文学批评史"的著述一样，傅庚生首先遇到的问题就是怎

---

① 傅庚生：《中国文学批评通论》，上海：商务印书馆，1947 年，"自序"第 3 页。

么来界定"文学"与"文学批评"的概念。他对中国古代关于"文"的论述进行详细的追述后,比较西方"文学"的定义,认为中国古代论"文"多重形式,而西方论"文"注重内容,综合中西之说,"文学"观念就趋于精密。"夫文学之所以能表现作者之人格,批评人生,亘万古而常新者,以其内能达作者之情思,而外有诉诸读者之感情之力也。以文字表达作者之感情,而能唤起读者之同感与同情,斯为文学作品矣。人之感情,恒伴想像而生,亦因想像而大。情感为想像之资材,想像为情感之工具。……又以作者籍其深挚敏锐之感情以体验人生,辄具卓绝超世之思想,自然寄托于作品之中,志不在训世而恒为改进人生之前驱。思想之背后为理智之活动,往往可以约束奔腾冲激之情感,……而辞藻、声律等形式上之美,亦可内以温慰深曲之衷情,达表现之志;外以吸引读者之心目,为含咀之资。"[①]这段关于"文学"的论述,与其说是综合中西之说,不如说是借用了温切斯特的"情感""思想""想象""形式"的文学四要素论。据此,他将文学定义为:"抒写作者之感情、思想,起之以想像,振之以辞藻与声律(形式),以诉诸读者之感情而资存在之文字也。"[②]与当时大多数"文学概论"著作一样,该定义也以辞藻与声律来对应西方文论中的"形式"。他认为中国古人论文偏重辞藻与声律的工拙,也就是"形式"要素,赅举四要素的很少,陆机、刘勰论文讲"情志""事义""辞采宫商"揭示了文学的三个要素,情志就是感情,事义即思想,辞采宫商即形式;白居易的《与元九书》中的"根情、苗言、华声、实义"也揭示了文学的三个要素,"情"指感情,"义"指思想,"言"和"声"指形式。他以文学四要素说来解释刘勰《文心雕龙》的"六观"之说,分析《体性》篇中的"若夫八体屡迁,功以学成,才力居中,肇自血气。气以实志,志以定言,吐纳英华,莫非情性"就是刘勰说的"一观位体",是要注目于文学中的感情原素;《通变》篇中的"是以规略文统,宜宏大体。先博览以精阅,总纲纪而摄契;然后拓衢路,置关键,长辔远驭,从容按节,凭情以会通,负气以适变,

---

[①] 傅庚生:《中国文学批评通论》,上海:商务印书馆,1947年,第8-9页。
[②] 傅庚生:《中国文学批评通论》,上海:商务印书馆,1947年,第9页。

采如宛虹之奋鬐，光若长离之振翼，乃颖脱之文矣"是刘勰所说的"三观通变"，其中就兼及文学中的想象原素；"四观奇正"涉及文学中的思想原素；其余的"置辞、事义、宫商"是辞藻与声律，乃文学中的形式原素。书中在解释"事义"时，出现了矛盾，在不同的地方分别对应"思想"和"形式"。傅庚生以文学四要素说解释中国古代文论，是因为它精确、严谨，符合科学性的标准，以四要素作为阐释的工具可以清除中国传统文论的笼统、模糊。

傅庚生认为："昔人不重评论之学，多不置虑于分析与综合之功夫，恒喜通浑以诠理，令人感捉摸之无从。讨论文字者，或则不求甚解，或则以为可意会而不可言传；前者失之肤廓，而后者蹈于玄虚，皆不深研之过。今析之为四元素，而明其轻重与关系，执此矩矱，当可以度量榱桷矣。"[①]该书组织和阐释中国古代文论材料的框架即依"中国文学批评史上的情感论""中国文学批评史上的想象论""中国文学批评史上的思想论""中国文学批评史上的形式论"这四要素而构成主干性的四章。文学批评就是围绕着文学的四要素进行："文学批评者，凭依吾人对于文学作品品鉴之结果，而予之以定评；并说明文学之所以为卓尔者，实具某种要素，俾以促进读者之理解力并激发其欣赏力者也。"[②]所谓文学批评不等于"品鉴"，"惟批评之事，方其求索原理原则时，运其知而敛其情，故属近于科学而远于文学"。[③]因为"文学批评"应讲求知性的分析而排除情感的因素，因而更具有科学性，而中国传统的文论思想往往不具有这样的科学性。傅庚生的中国文学批评史的写作显然受到科学主义的引导，他以情感、想象、思想和形式四要素框范中国古代文论，就是要以一种分析性、逻辑性的论述，来克服中国传统文论的所谓浑融、意会、玄虚的特点。

在科学主义的影响下，初期中国文学批评史写作中，寻求中国文论发展的线索、进行逻辑的论证都有一个目的，就是要使中国传统文论在某个框架中能够清晰地呈现出来。郭绍虞、罗根泽更倾向于观念的演进，傅庚生更重

---

① 傅庚生：《中国文学批评通论》，上海：商务印书馆，1947年，第15页。
② 傅庚生：《中国文学批评通论》，上海：商务印书馆，1947年，第11页。
③ 傅庚生：《中国文学批评通论》，上海：商务印书馆，1947年，第11页。

于原理的分析,而文艺思潮的研究携五四新文学运动之势也被运用到中国文学批评史的写作中。朱维之《中国文艺思潮史略》的初版自序中说,受到其他学者的启发,中国文艺思潮史的编写线索在心中由浑沌渐成模糊的轮廓,从胡适的《白话文学史》等书受益良多,这些著作都是用新观点来整理中国文艺。而该书正是贯彻了这一原则,采用诸如"现实主义""浪漫主义""唯美主义"等西方的文艺观点来整理中国文艺思想。这一点从该书的章节安排就可以看出,从第二章至第十一章按照时代顺序,依次为:北方现实思潮的发达(西周至春秋);南方浪漫思潮的发达(春秋战国);南北思潮的合流(秦汉魏晋);佛教思潮的勃兴(东汉至盛唐);社会问题和复古运动(盛唐中唐);唯美主义的高潮(中唐至北宋);民族意识的抬头(宋元);古典主义(元明);浪漫主义(明清);写实主义(清以来)。西方文艺思潮中的古典主义、浪漫主义、唯美主义、写实主义等被机械地移植到了中国文艺批评的发展演进中。

　　朱维之以"文艺思潮史"的名称取代"文艺批评史",试图更全面地反映中国古代文论思想。他认为文艺思潮史就是各时代文艺的意识,包括创作意识和批评意识,文艺思潮史不等于文艺批评史,文艺批评只是理智的判断而文艺思潮注重文艺表现的思想和态度。他将中国的文艺分为南北两派,儒家代表北方的文艺思潮,道家代表南方的文艺思潮。"大体说来:儒家底精神是现实的,代表思想的著作是六经,富于道德的,教训的要素,有严谨庄重而积极的态度,注重客观的,实验的条件,为社会国家建设人文主义。道家底精神是浪漫的,富于神秘的冥想,自由奔放,着重在个人的自我表现;对于已成的文化要作消极的破坏,就是所谓虚无主义。"[①]然而,以西方"现实的"和"浪漫的"概念来区分儒家的精神和道家的精神并没有多大的合理性。现实的注重客观,浪漫的注重主观;现实的是积极的,浪漫的是消极的;现实的是人文主义,浪漫的是虚无主义,这样的理解也失之简括。朱维之以西方的文艺思潮概念为中国古代文论寻找发展演进的线索还是受到科学主义的影响。

---

① 朱维之:《中国文艺思潮史略》,上海:开明书店,1946年,第13页。

第二节　科学主义与中国文学批评史的俄苏化

一、文艺批评的俄苏文论话语

经过前三十年陈钟凡、郭绍虞、罗根泽、朱东润等人筚路蓝缕的开拓，中国文学批评史学科初步建立，并形成了以西方文学理论模式整理中国古代文论遗产的基本框架。对于古代文论资料的爬梳、校订、编撰方面已初具规模，取得了相当可观的研究成果。20 世纪 50 年代伊始，研究者继续沿着三四十年代的路径展开文论资料的考订、编撰工作，郭绍虞、罗根泽主编的《中国古典文学理论批评专著选辑》以及郭绍虞主编的《中国历代文论选》（三卷本）是这一时期的重要成果。

中华人民共和国成立后 30 年，俄苏文论话语主导了中国古代文论研究和中国文学批评史撰写。社会阶级的分析为人文社会科学研究提供了一种分析模式，无产阶级与资产阶级的对立体现为唯物主义与唯心主义的斗争，这一研究模式被广泛用于文艺批评当中。1951 年文艺界展开了对电影《武训传》的所谓资产阶级改良的批判。1954 年 12 月，周扬在中国文学艺术界联合会主席团、中国作家协会主席团扩大联席会议上发表了《我们必须战斗》的讲话，对俞平伯《红楼梦研究》中所表现的资产阶级唯心论观点进行批判。周扬认为这关系到如何对待中国人民的文化遗产问题，俞平伯是胡适派资产阶级唯心论在《红楼梦》研究方面的代表。他指责俞平伯的《红楼梦》考证存在以下错误：一是抹杀《红楼梦》反封建的社会批判意义；二是他所作的考证不是在事实基础上的全面的、历史的、科学的考察。[①]紧接着文艺界展开了对胡适的实用主义和实证主义思想的批判。俞平伯、胡适的文学批评方法与所谓资产阶级主观唯心论并没有什么关系，只是通过这次批判，《在延安文艺座谈会上的讲话》所确立的马克思主义文艺观的正统地位得到进一步巩固，并清除古典文学批评中的非马克思主义文艺理论观点。

---

① 周扬：《周扬文集》（第二卷），北京：人民文学出版社，1985 年，第 306-312 页。

早在 20 世纪二三十年代，苏联文论就进入了中国，普列汉诺夫、卢那察尔斯基的文艺理论经由鲁迅、冯雪峰等人的介绍在中国产生了很大的影响。到了中华人民共和国成立以后，苏联文艺理论的引进形成了高潮，并很快成为文艺理论界的权威话语。1952 年，新文艺出版社重新出版了以群翻译的维诺格拉多夫的《新文学教程》①，该书主要从形象性、典型性和阶级性来理解文学，突出文学反映现实的功能："文学是一、借形象反映现实，二、供给现实底概括与典型的描写，三、从阶级底观点描写现实而拥护阶级利益。"②查良铮翻译的季摩菲耶夫的《文学原理》第一部《文学概论》于 1953 年由平明出版社出版。查良铮在该书"译者的话"中说："作者想从文学的复杂的现象中，抽出文学作品和文学发展的规律，使文学的研究，可以和自然科学的研究一样的精确化。"③季摩菲耶夫在该书中将文学的科学分为三个问题，文学原理是研究文学的本质和特性，文学史是研究文学的发展演变过程，文学批评是对具体文学作品的评价并确定其现实意义。文学原理、文学史、文学批评就是文学科学的内容。④该书主要从思维性、形象性、艺术性和党性等方面来讨论文学研究的基本原则。对中国当代文论的发展影响尤甚的是由官方直接推动的毕达可夫的文艺理论课程，1954 年春苏联人毕达可夫应邀来到中国，在北京大学为文艺理论研究班讲授文艺学，时间长达一年半，这个文艺理论研究班的学员来自全国各地的高校，他们通过这次学习系统接受了苏俄文艺理论。毕达可夫的讲课内容被整理成《文艺学引论》一书，于 1958 年由高等教育出版社出版。苏联文艺理论的引入极大影响了这一时期中国文学概论教材的编写，比较有代表性的蔡仪的《文学概论》和以群的《文学的基本原理》在苏俄文论的影响下，都强调文学对现实的反映，文学的意识形态属性，文学的形象性和典型性，文学的阶级性、人民性，等等。

在政治意识形态的影响下，1949 年后三十年的文学研究基本上照搬了

---

① 这本教材早在 1937 年已译出，并由上海天马书店出版，此后多次重印。
② ［苏］维诺格拉多夫：《新文学教程》，以群译，上海：新文艺出版社，1952 年，第 18 页。
③ ［苏］季摩菲耶夫：《文学概论》，查良铮译，上海：平明出版社，1953 年，第 1 页。
④ ［苏］季摩菲耶夫：《文学概论》，查良铮译，上海：平明出版社，1953 年，第 3-4 页。

俄苏文论的模式。反映论、阶级论、典型论等成为中国文论的主导话语。俄苏文论不仅主导了这一时期的文学创作和文学批评，而且主导了对中国古代文论遗产的整理与评价。郭绍虞改写《中国文学批评史》就是一个典型的例子。俄苏文论作为一种科学的文论从20世纪50年代开始成为新的话语权威，关于文学的讨论中，重点关注的不再是思想、情感、想象和形式，而是文学中唯物主义与唯心主义的斗争，文学是为无产阶级还是资产阶级服务。这一时期，原来占主导地位的欧美文论不再被认为是科学的文论，科学的文论应该是对文学进行唯物唯心之路线的分析，对文学的阶级性的分析，对形象和典型的分析。

二、唯物主义与中国古代文论的书写

1955年，郭绍虞对《中国文学批评史》进行了第一次改写，由新文艺出版社出版。第一次修改是删繁就简，主要是对体例和篇目作一些调整，作为大学教材以适应教学之用。全书由原来的75万字缩减为47万字。修改之后，主要以批评家为纲，没有分章节排列，也不以问题为纲。王运熙在旧版重印的前言中说："作为大学文科教材，较便初学，同时也受到当时重视政治标准思潮的影响。由于不少翔实的材料、细密的考订分析被删削，旧著的许多长处失落了。从总体质量看，修改本较旧著逊色。"[1]该书的改写渗入马克思主义文艺理论的阶级分析观点，比如在评述儒家的尚用和墨家的尚用文艺观时，他说："儒家的尚用是'非功利'的尚用，是为新兴地主阶级服务的用，所以与尚文思想不相冲突，'言之无文，行而不远'，文也正就是用；墨家的尚用是绝对功利主义的尚用，是强调百姓人民之利的用，所以充其量可成为极端的尚质。"[2]至于道家则是唯心论者，而庄子这个唯心论者的神秘主义尽管说的"諔诡可观"，但一碰到实际却不能脱俗，文艺本没有神秘性可言。他认为庄子为了说明那"变化无常"之道，不得不用"荒唐之言，无端崖之辞"，说得恍恍惚惚的，而庄子的"心斋""坐忘"之说是玄

---

[1] 郭绍虞：《中国文学批评史》（上卷），2版，前言，天津：百花文艺出版社，1999年。
[2] 郭绍虞：《中国文学批评史》，上海：新文艺出版社，1955年，第11页。

之又玄,说得好听些是"直觉",说得实在些就是一种幻觉。郭绍虞评价庄子的"求之于言意之表"其实还是说明了实践的重要性:"以他这种主观唯心的虚无之道,本来是不可捉摸,难以言说的。要用科学的语言来说明这种不科学的幻觉,本来像捕风捉影,简直没有着手处,于是他就利用寓言以艺事相喻。可是,他不知道这种比喻,恰恰打了自己的嘴巴。"[1]郭绍虞用马克思主义的文艺观点来解释中国古代文论乃是当时社会的文化语境所决定的,以主观与客观,唯心与唯物,意识与物质等来套中国古代文论,试图给中国古代文论以一种科学的解释,这显然是不适合的。郭绍虞先生对这本改写的《中国文学批评史》并不满意,尽管他曾自谦地认为自己对马克思主义文艺理论的掌握还不够,不能廓清已有的观点,但实际上正是过多地套用俄苏文论话语给这本书留下了缺憾。

1956年在中国共产党第八次全国代表大会上的发言中,周扬强调文艺应该为政治服务,社会主义现实主义是人类艺术发展的新方向。在对待中国古代文化遗产方面,既不能盲目搬运外国的经验,也不能故步自封,而应该创造性地发展。他说:"我们尊重科学,尊重西方近代文化的成就。但是我们决不能认为中国的东西都是不科学的,而且也决不应当硬搬外国艺术的现成经验;我们应当用科学的方法来研究本国艺术创作的经验,从中找出它的特殊规律和方法。把我国艺术创作的丰富经验科学化、系统化,正是我们文艺家不可推卸的责任。"[2]建设有民族特色的马克思主义文艺理论是当时一条重要的文艺政策,而要摆脱之前完全照搬苏联模式的弊端,就需要吸收古代文论资源,也就是"古为今用"。这些古代文论资源不能直接纳入现代文论学科体制当中,周扬认为应以科学的方法予以研究和整理,使之系统化、科学化。1957年8月,应杰、安伦于《新建设》发表《整理和研究我国古典文艺理论的遗产》一文,作者指出:"近几年来,有许多人用教条主义的方式去学苏联的文艺理论,而不顾中国过去和现在的实际。在文艺理论领域内,虽然也阐述了文学的一般规律、构造学说、发展学说,起了一定的作

---

[1] 郭绍虞:《中国文学批评史》,上海:新文艺出版社,1955年,第15页。
[2] 周扬:《让文学艺术在建设社会主义伟大事业中发挥巨大作用》,《周扬文集》第2卷,北京:人民文学出版社,1985年版,第480页。

用，但严重的是，它没有被移植到我国既有的文艺理论的土壤上，跟我国古代所流传下来的文艺理论遗产形成了严重的脱节现象。"①并且认为应当"把苏联的文艺理论种植在黄帝子孙的土壤上，让黄河、长江来灌溉它"②。当时很多人与这两位作者一样意识到了文艺界中苏联文论模式独尊的状况，但是在发掘、整理中国古代文论以建设民族化的马克思主义文艺理论的过程中，又自觉或不自觉地落入俄苏文论的框架之中。其中一个重要的原因仍然是试图对中国文论进行科学化的整理，只是这个科学方法主要不是实证论、经验论的，而是反映论的、唯物论的。

1959 年，郭绍虞对《中国文学批评史》进行第二次改写，并且将原来的名称改为《中国古典文学理论批评史》，由人民文学出版社出版。1959 年的《中国古典文学理论批评史》只完成了上卷的修改，到晚唐司空图为止。在第一章的绪论中，他对"文艺理论"和"文学批评"加以辨析："文艺理论是研究文艺反映现实的规律的科学；而文学批评则重在根据理论，根据历史，全面地分析某些现象；并评述这些文学现象的艺术性和思想性。"③他认为中国古典的文学理论偏于广义的文学批评，而不重狭义的文学批评，广义的文学批评包括了文艺理论在内，但也有狭义的文学批评，只是："（一）不重分析，即分析也不求全面，所以不能正确地指出某些具体作品的优缺点。（二）很少论到同时代作家，即使论到，也是标榜多而批判少，偏于叙述作品的本事而不重在作品的评价，所以对于作家也不起帮助作用。"④这种狭义的文学批评只能偏于技巧，讲作法、讲声律，摘举隽句、考证事实，而不能触及思想性和人民性。郭绍虞认识到中国古代文论有其自身的特点，并在名称上加以修正，这是值得肯定的，但他以分析性、思想性和人民性来衡量中国古代文学批评显然有科学主义的倾向，这与他将文艺理论看作是一门反映现实的规律的科学有关。

---

① 转引自张海明：《回顾与反思：古代文论研究七十年》，北京：北京师范大学出版社，1997 年，第 27 页。
② 转引自张海明：《回顾与反思：古代文论研究七十年》，北京：北京师范大学出版社，1997 年，第 27 页。
③ 郭绍虞：《中国古典文学理论批评史》，北京：人民文学出版社，1959 年，第 2 页。
④ 郭绍虞：《中国古典文学理论批评史》，北京：人民文学出版社，1959 年，第 2 页。

郭绍虞认为中国古代文学批评既不同于狭义的文学批评，也不同于文艺理论，主要是诗论和文论，是文体论式文学批评："由于狭义的文学批评不很发达，没有什么作品论，作家论，以及分析详尽的文学批评，也就不可能促进全面性的系统性的文艺理论的发展，习惯于用片言只语笼统的品评，代替了分析的详细的批评，当然也只有用单篇散文来代替条理密察的理论著作。"[1]他又认为这样的文论见不出思想体系，即便有一贯的主张，也不具系统性，这是中西文论的不同点。郭绍虞虽然没有从体系性方面来否定中国古代文论，但在这种比较中仍然隐含中西文论优劣性的评价。他这次中国文学批评史的改写就试图按照俄苏化的马克思主义文艺理论为中国古代文论寻找一条贯穿始终的发展线索，使其具有体系化的科学理论形态。

改写后的《中国古典文学理论批评史》，内容上一个很大的变化即以现实主义和反现实主义来贯穿中国文学批评史的发展过程。在"发展规律中的斗争问题"中，他指出进步的文学批评是有现实主义倾向的，而"中国古典文学理论批评史可说是现实主义文学批评发生发展的历史，也就是现实主义文学批评和反现实主义文学批评斗争的历史"[2]。反现实主义具体又表现为形式主义和唯心主义，浪漫主义塑造形象的方法虽偏于幻想，但并不绝对和现实主义相对，有积极的浪漫主义和消极的浪漫主义之分，在文学批评的发展过程中，现实主义对浪漫主义要又吸收又斗争。对于中国文学理论批评史发展历史的分期，他认为一方面要看到它的独立性，另一方面又要看到它的联系性，所以中国文学理论批评史的分期要联系到文学史和哲学史的分期。先秦时期现实主义文学倾向初步形成；秦汉形式主义文学出现逐渐脱离现实主义传统；魏晋南北朝文学逐渐走向形式主义传统；隋唐五代文学的复古倾向，文学理论批评上表现为与形式主义的斗争；北宋道学兴起，唯心思想抬头，轻视现实主义，是唯心主义思想在文学理论批评上极端发达；南宋金元，市民文学兴起，文学批评脱离文学发展的现实走向唯心的道路；明代是

---

[1] 郭绍虞：《中国古典文学理论批评史》，北京：人民文学出版社，1959年，第4页。
[2] 郭绍虞：《中国古典文学理论批评史》，北京：人民文学出版社，1959年，第5页。

第十三章　科学主义与"文学批评史"　267

学古与趋新对峙，文学批评上形成了片面的偏胜的体系；明清之际至清中叶以前形成了文化发展的高潮，能成就总结性的有完整体系的文学理论，讲求实证，在文学批评方面表现为唯物主义对唯心主义的斗争。

他将马克思主义关于社会发展规律的理论运用于文艺发展规律的研究中，认为阶级对抗的社会反映在文学上出现了"现实主义"和"形式主义"是两种对立的创作方法，现实主义把现实看作第一性，使文艺为现实服务；形式主义是脱离现实，使艺术与生活无关。文学批评与哲学思想相关，现实主义常与唯物主义相结合，形式主义常与唯心主义相结合，哲学史贯穿着唯物主义与唯心主义的斗争，古代文学现象中的文质代变也体现两种倾向的斗争，所以文学批评史也反映出这两种倾向的斗争。以此为理论前提，中国古代文学批评作为材料被统摄到这个现实主义与反现实主义的"二元"结构中。孔子、墨子是现实主义理论批评的萌芽，庄子被归为唯心论者，诗言志说是近于现实主义的文论，司马相如的赋论则是形式主义文论的萌芽，陆机的《文赋》就是形式主义的理论。现实主义与反现实主义又对应着进步与反动，真实与不真实。首先将传统文论中的诗言志与诗缘情简化为西方文论中的现实主义和形式主义，然后赋予其真假、善恶、进步与反动的价值判断，是以机械唯物论的哲学来裁剪中国古代文论。

郭绍虞在解释孔子的"兴、观、群、怨"说时，也套用了现实主义理论："什么叫'兴'？就因诗是用文艺来反映现实生活的，所以有感染的力量，能使人于读诗以后，在现实生活中获得新的启发，这即是所谓的'感发意志'（朱熹注）。什么是'观'？诗既是真实地反映现实生活的，当然在诗里可以'考见得失'（朱注）、'观风俗之盛衰'（郑玄注），使人更正确地理解和认识人类社会的现实生活。什么叫'群'？诗既是集体生活的产物，所以可以'群居相切磋'（孔安国注），适合于群的教育。什么叫'怨'？就是'怨刺上政'。诗既反映现实生活，所以又是人类社会斗争的工具，一方面讽刺当时统治阶级的政治，一方面就起改造社会的作用。"[①]将丰富复杂的中国传统文论思想简化为唯心与唯物的斗争、现实主义与反现

[①] 郭绍虞：《中国古典文学理论批评史》，北京：人民文学出版社，1959年，第17页。

实主义的斗争，往往对中国古代文论作出机械的解释。

这种牵强的改写有其意识形态话语的背景，也几乎是当时人文学科研究的普遍现象。郭绍虞后来也认识到这样的问题："庸俗唯物论运用在社会历史中的结果，可以否认人类社会的精神生活方面，可以否认社会意识在社会发展中的积极作用。"[1]另外他又说："我总觉得：所谓现实主义和形式主义、唯物主义和唯心主义这些术语，在中国古代的用语中间是很难找到这样绝对化的词汇的。"[2]郭绍虞在1959年完成了《中国古典文学理论批评史》的上卷后，并没有继续，他本人也意识到这样的改写扭曲了中国古代文论的面目。以俄苏文论中的这些概念、范畴去整理和阐释中国古代文论，政治意识形态的影响是一个重要的因素，但是其背后更根本的原因恐怕还在于俄苏化的马克思主义文艺理论被认为是真正科学的理论。唯物主义被认为是客观的、正确的世界观，而唯心主义是神秘的、错误的世界观，与此相应，现实主义文论被认为是积极的，而非现实主义文论是消极的。运用这一套理论整理和阐释中国古代文论也是为了使它具有科学性。郭绍虞后来逐渐认识到这些概念、术语运用到中国古代文论的阐释中是不适合的，但没有意识到背后有其科学主义的支撑。

1961年，郭绍虞选择了1955年的修订本再版《中国文学批评史》，在再版的后记中，他说："我常想，研究文学批评史应当有两个标准：一是对于这些材料，至少要有一些比较深入的研究，能解决一些问题，决不是讲义式的组织一下、叙述一下就可以了事的。为什么？因为以前文学理论批评上的术语，昔人没有严格地规定它的含义，所以同样一词，甲可以这么用，乙又可以那么用，假使混而为一，就不免牛头不对马嘴了。而且，即在同一书中，昔人用词也没有严格的科学性，往往前后所指，不是同一概念，若不加分析，也容易导致结论的错误。所以不应该拂光掠影只作表面的论述。又一是要求深刻掌握马克思列宁主义的文艺理论，看问题看到它的本质，才能运用新的观点得出新的结论。这是另一种标准。而这两种标准又必须很好地结

---

[1] 郭绍虞：《照隅室古典文学论集》（下编），上海：上海古籍出版社，1983年，第8页。
[2] 郭绍虞：《照隅室古典文学论集》（下编），上海：上海古籍出版社，1983年，第162-163页。

合起来，才成为更高的标准。"①郭绍虞深入反思中国文学批评史的写作，认为不能简单地以西方文论（包括俄苏文论）来套中国古代文论，但也反对不加阐释地进行"史"的叙述，而是主张加以科学的分析。但我们看到这种科学的分析往往需要借助西方文论的概念，不管是"为人生"和"为艺术"、再现和表现，还是现实主义和浪漫主义，唯物与唯心，都很难把握到中国古代文论的真正意蕴。这也是中国文学批评史写作不得不面临的尴尬。

三、中国古代文论研究中的二元论

试图从中国古代文论中梳理出现实主义与反现实主义，唯物主义与唯心主义的对立，几乎是 20 世纪五六十年代的一种模式化的文论研究。这样的一种二元对立也同时被赋予了进步与落后、积极与消极的价值评判，现实主义、唯物主义是进步的、积极的文艺观，反现实主义、唯心主义是落后的、反动的文艺观。郭绍虞《中国文学批评史》的改写遵循了这一模式，作为中华人民共和国成立后重新编写的第一部中国文学批评史，黄海章的《中国文学批评简史》也循此路数。

黄海章《中国文学批评简史》1962 年由广东人民出版社出版，体例上以时代为线索，具体的编排又以批评家为主。该书论及了从孔子到王国维共 50 位文学批评家（其中李梦阳与何景明，钟惺与谭元春合起来论述），约 15 万字。全书分为十一部分，从四至十一部分以时代为序，论述汉代至清代的文学批评家。这部文学批评史的编写同样没有摆脱当时的俄苏文论话语，黄海章在概说中指出："在古代文学理论和批评中，有些是含有现实主义的因素，可以推动文学向前发展的，有些是偏于唯美主义、形式主义，会把文学拉向后退的。文学史上进步的、向上的，和落后的，反动的，两种矛盾的斗争，在文学批评史上也同样的显现出来。"②在这两种因素的矛盾斗争中，胜利是属于前者的，这是将一种庸俗的唯物主义理论运用于中国文学

---

① 郭绍虞：《中国文学批评史》，上海：中华书局，1961 年。"拂光掠影"现作"浮光掠影"。
② 黄海章：《中国文学批评简史》，广州：广东人民出版社，1962 年，第 3 页。

批评史的论述，现实主义是唯物的，非现实主义是唯心的，唯物的是进步的，唯心的是落后的。他从文学起源论来理解刘勰的《原道》，批评《原道》篇中的文学起源论是唯心主义的，而文学真正的起源是劳动。唯物主义应该从社会现实生活出发，司空图《二十四诗品》离开具体内容抽象地谈论境界，必然走上唯心主义的道路，"象外之象、景外之景""弦外之音、味外之味"的论诗主张开出严羽的兴趣说和王渔洋的神韵说，都是唯心主义的路向。唯物与唯心的路线划分是俄苏文论的一条基本原则。

在俄苏文论中，内容与形式问题被认为是文艺理论的中心问题之一，毕达可夫就认为在这个问题上"明显地表现着唯物主义与唯心主义的斗争"[1]。唯心主义是形式脱离内容的，而"辩证唯物主义认为内容和形式是统一的，而内容起决定性作用"[2]。苏联文艺理论是科学的文艺理论就在于它以辩证唯物主义来解释的文艺现象。在这样一种前提之下，内容与形式的划分，内容决定形式，形式为内容服务自然就成为文学批评的标准。黄海章认为刘勰的《情采》篇是以文学的内容决定文学的形式，沈约、王融、颜延之、谢庄等人的理论则是使内容服务于形式。在他看来，白居易的文学思想是进步的："白居易《秦中吟》、《新乐府》这一类的诗，完全是在当日社会现实影响下，和以'讽喻说'为中心写出来的。它的诗歌所走的路向，就是文学上一种正确的路向，何况他还能够总结他诗歌的战斗经验，写成一篇《与元九书》，突出地显示文学的政治性，人民性，战斗性，在他以前的文学批评家，从来没有这样自觉地，鲜明地，来表示自己的文学见解的。"[3]以唯物主义为哲学基础，将文学反映现实作为文学价值判断的标准，强调内容对形式的统一并且内容决定形式，这是俄苏文论的重要内容，也是它作为科学的文艺学的理论支撑。

黄海章实际上是从唯物论的科学主义立场来对中国古代文论作出评判。

---

[1] ［苏］毕达可夫：《文艺学引论》，北京大学中文系文艺理论教研室译，北京：高等教育出版社，1958年，第195页。
[2] ［苏］毕达可夫：《文艺学引论》，北京大学中文系文艺理论教研室译，北京：高等教育出版社，1958年，第195页。
[3] 黄海章：《中国文学批评简史》，广州：广东人民出版社，1962年，第105页。

他指出刘勰既有进步的一面，又有落后的一面，认识文学与时代的关系、文学与作者个性的关系、内容与形式的关系表现了他进步的一面，推崇孔子和六经、强调政治对文学的影响是落后的见解；沈约是倾向形式主义、唯美主义的作家。在论述古代文论思想时，他多从内容与形式的关系出发，认为陆机的《文赋》是在探究文章的写作方法，有偏于形式主义的倾向，但陆机对于形式和内容的关系还是提出了合理的意见，"理扶质以立干，文垂条而结繁""辞程才以效伎，意司契而为匠""或遗理以存异，徒寻虚而逐微。言寡情而鲜爱，辞浮漂而不归""其会意也尚巧，其遣言也贵妍"①都表达了文学内容与形式相统一的思想，"理""意""情"指的就是文学的内容，而《文赋》中关于体裁、结构、修辞的论述都偏于形式主义，并没有多大的价值。根据俄苏文论的唯物主义观点，内容是指反映在文艺作品中的社会生活，形式是指传达内容的结构、体裁和语言等，内容处于支配的地位，形式是为内容服务的，形式必须完全、准确、生动地表达内容。照此定义，陆机所说的"质""意""情"就被认为是内容，而"文""辞""言"就被认为是形式。但实际上，中国传统文论中"质"与"文"、"意"与"辞"、"情"与"言"是不能简化为内容与形式的关系的。

　　对于中国古代文论中一些重要的概念、术语，黄海章正是从内容与形式二分来加以阐释的。他认为刘勰的《文心雕龙·情采》就是论述内容与形式相统一的思想，他引用《情采》篇"水性虚而沦漪结，木体实而花萼振，文附质也。虎豹无文，则鞟同犬羊；犀兕有皮，而色资丹漆，质待文也"与"夫能设谟以定位理，拟地以置心，心定而后结音，理正而后摛藻，使文质不灭，博不溺心，正采耀乎朱蓝，间色屏于红紫，乃可谓雕琢其章，彬彬君子矣"②，指出刘勰所说的"文附质""质待文"中的"质"就是指内容，"文"就是指形式，并认为刘勰提出了内容决定形式的主张。同样他以内容决定形式来解释"风骨"，"骨"在内容方面是指充实的思想、真挚的情

---

① 黄海章：《中国文学批评简史》，广州：广东人民出版社，1962年，第41页。
② 黄海章：《中国文学批评简史》，广州：广东人民出版社，1962年，第62-63页。

感、丰富的想象，在形式方面则为结构严谨、文辞精炼，并且内容决定形式；风指表情生动郁勃，有情无风则没有感人的力量，所以也是说明内容决定形式。在关于中国文学和文论的言说中，内容和形式是经常出现的一组概念，内容决定形式、形式为内容服务是被认为唯物主义的文艺观，而唯物主义的文艺观是唯一科学的文艺观。内容与形式的言说背后其实仍然是科学主义的支撑。

刘大杰主编的《中国文学批评史》是由复旦大学中文系古典文学教研室组成的编写组完成的，是我国第一部集体编写的中国文学批评史。全书分为七编：先秦两汉；魏晋南北朝；隋唐五代；宋元；明代；清代；近代。上册包括前三编，于1964年由中华书局上海编辑所编辑出版。下册后来被调整为两册，编写体例上也是采用以史为线索。该书的再版说明中指出其编写是"力图遵循马克思列宁主义的观点，比较系统地说明我国文学批评的发展过程和文学理论斗争的实际情况"[1]。但我们通观全书，与郭绍虞的《中国古典文学理论批评史》相比，已经有了很大的变化，没有出现以现实主义与反现实主义斗争，唯物主义与唯心主义斗争这样的线索。而是以史为线索，各章以主要的批评家和文论观点为线索编写。该书基本摆脱了中华人民共和国成立初期十分浓厚的政治意识形态色彩，对古代文学理论作出相对客观的评价，但是对于古代文论的这种分析和评价仍然采用了西方文论的基本话语模式，比如以作家论、作品论、创作论、文体论来评价刘勰的《文心雕龙》。将《情采》篇理解为专论内容和形式的关系，认为"情"就是指思想内容，"采"就是指语言形式，《情采》除了指内容和形式并重，还着重指出内容与形式二者的关系中应该以内容为重，《附会》篇中"夫才量学文，宜正体制；必以情志为神明，事义为骨髓，辞采为肌肤，宫商为声气"也表达了与《情采》篇中同样的以内容为重的倾向。[2]《文心雕龙》

---

[1] 刘大杰主编，中华书局上海编辑所编辑：《中国文学批评史》，上海：中华书局，1964年。复旦大学中文系古典文学教研组：《中国文学批评史》（上），上海：上海古籍出版社，1964年版，"再版说明"。
[2] 刘大杰主编，中华书局上海编辑所编辑：《中国文学批评史》（上），北京：中华书局，1964年，第156页。

下半部中的《声律》《章句》《丽辞》《比兴》《夸饰》《事类》《炼字》等篇是专门讨论形式的，《体性》《风骨》《定势》《时序》等篇则是风格论，辞理庸俊、风趣刚柔都是讨论文章风格的。在评价司空图时，认为司空图理论的最大缺点是贬低反映现实和批判现实的作品的积极意义。该书没有将俄苏文论教条式地运用于中国古代文论的叙述，力图客观地呈现中国古代文论思想，与此前几部明显受到政治意识形态影响的中国文学批评史相比，这是难能可贵的，但在具体文论思想的阐发中，仍然没有摆脱西方文论话语。

1981年由人民文学出版社出版的敏泽《中国文学理论批评史》实际上在"文化大革命"之前就已经开始写作，资料宏富，约80万字。上册从先秦到宋金元的文学批评，下册是明清和旧民主主义革命时期的文学批评，从先秦的孔子到近代的王国维、章炳麟、柳亚子，体例上以"史"为纲，章节上按照主要文论家和代表性的文论观点来编排。该书在思维方式上有明显的时代烙印，在具体的文论观点讨论中，常常运用阶级分析的方法。敏泽认为："文学总是阶级意识形态的表现，理论批评则是站在一定的政治立场上对于它的评述和概括。既不存在抽象的、超阶级的文学，也不存在抽象的、超阶级的文学理论批评。"[1]他力图以马克思列宁主义的观点来分析和评价中国古代文论，主张以辩证唯物主义的观点批判地继承古代文论遗产，注重文论与政治之间的关系。他从阶级对立的观点来解释孔子的"兴、观、群、怨"，认为这是有着一定阶级要求的概念："兴"即孔子说的"兴于诗、立于礼"，明显是要求文艺为礼教政治服务；"观"即"观风俗之盛衰"，讲的是它的认识作用，但不过是统治者的事；"群"即"群居相切磋"，这只是对于奴隶主阶级内部而言，在对立的不同阶级之间只有压迫与被压迫、剥削与被剥削的关系；"怨"即"怨刺上政"，但"怨刺"必须是"温柔敦厚"，以免伤害剥削阶级统治的根本利益。[2]以季摩菲耶夫、毕达可夫为代表的俄苏文论强调文艺的党性、阶级性和人民性，正确的、科学的世界观在

---

[1] 敏泽：《中国文学理论批评史》，北京：人民文学出版社，1981年，第6页。
[2] 敏泽：《中国文学理论批评史》，北京：人民文学出版社，1981年，第28-29页。

艺术创作和批评中起着重要作用，文艺在反映一定阶级的生活状况和阶级利益的时候会带有这个阶级的世界观的烙印，而反映劳动群众的利益和意愿是进步的、正确的、科学的世界观。敏泽的《中国文学理论批评史》仍然是受到俄苏文论模式影响。

第三节　科学主义与中国文学批评史学科的成熟

一、中国古代文论史的书写

1979年3月，复旦大学《中国历代文论选》编写组与云南大学中文系在昆明联合召开中国古代文学理论学术研讨会，正式成立了中国古代文学理论学会（至2007年相继召开了15次年会），郭绍虞当选会长，并且印行了"古代文学理论研究丛刊"。经过文艺思想领域的拨乱反正，中国古代文论学科也逐渐走出政治意识形态的阴影。这一时期的中国文学批评史写作以反思中华人民共和国成立后三十年俄苏文论模式的泛化为契机，强调还中国古代文论以本来的面目，以科学的态度和方法进行古代文论的梳理与阐释。在文艺研究领域，一面挣脱俄苏文论模式的影响，一面又扎进了西方现代文论之中，形成了又一次西学东渐的热潮。从20世纪80年代以来，科学主义引导下的方法论崇拜对中国文学批评史的写作产生了重要影响。

1981年长江文艺出版社出版周勋初的《中国文学批评小史》，该书篇幅短小，提纲挈领，只对中国古代文论的发展做了粗线条的勾勒。作者在题记中说："中国文学批评史这门科学，是在古代诗文评的基础上发展起来的。诗文评中固然不乏体系完整的著作，曾对文艺上的许多问题进行过深入而全面的探讨，但是其中大部分的论著却往往偏于就事论事，仅对个别作家或个别作品进行片段或零星的研究，缺乏有系统的分析与叙述，因而看不清文学理论发展历史的脉络。这些作品只能算是批评史的素材。"[①]中国文学批评史需要总结诗文评的研究成果，以勾勒出中国古代文学理论批评的历史

---

① 周勋初：《中国文学批评小史》，武汉：长江文艺出版社，1981年，第1页。

发展线索。著者认为写作中国文学批评史应遵循现代文学理论的术语和概念，摆脱诗文评传统的束缚，但又要克服现代化的倾向，文学批评史的研究不是以古代丰富的文学创作经验和理论批评印证现代文学理论中的一般原理。①但总体上看，以西方文论框架（主要为俄苏文论）结构的中国文学批评史根本上无法摆脱"以中注西"的路径。该书仍然没有完全摒弃前期政治意识形态话语，认为作家是阶级的喉舌，创作反映所属阶级的情趣和宗旨，代表不同阶级的作家间的论争是采取思想斗争的形式。所以"文学批评史就是研究历代文学思想斗争发展的历史的一门科学"②。中国文学批评史要成为一门科学，必然使用现代文论的理论术语和概念，但又要避免陷入"以西释中""以今格古"的套路，这实在是一个巨大的难题。周勋初意识到这种矛盾性，但与前辈学者一样，也不能走出这个困境。

　　对于古代文论思想的阐释，他基本还是从内容与形式、主观与客观、唯物与唯心这些"二元"对立的立场出发。他分析叶燮的《原诗》，认为叶燮的理论是奠基在唯物主义的反映论基础之上，叶燮把"气"作为事物的"理""事""情"之本，而"气"是唯物主义者指称物质本体的一个概念，从诗人主观方面说，叶燮强调的是胸襟，即诗人的修养和抱负，这是由"才、胆、识、力"等后天条件决定的，这样就摆脱了前人论抒情诗的偏于主观的缺点，而"把理论置于唯物主义的基础之上，反对形而上学的先验和武断，具有若干辩证法的因素"③。将叶燮的"气"理解为唯物主义的物质概念显然是不恰当的，认为叶燮的理论有反映论的哲学基础也不免牵强，叶燮论诗推崇的恰恰是"不可名言之理""不可施见之事""不可径达之情"④，这种"理"往往不可以逻辑的语言寻求，这种"事"也不可以明确地证实，这种"情"也不可直接地通达，而是"幽眇以为理，想象以为事，惝恍以为情"。周勋初对于中国古代文论阐释中的失误，在于他试图以西方文论的概念、术语对中国古代文论进行逻辑化的陈述，而体现为一种

---

① 周勋初：《中国文学批评小史》，武汉：长江文艺出版社，1981年，第2页。
② 周勋初：《中国文学批评小史》，武汉：长江文艺出版社，1981年，第3页。
③ 周勋初：《中国文学批评小史》，武汉：长江文艺出版社，1981年，第173页。
④ 周勋初：《中国文学批评小史》，武汉：长江文艺出版社，1981年，第171页。

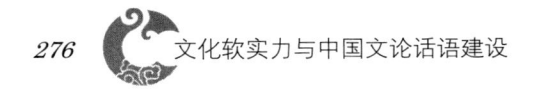

科学主义的倾向。

20世纪80年代以来，出现了几部规模宏大的中国文学批评史著作。1987年，蔡钟翔、黄保真、成复旺撰写的《中国文学理论史》由北京出版社出版，全书一共五册，分别为：先秦两汉魏晋南北朝部分，隋唐五代宋元部分，明代部分，清代部分，近代部分。这部著作的书名采用郭绍虞《中国古典文学理论批评史》和敏泽《中国文学理论批评史》中的"文学理论"来取代早先使用的"文学批评"一词，著者认为"文学批评"一词来自西方，并不符合中国传统文论的实际情况，这一点在早期编写中国文学批评史的陈钟凡、郭绍虞、罗根泽都已意识到，只是约定俗成地采用了"文学批评"一词。蔡钟翔等学者使用"文学理论"是为了给这门学科"正名"，使其更符合中国古代文论的实际，因为本书偏重文学理论的评述，而涉及具体的作家作品的品评也是以文学理论为指导。

不过，"文学理论"一词仍然来自西方，其所指称的学科内涵仍然不同于中国古代文论，换句话说，这种名称上的近似无法解决内涵上的异质性和差异性。余虹就认为中国古代"文论"与西方"诗学"（文艺理论）具有不可通约性，在现代汉语语境中"诗学"和"文论"两套话语系统并存，需要反省"中西比较诗学"的命名方式，分清"文论"与"诗学"两个概念语义的根本差异。他在《再谈中国古代文论与西方诗学的不可通约性》中说："无论在西方现代'文学理论'（theory of literature）的意义上将中国古代文论命名为'诗学'（poetics），还是在西方古代'诗学'（poetics）的意义上将中国古代文论命名为'诗学'，都将一种后者所没有的概念意义强加给后者了。"[1]因此，"只有当我们'在概念（所指）还原的层面上'清除'语词翻译表面（能指）的相似性混乱'，将中国文论还原为中国文论，将西方诗学还原为西方诗学，两者之间的比较研究才有一个'事实性的前提'，这个前提就是两者在概念上的差异和不可通约性"[2]。余虹强调中国

---

[1] 余虹：《再谈中国古代文论与西方诗学的不可通约性》，《中外文化与文论》2006年第13辑，第101页。

[2] 余虹：《再谈中国古代文论与西方诗学的不可通约性》，《中外文化与文论》2006年第13辑，第101-102页。

古代文论与西方诗学或文学理论的不可通约性的确有些绝对，但他对于二者差异性和异质性的认识却展现了敏锐的学术眼光。即便将名称从"文学批评"改为"文学理论"也，与中国文论也只是概念表面上的相似，所以在使用这些源自西方的概念、术语时，仍然不能忽视中国传统文论的异质性因素。

在《中国文学理论史》（一）的绪言中，论者对于中华人民共和国成立后古代文论研究中"左"的思潮和形而上学方法提出批评，认为这些以古代文论附会西方概念，用某种公式裁剪中国文论的做法违背了历史唯物主义的原则。他们反对那种"改铸古人"的所谓现代化的方法："例如对《文心雕龙》的阐释和评价，有的研究者把'要约而写真'（《情采》）解释为既要按生活的本来样子反映生活（指'写真'），又要典型化（指'要约'）；把'酌奇而不失其真，玩华而不坠其实'（《辨骚》）解释为要求现实主义（指'真''实'）和浪漫主义（指'奇''华'）的结合，如此等等，并进而做出结论：刘勰已经形成了相当完整的现实主义理论。"[1]这里所说的西方概念主要指俄苏文论中的反映、典型、现实主义、浪漫主义等。他们认为以教条化的俄苏文论模式裁剪中国传统文论，扭曲了中国文论的本来面目，违背了历史唯物主义要求的真实性原则，但也不主张"以古释古"。相反"应该用现代的语汇（包括现代文学理论的术语、范畴）来诠释古人的理论概念，但是必须避免牵强的比附"[2]。这样看来，他们反对的是公式化的比附，但并不反对以西方文论的概念、术语、范畴来阐释中国古代文论，而只应遵循历史唯物主义的原则，以使中国古代文论得到科学的阐明。也就是说，在对中国文论的科学化诉求方面，与以前的中国文学批评史写作并无二致。

《中国文学理论史》（一）一书中明确提出用历史唯物主义方法来研究中国古代文论。首先是经济基础的决定作用，按照经济基础决定上层建筑的原理，"文学理论作为社会意识的一种形式，归根到底也是由经济基础决定

---

[1] 蔡钟翔、黄保真、成复旺：《中国文学理论史》（一），北京：北京出版社1987年，"绪言"第4页。
[2] 蔡钟翔、黄保真、成复旺：《中国文学理论史》（一），北京：北京出版社1987年，"绪言"第4页。

的。那末中国文学理论的整个历史过程也只有联系中国社会的经济形态才能得到科学的说明"[1]。通过研究可以发现"文学理论发展的轴线和经济发展的轴线之间的平行关系"。其次是阶级分析的方法,"历史上文学思想的斗争也是阶级斗争直接或间接的反映,我们研究文学理论的发展历史当然要借助于阶级分析的方法",而中国历史上文学思想的斗争表现为地主阶级内部各个阶层和政治集团之间的斗争,因为作为被剥削阶级的农民很难产生自己的文学理论。确定文学理论家的阶级不能光看家庭出身、社会地位、经济条件,而要看他们的文学观点代表哪个阶级的利益。再次,关于世界观的问题,他们认为用唯物主义和唯心主义的斗争来概括中国古代文论发展的历史线索是不合适的,但是仍然主张对古代文论家进行世界观的分析。[2]将历史唯物主义的方法运用于中国古代文论的研究,固然提供了一种考察中国古代文论的社会学视角,但从经济决定论、阶级分析方法和文论家的世界观分析来阐释古代文论,并作为唯一科学的原则,则会失之偏颇,这样旨在求真的科学研究反而可能遮蔽了中国古代文论的"真实"。

从郭绍虞的《中国文学批评史》以来,中国文学批评史的写作就试图从中国古代文论思想中寻找发展演进的规律。《中国文学理论史》一书将中国古代文学理论体系的发展分为四个阶段:第一个阶段是周秦两汉,儒家提出了文学功用论、文学本原论、文学本质论,道家是审美中心文学理论的滥觞;第二个阶段是魏晋到唐初,是文学自觉的时代;第三个阶段是盛唐到两宋金元,是中国文学理论分途发展的时代,是文论和诗论的分途发展,同时也是政教中心论和审美中心论的分途发展;第四个阶段是明清两代,是中国传统杂文学体系的总结时代。20世纪80年代,关于文学自觉和文论体系的争论是古代文论研究的热点问题,而这种论争本就以西方文论作为参照背景,文学批评的独立地位和体系化的思想是文论科学性的标准,对于文学自觉时代的追问和文论体系化的建构实与人文学科研究领域的科学主义倾向有关。

---

[1] 蔡钟翔、黄保真、成复旺:《中国文学理论史》(一),北京:北京出版社,1987年,"绪言"第8页。
[2] 蔡钟翔、黄保真、成复旺:《中国文学理论史》(一),北京:北京出版社,1987年,"绪言"第10页。

20世纪80年代以来，人文学科挣脱了政治意识形态的束缚，俄苏文论独尊的局面被打破，欧美文论思想大规模引入，形成文艺思想领域的多元格局。但总体上看来，中国文学批评史的写作仍以西方文论（包括俄苏文论）为阐释框架，对于古代文论的论述，多借鉴西方哲学美学的概念、术语。在蔡钟翔、黄保真、成复旺撰写的《中国文学理论史》中，本质与现象、内容与形式、主观与客观、唯物与唯心等二元划分的阐释模式也时常出现在对古代文论的评述之中。如对司空图的《二十四诗品》（简称《诗品》）的评价，他们认为司空图的观点基本属于客观唯心主义同时带有二元论色彩："他（司空图）既承认美的本质、本原是精神性的宇宙本体——'道'（真）；同时，他又承认'美'具体地存在于自然界和社会生活各个领域，美的多样性取决于'物'（包括自然、社会、物质、精神等各种性质的事物）的多样性。"①他们认为二十四则诗论中，几乎每首都涉及诗美的本原、本质，司空图说的"体"就是本质、本原，"用"就是"体"的现象和形式，各种诗歌的艺术美都以"道"为本原，并从"道"与"物"两个方面说明美是客观存在的，所以司空图的美学观是不折不扣的客观唯心主义。②司空图的"思与境谐"讲的是创作过程中主观与客观的关系："思"即"意思"指作者的主观动机、思想情感，"境"即客观环境，"思与境谐"就是主观与客观的统一。他们又将"思与境谐"分为几种不同的情况："思"因"境"发，触景生情是以客观为中心的"思与境谐"，如"采采流水，蓬蓬远春"③；以情会景、因意取象是以主观为中心的"思与境谐"，如"生者百岁，相去几何？欢乐苦短，忧愁实多。何如尊酒，日往烟萝。花覆茆檐，疏雨相过。倒酒既尽，杖藜行歌。孰不有古，南山峨峨"④。以本质与现象、客观与主观的二元论来解释司空图的诗论，在试图对它进行清晰的说明时未免割裂了这种象喻式诗论的混融性和体验性，从而失去它原本具有的美感和意蕴。

---

① 蔡钟翔、黄保真、成复旺：《中国文学理论史》（二），北京：北京出版社，1987年，第247页。
② 蔡钟翔、黄保真、成复旺：《中国文学理论史》（二），北京：北京出版社，1987年，第249-251页。
③ 蔡钟翔、黄保真、成复旺：《中国文学理论史》（二），北京：北京出版社，1987年，第258页。
④ 蔡钟翔、黄保真、成复旺：《中国文学理论史》（二），北京：北京出版社，1987年，第259页。

从艺术创作论来理解这二十四首诗自然不出西方文论关于创作论的概念、术语和阐释模式，他们认为《诗品》中的"万取一收"是讲诗歌创作中的艺术思维过程："所谓'万取'，也就是尽可能多、尽可能广、尽可能全面地掌握素材；'一收'就是集中概括，去粗存精，去伪存真，由原型到典型，由个别到一般，由现象到本质，从量的积累到质的飞跃，也就是从'意'、'象'到'意象'。"①将《诗品》放到论证由"意""象"到"意象"的艺术思维辩证发展的框架中来理解，司空图说的"超以象外，得其环中""形神如风，行气如虹""虚伫神素，脱然畦封""乘之愈往，识之愈真""超心炼冶，绝爱缁磷"②等就是要透过现象认识本质，透过事物发现真美，这样"意象"就比"意"和"象"要更高、更美、更集中、更典型。《诗品》中精妙的论诗意象被作了从个别到一般、从量变到质变、从现象到本质的解释，这样的分析固然精到，但是否把握到了古代文论的真意却值得商榷。

王运熙、顾易生主编的七卷本《中国文学批评通史》篇幅宏大，包括如下著作：顾易生、蒋凡撰写的《先秦两汉文学批评史》（上海古籍出版社，1990年）；王运熙、杨明撰写的《隋唐五代文学批评史》（上海古籍出版社，1994年）；顾易生、蒋凡、刘明令撰写的《宋金元文学批评史》（上海古籍出版社，1996年）；袁震宇、刘明今撰写的《明代文学批评史》（上海古籍出版社，1991年）；邬国平、王镇远撰写的《清代文学批评史》（上海古籍出版社，1995年）；黄霖撰写的《近代文学批评史》（上海古籍出版社，1993年）。该书试图对中国文论进行一个整体的呈现，所以对于"文学批评"一词进行了一个广义的解释："本书所谓'文学批评'，包括文学观念、理论、具体的文学批评、鉴赏以及其他有关文学理论批评的思想资料。其所以统称为'文学批评'，是根据约定俗称以求简括。"③这是援引了韦勒克、沃伦的《文学理论》一书中将文学研究分为文学理论、文学批评和文学史的主张和刘若愚《中国文学理论》（联经出版事

---

① 蔡钟翔、黄保真、成复旺：《中国文学理论史》（二），北京：北京出版社，1987年，第259-260页。
② 蔡钟翔、黄保真、成复旺：《中国文学理论史》（二），北京：北京出版社，1987年，第260页。
③ 顾易生、蒋凡：《中国文学批评通史》（第一卷），上海：上海古籍出版社，1996年，第1页。

业公司 1981 年版）中该书关于文学批评和文学史两分的看法。对书名的这样一种说明是为了进一步扩大中国文学批评史的论述范围，可见源自西方的"文学批评"这一名称与中国古代文论在内涵和外延上的差异一直困扰着中国文学批评史的写作。另外值得注意的是顾易生等关于"文学自觉"时代的说法，认为"文学的独立和自觉非自魏晋始"的观点："本书两汉编特从思想文化运动的客观史实出发，力矫'断裂'旧说，阐述汉代文论以其特有的形态循序渐进，分阶段地发展，终于不负历史使命，完成由先秦向魏晋南北朝的过渡。文学自觉的种子已经埋伏于两汉，汉人实开启文学批评新高潮来临之先河。"[①] "文学自觉"一说本就是建立在西方现代文论关于"文学"与"文学批评"概念的理解之上，以现代之"文学"与"文学批评"去衡量中国传统学术思想，才会出现所谓的中国"文学自觉"的时代，鲁迅关于魏晋是中国文学自觉的时代的说法，有"五四"时期反对传统"载道"文学的思想背景，而"五四"时期的激烈的反传统主义又是受"德先生"和"赛先生"的引导。所以说，尽管在确定"文学自觉"的时代上存在各种意见，各种说法也都言之成理，但其实他们所遵循的思维模式是一致的，是以西方学术裁剪中国传统文论的结果。

另一部宏伟的中国文论史是罗宗强主编的八卷本《中国文学思想通史》，已经出版罗宗强撰写的《隋唐五代文学思想史》（上海古籍出版社，1986 年）、《魏晋南北朝文学思想史》（中华书局，1996 年）、《明代文学思想史》（中华书局，2013 年），张毅撰写的《宋代文学思想史》（中华书局，1995 年）。《中国文学思想通史》一改"以朝断代，以人立章"的编写体例，换之以文学思潮立章，追溯文学思潮起源演变的基本风貌，注重历史背景的影响作用。罗宗强认为中国文学理论批评史的学科名称比中国文学批评史更趋于严密和成熟，因为中国文学批评往往是和文学理论联系在一起的，而文学思想史研究对象比文学理论批评史更加广泛，因为中国的文学思想不仅反映在文学批评和文学理论中，还反映在文学创作中。[②] 在"史"的论述背景下，

[①] 顾易生、蒋凡：《中国文学批评通史》（第一卷），上海：上海古籍出版社，1996 年，第 3 页。
[②] 罗宗强：《隋唐五代文学思想史》，上海：上海古籍出版社，1986 年，第 2 页。

中国文学批评史撰写在不断拓展其中国古代文论研究的对象和范围。

这种中国文论编写方式也并非首创,早在20世纪30年代就已经有日本学者青木正儿著有《中国文学思想史纲》(汪馥泉译,商务印书馆,1936年),朱维之也著有《中国文艺思潮史稿》(合作出版社,1939年)。罗宗强指出:"文学思想史研究的最终目的,是要弄清我国古代的文学思想潮流演变的整体风貌,弄清文学思想潮流演变的诸种原因,弄清它们和文学创作或繁荣、或衰落的关系,弄清在文学思想发展演变的过程中,有些什么样的观念是最有价值的,发展的主线是什么?至今,我们对于什么是我们的文学思想的主线,什么是最为优秀的传统,什么样的文学观念是推动我们的文学发展的真正力量,都还并不清楚,或者说,都还没有深入的探讨。"[①]该书没有采取以文论家为论述中心的模式,而从文学批评、文学理论、文学创作多方面综合呈现中国文学思想的发展和演变,以达到对中国文学思潮演进的规律性的把握。这种文学思想的研究无疑更能从整体上呈现中国古代文论思想,更加符合中国古代文论自身的特点。但是,以文学思潮为线索,在将中国文论进行"史化"的过程中,仍不免有为了说明整体的发展规律而将古代文论简单化的倾向,把我国古代文学思想归结为功利主义与非功利主义交替的过程很大程度上也忽视了中国古代文论发展的复杂性。

二、中国古代文论学科的体系与范畴书写

20世纪80年代后期,一些中国文学批评史著作开始放弃完全以"史"为纲的编写体例,开始以体系和范畴来重构中国古代文论。张乃彬、谢常青、陈德义主编的《中国古代文论概述》(重庆出版社,1988年)与大部分中国文学批评史或中国古代文论史的编排体例不同,该书没有以历史为线索进行编写,也没有按照朝代排列主要文论家和文论观点,而是按照文论范畴来编写,分别为"应物斯感""神思""形神""韵味意境""集芳为美""文质""结构""言辞""声律""研术""文体""秉心养

---

① 罗宗强、张毅:《"自强不息,易;任自然,难。心向往之,而力不能至"——罗宗强先生访谈录》,《文艺研究》2004年第3期,第89-90页。

术""风格""文为世用""通变""品赏""鉴评"。该书将中国古代文论的特点归结为四点：一是重表现不重再现；二是以构思论为核心的理论体系；三是形成了一系列具有民族理论思维特色的范畴概念；四是重视从创作和鉴赏中对语言、风格和技巧的分析。成九田、畅孝昌《中国古代文论概述》（山西古籍出版社，1998年）按照"神思论""意象论""意境论""比兴论""形神论""诗言志论""兴会论""性灵论""体性论""时序论""辩体论""文德和文气论""阅世论""积学论""通变论""文质论"等十六个范畴编写。这是直接从中国古代文论中抽取出范畴，对其进行现代的阐释和发展演变的考察。以范畴史取代文论家史的编写方式，其目的在于勾勒文论思想自身发展的规律性和系统性，这与八九十年代学界兴起的以科学的方法研究中国古代文论的思潮密切相关，所以说，这种中国文学批评史的编写在科学主义影响之下，试图对中国古代文论进行规律性把握的结果。

20世纪90年代以来，先后出现的几部以"中国古代文学原理"为名的中国文学批评史著作，试图以现代西方文学原理来为中国古代文论构筑文论体系。比较有代表性的有1991年由光明日报出版社出版的樊德三的《中国古代文学原理》、1993年由学林出版社出版的祁志祥的《中国古代文学原理——一个表现主义民族文论体系的建构》、1995年由云南大学出版社出版的孙秋克《中国古代文学原理八论》、1996年由江苏教育出版社出版的孙耀煜的《中国古代文学原理》。

樊德三的《中国古代文学原理》使用了一套西方文论的理论框架，分为八章，分别为"文学本质特征论""文学价值功能论""文学创作论""文学作品论""文学作家论""文学风格流派论""文学发生发展论""文学赏评论"。中国传统文论思想被分别纳入这八大范畴之中："言志"说属于本质论；"缘情"说、"穷形尽相"说属于特征论；"文章不朽"说属于价值论；"教化"说、"神人以和"说、"趣味"说属于功能论；"神思"说、"应感"说、"意象"说属于构思论；"赋、比、兴"说、"活法"说、"辞达"说、"辞巧"说属于表达论；"文质"说、"文体"说、"虚实"说、"声律"说属于文学作品论；"文气"说、"文德"说、"才性"

说、"玄览"说、"积学"说属于文学作家论;"通变"说、"质文代变"说属于文学发展论;"文人相轻""贵古贱今""优游涵泳""玩绎方美""披文入情""深识鉴奥""以意逆志""知人论世"属于文学赏评论。以西方文论的框架来结构中国古代文论旨在为中国古代文论建立科学的体系。

祁志祥的《中国古代文学原理——一个表现主义民族文论体系的建构》将中国古代文论概括为"表现主义体系",全书正文分为十二章,分别是"中国古代的文学观念论""'德学才识'说——中国古代的文学创作主体论""中国古代的创作发生论""中国古代的创作构思论""中国古代的创作方法论""中国古代的文学作品论""中国古代的文学风格论""中国古代的文学形式美论""中国古代的文学鉴赏论""中国古代的文学功用论""'三不朽'说——中国古代的文学价值论""中国古代文学理论的方法论"等。在这个理论框架中,中国传统文论思想被纳入进来:"虚静"说、"神思"说、"兴会"说被归入构思论;"活法"说、"定法"说、"用事"说、"赋比兴"说被归入创作方法论;"文气"说、"文体"说、"文质"说、"言意"说、"形神"说、"意境"说、"情景"说、"真幻"说、"通变"说被归入作品论;"平淡"说、"风骨"说被归入风格论;"辞达而已"说、"格律声色"说被归入形式美论;"知音"说、"以意逆志"说、"好恶因人"说被归入鉴赏论;"观风"说、"劝惩"说、"神人以和"说、"趣味"说被归入功用论;"训诂""折中""类比""原始表末""以少总多"属于古代文学理论的方法论。这里我们可以看到统领整个表现论体系的是西方文论中的主体论、方法论、作品论、形式论、风格论等,中国古代文论的范畴被塞进了西方文论的框架之中。

长期以来,中国的传统文论的具象性、多义性、模糊性都被认为是其重要的缺陷。孙秋克的《中国古代文学原理八论》认为中国古代文论的直觉感悟式思维有着明显的缺陷,"一是概念多为形象性描述而不是理性思维的表达"[1],"二是理论多为散点式,体系多为排列组合式而不重内在逻辑的联

---

[1] 孙秋克:《中国古代文学原理八论》,昆明:云南大学出版社,1995年,第1页。

系"①。所以应当给古代文论注入逻辑思辨的活力："以辩证唯物主义和历史唯物主义的观点，'拿来'西方近代理性思维方法，以严密的逻辑思辨，将中国古代文学理论中星星点点的火花，织为灿烂的光束，建构一个较为完整的、科学的古代文学理论体系。"②他以本质论、特征论、主体论、创作论、鉴赏论、批评论、起源论和发展论构建中国文论体系。他将"言志、缘情""教化、补察""意、味、韵、趣"纳入本质论，分别表达三种文学本质观，"言志"和"缘情"说明文学是情感意志的表现，"教化"和"补察"说明文学是统治阶级政治的工具，"意""味""韵""趣"说明文学是对生活的审美反映；"别趣""意象""意境""典型"是特征论；"养气""立德""积学""别才""炼识""入世"属于主体论；"感物兴情""天机骏利""神与物游""万取一收"属于创作论；"知音""兴会""涵咏""徵知""得失寸心知"属于鉴赏论；尚用、尚文、尚质、美善、文质、华实、"圆照之象"、"一隅之解"属于批评论；"效八风之音""瞻万物而思纷""诗者，志之所之也""举重劝力之歌"等属于起源论；"时运交移、质文代变""变则可久、通则不乏"属于发展论。③以西方文论范畴来为中国古代文论构建体系，体现中国古代文论科学化的追求，这种科学化的努力势必要求以西方逻辑化的语言来改造中国文论，使之成为理念型的知识形态，具有明确的、清晰的概念意义。

上述著作主要以作家论、作品论、创作论、批评论、鉴赏论为基本框架整理中国古代文论。王运熙、黄霖主编的"中国古代文学理论体系"丛书则从更加理论化和逻辑化的层次来建构中国古代文论体系。"中国古代文学理论体系"分为三卷，由复旦大学出版社出版。黄霖、吴建民、吴兆路撰写《原人论》（2000年）、汪涌豪撰写《范畴论》（1999年）、刘明今撰写《方法论》。著者在前言中指出该书是从原理、范畴、方法三个不同的方面

---

① 孙秋克：《中国古代文学原理八论》，昆明：云南大学出版社，1995年，第2页。
② 孙秋克：《中国古代文学原理八论》，昆明：云南大学出版社，1995年，第2-3页。
③ 2007年浙江大学出版社出版了孙秋克的《中国古代文论新体系教程》作为高等师范院校古代文论本科教材，根据课堂教学的需要，分为古代文论演变史略、古代文论体系概说、经典文本选读和重要论著索引三个理论板块以及能力培养系列训练一个实践板块。古代文论体系概说部分沿用了《中国古代文学原理八论》中的八个主要文论范畴。

来研究中国古代文学理论的内在体系和民族精神。《原人论》就是从原理方面出发，提出将"人"作为中国古代文论的本原，从"心化""生命化""实用化"三个层面论述人的本原意义，这三个层面分别对应文学的创作论、作品论和实用论。《范畴论》分为七章，论述范畴的哲学定义、范畴的构成方式，范畴的主要特征，范畴与创作风尚的关系，范畴与文体，元范畴和范畴的逻辑体系等问题。《方法论》分为"批评意识与方法""批评思维与方法""批评的具体方法"，对中国传统文学批评方法的总体特征和批评视界、批评类型、批评体制等展开深入的分析。[①]尽管在论述的过程中，该书比较充分地注意到了中西文论的差异性和异质性，并且始终在中西比较的视野中展开，但是为了论证中国古代文论的"潜体系"，仍然不得不以西方文论为标准和逻辑框架。比如论者在阐述中国文论的范畴体系中，为了说明中国古代文论范畴横向的勾连，将各种范畴放入一个先在的逻辑体系中，这个逻辑体系由本原性范畴、创作论范畴、作品形态与风格论范畴、鉴赏与批评论范畴组成。按照现代西方科学标准，原理、范畴、方法是构建一种科学知识的基本要素，而中国古代文论要成为一种具有科学性的知识，必然也需要具有这样的基本要素。所以说，中国文学批评史写作中的这种体系化建构的努力，实际上是受到思想界普遍蔓延的科学主义的影响，这样一种以西方近代科学为范本的"科学性"是知识合法性的唯一标准，中国古代文论在这样一种尺度的清理下才能进入科学的殿堂。

三、中国古代文论的科学化

这一时期出现的大量的中国文学批评史或各代文论教材中大多遵循以往中国文学批评史以"史"为纲、以主要文论家或文论思想为目的编写体例。这类中国文学批评史基本以朝代为序，试图呈现出某种文论发展演变的规律。湛兆麟《中国古代文论概要》（湖南文艺出版社，1987年）分为先秦文论、两汉文论、魏晋南北朝文论、隋唐宋金元文论、明清文论和近代文

---

① 汪涌豪：《中国古代文学理论体系·范畴论》，上海：复旦大学出版社，1999年，"前言"第1页。

论六部分。以先秦为文论的萌芽期、两汉为演进期、魏晋南北朝为自觉期、隋唐宋金元为发展期、明清为成熟期、近代为革新期。同样，张少康、刘三富的《中国文学理论批评发展史》（北京大学出版社，1995年）①试图对整个中国文论进行规律性的把握，为它整理出了一条文论"发展"的线索：先秦是萌芽产生期；汉魏六朝是发展成熟期；唐宋金元是深入扩展期；明清是繁荣鼎盛期，近代是中西结合期。这部书只有前面四部分，最后一部分作者拟写成中国近代文学理论批评发展史。赖力行的《中国古代文论史》（岳麓书社，2000年）②分为两个部分，前面部分描述中国古代文论发展的历史，后一部分是历代文论选注。前面部分将从先秦到近代的文论分为四个时期：中国古代文论的源头和背景（先秦两汉）；中国古代文论的创建（魏晋南北朝）；中国古代文论的发展与徘徊（唐至明代中叶）；中国古代文论的总结与拓展（明清）。成复旺的《新编中国文学理论史》（中国人民大学出版社，2010年）③在五卷本《中国文学理论史》基础上编写而成，著者在前言中称本书的宗旨是"分析各家各派的理论宗旨，揭示文学思潮的理论实质，厘定诸多概念的确切含义，寻绎这些概念的来龙去脉及其相互联系，乃至探索中国文学理论的固有体系"④。总体上以"史"为纲，将中国文学理论的发展分为六个时期：中国文学理论的萌芽与奠基（先秦两汉）；中国文学理论的自觉与成长（魏晋南北朝至唐代前期）；中国文学理论的分流与深化（唐代中期至宋元）；中国文学理论的复古与革新（明代）；中国文学理论的回溯与总结（清代，至鸦片战争止）；中国文学理论的蜕变与新生（鸦片战争至"五四"运动）。

　　在对中国古代文论进行"史"的书写中，往往是站在一种进化论的立场

---

① 1999年，张少康将两卷本的中国文学批评发展史浓缩成了一卷本的《中国文学理论批评史教程》由北京大学出版社出版。
② 2009年湖南师范大学出版社出版的《中国古代文论史》较2000年的《中国古代文论史》有所改动的是将中国古代文论发展分为五个时期：古代文论的奠基（先秦两汉）；文学意识的自觉与文论体系的创建（魏晋南北朝）；诗文评的演进（唐宋）；通俗文学批评的兴盛与古典诗学的总结（明清）；传统与现代的双重变奏（近代）。
③ 2004年中国人民大学出版社出版成复旺《中国文学理论史简编》，系现代远程教育系列教材。
④ 成复旺：《新编中国文学理论史》，北京：中国人民大学出版社，2010年，"前言"第1-2页。

上来把握中国古代文论发展的规律。从萌芽、演进、自觉、发展、成熟到革新，将文论思想的发展等同于自然界的生物进化，似乎人文精神领域也存在自然界那样的发展演变规律。这种中国文学批评史的写作可以说根本上具有科学主义的倾向，其结果就是中国古代文论成为研究的死材料，成了秦砖汉瓦，从古人活生生的生活体验中分离出来。中国古代文论一旦成为一个封闭的场域，其便失去了自我更新的能力。这样的一个过程伴随着西方文论的引进与拓展，可以说，西方文论在中国现当代文学的言说中取得话语的霸权是与中国传统文论的"失语"同时发生的。

新时期以来中国文学批评史教材在数量上远远超过此前的半个多世纪，除了上面提到的以外主要的还有：邓承奇、蔡印明《中国古代文学理论导引》（东北师范大学出版社，1989年），杨星映《中国古代文学理论批评纲要》（重庆大学出版社，1991年），彭会资主编的《中国古代文论教程》（广西师范大学出版社，1996年），蔡镇楚的《中国古代文学批评史》（岳麓书社，1999年），李铎主编的《中国古代文论教程》（北京大学出版社，2000年），梁颂成、廖作安《中国古代文学理论概说》（海南出版社，2001年），李壮鹰《中国古代文论》（高等教育出版社，2001年）[1]，王运熙、顾易生主编的《中国文学批评史新编》（复旦大学出版社，2001年），赵斌令《中国古代文论撰要》（山西人民出版社，2002年），李建中《中国古代文论》（华中师范大学出版社，2002年）和《中国文学批评史》（北京大学出版社，2009年），蒋凡、郁源主编的《中国古代文论教程》（中华书局，2005年），王思焜的《中国古代文学理论教程》（南京大学出版社出版，1999年），李壮鹰、李春青主编的《中国古代文论教程》（高等教育出版社，2005年），袁济喜《新编中国文学批评发展史》（中国人民大学出版社，2006年），祁志祥《中国古代文学理论》（山西教育出版社，2008年），李春青《中国古代文论新编》（北京师范大学出版社，2010年）等，郭令原《中国古代文论讲疏》（甘肃人民出版社，2010年），王汝梅、张羽主编的《中国文学批评史》（北京师范

---

[1]《中国古代文论读本》（高等教育出版社，2008年）系《中国古代文论》修订版。

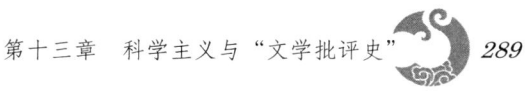

大学出版社，2011年）。这些中国文学批评史教材的编写大部分是试图从"论"的角度突破以往的阐释模式，在"史"的叙述方面大体仍遵循以往中国文学批评史写作的路数。

除了通论性质的中国文学批评史，还有多种分类文学批评史的著作。古代诗词学批评理论方面的著作主要有如下这些：蔡镇楚的《中国诗话史》（湖南文艺出版社，1988年），袁行霈、孟二冬、丁放的《中国诗学通论》（安徽教育出版社，1994年）；陈庆辉的《中国诗学》（文史哲出版社，1994年），陈良运的《中国诗学体系论》（中国社会科学出版社，1992年）和《中国诗学批评史》（江西人民出版社，1995年），余荩《中国诗学史纲》（浙江古籍出版社，1995年），萧华荣的《中国诗学思想史》（华东师范大学出版社，1996年）。词学批评理论方面的主要有如下这些：谢桃坊的《中国词学史》（巴蜀书社，1993年）和方智范等的《中国词学批评史》（中国社会科学出版社，1994年），陈伯海、蒋哲伦主编《中国诗学史·词学卷》（鹭江出版社，2002年），方智范等著《中国古典词学理论史》（华东师范大学出版社，2005年）。

小说批评理论方面的主要著作如下：王先霈、周伟民的《明清小说理论批评史》（花城出版社，1988年），陈谦豫的《中国小说理论批评史》（华东师范大学出版社，1989年），刘良明《中国小说理论批评史》（武汉大学出版社，1991年），陈洪的《中国小说理论史》（安徽文艺出版社，1992年），宋子俊《中国古代小说理论发展史》（甘肃教育出版社，1998年），王汝梅、张羽《中国小说理论史》（浙江古籍出版社，2001年），方正耀《中国古典小说理论史》（华东师范大学出版社，2005年）。

古典戏剧理论方面的主要著作如下：夏写时的《中国戏剧批评的产生和发展》（中国戏剧出版社，1982年），谭帆、陆炜的《中国古典戏剧理论史》（中国社会科学出版社，1993年），傅晓航《戏曲理论史述要》（文化艺术出版社，1994年），俞为民、孙蓉蓉《中国古代戏曲理论史通论》（华正书局，1998年），叶长海的《中国戏剧学史稿》（中国戏剧出版社，2005年），吴瑞霞的《中国古代戏曲理论与批评》（中国社会科学出版社，2012年）等。

如此多的文学批评史或者古代文论史的著作，使得中国古代文论作为一门学科越来越成熟，同时也使得它越来越脱离实际的文学经验，在这样的历史意识中，古代文论从古代文学中被分离出来，也就是说文学研究与其对象分离开来。福柯在《词与物——人文科学考古学》中曾经探讨了 19 世纪欧洲现代历史意识的诞生："大写的历史从 19 世纪起限定了经验（ce qui est empirique）的诞生地：经验先于所有确立起来的年代学而从这个诞生地获得了它自己的存在。……诚如我们所知的，大写的历史的确是我们记忆之最博学、最警醒、最活跃并且无疑是最拥挤的区域；大写的历史同样是一个深底：所有存在物都是从这个深底开始存在并且不确定地闪烁。由于大写的历史是所有在经验中赋予我们的一切的存在方式，所以，大写的历史成了我们思想之不可绕过的要素。"[1]历史从一种故事性的话语转向博学、实证性的知识，并在人文科学中建立了科学的权威，成为解释人类社会各个层面变化的强大武器。从中国文学批评史的学科历史来看，问题在于，强调客观性和实证性的文学批评史是否为科学性以外的价值判断保留一席之地。在中国文学批评史的编写中，许多不符合西方文论科学标准的知识往往被排除在外，当认为文学是表现情感时，中国文学批评史就以缘情说为正统，载道说就被排斥；当认为文学是反映现实的时候，讲格律和修辞就被打成形式主义文论。一方面中国文学批评史借助西方文学批评或文学理论概念、范畴、体系为自身确立了一个学科边界；另一方面通过研究方法上的更新，使得自身具有自洽的科学性和逻辑性，具有某种普遍适用性价值。这样作为与古代文学经验相联系的，具体文学活动中独特感悟、体验和解释，就要转变成文学的一般规律的言说。这在中国文论的体系之争、范畴之争中表象尤为明显。科学主义的元语言促使了中国古代文论的学科化和科学化，使得中国文学批评史作为一门学科真正获得了独立的地位，但我们可以看到，它的学科化的同时也是中国文论走向死亡之时，是中国文论"失语"的根源。

---

[1] ［法］米歇尔·福柯：《词与物——人文科学考古学》，莫伟民译，上海：上海三联书店，2001 年，第 286 页。

第十四章　科学主义与文论话语、体系、范畴

第一节　文论话语的冲突与失语症的论争

一、中西文论话语的冲突与融合

自 20 世纪初西方文化和学术著作大规模输入以来，中国传统文化就面临外来文化巨大的冲击，尤其是西方的科学受到了前所未有的推崇。科学的思维、科学的方法、科学的精神给当时的知识界带来了全新的气象。在这种强烈的比照之下，中国传统文化逐渐失去了其作为"经学"的地位，中国传统文论也在科学之光的烛照中黯然失色。西方现代科学在巨大的社会文化运动的推动之下，成为新的"经学"。转型期的一代学人既深受西方文化的熏染，又有深厚的传统文化修养。在接纳西方文化的同时，传统文化仍深植于他们的精神世界，在他们的文学研究和文论建构中，往往出现中西两套文论话语。王国维的《〈红楼梦〉评论》以西方文论话语来解读中国古典文学虽开创了文学研究的新模式，但也是中国传统文论"失语"的前奏。他的《人间词话》以中国文论为主，又融合了西方文论话语的因素，实现了中西文论的融合，构建了一种独特的、具有现代性的中国文论话语。

王国维曾短暂求学于日本，学习英文和西方自然科学，回国后致力于西方哲学的研读："余之研究哲学，始于辛壬之间。癸卯春，始读汗德之《纯理批评》，苦其不可解，读几半而辍。嗣读叔本华之书而大好之。自癸卯之夏，以至甲辰之冬，皆与叔本华之书为伴侣之时代也。其所尤惬心者，则在叔本华之《知识论》，汗德之说得因之以上窥。然于其人生哲学观，其观察

之精锐,与议论之犀利,亦未尝不心怡神释也。"①从这段自述中,可以见出王国维非常服膺于西方哲学精密之分析和论证。

王国维在最早发表的《哲学辨惑》一文中就引用叔本华、巴尔善之说来论述哲学之有益,按照康德认识论哲学中知、情、意的区分,阐明中国研究哲学之必要:"今夫人之心意,有知力,有意志,有感情;此三者之理想,曰真、曰善、曰美。哲学实综合此三者而论其原理者也。教育之宗旨亦不外造就真善美之人物,故谓教育学上之理想即哲学上之理想,无不可也。"②不仅应该研究哲学,而且他还特别强调研究西洋哲学的必要性,因为西洋哲学在形式上比中国哲学更加系统和严整,而且"欲通中国哲学,又非通西洋之哲学不易明也"③。王国维认为诸子、六经、宋儒之学都是中国的哲学,而以西洋哲学来阐明中国哲学乃治学之必然途径。王国维的诸多文章就是以西洋哲学来阐发中国的传统思想。④所以说王国维的《〈红楼梦〉评论》实为这种治学路向的延伸。

王国维除了以西方学术范式和理论资源来整理和阐释中国传统思想以外,他还有一个很重要的开创性研究,就是以西方哲学美学思想来阐释中国古典小说《红楼梦》。如果站在中国传统文论的立场上看,也可以说王国维的《〈红楼梦〉评论》是中国文论西方化的开始。在该文中,王国维旗帜鲜明地批评了考据、索引派的《红楼梦》研究,认为如果是作者姓名、著书年月的考证则自有其价值,但以作品中之人物情节附会己说,以为作品是"述

---

① 王国维:《静安文集》自序,第1页,《王国维遗书》(五),上海:上海古籍出版社,1983年。据商务印书馆1940年版影印。
② 王国维著,姚淦铭、王燕编:《王国维文集》第三卷,北京:中国文史出版社,1997年,第4页。
③ 王国维著,姚淦铭、王燕编:《王国维文集》第三卷,北京:中国文史出版社,1997年,第5页。
④ 如《国朝汉学派戴阮二家之哲学说》(1904年,收入《静安文集》)、《论性》(1904年,收入《静安文集》)、《释理》(1904年,收入《静安文集》)、《原命》(1906年,收入《静安文集续编》)、《孔子之美育主义》(《教育世界》69号1904年2月)、《周秦诸子之名学》(《教育世界》98、100号,1905年4-5月)、《子思之学说》(《教育世界》104号,1905年7月)、《孟子之学说》(《教育世界》104号,1905年7月)、《荀子之学说》(《教育世界》104号,1905年7月)、《墨子之学说》(《教育世界》121号,1906年3月)、《老子之学说》(《教育世界》122号,1906年4月)、《孟子之伦理思想一斑》(《教育世界》130号,1906年8月)、《列子之学说》(《教育世界》131、132号,1906年8月)、《周濂溪之哲学说》(《教育世界》133号,1906年9月)、《孔子之学说》(《教育世界》161—165号,1907年11月—1908年1月)等。

他人之事"或"作者自写其生平"难以言之成理。王国维则以叔本华之意志论来探讨《红楼梦》之哲学美学上的根源,并援引叔本华的话来驳斥美的经验说和美的模仿说,认为美是生于先天而由于经验。

《〈红楼梦〉评论》开篇即以叔本华的哲学解释生活与美术之关系。生活的本质是欲望,欲望的不满足状态即人生的苦痛,而欲望永远是不满足的,一个欲望达成,其他欲望又随之而生,即使欲望都满足了,没有了欲望的对象,厌倦就会继之而起,这样人生就像一个钟摆,在苦痛和厌倦之间摇摆,而厌倦也是苦痛的一种。他认为人类文化愈进化,知识越广,欲望就越多,苦痛就越甚;生活的性质不外乎苦痛,可以说生活、欲望和苦痛是三而为一的;人类的知识和实践无不与生活之欲有关,科学上的成功和政治之系统都是建立在生活的欲望之上。但有一种东西可以超越人与外界之利害关系,使人不再成为欲望的主体,这种东西就是美,美使人脱离生活之欲望,进入纯粹之领域。

"饮食男女,人之大欲存焉",王国维认为《红楼梦》一书,不但提出了这个问题,而且解决了这个问题。生活之欲先于人生而存在,人的堕落由于人的欲望,乃意志自由的罪恶。王国维由此解释《红楼梦》中"还玉"之说的"玉",不过是生活之欲的代表罢了,携入红尘的不是那一僧一道,而是顽石自己,而得从红尘中解脱的也不过是顽石自己而已;贾宝玉的人生经历,乃表明意志之普遍性,人类的堕落与解脱都取决于生活之意志。生活之意志中男女之欲又强于饮食之欲,饮食之欲是形而下的,而男女之欲则是形而上的。

王国维认为《红楼梦》实际上显示了生活和痛苦都是出于自造,而解脱之道也必然出于自求,所谓"自犯罪,自加罚,自忏悔,自解脱"[①]。小说中真正解脱之人只有贾宝玉、惜春和紫鹃,而解脱又有两种,一种是"观他人之痛苦"而获得解脱,一种是"觉自己之痛苦"而获得解脱,前一种解脱倍难于后一种解脱,两种解脱方式在书中通过不同的人物体现出来:"前者之解脱,如惜春、紫鹃;后者之解脱,如宝玉。前者之解脱,超自然的也,

---

[①] 王国维著,姚淦铭、王燕编:《王国维文集》第一卷,北京:中国文史出版社,1997年,第9页。

神秘的也；后者之解脱，自然的也，人类的也。前者之解脱，宗教的也；后者美术的也。前者平和的也；后者悲感的也，壮美的也，故文学的也，诗歌的也，小说的也。"①王国维以宗教和美术来解释两种不同的解脱方式，由此认为这就是小说以贾宝玉为主人公而不以惜春和紫鹃为主人公的原因。

两百年来，王国维对《红楼梦》分析受到冷遇，甚至作者不敢自署其名的原因，认为"此书之精神大背于吾国人之性质"，"吾国人之精神，世间的也，乐天的也，故代表其精神之戏曲、小说，无往而不著此乐天之色彩：始于悲者终于欢，始于离者终于合，始于困者终于亨；非是而欲餍阅者之心，难矣"。②在他看来，中国的文学中只有《桃花扇》和《红楼梦》具有厌世解脱的精神，但《桃花扇》的解脱是他律的，《红楼梦》的解脱是自律的；《桃花扇》的解脱是政治的、国民的、历史的，而《红楼梦》的解脱是哲学的、宇宙的、文学的。《红楼梦》大背于吾国人之精神，是彻头彻尾的悲剧。

《〈红楼梦〉评论》的分析是基于叔本华的意志哲学，这一点在王国维同一时期的一篇介绍叔本华的文章中可以看得很清楚。"夫吾人之本质，既为意志矣，而意志之所以为意志，有一大特质焉：曰生活之欲。何则？生活者非他，不过自吾人之知识中所观之意志也。吾人之本质，既为生活之欲矣。故保存生活之事，为人生之唯一大事业。……吾人之意志，志此而已；吾人之知识，知此而已。既志此矣，既知此矣，于是满足于空乏，希望与恐惧，数者如环无端，而不知其所终；目之所观，耳之所闻，手足所触，心之所思，无往而不与吾人之利害相关，终身仆仆而不知所税驾者，天下皆是也。"③预先设定一个"生活之欲"的最高原则，以《红楼梦》来验证"生活之欲"于人生的显现及其解脱之道，并探求宇宙人生之真相，这显然是一种寻求客观之知识的科学研究。不过王国维并不认为《〈红楼梦〉评论》达到了这样的目的，此后他便反省《〈红楼梦〉评论》纯粹以叔本华的学说立

---

① 王国维著，姚淦铭、王燕编：《王国维文集》（第一卷），北京：中国文史出版社，1997年，第8-9页。
② 王国维著，姚淦铭、王燕编：《王国维文集》（第一卷），北京：中国文史出版社，1997年，第10页。
③ 王国维著，姚淦铭、王燕编：《王国维文集》（第三卷），北京：中国文史出版社，1997年，第321页。

论，而叔本华的学说"半出于其主观的气质，而无关于客观的知识"①。王国维认为学无新旧、学无中西，古今东西之学不外乎科学、史学、文学，而"中国今日，实无学之患"。②他所说的"无学"其实指的就是这种"明其因果""定其理法"的科学精神，科学讲求理论与逻辑，讲求抽象与分类，"无论何学，苟无系统之智识者，不可谓之科学"。③

王国维运用叔本华的理论来阐释《红楼梦》一个重要的原因就在于他认为叔本华的理论出于"深邃之知识论"，有"名学之论法"，所以较其他宗教哲学更加的"精密确实"。中国传统的小说评点之学，往往下一断语，见仁见智，而不作理论的分析和因果的推论，在当时科学主义在中国已成气候的背景之下，这些知识断不可被认为是科学的。王国维的《〈红楼梦〉评论》则有原理和方法，有逻辑的论证，近于一种科学的研究，这也是其对于现当代文学批评产生重大影响的根本原因。

如果说《〈红楼梦〉评论》只是王国维文论"以西释中"的一个初步的尝试，存在诸多牵强比附的痕迹，因而不特别为学界所看重；那么他发表于1908年的《人间词话》（1908年分三期连载于《国粹学报》，定稿64则）则在学界获得了很高的评价，被认为是中国近代学人融合中西思想的典范。《人间词话》以"境界"为核心范畴讨论中国的古典诗词，被认为抓住了中国艺术精神的本质，且后来的学者如朱光潜、宗白华、李泽厚等人对这一理论范畴又多有发挥。王国维本人也认为"境界"一词深探中国古典诗词的本质："然沧浪所谓兴趣，阮亭所谓神韵，犹不过道其面目，不若鄙人拈出'境界'二字为探其本也。"④"言气质，言神韵，不如言境界。有境界，本也；气质、神韵，末也。有境界而二者随之矣。"⑤有学者从传统文论中的"意境"来理解"境界"，认为"意"是指主观之情感，"境"是客观之景物，"境界"乃主观之情感与客观之景物的结合，其不合理处已为叶嘉莹

---

① 王国维著，姚淦铭、王燕编：《王国维文集》（下册），北京：中国文史出版社，2007年，第282页。
② 王国维著，姚淦铭、王燕编：《王国维文集》（下册），北京：中国文史出版社，2007年，第516-517页。
③ 王国维著，姚淦铭、王燕编：《王国维文集》（下册），北京：中国文史出版社，2007年，第526页。
④ 王国维著，傅杰编校：《王国维论学集》，北京：中国社会科学出版社，1997年，第321页。
⑤ 王国维著，傅杰编校：《王国维论学集》，北京：中国社会科学出版社，1997年，第336页。

等学者所指出。"境界"非单是描写外在景物,还可以指描写内在情感:"境非独谓景物也,喜怒哀乐,亦人心中之一境界。故能写真景物、真感情者,谓之有境界,否则谓之无境界。"① 对于这一范畴的释义存在争议,同样存在争议的是这个被认为具有高度抽象性的文论范畴是源于中国传统文论话语还是源于西方文论话语。

罗钢通过对传统文论中"意境"一词的词源学的考辨,认为王国维的"意境"说并不是中国传统文论话语延伸出来的,其意境的含义与中国传统文论中的"意境"说有根本的差异,它是以康德叔本华哲学为基础的一种"新"的诗学话语,其基本构成元素包括:"以叔本华的直观说为核心的认识论美学""席勒关于自然诗与理想诗的区分""康德的自然天才理论""席勒—谷鲁斯的游戏论"等。由此说明"王国维的'意境'说在中国诗学传统中的确称得上是'截断众流',因为它基本上是以一种与整个中国诗歌传统异质的西方美学为基础建构起来的"②。不过,这种追根溯源的考证从范畴的概念内涵出发,未必就是确当的结论,我们认为王国维的《人间词话》采用了中国传统的"词话"形式,也没有构筑一个逻辑推演的理论框架,而多以经验感悟下一二断语,这正是中国古代文论的传统,尽管吸纳了一些西方文论中的概念,但其话语规则应是植根于中国文化传统。

在王国维的文论思想中,存在着两种文论话语的冲突和融合,他的《〈红楼梦〉评论》所凭借的完全是一套西方文论话语,尽管涉及庄子的思想,也是用来比附说明叔本华的"生活之欲"。在《人间词话》中则采用了中国传统文论中词话的形式,吸收了西方文论中的一些概念术语,比如"有我"与"无我"、"理想"与"现实"、"造境"与"写境"等。作为整个诗话体系核心概念的"境界"一词也源自中国传统文论,非从西方文论中挪用,不过融合了叔本华、康德、席勒等人的美学思想。王国维肯定了有无"境界"在词中的关键作用,并以"造境"与"写境","有我之境"与"无我之境"来说明境界。"有造境,有写境,此理想与写实二派之所由

---

① 王国维著,傅杰编校:《王国维论学集》,北京:中国社会科学出版社,1997年,第320页。
② 罗钢:《意境说是德国美学的中国变体》,《南京大学学报》(哲学·人文科学·社会科学版)2011年第5期,第42页。"谷鲁斯"现译作"格罗斯",英文为Groos。

第十四章 科学主义与文论话语、体系、范畴 297

分，然二者颇难分别。因大诗人所造之境，必合乎自然，所写之境亦必邻于理想故也。"① "有我之境，以我观物，故物皆著我之色彩；无我之境，以物观物，故不知何者为我，何者为物。"② "无我之境，人惟于静中得之；有我之境，于由动之静时得之。故一优美，一宏壮也。"③ 与此相关，又区分"主观之诗人"和"客观之诗人"："客观之诗人，不可不多阅世。阅世愈深，则材料愈丰富，愈变化，《水浒传》、《红楼梦》之作者是也。主观之诗人，不必多阅世。阅世愈浅，则性情愈真，李后主是也。"④ 以西方文论的理论作为先验的原则，然后以中国文学去予以验证的情况，并没有出现在《人间词话》中。《人间词话》以传统文论的形式，拈出中国古典文论中的术语，在吸纳西方哲学美学的因素后，使之生发出新的意蕴，其话语规则无疑是中国的。

从《〈红楼梦〉评论》和《人间词话》可以看出，在王国维的文论思想中，存在着中西两套文论话语的冲突。一方面，他受到西方近代自然科学的影响，其《〈红楼梦〉评论》采用西方文论话语解释中国文学可以说具有某种程度的科学主义倾向，西方理念型的知识形态被认为是更科学的知识。但是，另一方面，王国维毕竟深受中国传统文化的浸染，他的《人间词话》采用中国传统文论话语作为文论建构的根基表明其思想深处对传统文化精神的认可。

另一位在现代文论建构中具有代表性的人物是朱光潜，在朱光潜身上也体现了中西两套文论话语的冲突和融合。朱光潜幼年也接受过私塾教育，但青年时期的他接受了哲学、美学、心理学的多门西方现代学科的学习，在20年代朱光潜便发表了《福鲁德的隐意识说与心理分析》(《东方杂志》1921年第18卷第14号)、《进化论证：(甲)关于生物进化之证据、(乙)关于生物如何进化之证据、乙组各证总评》(《民铎杂志》1922年第3卷第4期)、《完形派心理学之概略及其批评》(《东方杂志》1926年

---

① 王国维著，傅杰编校：《王国维论学集》，北京：中国社会科学出版社，1997年，第319页。
② 王国维著，傅杰编校：《王国维论学集》，北京：中国社会科学出版社，1997年，第319-320页。
③ 王国维著，傅杰编校：《王国维论学集》，北京：中国社会科学出版社，1997年，第320页。
④ 王国维著，傅杰编校：《王国维论学集》，北京：中国社会科学出版社，1997年，第322页。

第 23 卷第 14 号)、《近代英国名学》(《留英学报》1929 年第 1 期)、《现代英国心理学者之政治思想》(《留英学报》1929 年第 2 期)、《行为主义》(《留英学报》1929 年第 3 期)等多篇介绍西方生理学和心理学方面的文章。

《文艺心理学》是朱光潜留学欧洲期间创作的,后在清华大学、北京大学、中央艺术学院作为教材讲授,1936 年由开明书店出版。作者在自述中说,这是一部文艺理论的书,也可以叫《美学》。为什么不用"美学"这一名称,因以往的美学大多是先有某种哲学体系,再演绎出一些美学原理,而该书是"丢开一切哲学的成见,把文艺的创造和欣赏当作心理的事实去研究,从事实中归纳的一些可适用于文学批评的原理"[1],所以又可以称作"从心理学观点研究出来的'美学'"[2]。朱光潜有意识地要纠正以往所依凭的形式派美学偏重理性演绎的偏颇,转向一种注重经验归纳的理论。针对文艺创作和欣赏对文艺理论的轻视,他认为不应该排斥对于文艺作为科学的活动,"即根据创作和欣赏的事实,寻求关于文艺的原理"。美感经验就是一种"形象的直觉"。朱光潜的《文艺心理学》旨在建立一种科学的文艺原理,只不过这种科学的文艺原理并非源自理性演绎的原理,而是源自经验归纳的原理。

该书引入利普斯(Lipps,原译为立普斯)、格罗斯(Groos,原译为谷鲁斯)、布洛(Bullongh)等人的心理学美学分析美感经验特征,以"心理距离"说解释美感经验形成的条件。艺术的理想境界是这种"心理距离"近但又不消灭,距离太远则不是一种审美状态,距离消失则美感为实际的欲念和情感所压倒。对于近代文艺思想中"为艺术而艺术"的口号和"文艺是欲望的升华"的理论,朱光潜也用"心理距离"说来加以解释,他认为这两种说法都难以言之成理:"艺术不能专为形式,却也不能只是欲望的满足。艺术是'切身的',表现情感的,所以不能完全和人生绝缘。偏重形式的艺术总不免和人生'距离'得太远,不能引起观赏者的兴趣。"[3]弗洛依德的文

---

[1] 朱光潜:《文艺心理学》,合肥:安徽教育出版社,1996 年,"作者自白"第 1 页。
[2] 朱光潜:《文艺心理学》,合肥:安徽教育出版社,1996 年,"作者自白"第 1 页。
[3] 朱光潜:《文艺心理学》,合肥:安徽教育出版社,1996 年,第 28-29 页。

艺是欲望的升华说则"把艺术和本能情感的'距离'缩得太小"。不仅如此，近代文艺中写实主义和理想主义的争执也可以从"心理距离"来加以解决，艺术和实际的人生应该有一种"距离"，所以艺术必有几分理想，就不会是极端的写实主义，写实主义的弊病在于把艺术和人生的"距离"摆得太近。相反，理想主义的弊病在于把艺术和人生的"距离"摆得太远，往往流于空疏和荒渺，不能引起切身的美感经验。[①]

朱光潜指出利普斯的移情说注重美感的心理学解释，格罗斯的内模仿说注重美感的生理学解释，移情说偏向于从我到物，内模仿说偏向于从物到我。浮龙·李（Vernon Lee）吸收"兰格-詹姆斯情绪说"，将情绪与身体变化的因果关系颠倒过来，将身体变化看作美感的成因。她承认是利普斯的弟子，却注重美感的生理解释；反对格罗斯的内模仿说，却认同生理变化和线形组合的呼应，她认为移情作用中所模仿的并不是"人物运动"而是"线形运动"，线形运动的模仿是具有美感的活动，人物运动的模仿不必是具有美感的活动。朱光潜认为利普斯解释美感经验时的心理学倾向失之偏颇，美感的移情作用必伴随有生理上的变化；而浮龙·李关于"人物运动"与"线形运动"的区分也过于牵强。朱光潜试图综合美感经验论的心理学和生理学解释的两种倾向，利普斯"移情说"的纯粹心理学解释抹杀了生理学的基础，而移情作用所伴随的生理运动既是"内模仿"也是"线条运动"，并非截然对立。

朱光潜正是在综合康德、克罗齐等人的形式派美学与利普斯、格罗斯、布洛和浮龙·李等人的经验派美学理论基础之上，构建自己的理论体系。他的《悲剧心理学》《文艺心理学》《变态心理学》等著作在引入西方哲学、美学思想方面功不可没，但是以这些理论著作构建自身的文论体系的过程中，不免带有浓厚的西方文论话语特征。这种理论话语的选择与20世纪二三十年代中国思想界的科学主义倾向有密切的关系。朱光潜青年时代同样倾心于西方近代科学思想，《进化论证：（甲）关于生物进化之证据、（乙）关于生物如何进化之证据、乙组各证总评》是他发表较早的一篇读书心得，

[①] 朱光潜：《文艺心理学》，合肥：安徽教育出版社，1996年，第28-30页。

介绍西方从分类学、比较解剖学、胚胎学、古生物学、分布学、血液实验、实验观察等方面对于进化论的论证[1]；1922年发表于《时事新报》的《怎样改造学术界》一文更是大力倡导"爱真理的精神""科学的批评精神"和"实证精神"，这无疑影响到了他后来的治学之路。不管是形式派美学理论还是经验派美学理论，都具有现代科学的理论品质。

朱光潜文论的西方化倾向在他早期的著作和文章中多有体现。但是出版于20世纪40年代初的《诗论》则体现了他以中西比较的视野，力图融合中西文论话语的努力。朱先生也认为《诗论》是他自己用功较多，比较有独到见解[2]的一本书。该书力图实现西方诗论与中国诗论的相互印证，并对于中国诗进行一种学理的研究。他说："在目前中国，研究诗学似尤刻不容缓。第一，一切价值都由比较得来，不比较无由见长短优劣。现在西方诗作品与诗理论开始流传到中国来，我们的比较材料比以前丰富得多，我们应该利用这个机会，研究我们以往在诗创作与理论两方面的长短究竟何在，西方人的成就究竟可否借鉴。其次，我们的新诗运动正在开始，这运动的成功或失败对中国文学的前途必有极大影响，我们必须郑重谨慎，不能让它流产。当前有两大问题须特别研究，一是固有的传统究竟有几分可以沿袭，一是外来影响有几分可接收。"[3]可见，朱光潜写作《诗论》的背景是中国新诗发展正面临巨大的困境。"五四"以来，胡适等人打破旧体诗格律限制、"做诗如说话"的主张推进了新诗创作的繁荣，但新诗在形式上过于自由、散漫的特点却使得其艺术性越来越受到质疑。闻一多、徐志摩等新月派诗人提倡新格律诗，提出"理性节制情感"的美学原则及诗歌的"三美"主张即绘画美、建筑美、音乐美，以将新诗的创作纳入新的形式规范之中。但新月派挪用西方诗学理论，忽视了中西诗歌语言的异质性，所以他们的主张并没有取得多大成效。朱光潜则力图从学理的层面来解决这一难题，实现中西诗论的对话与汇通。

---

[1] 朱光潜：《进化论证：（甲）关于生物进化之证据、（乙）关于生物如何进化之证据、乙组各证总评》，《民铎杂志》1922年第3卷第4期，第1-22页。
[2] 朱光潜："抗战版序"，见朱光潜：《诗论》，合肥：安徽教育出版社，1997年，第2页。
[3] 朱光潜："抗战版序"，见朱光潜：《诗论》，合肥：安徽教育出版社，1997年，第1-2页。

他认为探讨诗的本质应该搁置关于"诗是什么""诗应该如何"这样的争论，而先了解诗的起源。他反对从历史考古学来说明诗歌的起源，而认为诗的起源是一个心理学的问题。[1]他联系《诗大序》和朱熹引申的一段话，认为中国诗歌传统是"表现"情感，而西方古希腊传统关于诗的定义是"模仿的艺术"，并以亚里士多德的《诗学》来加以说明，亚里士多德的"模仿"说显然是偏重"再现"。由此可以看出，中西文化传统关于诗论述，都可从心理学的观点来解释诗歌的起源："诗或是'表现'内在的情感，或是'再现'外来的印象，或是纯以艺术形相产生快感，它的起源都是以人类天性为基础。所以严格地说，诗的起源当为与人类起源一样久远。"[2]朱光潜对于诗歌起源的探讨，正是充分注意到了中西诗歌的异质性与共通性，不可能有一个关于"诗是什么？"的定义能涵盖中西诗歌的不同特点，但诗歌与其他艺术形式一样源于人类的天性却是相通的。

援引西方心理学美学理论融入中国传统文论的"境界"说来讨论诗歌充分体现了朱光潜力图融合中西文论话语的努力。他从王国维《人间词话》借鉴了"境界"一词来论诗歌，认为诗的境界是"情趣与意象的契合"，这种诗的境界全在于"见"的作用。"见"需要具备两个条件，第一个条件就是"见"必须是"直觉"（intuition），诗的境界必须在"直觉"中形成自足的意象；第二个条件是所"见"之意象恰能表现一种情趣。作为直觉的"见"会产生美学上的"移情作用"（empathy）和"内模仿作用"（inner imitation）。从意象与情趣的契合出发，朱光潜借用王国维的"隔"与"不隔"，"有我之境"与"无我之境"来区分不同的境界。他说王氏所说的隔如"雾里看花"似偏重"隐"，不隔如"语语都在目前"似偏重"显"，而"隐"与"显"皆人生理与心理类型上的差异，在诗的接受中，偏重视觉器

---

[1] 在1936年发表在《东方杂志》的《诗的起源》一文中，朱光潜已经表达类似观点，认为中国学者在探讨诗的起源时多采用历史学的方法，这种方法假定历史上最古的诗就是诗的起源，假定除了最古的诗之外便寻不出诗的起源，而更科学的方法则是从人类学和社会学入手，"我们在本篇里想采用自然科学的方法，根据各方面的实证；作理论的建设。从我们的观点看，关于诗源问题，历史学所搜集的证据远不如人类学和社会学所搜集的重要；因为远古诗歌渺茫难稽，现代歌谣确凿可据。"（《诗的起源》，《东方杂志》1936年第33卷第7号）。

[2] 朱光潜：《诗论》，长沙：岳麓书社，2010年，第8页。

官的要求诗的"显",而偏重听觉和筋肉感觉的要求诗的"隐",二者并无优劣之分,写景不宜隐,写情不宜显。他认为王氏所谓的"有我之境"就是"移情作用","以我观物,故物皆著我之色彩",是凝神注视,物我两忘,所以王氏说的"有我之境"恰恰是"无我之境"(即忘我之境);王氏所说的"无我之境"实则没有经过"移情作用",是诗人回味出来的境界,所以他所说的"无我之境"恰恰是"有我之境"。朱光潜认为不如以"超物之境"与"同物之境"来区分诗的境界,因为任何诗的境界中都有自我性格和经验的返照,王氏说的"有我之境"其实就是"同物之境","无我之境"就是"超物之境"。由此,他进一步用来说明中国诗歌发展的特点:"中国诗在魏晋以前,移情实例极不易寻,到魏晋以后,它才逐渐多起来,尤其是词和律诗中。我们可以说,'同物之境'不是古诗的特色。……'同物之境'在古代所以不多见者,主要原因在古人不很注意自然本身,自然只是作'比''兴'用的,不是值得单独描绘的。'同物之境'是和歌咏自然的诗一齐起来的。诗到以自然本身为吟咏对象,到有'同物之境',实是一种大解放"。[①]王国维的"境界"说,采用的是中国传统"词话"的形式,以体验式、感悟式、评点式来发挥其思想,朱光潜则以科学的方法、逻辑的语言,引入西方美学思想来进行阐释,试图通过逻辑的论证来使这一传统文论范畴的意义变得更加明确。

朱光潜在《诗论》中运用了西方文论中的表现/再现、移情说等,也使用了物理学上的声波分析来理解中国诗歌中的节奏、韵律,但又力图强调中国传统诗论要素如"境界""显隐""比兴"等在论诗中的核心地位,充分考虑中西诗歌的差异性,通过融合西方文论话语而在中国传统诗论的进路上开拓。在《诗论》中充分体现了朱光潜面对中西两套文论话语的冲突,试图达到一种调和的努力。在中西文论话语的融合方面普遍得到认可的还有钱锺书的《谈艺录》和宗白华的一系列美学论文。

[①] 朱光潜:《诗论》,长沙:岳麓书社,2010年,第58-64页。

二、当代中国文论"失语症"的提出和论争

在中国现代文论建构的早期,很有代表性的两个人物王国维和朱光潜都存在中西两套文论话语的冲突和融合。到 20 世纪中期,西方文论话语取得了在中国传统文论话语中的优势,试图为中国文论建立一套具有西方文论形态的概念范畴体系的尝试中,最有代表性的人物是刘若愚。在《中国的文学理论》一书中,刘若愚根据艾勃拉姆斯艺术四要素即作品、作家、宇宙和观众的理论,来为中国古代文论建立一套现代理论体系。他在说明写作宗旨时说:"通过对悠久并具有中国批评思想特色的各种文学理论的描述,从而形成最具有普遍意义的文学理论,以便与其他渊源不同的理论进行比较。"[①]他将中国文论分为形上论、决定论、表现论、技巧论、审美论和实用论,并声称这些范畴的确定是通过归纳发现的,而不是先验的。他把"以文学为宇宙原理之显示这种概念为基础的各种理论"都包括在形上论中,这个宇宙原理在中国被称为"道",陆机《文赋》中的"玄览"和刘勰《文心雕龙》中的"神思"都被归为形上论,司空图的《诗品》是文人对自然之道的领悟,也属于形上论。决定论是指"阐明文学是当代政治和社会现况不自觉与不可避免的反映或显示",《乐论》与《诗大序》就有决定论的部分。认为文学是"人类情感的普遍表现"则是早期的表现论,"诗言志"和"诗缘情"就是表现论,曹丕的"文气"和刘勰的"体性"都属于表现论,李贽的"童心"说,袁枚的"性灵"说都是表现论的支流,而叶燮的《原诗》则属于表现论的多,属于形上论的少,因为他的理论主要导向作家。沈约的"四声"论,李渔的戏曲理论,翁方纲的"肌理"说都是技巧的理论。刘若愚把"认为文学是美言丽句的文章"的理论称为中国文学的审美论,文学的审美论和技巧论是硬币的两面,只不过审美论注重作品对读者的影响,刘勰的"情采"、司空图的"味"都是审美的理论。刘若愚认为实用理论在中国的文学批评中是最有影响力的理论,实用理论是"基于文学是达到政治、社会、道德,或教育目的的手段这种概念"[②],孔子的"兴、观、群、怨"说是一种

---
① 刘若愚:《中国的文学理论》,赵帆声等译,郑州:中州古籍出版社,1986 年,第 2-3 页。
② 刘若愚:《中国文学理论》,杜国清译,台北:联经出版事业公司,1981 年,第 227 页。

实用理论，因为孔子是从读者的观点论诗，而不是从诗人的观点论诗。

刘若愚的《中国的文学理论》（中州古籍出版社 1986 年版）显然是将中国文论切割得支离破碎，以勉强塞进他的那套由艾勃拉姆斯四要素改造后的理论框架之中，于是，一个说法同时是形上的理论和表现的理论，同一个文论思想既被纳入形上的理论又被归入实用的理论，这种情况在他的论述中非常之多，这种削足适履式的套用必然会产生无法克服的矛盾。如他自己所说"不打破鸡蛋煎不出蛋卷"，则那个按照艾勃拉姆斯四要素被肢解了的中国文论还有多少价值呢？

弗朗索瓦·于连批评刘若愚试图借用所谓西方文论的"概念框架"一劳永逸地整理汉语文论，使其纳入"世界性"的庞大评论之中的实验："显然刘并非不知道——甚至开始时正是这一点赋予他研究的意义——中国的文学批评是非常分散的，而且'不足以推论'：它常以评点，甚或是旁白、阅读笔记和谈话的形式出现；因此它不能提供概念（如人们所说，概念应是严谨而确定的），但是以影射，通过多少固定的格式表达，而且它们不断地被引用、改变和发挥。"[①]中国尽管存在像《文心雕龙》那样的论著，但是"概念本身缺乏概念骨架和欧洲理论组合的定义性"[②]。"当人们知道，在有关文学的中国思想里，更确切地说是不确定性（它超过多义性）和中国思想允许产生的分支及联系作用才可能有效并且发人深思的时候，撒开这样一张网能逮住什么'有意思的东西'呢？这种'自上而下'的综合形式什么也逮不住，抑或是失去了与这种自省话语运作本身有关的最有意义的东西。"[③]弗朗索瓦·于连的批评可谓一针见血，中国文论的意义正在其独特的运思方式和言说方式之中，其意义的模糊性和非确定性源于其特殊的审美体验，当它被塞入这个既定的概念框架之中时，也是其意蕴消解之时。刘若愚的中国文学理论建构是从一种普遍主义立场出发，认为完全可以一种标准的、普遍适

---

① ［法］弗朗索瓦·于连：《（经由中国）从外部反思欧洲——远西对话》，张放译，郑州：大象出版社，2005 年，第 130 页。
② ［法］弗朗索瓦·于连：《（经由中国）从外部反思欧洲——远西对话》，张放译，郑州：大象出版社，2005 年，第 130 页。
③ ［法］弗朗索瓦·于连：《（经由中国）从外部反思欧洲——远西对话》，张放译，郑州：大象出版社，2005 年，第 131 页。

用性的逻辑或框架来阐释中国文论，以使其融入世界文论之中。刘若愚对普遍性的追求隐含着一种科学主义倾向，在他看来是存在着一种理论具有普遍有效性，且西方文论就是这样一种世界性的理论。

20 世纪 80 年代伊始，政治、经济领域拨乱反正，文化领域也是百废待举，各个领域的开放姿态掀起了又一次全面向西方学习的热潮。俄苏文论一家独大的局面被打破，西方各种新旧文论如潮水般的涌入中国，令人目不暇接，中国当代文论界经历几十年的封闭后，出现了繁荣和多元的局面。但是在这种表面繁荣的背后，却埋藏着深刻的危机，那就是在这个"拿来主义"形成的多元格局中，中国自己的文论在哪里？在众声喧哗中，哪一种声音是我们自己的声音。著名学者季羡林、黄维樑等较早地意识到了这种危机，并对当代中国文论的发展表示了担忧。从理论上对这一现象进行系统阐述并引起巨大反响的是文论"失语症"的提出。

1995 年在《21 世纪中国文化发展战略与重建中国文论话语》[①]中，曹顺庆首次提出文论"失语症"的观点，并于 1996 年在《文论失语症与文化病态》一文中对这一现象进行了详细的描述："长期以来，中国现当代文艺理论基本上是借用西方的一整套话语，长期处于文论表达、沟通和解读的'失语'状态。自'五四''打倒孔家店'（传统文化）以来，中国传统文论就基本上被遗弃了，只在少数学者的案头作为'秦砖汉瓦'来研究，而参与现代文学大厦建构的，是五光十色的西方文论；建国后，我们又一头扑在俄苏文论的怀中，自新时期（1980 年）以来，各种各样的新老西方文论纷纷涌入，在中国文坛大显身手，几乎令饥不择食的中国当代文坛'消化不良'。"[②]该文中，作者征引季羡林、黄维樑、孙津等学者的话以强调对当代中国文论"失语"的判断："我们根本没有一套自己的文论话语，一套自己特有的表达、沟通、解读的学术规则。我们一旦离开了西方文论话语，就几乎没办法说话，活生生一个学术'哑巴'。"[③]笔者将这一现象称为"文

[①] 曹顺庆：《21 世纪中国文化发展战略与重建中国文论话语》，《东方丛刊》1995 年第 3 辑，第 224-225 页。
[②] 曹顺庆：《文论失语症与文化病态》，《文艺争鸣》1996 年第 2 期，第 50 页。
[③] 曹顺庆：《文论失语症与文化病态》，《文艺争鸣》1996 年第 2 期，第 51 页。

化病态",而这种"文化病态"的形成有着深刻历史根源,可以说是 19 世纪末 20 世纪初中西文化激烈碰撞的结果,中华民族近代以来的屈辱造成了文化心态的失衡,科学主义引导下"五四"激进反传统主义是这种文化心态失衡的集中体现,它对中国传统文化的破坏影响深远。中国当代文论的"失语"正是这种"文化大破坏"的必然后果,而重建中国文论的当务之急是"接上传统文化的血脉",融汇吸收东西方各民族文论的精华,以铸就既有自身血脉气韵又富有当代气息的有效话语系统。[①]要接续这个断裂的传统,面临很大的困难,他认为主要在于长期以来的"文化失语症"造成中国传统文论的陌生化,对中国传统文论解读能力的下降,文化价值判断的扭曲以及理论创造力的低下。[②]这篇文章在学术界产生了相当大的影响,其频繁地被各方征引就说明了这个问题的普遍性和重要性。特别要指出的是该文不单是阐述了文论失语症种种表现,而且深究根源,直指"五四"新文化运动激进的反传统主义对中国文论造成的负面影响。

此后,曹顺庆在《重建中国文论话语》(载《中外文化与文论》1996年第 1 期)、《重建中国文论话语的基本路径及其方法》(载《文艺研究》1996 年第 2 期)、《再论重建中国文论话语》(载《文学评论》1997 年第 4 期)等多篇文章中进一步阐述了文论失语症的看法并从对中国文论未来发展方向作出了回应。"所谓重建中国文论话语体系,并不是简单地回到新文化运动以前的传统话语体系中去,也不是在西方现有理论上作些中国特色化……而是要立足于中国人当代的现实生存样态,潜沉于中国五千年生生不息的文化内蕴,复兴中华民族精神,在坚实的民族文化地基上,吸纳古今中外人类文明的成果,融汇中西,自铸伟辞,从而建立起真正能够成为当代中国人生存状态和文学艺术现象的学术表达并能对其产生影响的、能有效运作的文学理论话语体系。"[③]立足于中国人的现实生存样态,说明当代中国文论话语的重建不是简单的复古主义,潜沉于民族文化精神,意在摆脱文论话

---

① 曹顺庆:《文论失语症与文化病态》,《文艺争鸣》1996 年第 2 期,第 53 页。
② 曹顺庆:《文论失语症与文化病态》,《文艺争鸣》1996 年第 2 期,第 54-56 页。
③ 曹顺庆、李思屈:《重建中国文论话语的基本路径及其方法》,《文艺研究》1996 年第 2 期,第 12-21 页。

语建构中盲目西化的无根基状态。

　　文论"失语症"的提出引发了关于中国古代文论现代转换的讨论,此期间发表的大量文章普遍对于中国文论"失语"的现实表示认可,但在文论现代转换路径上却难有突破,究其原因,恐怕还在于转换论中,当代中国文论的科学主义元语言没有得到充分地反省,没有认识到科学主义导致的知识谱系的替换才是中国文论"失语症"的根源。在《替换中的失落——从文化转型看古文论转换的学理背景》一文中,曹顺庆和吴兴明认为"五四"前后中国文化现代转型是中西知识谱系的整体切换,致使中国文论进入理念知识时代,理念知识向人文学领域的扩张横移引发了一系列的危机,而作为出路,应该在整体上反省其知识形态,以中国智慧的特质实现中西文论的对话,而非以化归的方式向西方认同。[①]作者详细剖析了"五四"科学主义在知识谱系替换过程中所起到的决定性影响。

　　对于西方话语霸权形成和科学主义的泛滥,实则是中国文化现代性危机的关键所在。陈炎的《走出"失范"与"失语"的中国美学与文论》将20世纪中国文论发展中的两个问题概括为"失范"和"失语"。[②]他认为当人们发现中国传统文论的言说方式不符合西方逻辑演绎和经验归纳文论知识形态时,也就是说不符合西方文论的"科学"规范时,便力图在西方文论的引导下为中国文论建立自己的规范,通过体系化、科学化的方式,以使中国文论摆脱所谓"不科学"或者"前科学"的经验形态。在对中国文论作出"失范"的判定以后,以"科学"的西方文论话语来改造中国文论就产生了"失语"的问题。在他看来,建立中国美学和中国文论是必要的,也是可能,其必要性在于"西方文论存在着自身难以克服的矛盾和问题",而其可能性则"恰恰不是要向西方的'逻辑形式'和'科学形态'靠拢,而是要保留东方智慧的独特品性"[③]。王树人的《关于西学东渐的经验教训——兼论话语霸权与"失语症"问题》认为"西方话语霸权和中国'失语症'都是中国人自

---

① 曹顺庆、吴兴明:《替换中的失落——从文化转型看古文论转换的学理背景》,《文学评论》1999年第4期,第69页。
② 陈炎:《走出"失范"与"失语"的中国美学和文论》,《文学评论》2004年第2期,第77页。
③ 陈炎:《走出"失范"与"失语"的中国美学和文论》,《文学评论》2004年第2期,第79页。

已酿成的，而且是在 20 世纪初同时发生的"。20 世纪初在高扬西学的同时是对中国传统思想文化的贬抑，并为整个世纪中国思想文化的发展定下了基调。在追随西方亦步亦趋的过程中，对西方近代科学的推崇演变成科学万能，其结果就是以西方逻辑概念思维来贬低中国感悟的、诗意的"象思维"的价值，本应是中西思想文化的"互补"与"会通"，却走向了西方思想文化对中国思想文化的取代。[①]几位学者关于"失语症"的论述都注意到中国文化现代性的背景，将中国文化和文论的失语追溯到 20 世纪初西学东渐造成的知识形态、思维方式的替换。

当然，反对"失语症"论的也不乏其人，这其中又有几种不同的学术立场，一种立场认为中国文论根本不存在"失语"的问题。董学文以中国化的马克思文艺理论来否定文论"失语症"之说："用'失语'一词武断地抹杀本已存在并仍在发挥作用的包括中国化马克思主义文艺学在内的整个现代中国文学理论的功能和意义，无论怎么说也是不够实事求是的。"[②]作者不认为中国传统文论发生了断裂，而是已经融入中国现当代文学理论之中。尽管他赞同古代文论的现代转换，但关键是要"以科学的观点和方法，对古代文论一些概念、范畴内涵作出理性的分析、鉴别和诠释，并在此基础上，给它们以科学上的规定，进而从精神实质上加以把握"[③]。蒋寅对"失语症"论持相对激烈的反对意见，他在《文学医学："失语症"诊断》一文中指责"失语症"论是一个"地地道道的伪命题"。他认为中国文学理论能否为世界提供理论命题，成为世界文论的一部分，在于文学经验资源和文论家的开掘能力，所以像刘若愚、钱锺书这样的博学的学者是不会失语的。中国古典文论要成为建立中国文学理论的资源，参与与西方文论的对话，则需要用现代文论来衡量和诠释它，"就像人民币要兑换成硬通货才能作国际贸易一

---

① 王树人：《关于西学东渐的经验教训——兼论话语霸权与"失语症"问题》，《文史哲》2007 年第 4 期，第 42-46 页。
② 董学文：《中国现代文学理论进程思考》，《北京大学学报》（哲学社会科学版）1998 年第 2 期，第 217 页。
③ 董学文：《中国现代文学理论进程思考》，《北京大学学报》（哲学社会科学版）1998 年第 2 期，第 218 页。

样"。①毫无疑问，现代文论就是这种"硬通货"："一种话语系统要和别人对话、沟通，就必须使用大家共通的语码。尽管你可以对这种语码的有效性和合理性进行质疑，甚至颠覆，但决不能拒绝不用。"②论者在批判"失语症"论时，将文学理论仅理解为阐释文学的工具，而只要适用就无所谓"失语"，这样看来西方文论符合这样的工具性标准，是"共通的符码"，具有普遍适用性，中国古代文论必须经过它的阐释，被"翻译"成通用语言，才能参与文论的对话。相反，"失语症"论则认为这种"翻译"是未经反省的，以西方文论为标准和尺度，对中国传统文论的裁剪和改造正是"失语"论的中心问题。

还有一种反对观点认为"失语症"论是西方后殖民理论影响下的一种文化保守主义。陶东风的《文化本真性的幻觉与迷误——中国后殖民批评之我见》（《文艺报》1999年3月11日）、《"后"学与民族主义的融构——中国后殖民批评中一个值得警惕的倾向》（《河北学刊》1999年第6期）等文章中将"失语症"论视为"文化本真的幻觉与迷误"。陶东风认为关键问题"是以中国当今的现实为基础还是以中国的传统文论为基础来判断中国文论是否失语以及如何重建"，中国当代形态的文论建构需利用各种可能的资源，而最重要的资源是中国现、当代文化与文学的现实。③"我们既不能照搬古代文论，也不能照搬西方文论来替代阐释中国现、当代的文论，这是因为它们都与中国的现、当代文化与文学现实存在隔阂。"但同时他又认为："相比于中国古代文论，西方现代当代文论在解释中国的现、当代文学时要相对合适一些，这是因为中国的现、当代文学，特别是新时期以后出现的文学，与西方的现、当代文学存在着更多的近似性。……这样，我们的文论重建之路恐怕更多地只能借鉴西方的理论，而同时在应用的时候应该从中国的文化与文学的现实出发加以不断的修正和改造。"④陶东风反对"失语症"

---

① 蒋寅：《文学医学："失语症"诊断》，《粤海风》1998年第5期，第22-24页。
② 蒋寅：《文学医学："失语症"诊断》，《粤海风》1998年第5期，第22-24页。
③ 陶东风：《关于中国文论"失语"与"重建"问题的再思考》，《云南大学学报》（社会科学版）2004年第5期，第63页。
④ 陶东风：《关于中国文论"失语"与"重建"问题的再思考》，《云南大学学报》（社会科学版）2004年第5期，第63-64页。

论述的一个基本观点就是要立足于中国现、当代文化与文学现实。在他看来，以当今现实为基础来判断，则中国文论没有失语，中国当代文论能够对文化和文学现实作出有效的阐释，并且更倾向于认可西方文论而非古代文论在阐释中国现当代文学中的有效性。可是，中国当代文论本身恰恰是"失语症"论述需要追问的，"失语"指的是失去我们自身的学术规则，而代之以西方的话语。为什么会认为西方文论在阐释中国现当代文学时比古代文论更加合适呢？这其中恐怕还隐含着科学的标准，唯有逻辑性、精确性、明晰性被认为是阐释有效性的标准。

　　熊元良《文论"失语症"：历史的错位与理论的迷误》一文认为"失语症"论是一种后殖民主义影响下的理论迷误："'失语症'论者极力倡导重建'感悟型'知识传统，那么，在表述'失语'主张时，他们又为何不身体力行地去使用传统感悟式的评点方法，而是继续沿用现当代以来为他们所不屑的'理念型'知识样态呢？"[1]作者将"失语症"论指为文化复古主义，认为其无异于"中体西用"的思路，而借鉴西方话语进行失语症的论述更是显出其理论的矛盾。文中以西方科技引领的现代化成就来批评"失语症"论，认为"失语症"论持一种反现代性立场，仍然没有超越中西文化论争的范围，而要超越中西之争的怪圈，则需进一步追问科学的文艺理论是什么。周宪认为"失语症"论是一种"重新传统化"的主张，"文论'失语症'说抵制西方学术概念，提倡古代文论语汇"只是维护文化本真性的幻觉。[2]他认为这种"重新传统化"和"重新合法化"虽有相当的合理性，但应该警惕将"他者"妖魔化和各种形式的文化原教旨主义。章辉也认为失语症命题具有保守主义倾向，会妨碍中国现代化进程，"文论失语症把后殖民理论的'对抗'即对一切权力话语的批判转化为中西文化的对抗"，并将中国文论的失语归于西方文论的入侵。[3]他认为不应该否定西方文论阐释中国文论的合法性："中国缺乏西方现代实验科学的理性分析精神，因此中国文论没有

---

[1] 熊元良：《文论"失语症"：历史的错位与理论的迷误》，《中国比较文学》2003年第2期，第144页。
[2] 周宪：《"合法化"论争与认同焦虑——以文论"失语症"和新诗"西化"说为个案》，《南京大学学报（哲学·人文科学·社会科学）》2006年第5期，第104页。
[3] 章辉：《后殖民主义与文论失语症命题审理》，《学术界》2007年第4期，第44页。

西方文论那样的明晰的科学性，而西方文论的逻辑分析性特征使其更适合于解读现代文学现象，更适合现代学术的生产机制。"[1]所以说"古代文论要转换，就只能转换为明晰的，精确的，可以普遍传达的，能够解读中国现代文学和外国文学的理性话语"[2]。上述批判，均从文化现代性立场出发，将"失语症"论指为保守主义、复古主义，甚至是文化原教旨主义。将"失语症"论述理解为排斥西方学术概念，或者说反对西方理念型知识形态，都失之偏颇。尽管他们都主张文化多元主义，但是在关于文化现代性的论述中，仍以科学性作为中国文艺理论的诉求，这样的平等对话和多元主义必然要将中国文论转化为一种科学话语，实质上还是不平等的和"西方中心主义"的对话，可见反"失语症"论者在指责"失语症"论述的保守主义立场时，本身就隐含一种科学主义的倾向。

第二节 科学主义与体系、范畴的论争

一、关于中国文论体系的论争

中国文论的体系性问题可以说是中国文论现代性的一个症结，自西方文学批评引入中国，在一种强烈的中西比较意识中，传统"诗文评"在西方文学批评的参照之下，就显出了各种不足与缺陷，其中十分触目的就是中国文论的系统性和体系性问题。20世纪二三十年代，很多学者在论及中国传统文论时，都认为它是零星的、感悟的、印象式的，不成系统。一般认为，西方文学批评构建一个自足的理论系统，它有定义、原理、方法，有精密的分析、逻辑的推论、客观的标准。体系性是科学的文学批评的重要特征，体系性即是科学性。中国传统的诗文评讲直觉、讲感悟，没有明确的定义、逻辑的推理、系统的论述，就不可能是一种科学的文学研究。

梁实秋在《近年来中国之文艺批评》中说："中国文学里，本来有文学

---

[1] 章辉：《后殖民主义与文论失语症命题审理》，《学术界》2007年第4期，第42页。
[2] 章辉：《后殖民主义与文论失语症命题审理》，《学术界》2007年第4期，第42页。

批评这一类的作品，但大半不过是些断简残篇，没有系统的叙述，亦没有明确的主张，例如诗话一类的作品，里面也不是没有一点半点的批评的材料，但未经整理与绎述之前，简直不能算作正式的批评。"①郭绍虞在《中国文学批评史》中，认同了这种说法："中国的文学批评并无特殊可以论述之处，一些文论诗话及词话、曲话之著，大都是些零星不成系统的材料，不是记述闻见近于史料，便是讲论作法偏于修辞；否则讲得虚无缥缈，玄之又玄，令人不可捉摸。"②但他又认为中国文论虽无西方文论那样各种"主义"，却仍可寻出具有一贯性的思想依据，而中国文学批评史的编写即以这些思想依据为线索。

　　文学批评有无系统、是否成体系往往成为一个重要参照标准，用来衡量中国古代文论的价值。张陈卿认为："中国自有文学四五千年以来，对于旧文学批评的书，且成一种有系统有价值的著作的，恐怕只有曹子桓的《典论·论文》，刘彦和的《文心雕龙》，钟嵘的《诗品》，挚虞的《文章流别》，任昉的《文章缘起》，刘知几的《史通》，和章实斋的《文史通义》了。余如唐释皎然的《诗式》，司空图的《诗品》，明王世贞的《诗法》《诗评》……和清王夫之的《诗铎》，顾翰的《诗品》，与历代的诗话一类：或仅说作法，或拢统略评，或择句推敲，并杂及诗人的锁务和韵事；且多片段，不成系统，所以都不能成为有系统的一种专门著作！"③在这样一种体系性的标准之下，中国文论的特点就成了其缺点。可以说在中国古代文论中，像刘勰的《文心雕龙》、钟嵘的《诗品》这样的著作并不占主流，更多的是诗话、词话，散见于笔记、书札、序跋中的文章评点，经书、史书、子书中各种有关"文"的讨论等，而这些形式的文论都是不符合体系性标准的。体系性是成为"学"的重要理论品质，不成体系也就不是一种科学的文学研究。对于中国大量的诗话，朱光潜认为这些都不能算是诗学："中国向来只有诗话而无诗学，……。诗话大半是偶感随笔，信手拈来，片言中肯，简炼亲切，是其所长；但是它的短处在凌乱琐碎，不成系统，有时偏重主

---

① 梁实秋：《近年来中国之文艺批评》，《东方杂志》1927 年第 24 卷第 23 号，第 83 页。
② 郭绍虞：《中国文学批评史》（上卷），2 版，天津：百花文艺出版社，1999 年，第 3 页。
③ 张陈卿：《钟嵘诗品之研究》，北平：文化学社，1932 年，第 17-18 页。

观，有时过信传统，缺乏科学的精神和方法。"①他认为中国古代没有诗学的原因与中国人的思维方式有关："一般诗人与读诗人常存一种偏见，以为诗的精微奥妙可意会而不可言传，如经科学分析，则如七宝楼台，拆碎不成片段。其次，中国人的心理偏向重综合而不喜分析，长于直觉而短于逻辑的思考。"②中国传统文论不讲求逻辑分析，不成系统，是因为缺乏科学的方法和科学精神，体系性是科学性的重要体现。

既然认为中国古代文论没有系统，没有体系是其缺陷，自然就会产生对其体系化的要求。20 世纪二三十年代已有不少学者试图借鉴西方文论框架构建中国的文论体系，较早的有杨鸿烈的《中国诗学大纲》（商务印书馆，1928 年）、陈怀的《中国文学概论》（中华书局，1931 年）和刘麟生的《中国文学概论》（世界书局，1934 年）。如陈怀的《中国文学概论》从"文性""文情""文才""文学""文识""文德""文时"等方面来梳理中国文学的演变。自陈钟凡的《中国文学批评史》之后，郭绍虞、罗根泽等开始从古代文论中提炼出中国的文论体系，这个体系化的过程其实就是对中国古代文论思想进行"史"化。中国文学批评史的写作其实就是对中国传统文论思想进行体系化的过程，将所谓零散的材料予以鉴别、分类和整理，也就是一个人为的体系化过程。如果说陈钟凡的《中国文学批评史》还带有些随意的拾掇和罗列，那么郭绍虞的《中国文学批评史》则通过演进-复古-完成的逻辑，将中国传统文论思想结成了一个完整的体系。正因为有了这样的体系化要求，才会出现所谓的"言志"传统与"载道"传统的说法，此为"浪漫派"、彼为"现实派"，才会有争论所谓"文学自觉"的发生。但是中国传统文论思想是否原本就具有这样的体系呢？与其说是客观固有的规律性，还不如说是"以今构古""以西格中"的一种主观性建构。

"史"的研究从纵向构筑一个中国文论的演进过程，"论"的阐述则从中国古代文论中抽取出若干范畴构筑一种概念的体系框架。朱自清的《中国文评流别述略》将中国文评分为论比兴、论教化、论兴趣、论渊源、论体

---

① 朱光潜："抗战版序"，见朱光潜：《诗论》，长沙：岳麓书社，2010 年，第 1 页。"简炼"现作"简练"。
② 朱光潜："抗战版序"，见朱光潜：《诗论》，长沙：岳麓书社，2010 年，第 1 页。

性、论字句等，显示出构架中国文论体系的意识。钱钟汉的《中国文艺批评理论》将中国文艺批评理论分为"辨微""体德""声色""情景""气势""意境""风骨""神韵""魄力""趣味""琢炼""妙悟"等范畴，以概括中国古代文艺理论的特征，也显示出了一种横向的逻辑建构的体系化过程。如果说这种通过对中国古代文论范畴阐释以构建概念体系从某种程度上避免了以西释中，力图呈现中国古代文论的本来面貌的话，傅庚生的《中国文学批评通论》完全借鉴了西方文论的概念框架，从横向逻辑上构架中国文论体系，该书按照文学"四要素"论将中国古代文论阐述为"感情论、想象论、思想论、形式论"四个部分。

  体系化的建构既是文论科学性的体现，也是中国古代文论学科化的要求。中国古代文论的学科化，既通过演进的过程构建一种时间上的体系，也通过观念的勾连构成空间上的体系性。李长之的《中国画论体系及其批评》借用马尔霍兹和温克尔曼的理论将处理学术材料的方法分为"体系的—哲学的"和"历史的—实用的"。他认为中国画论从"历史的—实用的"观点去整理较多，而很少从"体系的—哲学的"观点去整理，而中国的画论也可以从主观、对象和用具三个方面入手，整理出一个画论体系来。要整理出这样的一个体系，中国古代画论中的一些幽眇玄远的表达就得予以清晰的阐述："通常那种可以意会，不可以言传的态度，我是不赞成的，因为，所谓不可以言传，是本没有可传？还是没有能力去传？本没有可传，就不必传；没有能力去传，那就须锻炼出传的能力。对于中国旧东西，我不赞成用原来的名词，囫囵吞枣的办法。我认为，凡是不能用语言表达的，就是根本没弄明白，凡是不能用现代语言表达的，就是没能运用现代人的眼光去弄明白。中国的佛学，画，文章……我都希望其早能用现代人的语言明明白白说出来。"[1]为什么会认为"可意会不可言传"是本无可传和没有能力去传呢？李长之显然是在西方"逻各斯中心主义"和科学主义的立场上来评价中国传统文论的特点，照他看来，中国传统文论中的所谓"象外之象""言外之意""韵外之致"都是要不得的，文艺批评都应该用科学的语言、清晰的逻

---

[1] 李长之：《李长之文集》（第三卷），石家庄：河北教育出版社，2006年，第239-240页。

辑把意义清楚明白地传达出来。李长之认为与西方发达的文学批评理论相比，中国则显得太贫乏了，而没有产生伟大的文学批评著作，除了文学观念不正确、其他科学的缺乏以外，很重要的一点就是著述体例不完备，诗话、札记、批点校正都不能算是一种著述，因为它们没有课题、结构、系统，没有普遍的原理原则。①显然，在他看来，完整的结构、严谨的系统、普遍的原理是评价文学批评著作的重要价值标准，中国的诗话、词话都算不得严正的批评理论，这些东西都要经过"体系—哲学"整理，才能具有科学性。

20世纪80年代以来，关于中国文论体系之争成为中国文论研究的一个热点。争论的焦点是中国古代文论有没有体系？如果有体系，又是怎样的体系？一种意见认为中国古代文论是没有体系的。蒋寅在《关于中国古代文章学理论体系——从〈文心雕龙〉谈起》一文说："中国古代有系统的文学理论吗？或者说有一个文学理论体系吗？……我的回答是否定的。"因为"中国古代没有产生一部真正成体系的文学理论著作"。《文心雕龙》只是文章学体系而非文学理论体系。②他将文学理论体系定义为"将文学作为一个系统来把握的、概括各门类文学作品的特征、揭示文学创作基本规律的理论体系"。③这显然是以西方文学理论体系作为参照标准，按照这个标准，《诗品》《诗式》《沧浪诗话》《闲情偶寄》等研究具体门类的理论著作当然不是文学理论体系，《文心雕龙》虽成体系，但也不是纯粹的文学理论著作。就单篇著作而论，且不说《文心雕龙》，即如钟嵘的《诗品》、严羽的《沧浪诗话》、叶燮的《原诗》等是否有体系性呢？这恐怕还不好断定，有些学者甚至认为司空图的《诗品》也是有体系性的。

另一种意见是认为中国古代文论是有体系性的，这种体系性不是从单篇著作，甚至单个文论家来看的。张海明在《回顾与反思：古代文论研究七十年》中指出判断有没有体系性，不能单从个别文论家来判断，而是从整个中国古代文论来看有没有一以贯之的东西，这样中国古代文论存在体系就容易确认，只是中国文论体系有自身的特点。他认为"潜体系"的说法更能体现

---

① 选自李长之：《李长之文集》（第三卷），石家庄：河北教育出版社，2006年，第151-153页。
② 蒋寅：《关于中国古代文章学理论体系——从〈文心雕龙〉谈起》，《文学遗产》1986年第6期，第1页。
③ 蒋寅：《关于中国古代文章学理论体系——从〈文心雕龙〉谈起》，《文学遗产》1986年第6期，第1页。

中国古代文论的体系特征："所谓潜体系，是相对于西方文论体系而言，如果我们将西方文论体系称之为显体系的话，那么中国古代文论体系便可以看作是一种潜体系。"①他从两个方面来解释"潜体系"的含义："一是说中国古代文论尽管有丰富的内容、深邃的思想，但尚未尽脱感性形态，缺少系统的、逻辑的表述，因而给人以零散、片段之感，其体系隐含在对具体文学文体的见解之中；二是说在单个的中国古代文论家那里，很少对文学现象作出整体的把握，而只是就其关心所及，对文学现象的某一方面进行探讨，然而，综合这些单个的、片断的探讨，我们不难窥见一个自成体系的理论构架。"②这里的"潜体系"其实乃指一种内在精神的贯穿性、整体性和总体性。

持类似看法的还有陈良运，他在《中国诗学体系论》的"跋"中说："古代的诗人、诗论家都特别注重师承关系，个人的著述虽然很少独立门户、自成系统，但弟子与师、后人与前人之间，却潜藏着种种内在的精神传承。随着时代的推移、社会的变化，传承中有变，变中有传承……中国古代这种内在的精神传承与变，实质是渐进式地形成中国诗学体系。这个体系不是一人一时完成的，而是由一代代诗人、诗论家，象接力运动似地完成的。"③在他看来，某种内在精神的传承与变化就是一个体系，中国诗学体系是历史地形成的。他在20世纪80年代中期的一篇文章中就提出了志、情、形、境、神五种审美观念是中国古代诗论的重要支柱，并形成内外的联系："中国自有诗以来，诗歌理论对诗歌创作实践的抽象表述是：发端于'志'，演进于'情'与'形'，完成于'境'，提高于'神'。"④如此，他从"言志篇""缘情篇""立象篇""创境篇""入神篇"来论述中国诗学体系就是"合情合理"的了。

不言而喻，这种文论体系的"揭示"，加深了我们对古代文论的认识和

---

① 张海明：《回顾与反思：古代文论研究七十年》，北京：北京师范大学出版社，1997年，第76页。
② 张海明：《回顾与反思：古代文论研究七十年》，北京：北京师范大学出版社，1997年，第76-77页。
③ 陈良运：《中国诗学体系论》，北京：中国社会科学出版社，1992年，第444页。其中，"象"现作"像"。
④ 陈良运：《中国古代诗歌理论的一个轮廓》，《文学遗产》1985年第1期，第1-11页。

理解，但另一方面这种体系又可以说是研究主体的"建构"，在多大程度反映了中国古代文论的实际存在？又在何种程度上遮蔽了中国古代文论的真实面貌？需要我们更加辩证地看待。诚然，相当多的研究者认为中国古代文论是存在一个"潜体系"的，但对于这种"内在体系"的描述又呈现出多种面貌。

周来祥认为中国古代有表现主义的体系，"从体系上看，西方偏重于再现，东方则偏重于表现"；东西美学体系在理论形态上有显著的差异，"西方的美学更具分析性和系统性，东方的美学更带直观性和经验性"。①尽管他谈的是美学，但包含了中国古代的艺术和文学理论。祁志祥也持这一观点："贯穿中国古代文学理论的这种有机体系是什么呢？我以为，这就是表现主义。"②显然，这是从西方文论中关于表现与再现的区分来描述中国古代文论体系。这种体系的描述很大程度上反映了中西文论各自的特点，但是这样一种划分不免有将丰富的中西文论思想简单化的倾向。

蔡钟翔、黄保真、成复旺在《中国文学理论史》中认为中国古代文论是杂文学观念体系，并为中国古代杂文学观念体系划分了几个历史阶段：周秦两汉侧重文学的本原论、本质论；魏晋南北朝时文学本体论、功用论、批评论、文体论、创作论、通变论已经开始成熟；唐宋时期进入政教中心论和审美中心论的分化期；明清则为杂文学体系的总结时期，也是向现代纯文学观念体系过渡的时期。③纯文学与杂文学的区分是文论现代化的产物，深受西方现代文论思想的影响，对中国古代文学冠以杂文学的名称本就是以西方现代"文学"的概念为标准。本质论、本体论等概念也是源于西方文论的"逻各斯中心主义"，有其认识论的哲学根基，中国古代文论本就没有现象/本质、感性/理性、属性/实体这样的二元区分。这样看来，杂文学观念体系虽然力图呈现中国古代不同于西方的"文"的知识谱系，但其体系的描述仍不免"以西格中"的建构痕迹。

---

① 周来祥：《东方与西方古典美学理论的比较》，《江汉论坛》1981年第2期，第37-41页。
② 祁志祥：《中国古代文学原理——一个表现主义民族文论体系的建构》，上海：学林出版社，1993年，第1页。
③ 蔡钟翔、黄保真、成复旺：《中国文学理论史》，北京：北京出版社，1987年，第30页。

从文化根源上说，中国的"道"与西方的"逻各斯"有着根本区别，对于中国古代文论体系的描述，使用西方认识论概念难以把握其真正的意蕴。有学者认为中国文论体系是"隐性的体系"，不同于西方文论"显性的体系"。西方文论的"显性的体系"是在"本体——认识论"基础上建立起来的，中国文论体系不是建立在这样的哲学基础之上，而是呈现在具体的审美经验之中，所以中国文论的体系不是"本质论"体系，而是审美经验"现象论"体系，而这种"现象论"体系又包括意境论体系和形式论两个分体系。[①]意识到中国古代文论的具体经验性特征十分重要，中国古代文论并不以下定义的方式来表达其审美经验，而是具象的、非概念化的、非逻辑化的呈现，而源自西方文论中的体系概念本就是一种理念型知识的产物。这样我们一面强调中西文论的不同体系特征，一面又试图像西方文论一样建构我们自己的文论体系，这不免陷入一种悖论。

我们一般以亚里士多德、康德、黑格尔式的诗学体系为标准来判断文论的体系性。康德说过："我所谓的体系，是指许许多多的知识种类在一个理念之下的统一性。"[②]文德尔班在《哲学史教程——特别关于哲学问题和哲学概念的形成和发展》中认为德谟克利特、柏拉图和亚里士多德代表的时代是古希腊哲学的"体系"时代，他们的学说具有体系性，都提出了"包括一切的、本身完整的体系"[③]。之所以说他们的学说具有体系性，一方面是"问题的全面性"，另一方面是"处理这些问题时的自觉统一性"[④]。这样的一种对体系的要求，其实是一种对总体性的渴望。

在我们追问中国古代文论有没有体系之前，首先要澄清的问题就是：什么是体系？我们为什么要去追求这种体系？在逻各斯中心主义的影响下，西方理性思维倾向用一种清晰的、逻辑的、科学性的话语去陈述和接近真理。

[①] 蒋凡、羊列荣：《从"体系"的眼光看中国传统文论和文学批评》，《文艺理论研究》2004 年第 3 期，第 11-17 页。
[②] ［德］康德：《纯粹理性批判》，韦卓民译，武汉：华中师范大学出版社，2000 年，第 686 页。
[③] ［德］文德尔班：《哲学史教程——特别关于哲学问题和哲学概念的形成和发展》上卷，罗达仁译，北京：商务印书馆，1987 年，第 138 页。
[④] ［德］文德尔班：《哲学史教程——特别关于哲学问题和哲学概念的形成和发展》上卷，罗达仁译，北京：商务印书馆，1987 年，第 138 页。

海德格尔认为现今的时代是世界图像的时代："图像（Bild）的本质包含有共处（Zusammenstand）、体系（System）。但体系并不是指对被给予之物的人工的、外在的编分和编排，而是在被表象之物本身中的结构统一体，一个出于对存在者之对象性的筹划而自行展开的结构统一性。"[1]体系性源于主体对客体的"打量""观看""透视"中的"先行把握""先行筹划"，只是在近代主体哲学的范式下，体系才获得与主体性相匹配的总体性和强制性特征。西方思想史上自黑格尔以后，建立"体系"的观念越来越受到质疑，尼采就以格言式的写作来表达自己的哲学思想，有意识地打破体系化的哲学传统，尼采说："我不信任一切体系构造者，并且避开他们，构造体系的意愿是一种诚实的缺如。"[2]卢卡奇认为任何理性的体系都要碰到非理性的界限或限制的绝对必然性："要就是'非理性'的内容一无遗漏地化为概念体系，就是说，这个体系是封闭的，必须被构造成能适用于一切东西，似乎不存在任何内容即既定性的非理性（至多只能作为上述意义上的问题而存在），这样一来，思维就又重新跌落到幼稚独断的理性主义水平上：思维无论如何把非理性的概念内容的简单事实性视为不存在了（这种形而上学也可能用这样的套语来表达自己，即说这种内容对认识来说是'无关紧要的'）。"[3]如果体系是把某种理念、姿态贯彻、施行到一切对象上，那它必然是与内容相矛盾的。阿多诺认为真正的哲学是反体系性的，而传统哲学总试图通过同一性逻辑构建一种精神总体和整体性真理体系，没有意识到这种总体性的体系哲学永远面对"一个自在的、非常现实的对抗性"[4]世界。阿多诺认为"这种哲学的体系概念高耸在一种纯粹科学的系统学之上，这种系统学要求有秩序地组织和表达思想，要求各专业学科有一种一致的结构"[5]，与这种统一性相关联的是这样的一个设定："即存在着的一切事物

---

[1] ［德］海德格尔：《世界图象的时代（1938）》，孙周兴译，见海德格尔著，孙周兴选编：《海德格尔选集》，北京：生活·读书·新知三联书店，1996年，第910页。
[2] 转引自周国平主编：《诗人哲学家》，上海：上海人民出版社，1987年，第236页。
[3] ［匈牙利］卢卡奇：《历史与阶级意识——关于马克思主义辩证法的研究》，杜章智等译，北京：商务印书馆，1992年，第186-187页。
[4] ［德］阿多诺：《否定的辩证法》，张峰译，重庆：重庆出版社，1993年，"导论"第8-9页。
[5] ［德］阿多诺：《否定的辩证法》，张峰译，重庆：重庆出版社，1993年，"导论"第24页。

都和认识的原则相同一。"①而且,"体系,即一个使任何东西概莫能外的总体的表现形式使思想绝对化,它反对思想的每一内容并在思想中蒸发掉这些内容"②。体系蒸发掉思想的内容,消除了一切质的规定性,就不得不在逻辑结构上大做文章。

对体系化的批判并不是要简单地肃清体系,并不是要反对任何一切整体性和系统性的把握,而是要把被清除的思想的内容从体系的强力中释放出来。逻各斯中心主义支配下的体系话语需要将丰富的现象世界纳入科学主义的系统当中,将不符合其原则的内容贬为"不科学"的并予以清除。我们需要追问的是,是否科学主义体系话语之外,就不存在其他的整体性系统性把握世界的方式呢?答案显然是否定的,如中国传统中医的诊断就是把人体当作有机的功能整体,各器官、组织相互联系,维持机体功能的平衡,则身体可以保持健康;整体的失衡则会引发病症。所以中医的治疗也是从整体出发的,讲"望、闻、问、切",依靠丰富的经验来诊断病情。这不同于建立在科学实证基础上的西医诊断方式,西医的诊断建立在人体解剖学的基础之上,通过检验、分析,找到发生病变的区域,进行针对性的治疗,治疗过程对象明确、效果直接且具有可反复验证性。相比之下,中医的治疗则显得含糊,对象不明确,重在调节人体机能的平衡。例如中医的针灸疗法,讲穴位、讲经络,但这些东西都是看不见、摸不着的。事实上,中医尽管不能被现代实证科学所验证,但它作为一种医术的实际效果几千年来是不断得到验证的。

中医对于病理的认识就是一种整体性和系统性的把握,这一点不可否认。但在科学主义的话语霸权下,现代西方医学已成为唯一的科学的医学,中医被作为"不科学"的东西受到排斥,面临生存的危机。中国文论体系之争中也隐含着一种科学主义话语,为什么要追问中国文论是否有体系?在诸多关于中国文论体系问题的争论中,不管是否定中国文论有体系,还是为中国文论体系性辩护的,背后都有一种科学主义话语支撑,那就是没有逻辑理

---

① [德]阿多诺:《否定的辩证法》,张峰译,重庆:重庆出版社,1993年,"导论"第24页。
② [德]阿多诺:《否定的辩证法》,张峰译,重庆:重庆出版社,1993年,"导论"第23页。

论形态的文论，所谓零散的、喻示性的、意义含糊的文论是不具有合法性的。所以我们才会看到 20 世纪 80 年代以来，如此多的中国文学批评史都试图为中国文论寻找体系，或者以西方文论体系为框架来规范中国古代文论，以证明中国古代文论是有体系的。我们不禁要问，中国文论的现代建构，是否要以体系作为文论合法性的坐标？更进一步，如果需要体系化，又应该建构怎样的文论体系？是以西方文论体系为参照，还是以中国古代文论为基础？

二、关于中国文论范畴的论争

中国文论西方化的一个重要表现就是文论的体系之争，与此相关的是文论的范畴之争。从古代文论中抽取范畴并进行现代阐释，是 20 世纪 80 年代以来中国古代文论研究和现代文论建构中的一个热点问题。主要表现为从中国传统文论抽取文论的术语，予以概念化，给予逻辑上的辨析、限定和解释。1981 年，周扬在《关于建立与现代科学水平相适应的马克思主义的中国美学体系和整理美学遗产问题》中指出："在美学上，中国古代形成了一套自己的范畴、概念和思想，如比兴、文与道、文与情、形神、意境、情景、韵味、阳刚之美、阴柔之美等等。我们应该对这些范畴、概念和思想作出科学的解释。"[1] 1982 年，张岱年于《中国哲学史研究》发表《开展中国哲学固有概念范畴的研究》，方克立在《人民日报》发表《开展哲学史范畴的研究》，范畴研究在中国哲学研究界引起了强烈的反响。此后，张岱年又发表《论中国古代哲学的范畴体系》，出版专著《中国古代哲学概念范畴要论》，由范畴个案研究向范畴体系研究推进。中国哲学的范畴研究很大程度上影响到了中国美学和文论研究领域。[2] 80 年代中期始，对中国古代文论的范畴研究逐渐风行，成为一个研究热点，出现了多部关于古代文论范畴的研究

---

[1] 周扬：《关于建立与现代科学水平相适应的马克思主义的中国美学体系和整理美学遗产问题》（摘录），《美学》1981 年第 3 期，引自华东师范大学文学研究所《中国古代文论研究方法论集》，1987 年，第 7 页。
[2] 蔡钟翔、涂光社、汪涌豪：《范畴研究三人谈》，《文学遗产》2001 年第 1 期，第 106 页。

专著和一系列古代文论范畴的研究论文。[①]中国古代文论中出现的"和""气""势""比兴""虚静""神思""风骨""意象""意境""妙悟""神韵""清淡"等被予以现代的阐释。从这些研究中可以看出研究者大体上还是在努力推进文论的学科化与科学化。罗宗强与卢盛江在《四十年古代文学理论研究的反思》一文中认为古代文论研究中一直存在着如何处理好当代意识和历史实感的问题,当代意识主要不在于文学观念和价值取向,而是运用现代科学的方法和现代文学理论的成就,对古代文论的命题、范畴作出清晰的界说和科学的阐发。"这些理论范畴的一个特点,是形象性(象喻、暗示、描述等等)。它本身具有不规定性,含义不惟模糊,而且极不稳定。对它的含义的理解,因时因人而异。……对于这些含义模糊、且极不稳定的范畴的阐释,如何加以科学的界说,需要借助现代科学的方法,以古证古是不可能做到的。"[②]对于中国传统文论范畴,"只有用科学

[①] 主要著作:曾祖荫《中国古代美学范畴》(华中理工大学出版社,1986年)、詹福瑞《中古文学理论范畴》(河北大学出版社,1997年)、张海明《经与纬的交结——中国古代文学范畴论要》(云南人民出版社,1994年)、汪涌豪《范畴论》(复旦大学出版社,1999年)、蔡钟翔、邓光东主编《中国古典美学范畴丛书》(3辑共30本)、涂光社《中国古代美学范畴发生论》(人民教育出版社,1999年)等;主要论文有:黄鸣奋《应当重视古代文论范畴的宏观研究》(《福建论坛》文史哲版,1985年第2期),汪涌豪《宋元以来风骨范畴的意义演变》(《复旦学报》社会科学版,1990年第2期)、《近百年来中国学界古文论范畴研究述评》(《清华大学学报》哲学社会科学版,2010年第6期)、《"声色"范畴的意义内涵与逻辑定位》(《北京大学学报》哲学社会科学版,2010年第3期),彭修银《关于中国古典美学范畴系统化的几个问题》(《人文杂志》1992年第4期),党圣元《中国古代文论范畴研究方法论管见》(《文艺研究》1996年第2期)、《中国古代文论的范畴和体系》(《文学评论》1997年第1期)和《传统文论范畴体系之现代阐释及其方法论问题》(《文艺研究》1998年第3期)、《如何阐释与表述传统文论范畴——评刘方喜〈声情说——诗学思想之中国表述〉》(《中国文化研究》2008年秋之卷),蒲震元《从范畴研究到体系研究》(《文艺研究》1997年第2期),姜开成《论"意象"可以成为文艺学的核心范畴》(《浙江学刊》1997年第4期),薛富兴《关于中国古典美学范畴体系》(《山西师大学报》社会科学版1999年第2期),李旭《高度成熟的中国诗学范畴:风骨》(《文艺研究》2000年第6期)、《关于中国古代美学范畴和范畴体系建构问题》(《江西社会科学》2003年第5期),李凯《古代文论范畴研究方法论再探》(《西南民族学院学报》哲学社会科学版,2001年第3期),牛月明《中国文论话语的元范畴臆探》(《文史哲》2001年第3期)等,齐海英《中国古代文论范畴的非思辨特征》,吴建民《经学与古代文论范畴》(《徐州师范大学学报》哲学社会科学版,2008年第1期),杨星映《试论以气、象、味为核心的中国古代文论元范畴》(《西南大学学报》社会科学版,2011年第6期)。

[②] 罗宗强、卢盛江:《四十年古代文学理论研究的反思》,《文学遗产》1989年第4期,第1-14页。

的方法、科学的语言给以确切阐释,才谈得上继承的问题"①。这样在思维方法上就应由形象思维进到逻辑思维,科学地分析它们的内涵与外延。虽然古文论和现代文论在理论深度上并无高下之分,但"现代文学理论的基本形态较为系统和严整。它对于文学基本问题有较为系统的概括,它的理论范畴和理论命题也有较为科学的界定。……借助现代文学理论的严密逻辑和明晰界说,对照古文论,给予阐释,当然有助于把古文论的范畴研究提到现代科学的水平上来"②。

范畴研究一个很重要的原因是中国古代文论被认为不具有现代理论品质,其运用于现代文学批评,并为现代文论的建构提供理论资源,必然要进行现代转化,而现代转化就是要将这种感悟型、体验型知识形态转化为理念型知识形态。这种文论科学化的努力表现在从范畴的释义过渡到范畴逻辑体系的建构。范畴研究进一步推进了中国古代文论阐释和研究的深度和广度,取得了丰硕的研究成果,这是不可否认的,但是范畴研究的科学主义倾向对中国古代文论造成的遮蔽也是应该警惕的。对于范畴的确定,个别中国古代文论范畴释义的争论,中国文论范畴层级、序列的建构,这些都是范畴研究中的困惑。

什么是范畴?汪涌豪在《范畴论》中对范畴作了这样的定义:"范畴是英文 category 的汉译,指反映认识对象性质、范围和种类的思维形式,它揭示的是客观世界和客观事物中合乎规律的联系,在具有逻辑意义的同时,作为存在的最一般规定,还有本体论的意义。"③他把范畴解释为一种逻辑形式:"一方面,这种逻辑形式有理论意义上的普遍性和形态上的稳定性,它的出现并丰富,表明主体认识的深入和成熟,它们之间彼此的作用和影响,足以显示一门学问独立存在和走向学科化乃至科学化的进程。……另一方面,这种逻辑形式又是存在很大的变易性的,从总量考察,由少到多;由质量考察,由旧趋新。"④他认为西方的哲学范畴依托逻辑的同一律,讲分

---

① 罗宗强、卢盛江:《四十年古代文学理论研究的反思》,《文学遗产》1989 年第 4 期,第 11 页。
② 罗宗强、卢盛江:《四十年古代文学理论研究的反思》,《文学遗产》1989 年第 4 期,第 11 页。
③ 汪涌豪:《范畴论》,上海:复旦大学出版社,1999 年,第 1-2 页。
④ 汪涌豪:《范畴论》,上海:复旦大学出版社,1999 年,第 2 页。

析、重结构，是一种"刚性范畴"；而中国古代的哲学、文学范畴依赖逻辑的互渗律，讲综合、重功能，是一种"柔性的范畴"。既要承认中西文论范畴之间的差异性和异质性，又要通过一种科学化、逻辑化的语言表达，使得中国文论范畴具有西方文论范畴那样的客观性和普遍性，其中的矛盾之处是不言而喻的。

定义乃一种区分，古代文论中的术语哪些是范畴，哪些不是范畴？汪涌豪批评了两种倾向，一种是认为古代文论缺乏逻辑严密、形态稳定的术语，很难实现从范畴角度对古代文论进行规律性把握；另一种倾向则是将范畴作泛化的处理，将古代文论中的术语也归为范畴。"范畴指超越于具体机械层面或技术层面的专门名言，是人们对客观事物本质特征的一些理性规定。譬如'格律'之和谐、精整，'结体'之遒紧、疏朗，这'和谐'、'精整'、'遒紧'、'疏朗'是概念、范畴，而'格律'、'结体'则不是。"[①]汪涌豪通过对概念、范畴、术语的区分，力图为范畴研究划定一个确定的范围，这可以说是科学的范畴研究的一个前提，因为范畴的泛化很有可能消解自身作为一种科学研究的价值。但是将使用的普遍性和形态的稳定性作为范畴的根本特征必然遇到难以克服的矛盾。

罗宗强认为解读古代文论范畴是一个难度很大的研究领域，这种困难首先就表现为范畴标准的确定，把使用的普遍性作为区分一般术语和范畴的标准并不具有必然的合理性，而更像是一种策略。"我们要在这些性质不易界定的术语、概念、范畴中挑选哪些作为范畴的研究对象呢？另外一些词语如'诗言志'、'诗缘情'、'文明道'等等，也有研究者把它们当成范畴。它们究竟是不是范畴？实在也是一个值得讨论的问题。或者我们可以把它们当作文论短语，当作一个完整的文学观点？面对古文论上的这些复杂现象，我们有时可以从纯粹理论上为'范畴'一词下定义，来决定我们的研究对象。但一到具体问题，立刻就会遇到麻烦。正是由于问题的复杂性，有的研究者在面对这类问题时常有不易驾驭之感。"[②]他认为百年中国文论的范畴

---

① 汪涌豪：《范畴论》，上海：复旦大学出版社，1999年，第4页。
② 罗宗强：《二十世纪古代文学理论研究之回顾》，见罗宗强编：《古代文学理论研究》，武汉：湖北教育出版社，2002年，第40-41页。

研究始终模糊不清，并没有成为一种科学的研究。范畴的选择和确定在面对具体的古代文论现象时会显得难以适从，这种具体研究中的混乱是不符合科学的理论品质的。

如何来解决范畴的选择和确定问题，姚爱斌不同意汪涌豪关于范畴、术语和概念的严格区分。他在仔细辨析亚里士多德《工具论》中关于范畴论述的基础之上，认为范畴是从某个方面对研究对象的规定和说明："在同一学科中，术语、概念和范畴是三位一体的；术语、概念和范畴实际上是对这一学科理论所包涵的、具有这一学科理论特点的、用于描述这一学科研究对象的有关词语的不同命名，表示的是同一个词在不同关系中的三种不同身份。"[①]他认为对此不作机械的划分而作辩证的把握，就不会陷入对中国古代文论范畴把握的误解，经常性使用的"赋""比""兴""象""意象""意境""神""气""风骨"等是范畴，不经常使用的"元""妙""包""要""文"等也是范畴。他以"普遍范畴"与"非普遍范畴"，"重要范畴"与"次要范畴"，"流行范畴"与"非流行范畴"的区别来替代汪涌豪所作的范畴和非范畴的区分。所以他认为范畴研究的关键不在于对范畴和术语、概念之间作出区分，而在于对范畴的渊源与范畴间的关系、范畴的类型和层级展开研究。

但是，对于范畴层级的研究，同样充满了矛盾，最为典型的就在于众多学者对于中国古代文论的"元范畴"或者说"核心范畴"的理解意见分歧，言人人殊。周来祥等将"和谐"确定为中国古典美学的核心范畴[②]；皮朝纲认为"味"和"意象"是建构中国古代文艺美学体系的基础性范畴[③]；吴调公将"意境"确定为中国文学美系统的核心[④]，持这种观点的学者还有彭修银，他认为"意境"是中国古典美学的中心范畴[⑤]，薛富兴也认为"意境"

---

① 姚爱斌：《"范畴"内涵重析与中国古代文论范畴研究对象的确定》，《文艺理论研究》2008 年第 1 期，第 106 页。
② 周来祥、彭修艮：《中西美学范畴的逻辑发展》，《文艺研究》1990 年第 5 期，第 39-44 页。
③ 皮朝纲：《关于创建中国古代文艺美学的思考》，《四川师范大学学报》（哲学社会科学版）1986 年第 6 期，第 1-6 页。
④ 吴调公：《论中国古典文学美学的建构》，《文艺理论研究》1990 年第 2 期，第 69-75 页。
⑤ 彭修银：《关于中国古典美学范畴系统化的几个问题》，《人文杂志》1992 年第 4 期，第 118-123 页。

是中国古典美学体系中最高级、最核心的范畴[①];成立认为"象"和"兴"是中国传统美学的元范畴[②];杨星映认为"气""象""味"是中国古代文论最基本的三个元范畴;党圣元仔细辨析了关于中国古代文论元范畴的各种说法,赞同"道"是中国古代文论或美学体系的逻辑起点或元范畴[③];汪涌豪则不认同唯一元范畴的观点,他认为"道""气""兴""象""和"都是中国古代文论的元范畴,它们构成了一个元范畴体系。[④]确定范畴的层级以及试图构架范畴的图式结构是大多数范畴研究的目标,也是文论科学化的要求。在构建中国古代文论范畴体系过程中,各种范畴层级的划分多遵照本源论范畴、本体论范畴、创作论范畴、鉴赏论范畴和批评论范畴这样的西方文论范畴的逻辑图式,然后将中国古代文论纷繁复杂的思想纳入其中。中国文论的范畴化的确使得看起来庞杂、模糊的古代文论思想显得条理分明、结构整饬,但如此条分缕析、重新整合后,不可避免地会割裂中国文论本来的有机整体性,这样的例子并不鲜见。范畴研究的科学主义倾向是中国文论西方化的一个突出的表现。

其实,文论范畴研究并不始于 20 世纪 80 年代,其渊源可以追溯到 20 世纪初,在各种关于文学批评、文学原理的文章和著作中,已经出现了将中国古代文论中的术语进行提炼、抽象和概念化的研究。王国维在《人间词话》中拈出"境界"一词,融合西方哲学美学思想,就颇有范畴研究的意味,他以"主观"与"客观"、"有我之境"与"无我之境"、"理想"与"写实"、"优美"与"宏壮"、"隔"与"不隔"来阐释意境的含义。郭绍虞在《小说月报》上有专论"神""气""道"等文论范畴的文章,认为研究中国文学批评史就要"辨析这些抽象名词的义界,不使它模糊,亦不使它混淆"。[⑤]在《文气的辨析》一文中,他分别以"气势""气习""气质""气象"来对"文气"进行辨析。"用抽象名词以论文,本已不易捉

---

① 薛富兴:《关于中国古典美学范畴体系》,《山西师大学报》(社会科学版)1999 年第 2 期,第 27-43 页。
② 成立:《中国美学的元范畴》,《学术月刊》1991 年第 3 期,第 8-14 页。
③ 党圣元:《中国古代文论的范畴和体系》,《文学评论》1997 年第 1 期,第 15-25 页。
④ 汪涌豪:《范畴论》,上海:复旦大学出版社,1999 年,第 496 页。
⑤ 郭绍虞:《照隅室古典文学论集》,上海:上海古籍出版社,1983 年,第 46 页。

摸；何况再加上昔人之好作玄谈不着边际，与滥用术语不审名理，所以文气之说难有定论。我们第一步必先确定其义界，使术语之滥用者得以明划；第二步再分别其性质，使玄谈之抽象者归于切实。"[1]宗白华在《中国艺术意境之诞生》中，以情与景的交融互渗来释"意境"范畴，认为意境的创造即以客观景物来象征主观情思。[2]郭绍虞、宗白华等人的范畴研究为中国古代文论的更新，为中西文论话语的融合进行了开创性的工作。20世纪前半期虽没有出现范畴研究的系统性著作，但实已开中国文论范畴化之道路。

对历代文论资料进行辨别、分类、分析、归纳、整理、阐释，为中国古代文论赋予规范的逻辑内涵，便于理解和把握。这种对古代文论的"范畴化"处理的确使得古代文论思想更容易被系统地认知，但是，当范畴泛化为一个研究框架，将范畴分析普遍运用于中国传统文论研究，实质上迫使中国文论走上了西化之路。比如"风骨"这一古典文论的重要范畴，对其内涵的分析历来就莫衷一是，几乎每个《文心雕龙》的研究者都试图对这个范畴进行解释。黄侃说"必知风即文意，骨即文辞，然后不蹈空虚之弊。或者舍辞意而别求风骨，言之愈高，即之愈渺"[3]，范文澜沿袭了这一解释，刘永济认为"风"是情志，"骨"是事义。自黄侃之后，论者多以"风骨"析分为二，分别进行解释。中华人民共和国成立后特别是20世纪60年代开始对于"风骨"的讨论渐趋高潮，尤其多以形式和内容的区分来解释风骨，有人认为"风"是文章的形式，"骨"是文章的内容，相反也有人认为"风"是内容，"骨"是形式；还有人则说"风"和"骨"都是内容概念，又有人说"风骨"既是内容又是形式。20世纪80年代以来，众多学者从美学的角度来解释"风骨"，寇效信认为："'风'，是作家骏爽的志气在文章中的表现，是文章感染力的根源，比拟于物，犹如风；'骨'，指文章语言端直有力，骨鲠遒劲，比拟于物，犹如骨。"陈耀南认为"风"是一种"气韵"之美，而"骨"则是文辞修饰之美；石家宜认为"'风'是对'情'提出的美学要求，'骨'是对辞提出的美学要求，风骨是对作品整体的美学规

---

[1] 郭绍虞：《文气的辨析》，《小说月报》1929年第20卷，第43页。
[2] 宗白华：《中国艺术意境之诞生》，《哲学评论》1943年第5期。
[3] 黄侃：《文心雕龙札记》，周勋初导读，上海：上海古籍出版社，2000年，第101页。

范"①；童庆炳也以情与辞来解释风骨，认为"风"是对"情"之内质美的规定；"骨"是对"辞"之内质美的规定。

舒直《略谈刘勰的"风骨"论》一文中说："刘勰之所谓'风'，就是指的富有情绪色彩的语言，富有音乐性的语言；所谓'骨'就是指的纯洁的思想和真挚的感情。'风'就是文章的形式；'骨'就是文章的内容；而且'骨'是决定'风'的，也就是内容决定形式的。刘勰是一个文质兼重论者，而且更能卓越地认识到内容决定形式的道理，在《文心雕龙》全书随处都是体现着他的这种主张的；《风骨》篇也不例外，仍然是贯彻他的这种文学主张的。"②王达津认为舒直用内容与形式的统一来解释风骨并不十分恰当，他用现实主义和浪漫主义来解释风骨："中国文论中'风'的概念，虽不指浪漫主义，但它在表现情感、理想方面，就包括有浪漫主义因素，而浪漫主义作品，也往往是最有风力的。……骨，也并非指现实主义，但暴露批判，就包括了现实主义作品。"前者重在"缘情"，后者重在"体物"，所以风与浪漫主义相关，骨与现实主义相关，"风骨论可以说具有浪漫主义和现实主义的因素。"③

对"风骨"的解析见仁见智，但一个明显的现象就是众多的研究者习惯于从内容和形式、本质和表象的二元对立来理解风骨。这种理解很大程度上是受西方理论思维影响的结果。西方惯用"概念""判断"和"推理"的方式去展开精密的分析和综合，演绎和归纳。事实上刘勰关于"风骨"的论述是植根于中国传统图像的思维，采用形象和暗示的方法，篇中用"翚翟""鹰隼""鸣凤"三个意象隐喻了风骨的内涵。尽管刘勰从不同的维度来论说"风骨"，但"风骨"并不能看作是"风"和"骨"的简单拼合，而是通过多个比喻来说明一种阳刚力量之美。

与体系研究一样，范畴研究也是西方的舶来品。总体上说来，范畴研究都是对古代文论思想从逻辑关系或者体系特征上作现代意义的清理和分析。

---

① 石家宜：《"风骨"及其美学意蕴》，见古代文学理论研究编委会：《古代文学理论研究丛刊》第四辑，上海：上海古籍出版社，1981年，第212页。
② 舒直：《略谈刘勰的"风骨"论》，《光明日报》1959年8月16日（6）。
③ 王达津：《古代文学理论研究论文集》，天津：南开大学出版社，1985年，第6-7页。

这种建构式的研究常常与研究者的出发点密切相关。文论的范畴研究，旨在通过逻辑的分析对中国传统文论作出客观的规律性的把握，以消除中国文论所谓的零散、不系统的特点，但这实质上是将中国传统文论的直觉感悟性知识形态转变为理念知识形态，因为在大多数范畴研究者看来，只有理念型知识形态才是"科学"的。

结语　当代中西文论对话如何可能

一、中国文论的当代困境

关于中国文论"失语症"的论争及其引发的一系列讨论和思考，是近二十年来中国文学理论界的一个重要事件。与文论"失语症"相关的"中国文论的现代转型""古代文论的现代转换""中国文论话语的重建""西方文论的中国化"等论题频繁出现在中国文论的学术论域中。文论"失语症"问题尽管讨论了这么多年，提出了那么多的目标和解决问题的方法，但从当前的实际情况看，中国文学理论界缺乏理论创新的状况仍然没有得到改观。现在已经少有人谈论"文学的本质""创作规律""鉴赏原则""典型""内容""形式"等，但取而代之的是"结构""解构""原型""能指""所指"等。随着西方后现代主义思潮的兴起，我们变换了一套文学言说的理论范畴，但西方话语主导中国的文学阐释和理论建构的现实并没有什么改变。某种程度上说，我们用来克服西方文论霸权的言说仍然来自西方话语，这是一个奇怪的悖论。针对"失语"一词引发的误解和质疑，曹顺庆指出，"失语"是指"失去了中国文化与文论的学术规则"，"范畴只是话语表层的东西，而学术规则是支配范畴的深层的、潜在的东西；范畴是有时代局限性的，而学术规则是贯穿于相当长的历史长河之中的"[①]。比如，"意境"范畴我们今天仍然在使用，但是用来支配和解释"意境"范畴的却是西方的话语规则，我们习惯于把它分解为"主观"与"客观"，是主观抒情与客观写景的融合。这种阐释上的西方话语是我们用来理解传统文论思想和文学意义的普遍原则。

中国文论失却自身的言说规则已经成了影响中国文论发展、展开中西文

[①] 曹顺庆：《再说"失语症"》，《浙江大学学报》（人文社会科学版）2006年第1期，第14页。

论对话的最大障碍，是中国文论失去理论创新能力的根本原因。这种创新能力的匮乏主要表现在：①中国文学批评实践中直接挪用西方理论话语，生搬硬套西方文学理论的概念和术语，例如用精神分析来阐释中国的古典诗词，用结构主义来分析中国的古典小说，此种以西释中的路数尽管饱受质疑，但依然是当今中国文学批评实践的主流；②文学概论或文学原理性质的著作乃是西方文论概念、范畴、体系的推演，并成为中国当代文学批评原则的规范性基础，意义言说中逻辑性、精确性和规范性仍是当代文论建设中的真理性标准；③中国传统的文学理论成了西方理论体系摄下的材料，长期以来失却了言说的空间和文学阐释的有效性，一些被予以重新解释和整理的传统文论思想也变成了生硬的科学性术语和理论范畴。

对于中国文论在当代的困境，学界存在不同的看法。一是认为中国文论"失语"是文化现代转型的必然，中国传统文论话语已经不适用于当代文学批评语境，西方文论话语更适合于中国当下的文学批评实践。有学者提出古代文论难以获得理论的传承性，"不适合现代知识生产方式和学科建制"。西方文论则能够提供"方法论操作系统"，具有"认知模式和思维方法上的深刻性"，古代文论个体性、感悟式的表意方式"无法作为公共性的知识形态表达对于审美活动的理性思考"，且古代文论的哲学思维也与作为现代性之根本的科学精神相背离。尽管古代文论在解释中国古代语言艺术中是有效的，但在现代语境中，西方文论具有意义阐释的优先性。[①]中国传统文论缺乏阐释方法上可操作性，思维方式上不具有科学性，不能作为普遍性原则运用于公共知识领域，这种视角显然具有西方逻各斯中心主义的倾向；二是认为中国文论在当代仍然有效，但是要进行现代转换（或言转化），这一观点得到比较多的认同。但怎么实现现代转换呢？文论的现代形态是什么呢？所谓文论的现代形态就是科学形态，就是要使中国文论具有西方文论那样的逻辑性、明晰性和体系性。

早在20世纪80年代，王元化就主张"用今天科学文艺理论之光去清理

---

① 章辉：《对古代文论现代化几个问题的思考》，《甘肃社会科学》2007年第4期，第24-28页。

并照亮古代文论中的暧昧朦胧的形式和内容"①。黄曼君在《中国近百年文学理论批评史（1895—1990）》中认为正是古代文论的独特性给中国文论的现代转型造成很大的重负。"中国古代文学理论批评的思维方式具有直观性和含混性，是以体验、领悟的方式对对象作整体把握的，它忽略对事物复杂关系进行知性分析，缺乏一整套对批评对象进行分析和归纳的逻辑工具和理论方法，因而很难以理性的方式深入到文学的内部结构，或有条理地缕析文学与其相关因素的联系，因此这样一个文学理论批评体系便不可能自动走上科学化进程，也难得主动接纳和自觉吸收其他学科理论的成果。"②学界普遍认为，王国维对"境界"理论、宗白华对"意境"理论、朱自清对"诗言志"理论的现代阐释，都是中国古代文论现代转换的成功范例。沿此路径，后代学者对中国古代文论中的"缘情""比兴""诗无达诂""虚实相生""知人论世""以意逆志"也等进行了现代阐释，目的是去除其原有的喻象性、模糊性、歧义性，而赋予其规范性的内涵，使之具备现代文论的理论品格。

当代语境中呈现出来的现代与传统的纠葛、本土化与全球化的冲突仍然左右着中国文论的未来走向。在对中国文论当代困境的诊断和未来走向的探讨中，科学方法与科学精神的重要性一再被强调，所不同的是有些人主张完全引入西方的学术话语体系，中国传统文论由于其理论品质的缺陷，所谓现代转化是没有必要的，因为传统文论话语已经不适应现代文学现状，自然丧失其言说的有效性；而另一些人则主张对古代文论进行现代转化，通过现代性阐释，使中国传统文论具有现代理论品质，而这种转化唯有秉持科学的精神和采用科学的方法，舍此别无他途。

这些看法在当今的中国文论研究中很有代表性，尽管对中国文论未来的发展道路采取了不同的立场，但都认识到中国当代文论发展所面临的困境，即本土理论原创性的缺乏，除了直接从西方移植的理论话语，就是已经被西方化的古代文论范畴，这种情况下，中西文论的对话与融合往往就是一句空

---

① 王元化：《文心雕龙创作论》，上海：上海古籍出版社，1984年，第313页。
② 黄曼君：《中国近百年文学理论批评史（1895—1990）》，武汉：湖北教育出版社，1997年，第13-14页。

话，我们用什么样的理论与西方文论进行对话？是移植的西方文论还是已经西方化的中国文论？对此，不得不反思何以会形成这种局面。是中国传统文论思想本来的缺陷，导致其理论的枯竭，还是某种现代性因素，致使中国文论自身发展脉络的中断和传统文论思想的退隐？对于中国文学理论学科形成的历史考察是把握中国当代文论性质的关键，是探索中国文论未来发展道路的出发点。

需要指出的是，不管是主张引入西方文论完全替换中国文论话语，还是主张古代文论的现代转换，都基于一个共同认识，那就是中国传统文论已经不适合当下文学研究的现实状况，很重要的原因就是中国传统文论不具有科学的理论形态，其思维方式上的缺陷和理论品质上的非现代性，妨碍了其阐释的有效性。中国传统文论所说的"感兴""妙悟""目击道存"等都是感悟式、印象式的思维，不如西方文论那样具有严谨性、精确性和思辨性；片言中肯的诗文评，随感而发的序跋记，也不具有西方文论那样的系统性和体系性。问题是，我们为什么会认为中国文论的所谓"直觉性""体验性""喻象性"的特点是一种思维方式的缺陷呢？为什么会认为"非体系性""模糊性""混融性"的理论品质是不科学的呢？为什么要谈论中国文论的科学性呢？反思中国文学理论百年发展历程，考察现代中国文论与科学主义的关系，中国文论的"失语"是因为中国文论不够科学，还是追求科学标准恰恰是造成中国文论"失语"的原因？当我们谈论中国文论是否科学的时候，实际上已经把科学作为文论真理性的标准。以科学来要求中国传统文论，才会得出西方文论优于中国文论的结论。在科学的标准下，中国古代文论的现代转化势必导向中国文论的西方化。

科学主义对中国现代文论发展的影响是深远的、根本性的，可以说，中国现代文学理论发生就打上了科学主义的烙印。李春青指出："中国古代文论是一个丰富、多维的意义系统，然而却不是现代意义（西方意义）上的知识体系，它那种独特的言说方式蕴含着极为丰富的体验与难于传达的审美趣味。而我们的古代文论研究，从一开始就试图用'科学的方法'来解释古代文论，借用外来的名词术语重新为古代文论的范畴概念命名，以西方学术标准，为古代文论分类，这就使得古代文论研究的结果与古代文论自身的固有

形态与特性相去甚远。"①

在科学主义的影响下,中国文论走上了一条西化之路,中国传统文论虽然还存在,但不是作为一种活的话语形态而存在,而是成了一种活化石存在于古代文论学科的研究中,百年来在西方文论话语霸权的统治下,它被以不同的方式摆弄,成为西方文论的注脚。新时期以来,文艺学学科的发展繁荣也没有改变中国传统文论"失语"的状态,它只是作为文化遗产纳入到具有民族特点的马克思主义文艺理论体系之中。尽管前三十年过于浓厚的政治理论话语遭到批判和清算,但科学主义话语又取代政治理论话语成为新的意识形态霸权。在新的科学主义话语主宰下,中国古代文论依然没有获得真正独立的地位,在其科学化、范畴化、体系化的现代性追求中,西方文论话语显然成为判定中国文论现代性的标准。中国文论的科学化道路其实一直就是一条西方化的道路,认识到这一点,对于中国文论未来的发展方向至关重要。

二、中国文论的中国化

反思科学主义,就是要使中国文论从西方化的迷途中回归到自身,重建中国文论话语的必由之路就是"中国文论的中国化"。什么是中国文论的中国化?"'中国文论的中国化'就是要建立一套用根植于中国本土的原生态的话语原则,改变现当代文论完全在西方文论思想操控下阐释文学作品的模式。因为中国传统文化与文论长期以来受中国特有的文化规则主导,所以,我们今天重建中国文论话语,就是要找回那些固有的具有民族性的意义生成和话语言说的文化规则。"②

这就要求我们首先要承认中西文论的异质性,摆脱"以西释中"和"以中注西"的文论研究模式,此种研究模式表现为对中西文论差异性和异质性的忽略,以科学性来衡量中国文论更是一种迷误,而且这种科学性通常指的是西方现代科学之性质。认识中西文论的异质性需要超越所谓的"西方中心主义"或"东方中心主义"的偏颇。什么是异质性?"所谓异质性,是指从

---

① 李春青:《20世纪中国古代文论研究的意义与方法反思》,《东岳论丛》2006年第1期,第43页。
② 曹顺庆:《异质性与变异性——中国文学理论的重要问题》,《东方丛刊》2009年第3期,第9页。

根本质地上相异的东西，就中国与西方文论而言，它们代表着不同的文明，在基本文化机制、知识体系和文论话语上是从根子上就相异的（而西方各国文论则是同根的文明）。"①由于整个知识谱系背景的替换，站在现代西学的知识立场上看，中国传统文论显出"异质感""陌生感"，显得不可理解："问题是，在感受状态中浓厚的异质感，并不能够保证我们在理论上确认传统知识的异质性。由于我们的整个知识立场和视野已全面系统地置身于现代西学的知识谱系中，我们是用西学的知识原则和理论逻辑来理解传统。这样的研究范式之于传统已经使：可理解的就一定是合乎西学的或业已被切割、化归为西学质态的。"②

在中国知识界，较早意识到这种中西文化异质性且对于这一问题有比较深刻认识的知识分子是梁漱溟。他认为中国的形而上学与西方的形而上学在问题和方法上都是不同的，西方关于形而上学的提问在中国是不存在的："你可曾听见中国哲学家一方主一元，一方主二元或多元；一方主唯心，一方主唯物的辩论吗？像这样呆板的静体的问题，中国人并不讨论。"③中国学术之根本思想是一套讲变化的形而上学，非静体的。讲变化的抽象道理，并不去纠缠具体的问题，中国人讲的五行"金、木、水、火、土"并不是指具体的物质。既然问题不同，则方法也就不同，中国讲变化问题，只能用些抽象的、虚的名词："不但阴阳乾坤只表示意味而非实物，就是具体的东西如'潜龙'、'牝马'之类，到他手里也成了抽象的意味，若呆板的认为是一条龙、一匹马，那便大大错了。"④而要认识这种抽象的意味只能凭直觉去体会、去玩味，所谓"阴""阳""乾""坤"非感官所能感觉，亦非理智的抽象概念，而是活动混融的。

认识到中西文化的异质性，对于 20 世纪初在西方文化强烈冲击之下的中国文化的命运才会作出更深入的思考。梁漱溟认为尽管都受到西方化的压

---

① 曹顺庆：《跨越异质文化》，济南：山东友谊出版社，2007 年，第 54-55 页。
② 曹顺庆、吴兴明：《中国传统诗学的"异质性"概说》，《三峡大学学报》（人文社会科学版）2001 年第 2 期，第 12 页。
③ 梁漱溟：《东西文化及其哲学》，修订版，北京：商务印书馆，1999 年，第 121 页。
④ 梁漱溟：《东西文化及其哲学》，修订版，北京：商务印书馆，1999 年，第 121 页。

力，但是中国的情况还不同于日本和印度等，因为日本很早就已经自己选择了西方化，而印度是被动地西方化了，中国则还有一个自己选择的问题，且这个问题已经十分迫切。"现在对于东西文化的问题，差不多是要问：西方化对于东方化，是否要连根拔掉？中国人对于西方化的输入，态度逐渐变迁，东方化对于西方化步步的退让，西方化对于东方化的节节斩伐！到了最后的问题是已将枝叶去掉，要向咽喉去着刀！而将中国化根本打倒！……此时问到根本，正是要下解决的时候，非有此种解决，中国民族不会打出一条活路来！所以此种问题并非远大事业，是明明对于中国人逼着讨一个解决！中国人是否要将中国化连根抛弃？"[1]梁漱溟的问题也是中国文论百年发展的根本性问题，而且这个问题至今仍然没有得到很好的解决。

中西文论的异质性在于中西文化根性的差异，中国文化并无西方文化的逻各斯传统，而西方近代科学恰恰是植根于这个逻各斯传统。有学者更愿意把东方的思想称为"混同"，而不愿意将其称之为"综合"。因为"综合"与"分析"一样是奠基于西方的逻各斯传统，只是与"分析"相对的一种逻辑方法。但中国的思维方式，没有西方的逻各斯传统，中国的思维更注重直觉、图像、隐喻、类比等方式。"东方思想，号称混同（Syncretism）。混同并不是综合（Synthetic）。综合是先有分析，然后综合起来；先见其分，后见其合；先见其偏，后见其全。东方思想根本不讲分析，哪里还有综合？所谓混合也者，本来就未分过，永远都是儱侗一气。混同式的辩论，具有四项特征。第一，注重直观，不重一步一步的论证；前提既未明说，结论又不经过步骤。第二，利用视觉的图样，这样代替了证明，也便无法传达（彼此底图样难于互相了解）。第三，利用伦比，想甲用怎样的思路，想乙亦用怎样的思路；只要思路相似，便用不着甲乙本身有甚么相似。第四，借重信仰，情感，意志等作价值的判断，而不注重逻辑的证明。譬如孟子骂杨朱与墨翟为无君无父（无父无君即是禽兽）（《滕文公下》）便是战胜了异端（异端也是价值的判断，）就是第四办法。由着'性犹杞柳也'便讲到'义

---

[1] 梁漱溟：《东西文化及其哲学》，2版，北京：商务印书馆，2009年，第15页。

犹桮棬也'（《告子上》）就是第三办法。'牛山之木尝美矣……'（《告子上》）一段，弄得情景逼真，就是第二办法。由'生之谓性也……'便问到'然则犬之性犹牛之性，牛之性犹人之性与？'（《告子上》）这由不明显的前题跳到结论，就是第一办法，同时包括了其他三种办法而尽其能事。"① 这样的语言，便有这样的思想；这样的思想，便用这样的语言。如果不考虑这种分析中西方思维差异时的价值判断，其对于中国传统文化的异质性的把握还是比较准确的。

百年来的中国学术都是在西方的概念框架中行进，以至于中国传统文化对于我们变成了一种陌生的知识。弗朗索瓦·于连说："我们正处在一个西方概念模式标准化的时代。这使得中国人无法读懂中国文化，……因为一切都被重新结构了。中国古代思想正在逐渐变成各种西方概念，其实中国思想有它自身的逻辑。在中国古文中，引发思考的往往是词与词之间的相关性、对称性、网络性，是它们相互作用的方式。"② 他认为中国思想中的成对的概念是处于同一个层次，它们是相关的，"阴"和"阳"、"有"与"无"、"动"与"静"、"刚"与"柔"等具有关联性，提到一个必须经过另一个；而西方的成对概念则是相互对立的、相互隔离的、没有关联性的，它们处于不同的层次，"存在"与"现象"、"绝对"与"相对"之间没有相互作用。《文心雕龙》《二十四诗品》只讲相互作用，讲"功""化"，并不讨论作为本源的"存在"，所以也没有与之相连的概念如"创造""作品""作者"等。

我们为什么再也无法理解中国传统文论中的大量诗意性的言说，我们读不懂"风骨""神韵""意境"，"象外之象""味外之味"，因为我们不得不用一套西方话语去加以阐释，把它们"翻译"成"精神"与"物质"、"内容"与"形式"、"本质"与"现象"、"主体"与"客体"等等，这样一来就只能是盲人摸象。中西文论的异质性决定了两种文论具有不同的言

---

① 李安宅：《意义学》，北京：商务印书馆，1934年，第10-11页。"信仰，情感，意志"标点应作"信仰、情感、意志"。
② 秦海鹰：《关于中西诗学的对话——弗朗索瓦·于连访谈录》，《中国比较文学》1996年第2期，第82页。

说方式和意义生成方式，以西方概念模式不可能达到对中国传统文论的意蕴的把握。

认识到中西文论的异质性，那么我们就需要重新评价中国古代文论，以中国本土的学术规则作为建构当代文论话语的基础，摆脱西方文论的内在植入。儒家的"依经立意"以儒家经典为根本，讲"原道""宗经""征圣"，其思维方式主要是"微言大义""以意逆志"。道家以"道"为核心，排斥日常理性思维模式和语言逻辑，讲"去智""去言""心斋""坐忘"，其意义生成方式主要是"无中生有""虚实相生""立象尽意"。无论是儒家还是道家之学，与西方的理性思辨逻辑都迥然异趣，充分考虑儒道传统的话语规则和意义生成方式，才能正确理解中国传统文论中大量概念、术语的诗性言说和内在逻辑，真正实现中西文论的对话。中西文论有着不同的历史文化渊源，不同文明的长期分途发展形成了不同的知识谱系。长期以来，中国文论在"科学"标尺的衡量下，以西方文论思想为中心建构现代文论话语，遮蔽了自身文化沉淀的精神形态，跟随西方文论亦步亦趋，抛弃自身的话语规则，改变了自己的话语模式。

按利奥塔的说法，"知识"并不等于"科学"，人们的根本失误在于把科学知识（理念知识）当成了唯一有效的知识："大家一直对科技知识是积淀而成的这种说法深信不疑，如有不同意见，顶多也只不过是对科技知识积淀的模式因果有些争议罢了——有的人把知识的积累描绘成定期、定形、矛盾、延续、前后一致的；也有的人认为，知识的积累是片段、分裂、滞留、前后矛盾的。"①但是，这些都是错误的："首先，科学知识并不代表知识的整体，它总是在与另一种我所说的（为了简便起见）叙事知识并存，并竞争、冲突（这种叙事知识的特征，容我稍后再谈）。这并不是说，叙事知识胜过科学知识，但其模式与内在精神的平衡和愉悦的概念相关。"②利奥塔提供了另一种知识类型：叙述型知识。大体上说，"知识"是不能被简化为

---

① （法）让-弗朗索瓦·利奥塔：《后现代状况——关于知识的报告》，岛子译，长沙：湖南美术出版社，1996年，第45页。
② （法）让-弗朗索瓦·利奥塔：《后现代状况——关于知识的报告》，岛子译，长沙：湖南美术出版社，1996年，第45页。

"科学"的，更不能简化为学问："学问是一套陈述排斥另一套陈述，学问定义并描写各种对象以此来判断真伪。科学是学问的一种，也是由一套定义性的陈述所组成的。""如果我们认为'知识'仅仅是指一套定义指称性的陈述，那就太偏狭了。知识还包括了'如何操作的技术'，'如何生存'，'如何理解'（法文 savoir-raire，savoir-vivre，savoir-écouter）等观念。因此知识是一种能力问题。这种能力的发挥，远远超过简单'真理标准'的认识和实践，再进一步，扩延到效率（技术是否合格），公正和快乐（伦理智慧），声音和色彩之美（听觉和视觉的感知性）等标准的认定和应用。唯其如此，我们才能了解知识不但使人有能力发挥'良好的'（'健全的'）定义性言论，同时也能发生'健全完美'的指示性和评价性言论。"[1]利奥塔确定了何为知识的效用标准：公正、美、真、各式各样的效率等。在人类的实际使用中，凡合乎上述指标的陈述都可以是知识。因而科学只是知识之一种，它是一种特殊的叙述形式。

中国传统文论既已失去了原有的阐释有效性，其自身也沦为现代文学理论书写的材料，而成为一种沉默的知识，它之所以失去了生命力，是由于科学主义元话语的压制，福柯谈到被压制的知识有两个方面的含义："一方面，我所指的是被埋葬和被伪装在完整统一的符号系统之下的历史内容。……被压制的知识作为一种历史的知识是存在的，但却隐藏在机能主义和体系化的理论的身体内部……另一方面，我认为从被压制的知识中我们还应理解更多的东西，即一系列被剥夺资格的知识，被认为是不充分或不精确的知识：素朴的知识，处在等级体系的下层，在被认可的知识和科学的层面之下。"[2]中国传统文论就是在科学主义的压制之下，成了朴素的、不精确的知识，失去了本有的元语言地位。

只有打破科学主义的话语霸权，在承认中西文论话语异质性的基础上，才能够真正实现中西文论的对话。在这方面，钱锺书先生的《谈艺录》和

---

[1] ［法］让-弗朗索瓦·利奥塔：《后现代状况——关于知识的报告》，岛子译，长沙：湖南美术出版社，1996年，第74-75页。
[2] ［法］福柯：《权力的眼睛——福柯访谈录》，严锋译，上海：上海人民出版社，1997年，第217-218页。

《管锥编》是一个很好的例子。"钱锺书的学术方法的最大特点是:'尊重现象',以现象呈现本质并期许其在冥冥中产生理论,而不是入也理论,出也理论。途中取些现象作为例证。这种方法在中国古人的治学活动中较为普遍,只不过钱先生参以'二西'的典籍予以高度的发展而形成了他所独有的一种批评风格。"[①]要建构中国自己的文论话语,重要的策略就是实现中国文论的中国化。中国文论的中国化要在实践操作层面上取得成功就要打好文化"异质性"的基础。承认中西文论话语的"异质性"和还原中国文论的话语身份,走出中西文论比较中的"求同"思维,达到"无关性的对视与互补性的融创变异"[②],以真正实现中西文论话语的"多元共生与和而不同的关联域建构"[③]。至于如何利用中西文论资源?如何实现中西方文论的融创互补?建构真正现代的中国文论,重要的还在于以中国文论为主体。

---

① 陈圣生:《道为智者设 辩为智者通——小议〈管锥编〉》,见冯芝祥:《钱锺书研究集刊》第 3 辑,上海:上海三联书店,2002 年,第 75 页。
② 曹顺庆、王超:《再论中国古代文论的中国化道路》,《中外文化与文论》2010 年第 1 期,第 74 页。
③ 曹顺庆、王超:《再论中国古代文论的中国化道路》,《中外文化与文论》2010 年第 1 期,第 75 页。

主要参考文献

一、中文著作

蔡元培：《蔡孑民先生言行录》，长沙：岳麓书社，2010 年。

蔡元培：《蔡元培自述》，郑州：河南人民出版社，2004 年。

蔡钟翔、黄保真、成复旺：《中国文学理论史》，北京：北京出版社，1987 年。

曹顺庆：《中外比较文论史（上古时期）》，济南：山东教育出版社，1998 年。

曹顺庆：《中西比较诗学》，修订版，北京：中国人民大学出版社，2010 年。

曹顺庆等：《比较文学论》，成都：四川教育出版社，2002 年。

曹顺庆等：《中国古代文论话语》，成都：巴蜀书社，2001 年。

陈伯海：《近四百年中国文学思潮史》，上海：东方出版中心，1997 年。

陈传才：《文艺学百年》，北京：北京出版社，1999 年。

陈嘉映：《海德格尔哲学概论》，北京：生活·读书·新知三联书店，1995 年。

陈景新：《小说学》，上海：泰东书局，1927 年。

陈平原：《中国现代学术之建立——以章太炎、胡适之为中心》，北京：北京大学出版社，1998 年。

陈崧：《五四前后东西文化问题论战文选》，北京：中国社会科学出版社，1989 年。

陈万雄：《五四新文化的源流》，北京：生活·读书·新知三联书店，1997 年。

陈晓明：《解构的踪迹：历史、话语与主体》，北京：中国社会科学出版社，1994 年。

陈玉堂：《中国文学史书目提要》，合肥：黄山书社，1986 年。

陈崧：《"五四"前后东西文化问题论战文选》，增订本，北京：中国社会科学出版社，1989 年。

陈元晖：《王国维与叔本华哲学》，北京：中国社会科学出版社，1981 年。

陈钟凡：《中国文学批评史》，北京：中华书局，1927 年。

成复旺：《新编中国文学理论史》，北京：中国人民大学出版社，2010 年。

代迅：《断裂与延续——中国古代文论现代转换的历史回顾》，重庆：西南师范大学出版社，2002年。

代迅：《西方文论在中国的命运》，北京：中华书局，2008年。

邓新华：《中国传统文论的现代观照》，成都：巴蜀书社，2004年。

杜书瀛、钱竞：《中国20世纪文艺学学术史》，上海：上海文艺出版社，2001年。

范祥涛：《科学翻译影响下的文化变迁——20世纪初科学翻译的描写研究》，上海：上海译文出版社，2006年。

方朝晖：《"中学"与"西学"：重新解读现代中国学术史》，保定：河北大学出版社，2002年。

方孝岳：《中国文学批评》，上海：世界书局，1944年。

冯天瑜：《新语探源——中西日文化互动与近代汉字术语生成》，北京：中华书局，2004年。

佛雏：《王国维哲学译稿研究》，北京：社会科学文献出版社，2006年。

傅东华：《诗歌与批评》，北平：新中国书局，1932年。

傅东华：《诗歌原理ABC》，上海：世界书局，1928年。

傅庚生：《中国文学批评通论》，上海：商务印书馆，1947年。

高平叔：《蔡元培语言及文学论著》，石家庄：河北人民出版社，1985年。

高瑞泉：《中国现代精神传统——中国的现代性观念谱系》，上海：上海古籍出版社，2005年。

高旭东：《五四文学与中国文学传统》，济南：山东大学出版社，2000年。

高玉：《"话语"视角的文学问题研究》，北京：中国社会科学出版社，2009年。

顾易生、蒋凡：《中国文学批评通史》（第一卷），上海：上海古籍出版社，1996年。

郭沫若：《〈文艺论集〉汇校本》，黄淳浩校，长沙：湖南人民出版社，1984年。

郭绍虞：《照隅室古典文学论集》，上海：上海古籍出版社，1983年。

郭绍虞：《中国古典文学理论批评史》，北京：人民文学出版社，1959年。

郭绍虞：《中国历代文论选》（全四册），新1版，上海：上海古籍出版社，2001年。

郭绍虞：《中国历代文论选》（一卷本），新1版，上海：上海古籍出版社，2001年。

郭绍虞：《中国文学批评史》，上海：上海新文艺出版社，1955年。

郭绍虞：《中国文学批评史》（上、下），2版，天津：百花文艺出版社，1999年。

郭绍虞、罗根泽：《中国近代文论选》，北京：人民文学出版社，1959年。

胡怀琛：《中国小说概论》，上海：世界书局，1934年。

胡键：《哲学社会科学学术动态扫描》，上海：学林出版社，2013年。

胡适：《白话文学史》，合肥：安徽教育出版社，1999年。

胡适：《胡适古典文学研究论集》，上海：上海古籍出版社，1988年。

胡适：《胡适文集》，北京：北京大学出版社，1998年。

胡适：《中国新文学大系·建设理论集》（影印本），上海：上海文艺出版社，2003年。

胡云翼：《新著中国文学史》，上海：北新书局，1947年。

黄海章：《中国文学批评简史》，广州：广东人民出版社，1962年。

黄见德：《西方哲学东渐史》，北京：人民出版社，2006年。

黄曼君：《中国近百年文学理论批评史（1895—1990）》，武汉：湖北教育出版社，1997年。

黄药眠、童庆炳主编：《中西比较诗学体系》（上、下），北京：人民文学出版社，1991年。

姜亮夫：《文学概论讲述》，昆明：云南人民出版社，2000年。

来裕恂：《萧山来氏中国文学史稿》，长沙：岳麓书社，2008年。

来裕恂：《中国文学史稿》，长沙：岳麓书社，2008年。

乐黛云：《比较文学与中国现代文学》，北京：北京大学出版社，1987年。

乐黛云、王宁：《西方文艺思潮与二十世纪中国文学》，北京：中国社会科学出版社，1990年。

李长之：《李长之文集》，石家庄：河北教育出版社，2006年。

李何林：《近二十年中国文艺思潮论》，上海：生活书店，1939年。

李何林：《中国文艺论战》，西安：陕西人民出版社，1984年。

李欧梵：《现代性的追求》，北京：生活·读书·新知三联书店，2010年。

李世涛：《知识分子立场——民族主义与转型期中国的命运》，长春：时代文艺出版社，2000年。

李思屈：《中国诗学话语》，成都：四川人民出版社，1999年。

梁启超：《论中国学术思想变迁之大势》，上海：上海古籍出版社，2001年。

梁启超：《清代学术概论》，上海：上海古籍出版社，2005年。

梁启超：《饮冰室合集》，北京：中华书局，1989 年。

梁漱溟：《东西文化及其哲学》，修订版，北京：商务印书馆，1999 年。

梁漱溟：《东西文化及其哲学》，2 版. 北京：商务印书馆，2009 年。

林传甲：《中国文学史》，北京：武林谋新室，1910 年。

刘大杰主编，中华书局上海编辑所编辑：《中国文学批评史》（上），北京：中华书局，1964 年。

刘锋杰：《蜕变与回归 中国现代文学中的文化对抗》，北京：国际文化出版公司，1989 年。

刘为民：《科学与现代中国文学》，合肥：安徽教育出版社，2000 年。

刘小枫：《现代性社会理论绪论》，上海：上海三联书店，1998 年。

刘炎生：《中国现代文学论争史》，广州：广东人民出版社，1999 年。

卢善庆：《中国近代美学思想史》，上海：华东师范大学出版社，1991 年。

陆海明：《古代文论的现代思考》，太原：北岳文艺出版社，1988 年。

罗钢：《历史汇流中的抉择——中国现代文艺思想家与西方文学理论》，北京：中国社会科学出版社，1993 年。

罗根泽：《中国文学批评史》，上海：古典文学出版社，1957 年。

罗志田：《20 世纪的中国：学术与社会·史学卷》，济南：山东人民出版社，2000 年。

罗志田：《权势转移：近代中国的思想、社会与学术》，武汉：湖北人民出版社，1999 年。

罗宗强：《古代文学理论研究》，武汉：湖北教育出版社，2002 年。

马良春、张大明等：《中国现代文学思潮史》，北京：北京十月文艺出版社，1995 年。

马睿：《从经学到美学：中国近代文论知识话语的嬗变》，成都：四川民族出版社，2002 年。

敏泽：《中国文学理论批评史》，北京：人民文学出版社，1981 年。

彭明、程啸：《近代中国的思想历程（1840—1949）》，北京：中国人民大学出版社，1999 年。

祁志祥：《中国古代文学原理——一个表现主义民族文论体系的建构》，上海：学林出版社，1993 年。

钱基博：《现代中国文学史》，长沙：岳麓书社，2010 年。

钱理群：《返观与重构——文学史的研究与写作》，上海：上海教育出版社，2000 年。

钱穆：《现代中国学术论衡》，北京：生活·读书·新知三联书店，2001 年。

钱中文、杜书瀛、畅广元：《中国古代文论的现代转换》，西安：陕西师范大学出版社，1997 年。

璩鑫圭、唐良炎：《中国近代教育史资料汇编·学制演变》，上海：上海教育出版社，1991 年。

桑兵：《晚清学堂学生与社会变迁》，上海：学林出版社，1995 年。

上海古籍出版社编：《十三经注疏》，上海：上海古籍出版社，1997 年。

邵伯周：《中国现代文学思潮研究》，上海：学林出版社，1993 年。

沈天葆：《文学概论》，上海：梁溪图书馆，1926 年。

舒新城：《中国近代教育史资料》，北京：人民教育出版社，1981 年。

孙秋克：《中国古代文学原理八论》，昆明：云南大学出版社，1995 年。

孙耀煜：《中国古代文学原理》，南京：江苏教育出版社，1996 年。

谭丕模：《中国文学史纲》，上海：北新书局，1933 年。

汤志钧、陈祖恩：《中国近代教育史资料汇编·戊戌时期教育》，上海：上海教育出版社，1993 年。

唐代兴：《文化软实力战略研究》，北京：人民出版社，2008 年。

童庆炳：《二十世纪中国文论经典》，北京：北京师范大学出版社，2004 年。

汪静之：《诗歌原理》，上海：商务印书馆，1927 年。

汪涌豪：《范畴论》，上海：复旦大学出版社，1999 年。

王超逸：《软实力与文化力管理》，北京：中国经济出版社，2009 年。

王达津：《古代文学理论研究论文集》，天津：南开大学出版社，1985 年。

王凤喈：《中国教育史大纲》，北京：商务印书馆，1930 年。

王国维：《王国维文集》，姚淦铭、王燕编，北京：中国文史出版社，1997 年。

王国维：《王国维遗书》，上海：上海古籍书店，1983 年。

王国维：《王国维哲学美学论文辑佚》，佛雏校辑，上海：华东师范大学出版社，1993 年。

王鉴平、胡伟希：《传播与超越——中国近现代实证主义进程研究》，上海：学林出版社，1989 年。

王希和：《诗学原理》，北京：商务印书馆，1924 年。

王一川：《中国现代性体验的发生——清末民初文化转型与文学》，北京：北京师范大学出版社，2001 年。

王永生：《中国现代文论选》，贵阳：贵州人民出版社，1982 年。

王永生：《中国现代文学理论批评史》（上），贵阳：贵州人民出版社，1986 年。

王元化：《文心雕龙创作论》，上海：上海古籍出版社，1984 年。

王元化：《文学沉思录》，上海：上海文艺出版社，1983 年。

温儒敏：《中国现代文学批评史》，北京：北京大学出版社。1993 年。

吴兴明：《中国传统文论的知识谱系》，成都：巴蜀书社，2001 年。

吴稚晖：《吴稚晖先生文存》（上册），周云青编，上海：上海医学书局，1926 年。

熊月之：《西学东渐与晚清社会》，上海：上海人民出版社，1994 年。

许啸天：《国故学讨论集》，上海：群学社，1927 年。

薛君度、刘志琴：《近代中国社会生活与观念变迁》，北京：中国社会科学出版社，2001 年。

晏红：《认同与悖离——中国现代文论话语的生成》，成都：四川文艺出版社，2006 年。

杨国荣：《从严复到金岳霖——实证论与中国哲学》，北京：高等教育出版社，1996 年。

杨国荣：《科学的形上之维——中国近代科学主义的形成与衍化》，上海：上海人民出版社，1999 年。

杨乃乔：《悖立与整合——东方儒道诗学与西方诗学的本体论、语言论比较》，北京：文化艺术出版社，1998 年。

杨玉华：《文化转型与中国古代文论的嬗变》，成都：巴蜀书社，2000 年。

叶嘉莹：《王国维及其文学批评》，石家庄：河北教育出版社，1997 年。

叶朗：《现代美学体系》，北京：北京大学出版社，1988 年。

殷国明：《20 世纪中西文艺理论交流史论》，上海：华东师范大学出版社，1999 年。

余虹：《革命·审美·解构——20 世纪中国文学理论的现代性与后现代性》，桂林：广西师范大学出版社，2001 年。

余虹：《中国文论与西方诗学》，北京：生活·读书·新知三联书店，1999 年。

俞吾金：《杜威、实用主义与现代哲学》，北京：人民出版社，2007 年。

张陈卿：《钟嵘诗品之研究》，北平：文化学社，1932 年。

张海明：《回顾与反思：古代文论研究七十年》，北京：北京师范大学出版社，1997年。

张君劢等：《科学与人生观》，济南：山东人民出版社，1997年。

张君劢等：《科学与人生观》，沈阳：辽宁教育出版社，1998年。

张旭东：《全球化时代的文化认同：西方普遍主义话语的历史批判》，北京：北京大学出版社，2005年。

赵景深：《文学概论》，上海：世界书局，1932年。

赵庆麟：《融通中西哲学的王国维》，上海：上海社会科学院出版社，1992年。

郑振铎：《郑振铎全集》（第五卷），石家庄：花山文艺出版社，1998年。

郑振铎：《中国新文学大系·文学论争集》（影印本），上海：上海文艺出版社，2003年。

钟叔河：《走向世界：近代中国知识分子考察西方的历史》，北京：中华书局，1985年。

周国平：《诗人哲学家》，上海：上海人民出版社，1987年。

周勋初：《中国文学批评小史》，武汉：长江文艺出版社，1981年。

周扬：《周扬文集》（第二卷），北京：人民文学出版社，1985年。

朱光潜：《诗论》，长沙：岳麓书社，2010年。

朱光潜：《文艺心理学》，合肥：安徽教育出版社，1996年。

朱维之：《中国文艺思潮史略》，上海：开明书店，1946年。

朱自清：《朱自清古典文学论文集》，上海：上海古籍出版社，1981年。

庄锡华：《二十世纪的中国文艺理论》，上海：上海三联书店，2000年。

二、译著[①]

［德］阿多诺：《否定的辩证法》，张峰译，重庆：重庆出版社，1993年。

［以色列］本-戴维：《科学家在社会中的角色》，赵佳苓译，成都：四川人民出版社，1988年。

［日］本间久雄：《文学研究法》，李自珍译，北平：北平星云堂书屋，1932年。

［苏］毕达可夫：《文艺学引论》，北京大学中文系文艺理论教研室译，北京：高等教育出版社，1958年。

[①] 外国人名中译名只保留姓氏，按姓氏音序排列。

[法]波德莱尔：《波德莱尔美学论文选》，郭宏安译，北京：人民文学出版社，1987年。

[日]厨川白村：《苦闷的象征》，丰子恺译，上海：商务印书馆，1925年。

[日]荻原朔太郎：《诗底原理》，孙俍工译，上海：中华书局，1933年。

[日]儿岛献吉郎：《中国文学概论》，隋树森译，上海：世界书局，1943年。

[美]费正清：《剑桥中华民国史（1912—1949年）》（上卷），杨品泉等译，北京：中国社会科学出版社，1994年。

[美]费正清、[美]费维恺：《剑桥中华民国史（1912—1949年）》（下卷），刘敬坤等译，北京：中国社会科学出版社，1994年。

[美]费正清：《剑桥中国晚清史（1800—1911年）》（上卷），中国社会科学院历史研究所编译室译，北京：中国社会科学出版社，1985年。

[法]福柯：《词与物——人文科学考古学》，莫伟民译，上海：上海三联书店，2001年。

[法]福柯：《权力的眼睛——福柯访谈录》，严锋译，上海：上海人民出版社，1997年。

[加]弗莱：《批评的剖析》，陈慧等译，天津：百花文艺出版社，1998年。

[美]郭颖颐：《中国现代思想中的唯科学主义》，雷颐译，南京：江苏人民出版社，1995年。

[英]哈耶克：《科学的反革命：理性滥用之研究》，冯克利译，南京：译林出版社，2003年。

[英]韩德生：《文学研究法》，宋桂煌译，上海：光华书局，1930年。

[德]海德格尔：《海德格尔选集》，孙周兴选编，北京：生活·读书·新知三联书店，1996年。

[美]亨德：《文学概论》，傅东华译，上海：商务印书馆，1935年。

[德]胡塞尔：《欧洲科学危机和超验现象学》，张庆熊译，上海：上海译文出版社，1988年。

[美]华勒斯坦等：《开放社会科学：重建社会科学报告书》，刘锋译，北京：生活·读书·新知三联书店，1997年。

[日]吉江乔松：《西洋文学概论》，高明译，上海：现代书局，1933年。

［苏］季摩菲耶夫：《文学概论》，查良铮译，上海：平明出版社，1953年。

［美］卡尔佛登：《文学之社会学的批评》，傅东华译，上海：华通书局，1930年。

［德］康德：《纯粹理性批判》，2版，韦卓民译，武汉：华中师范大学出版社，2000年。

［法］利奥塔：《后现代状况——关于知识的报告》，岛子译，长沙：湖南美术出版社，1996年。

［美］林毓生：《中国意识的危机》（增订再版本），穆善培译，贵阳：贵州人民出版社，1988年。

［美］刘若愚：《中国的文学理论》，赵帆声等译，郑州：中州古籍出版社，1986年。

［美］马蒂尼奇：《语言哲学》，牟博、杨音莱、韩林合等译，北京：商务印书馆，1998年。

［德］马克思、恩格斯：《马克思恩格斯选集》（第1卷），中共中央马克思恩格斯列宁斯大林著作编译局编，北京：人民出版社，1972年。

［美］奈：《美国霸权的困惑：为什么美国不能独断专行》，郑志国等译，北京：世界知识出版社，2002年。

［美］奈：《软力量：世界政坛成功之道》，吴晓辉、钱程译，北京：东方出版社，2005年。

［日］平林初之辅：《文学之社会学的研究》，方光焘译，上海：大江书铺，1928年。

［德］叔本华：《文学的艺术》，陈介白、刘共之译，北平：北平人文书店，1933年。

［美］韦勒克、沃伦：《文学理论》，刘象愚等译，北京：生活·读书·新知三联书店，1984年。

［苏］维诺格拉多夫：《新文学教程》，以群译，上海：新文艺出版社，1952年。

［美］温彻斯特：《文学批评之原理》，景昌极、钱堃新译，上海：商务印书馆，1923年。

［德］文德尔班：《哲学史教程——特别关于哲学问题和哲学概念的形成和发展》，罗达仁译，北京：商务印书馆，1987年。

［法］于连：《（经由中国）从外部反思欧洲——远西对话》，张放译，郑州：大象出版社，2005年。

［美］张灏：《危机中的中国知识分子——寻找秩序与意义》，高力克等译，太原：山西人民出版社，1988年。

三、期刊论文

蔡钟翔：《古代文化研究的回顾与前瞻》，《文学遗产》1989 年第 4 期。

曹顺庆：《21 世纪中国文化发展战略与重建中国文论话语》，《东方丛刊》1995 年第 3 辑。

曹顺庆：《重写文学概论——重建中国文论话语的基本路径》，《西南民族大学学报》（人文社科版）2007 年第 3 期。

曹顺庆：《唯科学主义与中国文论的失语》，《当代文坛》2011 年第 4 期。

曹顺庆：《文论失语症与文化病态》，《文艺争鸣》1996 年第 2 期。

曹顺庆：《异质性与变异性：中国文学理论的重要问题》，《东方丛刊》2009 年第 3 期。

曹顺庆：《在对话中建设文学理论的中国话语——论中西文论对话的基本原则及其具体途径》，《社会科学研究》2003 第 4 期。

曹顺庆：《再说"失语症"》，《浙江大学学报》（人文社会科学版）2006 年第 1 期。

曹顺庆、冯欣：《唯科学主义视阈下中国古代文论的双重危机》，《社会科学战线》2012 年第 4 期。

曹顺庆、李思屈：《重建中国文论话语的基本路径及其方法》，《文艺研究》1996 年第 2 期。

曹顺庆、谭佳：《重建中国文论的又一有效途径：西方文论的中国化》，《外国文学研究》2004 年第 5 期。

曹顺庆、王超：《再论中国古代文论的中国化道路》，《中外文化与文论》2010 年第 1 期。

曹顺庆、吴兴明：《替换中的失落——从文化转型看古文论转换的学理背景》，《文学评论》1999 年第 4 期。

曹顺庆、吴兴明：《中国传统诗学的"异质性"概说》，《三峡大学学报》（人文社会科学版）2001 年第 2 期。

陈嘉明：《反"科学主义"与中国哲学重建》，《学术月刊》1994 年第 11 期。

陈平原：《当代中国的文言与白话》，《中山大学学报》（社会科学版）2002 年第 3 期。

陈平原：《西潮东渐与旧学新知——中国现代学术之建立》，《北京大学学报》（哲学社会科学版）1998 年第 1 期。

陈炎：《走出"失范"与"失语"的中国美学和文论》，《文学评论》2004年第2期。

代迅：《马克思主义文艺理论中国化的内在逻辑》，《文学评论》1997年第4期。

党圣元：《中国古代文论的范畴和体系》，《文学评论》1997年第1期。

董丁诚：《古代文论研究的崛兴：为庆祝建国三十五周年而作》，《西北大学学报》（哲学社会科学版）1984年第3期。

董学文：《中国现代文学理论进程思考》，《北京大学学报》（哲学社会科学版）1998年第2期。

段治文：《中国近代唯科学主义思潮新论》，《天津社会科学》1997年第2期。

樊柯：《科学主义与20世纪中国文学史写作研讨会综述》，《文学评论》2005年第2期。

范岱年：《唯科学主义在中国 历史的回顾与批判》，《科学文化评论》2005年第6期。

高力克：《科学主义与"五四"知识分子的人文宗教》，《学术月刊》2000年第12期。

高文强：《失语·转换·正名——对古代文论十年转换之路的回顾与追问》，《长江学术》2008年第2期。

高玉：《语言变革与中国现代文学转型》，《文艺研究》2000年第2期。

龚隽：《近代中国科学主义的误区》，《华南师范大学学报》（社会科学版）1994年第4期。

郭沫若：《革命与文学》，《创造月刊》1926年第1卷第3期。

郭绍虞：《关于古代文学理论研究中的几个问题》，《学术月刊》1979年第4期。

胡逢祥：《"五四"时期的"科学主义"思潮与中国史学的现代化建设》，《华东师范大学学报》（哲学社会科学版）1995年第6期。

胡适：《新思潮的意义》，《新青年》第7卷1号，1919年。

纪树立：《科玄论战：五四启蒙的价值偏转》，《文汇报》1989年4月18日。

季羡林、林在勇：《东方文化复兴与中国文艺理论重建》，《文艺理论研究》1995年第6期。

蒋凡、羊列荣：《从"体系"的眼光看中国传统文论和文学批评》，《文艺理论研究》2004年第3期。

蒋述卓：《八十年代以来中国古典文论研究略评》，《文学遗产》1996年第3期。

蒋寅：《关于中国古代文章学理论体系——从〈文心雕龙〉谈起》，《文学遗产》1986年第2期。

金观涛、刘青峰：《中国近现代观念起源研究和数据库方法》，《史学月刊》2005 年 5 月。

李春青：《20 世纪中国古代文论研究的意义与方法反思》，《东岳论丛》2006 年第 1 期。

李夫生、曹顺庆：《重建中国文论话语的新视野——西方文论的中国化》，《理论与创作》2004 年第 4 期。

李维武：《论五四时期的科学主义思潮》，《湖北社会科学》1989 年第 3 期。

李泽厚：《典型初探》，《新建设》1963 年第 10 期。

李壮鹰：《要研究中国古文论体系的特殊形态和民族精神》，《文学遗产》1989 年第 4 期。

罗钢：《意境说是德国美学的中国变体》，《南京大学学报》（哲学·人文科学·社会科学版）2011 年第 5 期。

罗志田：《走向国学与史学的"赛先生"——五四前后中国人心目中的"科学"一例》，《近代史研究》2000 年第 3 期。

罗宗强、卢盛江：《四十年古代文学理论研究的反思》，《文学遗产》1989 年第 4 期。

罗宗强、张毅：《"自强不息，易；任自然，难。心向往之，而力不能至"——罗宗强先生访谈录》，《文艺研究》2004 年第 3 期。

毛子水：《国故和科学的精神》，《新潮》第 1 卷第 5 期，1919 年 5 月。

马以鑫：《"白话文运动"历史轨迹的重新考察》，《华东师范大学学报》（哲学社会科学版）1996 年第 2 期。

潘世秀：《略论意境说的美学意义》，《文艺理论研究》1981 年第 3 期。

彭修银：《关于中国古典美学范畴系统化的几个问题》，《人文杂志》1992 年第 4 期。

皮朝纲：《关于创建中国古代文艺美学的思考》，《四川师范大学学报》（哲学社会科学版）1986 年第 6 期。

钱存训、戴文伯：《近世译书对中国现代化的影响》，《文献》1986 年第 2 期。

钱竞：《王国维美学思想与晚清文学变革》，《文学评论》1997 年第 6 期。

秦弓：《"整理国故"的历史意义及当代启示》，《文学评论》2001 年第 6 期。

秦海鹰：《关于中西诗学的对话——弗朗索瓦·于连访谈录》，《中国比较文学》1996 年第 2 期。

施畸：《科学的文学建设论》，《学艺》1921 年第 3 卷第 2 期。

陶东风：《关于中国文论"失语"与"重建"问题的再思考》，《云南大学学报》（社会科学版）2004 年第 5 期。

王笛：《清末近代学堂和学生数量》，《史学月刊》1986 年第 2 期。

王富仁：《当前中国现代文学研究中的若干问题》，《中国现代文学研究丛刊》1996 年第 2 期。

王树人：《关于西学东渐的经验教训——兼论话语霸权与"失语症"问题》，《文史哲》2007 年第 4 期。

魏屹东：《科学主义的实质及其表现形式》，《自然辩证法通讯》2007 年第 1 期。

吴调公：《论中国古典文学美学的建构》，《文艺理论研究》1990 年第 2 期。

吴海江：《新文化运动时期的科学主义思潮：路向、特质及影响》，《自然辩证法研究》2008 年第 5 期。

吴炜、张静：《科学主义：中国现代思想中的"科学意识形态"》，《自然辩证法研究》2009 年第 11 期。

熊元良：《文论"失语症"：历史的错位与理论的迷误》，《中国比较文学》2003 年第 2 期。

严博非：《思想的歧途——"五四"时期中国知识分子对科学的理解》，《文汇报》1988 年第 13 期。

姚爱斌：《"范畴"内涵重析与中国古代文论范畴研究对象的确定》，《文艺理论研究》2008 年第 1 期。

应杰、安伦：《整理和研究我国古典文艺理论的遗产》，《新建设》1957 年第 8 期。

余虹：《20 年代新文学自主论及其与革命文学理论的冲突》，《新疆大学学报》（哲学社会科学版）2000 年第 2 期。

余虹：《20 世纪中国文学革命的现代性冲突与阶段性特征》，《厦门大学学报》（哲学社会科学版）2000 年第 1 期。

余虹：《五四新文学理论的双重现代性追求》，《文艺研究》2000 年第 1 期。

余虹：《再谈中国古代文论与西方诗学的不可通约性》，《中外文化与文论》2006 年第 13 辑。

余虹：《中国文学理论的现代性与后现代性》，《文艺研究》2000 年第 2 期。

俞兆平：《科学主义与郭沫若的文学选择》，《厦门大学学报》（哲学社会科学版）

1999年第3期。

俞兆平：《科学主义与茅盾早期的文学选择》，《厦门大学学报》（哲学社会科学版）2004年第4期。

张清民：《科学主义与中国现代文学理论的兴起》，《江西社会科学》2008年第3期。

张少康：《加强对古代文论横向理论体系的研究》，《文学遗产》1989年第4期。

章辉：《对古代文论现代化几个问题的思考》，《甘肃社会科学》2007年第4期。

章辉：《后殖民主义与文论失语症命题审理》，《学术界》2007年第4期。

赵晓阳：《科学主义思潮与20世纪初期新史学》，《陕西师范大学学报》（哲学社会科学版）1996年第3期。

周来祥：《东方与西方古典美学理论的比较》，《江汉论坛》1981年第2期。

周来祥、彭修艮：《中西美学范畴的逻辑发展》，《文艺研究》1990年第5期。

周宪：《"合法化"论争与认同焦虑——以文论"失语症"和新诗"西化"说为个案》，《南京大学学报（哲学·人文科学·社会科学）》2006年第5期。

周兴陆：《窦警凡〈历朝文学史〉——国人自著的第一部中国文学史》，《古典文学知识》2003年第6期。

周扬：《关于建立与现代科学水平相适应的马克思主义的中国美学体系和整理美学遗产问题》（摘录），《美学》1981年第3期。

朱德发：《中国文学：由古典走向现代》，《文学评论》1997年第5期。

朱首献：《科学主义与草创期中国文学史观建构》，《文学评论》2010年第3期。

四、英文文献

Eagleton, Terry. *Literary Theory: An Introduction*. 2nd edn. Oxford: Blackwell, 1996.

Hakfoort, Casper. "The Historiography of Scientism: A Critical Review", *History of Science*,Vol.33 (December,1995). London: Science History Publications Ltd.

Nye, Joseph. *Bound to Lead: The Changing Nature of American Power*. New York: Basic Books, 1990.

Nye, Joseph. *Soft Power: The Means to Success in World Politics*. New York：Public Affairs, 2004.

Nye, Joseph. "Think again: Soft power." *Foreign Policy*, February 2006.

Owen, D. R. G. *Scientism, Man, and Religion*. Philadelphia: The Westminster Press, 1952.

Sloan, S. R. & Borchert, H. "'Soft Power' als Lösung. US-amerikanisch-europäische Beziehungen in Europa und über Europa hinaus." In IFSH (Hrsg.), *OSZE-Jahrbuch 2003*, Baden-Baden 2003, S. 81-95.

Sorell, Tom. *Scientism: Philosophy and the Infatuation with Science.* London and New York: Routledge, 1999.

Winchester, C. T. *Some Principles of Literary Criticism*. London: The Macmillan Company, 1899.

后　　记

  本书是我主持的国家社科基金重点项目"我国文化软实力发展战略研究"（编号：07AXW003）的成果。项目结题后，我选取了其中一部分，形成这部书，由我和罗富明、黄庆、魏薇、朱虎成共同撰写而成，其中第一章至第十章由我与黄庆、魏薇、朱虎成撰写，第十一章至第十四章由我与罗富明撰写，全书撰写我与罗富明贡献最大，所以本书署名为我与罗富明等著。并在后记中说明罗富明、黄庆、魏薇、朱虎成的贡献。

  软实力指文化、意识形态、政治制度、外交策略等方面的吸引力和感召力，与硬实力相对。文化软实力是软实力的核心部分，国家文化软实力则突显民族国家的政治伦理立场。中国要实现"和平崛起"，要争取平等的话语权，就必须从战略上着力塑造具有自身优势和特色的国家文化软实力。当今最引人注目的文化软实力论者，学界一般认为是约瑟夫·奈，他1990年在《政治学季刊》和《外交政策》等杂志上发表的《变化中的世界力量的本质》和《软力量》等一系列论文中首先提出了"软力量"说；也有学者认为"Soft Power"第一次出现在1990年奈发表的《衰落隐喻的误导》一文中；而约瑟夫·奈本人则声称其在1989年撰写的《美国注定领导世界？——美国权力性质的变迁》（原翻译为《注定领导：美国力量的转变》）一书中率先提出了"软力量"的概念[①]。但是，在笔者看来，当今最引人注目的文化软实力论者，其实是哈佛大学著名政治学家亨廷顿，他断言文明冲突将主导未来国际关系。他于1993年发表《文明的冲突》，认为文明的冲突将左右全球政治，下一次世界大战将是文明之战。同年，他又发表《不是文明是什么》，进一步阐述了"文明冲突论"。他认为"冷战"结束后，世界冲突的

[①] [美] 约瑟夫·奈：《软力量：世界政坛成功之道》，吴晓辉、钱程译，北京：东方出版社，2005年，第7页。

根源将主要是文化的而不是意识形态的和经济的，认为文明的冲突将主宰全球政治，文明间的断裂带将成为未来的战线。国际政治的核心部分将是西方文明和非西方文明之间的相互作用。他主张推进西方文明内部"子文明"之间的合作，强调要加强西方文明的凝聚力并在其内部排斥其他文明，以应对其他文明的挑战。可以说，"文明冲突论"是美国文化软实力的突出表现，为西方的文化扩张提供了软实力理论依据。

当然，也有学者对西方的文化软实力形成的文化扩张进行了批判，他就是生于巴勒斯坦的耶路撒冷，现为美国哥伦比亚大学英文及比较文学教授爱德华·赛义德。赛义德是介入式知识分子，他努力挣脱出西方大学理论机器的控制，从而将理论同活生生的现实实践结合起来。赛义德的巨大成就是对欧洲式的东方主义的描述、考察以及持之以恒的批判。赛义德的理论则有着强烈的意识形态和政治批判色彩，其批判的锋芒直指西方的文化霸权主义和强权政治，其明显的理论基石就是"东方主义"（Orientalism）。赛义德指出，东方主义可以在三个领域里重合：长达四千年之久的欧亚文化关系史；自19世纪以来不断培养造就东方语言文化专家的学科；一代又一代的西方学者所形成的"东方"的"他者"的形象。由于习来已久的这种对东方的偏见，因而，在西方人眼中，东方人一方面有着"懒惰""愚昧"的习性，另一方面，东方本身又不无某种令人向往的"神秘"色彩。说到底，东方主义在本质上是西方试图制约东方而制造的一种政治教义和文化软实力，它作为西方人对东方的一种根深蒂固的认识体系，始终充当着欧美殖民主义的意识形态和文化软实力支柱。赛义德的富有挑战意味的专著《东方学》确实为我们的跨学科学术研究开辟了一个崭新的理论视野：将研究的触角指向历来被西方主流学术界所忽视、并且被故意边缘化了的一个领地：东方或第三世界。它在地理环境上与西方世界分别处于地球的两个部分，但这个"东方"并非仅指涉其地理位置，同时它本身还具有深刻的政治和文化内涵。作为东方人的后裔，赛义德无时无刻不缅怀历史上曾有过的那个令人神往的强大的东方盛世，并为那一时代的一去不复返而感伤和惆怅；另一方面，作为一位在西方著名高等学府身居高位的大学教授，他又为自己有资格以一个"他者"的身份来研究与自己有着千丝万缕关系的"东方"而不无具有某种优越感。出于对西方帝国主义霸权的痛恨和厌恶，赛义德首先将批判的触角直指西方帝国，而与其相比较，东方则是一个与之相距甚远的"他者"，只是当西方进入衰落之时东方才偶尔被用来反观西方文化自身。赛义德的著作在一定程度上揭露了西方文化软实力的实质。按照赛义德的定义："东方学不只是一个在文化、学术或研究机构中所被动反映出来的政治性对象或领域；不是有关东方的文本的庞杂集合；不是对某些试图颠覆'东方'世界的邪恶的'西方'帝国主义阴谋的表述和表达……实际上，我的意思是说，东方学本身就是——而不只是表达了——现代政治/学术文化一个至关重要的组成部分，因此，与其说它与东方有关，还不如说与'我们'的世界有关。"[①]

自20世纪90年代以来，国内学者对软实力的研究经历了一个由早期对国外软实力研究成果的翻译、评介到近年来对自身软实力及与软实力相关问题领域进行深入研究的过程，这一发展过程与中国政府对国家软实力发展的重视和中国学人对软实力问题研究的自觉密不可分。在中国政府层面，已经将"提高国家文化软实力"提升至民族复兴的战略高度；在学界，对文化软实力的研究更是从宏观到具体、从理论到实践、从国内到国外，其问题域几乎涉及了国计民生的方方面面。在这一系列研究中，关于文化软实力与国际关系的影响研究一直是国内学者们关注的焦点。

本书的后半部分从一个特殊的角度论述了中国文化软实力丧失的路径，笔者以翔实的资料、细密的论述，论证了西方科学主义与中国文化软实力的关系，提出了发人深思的创新见解：中国文化软实力必须摆脱西方话语的羁绊，必须从根本意义上改弦更张，走自己的道路。我们研究的基本背景是为了将文化软实力研究推向现当代文化与文论的发展与变迁，使其更具有学术深度的同时，也更加贴近现实。其主旨是具体地将文化软实力与文化、文论话语研究结合起来，深刻认识西方科学主义话语与现当代中国文化软实力的衰微的历史过程，从历史事实中来深刻认识文化话语权作为文化软实力的重

[①] [美]爱德华·W. 萨义德：《东方学》，王宇根译，北京：生活·读书·新知三联书店，2019年，第16-17页。

要意义，找出了中国现当代文化软实力衰弱的真正根源，希望以此引起我们对中国当代文化软实力疗救的迫切意识，呼唤文化自觉，重建中国文化话语，提升中国文化话语权，重塑中华文化自信，重新规划我国文化软实力发展战略。这些观点，与我 20 多年前提出的文论"失语症"的基本观点和思路是完全一致的。①

曹顺庆
2020 年仲夏于成都锦丽园寓所

---

① 曹顺庆：《文论失语症与文化病态》，《文艺争鸣》1996 年第 2 期。